光晋的家园

刘水晶 著

作家出版社

图书在版编目（CIP）数据

光晋的家园 / 刘水晶著. — 北京：作家出版社，2015.6
ISBN 978-7-5063-7725-6

Ⅰ. ①光… Ⅱ. ①刘… Ⅲ. ①长篇小说—中国—当代
Ⅳ. ①I247.5

中国版本图书馆CIP数据核字(2014)第308934号

作　　者：刘水晶　著
责任编辑：张芸宁
装帧设计：张静涵
出版发行：作家出版社
社　　址：北京农展馆南里10号　　邮　　编：100125
电话传真：86-10-65930756（出版发行部）
86-10-65004079（总编室）
86-10-65015116（邮购部）
E-mail:zuojia@zuojia.net.cn
http://www.haozuojia.com（作家在线）
印　　刷：北京雷杰印刷有限公司
成品尺寸：158×240mm
字　　数：382千字
印　　张：29
版　　次：2015年6月第1版
印　　次：2015年6月第1次印刷
ISBN　978-7-5063-7725-6
定　　价：48.00元

雙合成

有女人的地方叫家，家园就是女性的终极情怀。

小辫子甩出大事业

何建明

对于赵光晋，最大的印象莫过于她扎着的那两条“出众”的麻花辫子，这辫子富有特殊魅力，着实迷人。

我和她算熟人了。几年前第一次见面，她衣着朴素，两条油黑的辫子系着红绳，搭在双肩前格外出众，活脱脱一个地道的山西大姐形象。开口一说话，直接又利落，一股子厚道劲儿，与那些满架子商气的企业家相比，她完全“与众不同”，与她交往，有一种兴奋的踏实感。

就是这样看似普通的一个人，却把中华老字号企业“双合成”做得呱呱响。呵，此女不简单！

到她企业参观，让我对赵光晋有了更深入的了解，尤其对她的双合成企业，这个在全国也许并不出名的糕点企业，在北方尤其山西却是大名鼎鼎。双合成始创于1838年，这个著名的“中华老字号”经过一百多年的发展，如今已经演化成一个在山西乃至全国都有影响的现代食品生产企业。赵光晋无疑是双合成发展史上贡献最大的人。面对老字号企业濒临破产的边缘，1985年赵光晋临危受命被委任为经理，在她领导、管理、发展双合成的几十年中，不仅继承了双合成的传统，而且发扬、发展、提升、规范了双合成精神。她使双合成由一个濒临倒闭的国有小企业、一个老字号的空牌子，迅速发展壮大，成为山西大名鼎鼎、家喻户晓的企业。这是极不简单的事，她因此也是极其了不起的人。

如今的赵光晋已是各种光环笼罩了：全国“三八红旗手”、全国劳模、全国五一劳动奖章获得者、全国优秀女企业家等等，还荣当了第四次世界妇女大会代表、党的十五大代表和奥运会火炬手，这都无不让人赞叹。可这些光环背后，是她的辛苦付出与辛勤汗水。在创立月饼系列品种、打造双合成品牌上，她坚持标准和质量，坚强如铁，而在对待企业员工时，她又侠骨柔情。每个事业成功的人对待家庭心里都会有些许遗憾，赵光晋也是如此，全身心的投入企业，使得她没有太多的时间享受普通女人特有的家庭温馨。可以说在她成功的背后，不仅有到处求人想方设法搞活企业的汗水，更有不惜身体拼命操劳的血水、不能陪家庭孩子的泪水。这些又有多少人能够看得到呢？

作为朋友，我希望有更多的人看到赵光晋背后的故事，在她身上体现了一个优秀企业家的独特人格。她为人耿直，实事求是，从不圆滑世故，也不人云亦云，这在坚持一个产品的品牌性上至关重要。她喜欢四处奔跑，参加各种学习班，每到一处都会在一些看似不起眼的细节上驻足，静思良久。她在思考，一个不断学习的人总能取长补短，博采众长。她有着铁娘子的性格与作风，又有着慈悲的胸怀与韧劲儿，曾对于地震灾区来太原的两百个孩子，她呵护备至，当起了他们的“赵妈妈”。有些人觉得她太“执拗”，可但凡每一个成大事的人，性格都有些“非常”之处，正是因为有外人做不出来的这些，他们才成功了不是？

记得她曾提出让我为她题写点什么，至今想起她，我的脑海中闪出的还是那两条系着红绳的麻花小辫。早在 2008 年奥运火炬传递时，我看到她扬舞着两条小辫子，十分精神和自信地跑在太原的街道中。如今多年过去了，她还是发型未改，唯一改动的只是她的事业越做越大，双合成公司发展得越来越好。年过花甲，如此执着努力，我衷心为她的成就感到欣慰。

它俨然已成为赵光晋的一个名片，不仅标示着自己，更是见证了她为企业艰辛打拼几十年的整个轨迹。我欣然写下——《小辫子甩出大事业》，希望赵光晋把她的小辫子甩得更长，更好，更美，因为在这样的小辫子里有我们亿万中国人民的强盛夙愿与富有之梦……

（著名作家　中国作家协会副主席　中国报告文学学会会长）

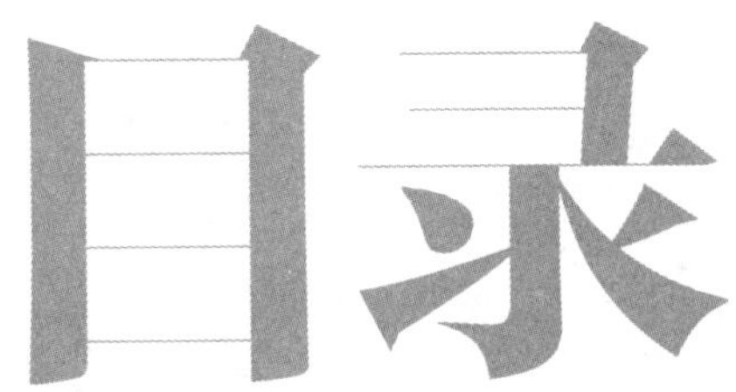

Contents

Contents

01

被否决的小说

今天，我高兴地写下“家园”两个字，而在这之前一段时间里，我心里很矛盾，因为我构思了一部小说，以赵光晋为原型的一部小说，然而那个让我欣喜若狂的小说创意在最后遭到了赵光晋的否决。赵光晋就一句话，你把小说中的赵光晋写神了，你把现实中的赵光晋写死了。

那个小说灵感是被一个庄严的时刻激发起来的。2012 年冬天那个时刻，全国人民在电视上第一次见到了我们党的新任总书记习近平同志。人民大会堂，党的十八大会议上，习近平总书记讲的一句话深深打动了我的心：我们党就是要把实现全国人民对美好生活的向往当作奋斗目标。温暖和兴奋登时充满了中国人的心。这个冬天是紧张而神圣的，每个关心国家大事的人，那些日子都守在电视机前，感受着关乎中国命运的盛会——十八大的召开、进行和结局。习近平总书记讲话后，在太原这个北方城市里，一个女人的名字在很多人的电话中被频繁提起。当时我的电话也很忙，我与朋友们也提起这个女人，她就是赵光晋。“喂，正看电视呢？我觉得赵光晋就是习近平说的那种人。”朋友们继续强调，“还别说，赵光晋还真是那种人！”

赵光晋，女，五二年的龙，六十岁出头。她早就是名人了，但名气仅仅局限于太原市及全国老字号食品行业。从全国讲，她确实还算不上大人物，其实在太原市，人们也只是知道她是太原双合成食品有限公司的老总，全国和省市劳模，享受着很多荣誉，但具体都有什么荣誉就很少有人知道。在一些场合如果有人提到她，知道她的人也只是说，她是一个做点心的，能走到今天确实不易。看来，她在人们心目中还只是个做点心的人。喜欢看电视和听广播的人还会知道，她过去经常在电视上和广播里给员工和顾客点生日歌，还经常用巨型蛋糕和月饼为省市大型建设工程献礼。还有人看到她经常在电视上接受记者采访，在双合成的广告里露脸说几句话……在人们的印象中她个子高大，脸上尽是沧桑，一张劳动者的脸，总是行色匆匆，扯起大嗓门与人说话，这使她少了许多女人的风韵。总之，在一般人心目中，她并不是那种耀眼、动人而威严的女性。

只有持久并深度接触过赵光晋的人，才会真切地感觉到她的不平凡。2004 年秋天，经朋友的举荐，我认识了赵光晋。当时正值双合成中秋月饼生产销售大会战，我给双合成在报纸上写了很多篇整版的文章，于是一步步认识了赵光晋。但我心目中的赵光晋与很多人嘴上和笔下的赵光晋不同。我心目中的赵光晋，是一个剥去所有社会外衣及荣誉光环的女人，是父母的女儿，丈夫的妻子，儿女的母亲，是个家长，是双合成人的靠山。我发现，除了时代的培育和影响，造就她如今成就的主要原因并不是一般人认为的企业家的抱负和志向，而是她作为一个中国女人所具有的母性慈悲情怀和韧性——由于这种精神力量的鞭策，她才把政府交给她的双合成那么当成回事，当作她终生信念，她才拼命地发展企业，保护着员工的饭碗，一步一步提高着他们的生活水平，她才创立了如今三千多人的双合成这个温暖家园。所以我想说，赵光晋的故事是女人创建双合成家园的故事，它的意义是告诉人们女性在社会发展中有什么作用，进而回答什么人物才适合在中国社会各种组织中担当领袖，主要指草根领袖。

出于对赵光晋这个人物情怀的认识，一部人文视角和女人意义的小说创意诞生了。我之所以选择小说写作，是觉得小说才能表达好赵光晋，才能破解赵光晋的一切秘密。2013 年初春的一天，我写的题为《我是女人》的小说大纲通过网络传到省城九个文化、文学专家手里，我急切地等待他们的回复。

在《我是女人》中，我大胆地使用了赵光晋的真实名字。我的设计是：小说将用水一般温润而无孔不入的语言，讲述一个女人几十年来创建员工幸福家园的故事。它是一个温暖的故事。她的慈悲情怀和牺牲个性是父母给的，从 1985 年被太原市二商局选拔为双合成经理起，从当时带领五十六个职工创业到如今发展为三千来人的员工团队，三十年来，她始终把双合成当成一个家，始终做着创建员工幸福家园的梦。她步步为营，所有许诺的兑现和目标的实现，使员工越来越信任并依赖她，这使她成为双合成人的靠山和心中之神。而六十岁的这一年她决定功成身退。夏天的温度渐渐退去，秋天的气息悄然袭来。赵光晋带领身边多年服务她工作与生活的几个部下仙游海外，一是用这种方式给大家一点精神补偿，二是顺便与海外家人团聚一下，三是散心，整理思路，想想她之后的接班人是谁。她经常带领员工出国旅游，但这次的感觉格外不同。准备交班的打算使她特别想回忆过去，回忆使她一路上不断与亲信们叨叨往事，而对往事的回忆与述说使她的心一点一点空落起来，她觉得自己正从心里一把一把地把人生的意义掏空，使整个身心充满着血液汩汩地往外奔涌的感觉。她焦虑不安。在欧美，她与几个部下经历了很多奇遇：哈佛大学教授盯上她，想把她的经验写进哈佛商学案例；在美国的丈夫老宋、儿子桥、儿媳虹竟然经营起一个偌大的农庄，并与她开除的一个双合成要人乔雪（因重大经济问题）有重大合作；而这个混蛋女人在美国竟然干得不错，创建了连锁酒店……这许多秘密，勾起她对几十年为员工创建幸福家园而很少享受感恩之情的往事的伤感回忆。她想带着几个亲信离开美国，去加拿大看望小鸟般依恋她的女儿，但国内不断打来电话、发来短信和电子邮件，使她感受到她这次特殊的海外之行期间，双合成正发生着很多事情。她待不住了，加拿大不去了，带着几个亲信匆匆归来——这次，她又伤了女儿。她回来后，双合成又和谐如初，似乎什么都没发生过，她第一次警觉起这个她昔日颇感慰藉的现象。昼思夜想，心如波澜，墙上父母的画像与她为伴，月光水一样洒在地板上。她想明白了，她离开后双合成人一直在等她回来，也许几十年来他们一直就这个样子，就像她儿时在家里苦苦等待下班的爸爸、去街市买菜的妈妈。她依赖的父母早已撒手人寰，他们兄妹曾漫长地苦恼过以后的日子怎么过，但她走出了这种依赖，并成了双合成人的“神”。“如果我死了呢？”想到这里她坐不住了。想起专家们经常说她的话——赵光晋是不可复制的——她这次才感悟到其中的含义，这就是，她在给员工缔造幸福的同时，也给他们幸福的道路上铸造了一座大山。于是她有一个冲动，想找到她既信任又与她绝对不同的人接她的班。但她找不到这样的人，因为都是她的影子。她看到了一个最强大的敌人，这就是她自己，她要推倒这尊神像。她要做回普通女人。她把自己打扮成特别女人的样子，温柔地走进员工中间，走进双合成院子和每个家庭，她的样子使大家惊诧万分。最大的痛苦是，她已经不会在普通人的欢乐中扮演女人的所有角色，她使人生畏。她渴望同辈叫她的名字，渴望年轻人叫她“阿姨”，渴望孩子们叫她“奶奶”，她回味逝去的父母叫她“晋”、远在国外的儿女叫她“妈妈”时的感动……但她永远是“赵总”，她的亲热总是把人吓得……尤其把孩子们吓得……为了双合成和双合成人她流了几十年眼泪，而这次，她流下了真正属于女人的泪水。她病了，任何医院都查不出病因，在朋友引见下她频频拜访大师，寻求神奇的点拨，她于是成为一个个大师们的大客户。她很苦恼。她在苦思与苦求中苦苦企盼。由于她的存在，双合成人又成功地创造了这一年中秋月饼生产销售的奇迹，使双合成在以亿为单位的销售基础上又上了个台阶。但没人了解她的苦。春节就这样糊糊涂涂地到来了。老宋带着全家人突然归来，她不仅看到了儿子和女儿，还看到了儿媳与女婿，看到了女儿和儿媳怀抱中的两个天使般的婴儿。她坚信那是她的孙子和外孙，或者是孙女和外孙女，就扑过去抱过两个孩子，放声恸哭。这时，美国人与日本人的混血儿儿媳深情而曼妙的目光打量着她，一直摇着头喃喃地说着一句英语。儿子激动地给她翻译说，“妈妈，虹说你太感人了，简直是中国的玛利亚！”她不知道玛利亚是谁，但目光却盯住墙上她心目中的“玛利亚”，那是她妈妈的遗像——其实是她年轻时的照片，因为她与妈妈太像，多年后她便把她那张照片当作妈妈年轻时的照片挂在墙上——一家人跟着她跪在父母像前，屋子哭声一片。她心中突然激情澎湃，便递出两个孩子，在地板上发疯地又唱又跳，然后挥笔在纸上写下两个大字，“合和”，然后又写了两个大字，“福喜”。双合成人一拨儿一拨儿拥了进来，她高兴地对大家说，“过了年我要去美国，不回来了！”而丈夫微笑着说，“要去你一个人去，我们不走了，虹把她家美国的农庄都卖了，要全部投到双合成，我们只是想做普通员工，你看合格不合格？”赵光晋一愣，双眼迸出珍珠般的泪滴。她一个一个抱着家人和员工们，喊着，“我爱你们！我爱你们！我爱你们！”过年的日子里，她领着全家人挨家挨户看望员工，大家一致吵吵说“我们共同推举虹当我们的董事长”，她高兴地与大家击掌，频频说道，“行，谁都行，只要你们觉得行，我就同意！”她抱着两个孙子在地板上舞之蹈之，喃喃地说，“这下好了，奶奶自由了，奶奶要抱着你们游山玩水，去看中国和世界上最美丽的地方！”

这就是《我是女人》的总体故事梗概。

春节刚过，院内和街边的雪迹依稀可见，空气中还有鞭炮的火药味。正月未出，一切还都在“年”中。

我决定利用这个时间约赵光晋聊聊小说。电话打了好几天都没接上，我便给她发短信讲明见面目的。这天中午我正要吃饭她打来电话，说在双塔西街上岛咖啡等我，我赶紧开车过去。二楼一个光线明亮的靠窗的沙发上，她坐着正打电话，像是安排工作，又像是训人。今非昔比了，她电话打完之前是绝不会看来人一眼的。已进入三月份，但大气中还流淌着冬日的寒意，她却已穿上红格子绿底带点淡淡粉边的短袖衫，下身穿着大红的很薄的紧身七分裤，好像已进入夏天。她黑黄有力的双臂交叉抱在一起，右手举着手机一直说话。“这个事情你们自己想办法，我跑到哪儿你们电话追到哪儿，那要你们干什么？你们什么都不要问，我什么都不会说。”打完电话，她疲惫枯黄的脸庞泛起致歉的笑容。“对不起对不起，不是我不接电话，也不是不回电话，会议太多，开会时没法接，开完会就忘了。”她站起来与我握了一下手。她站起来的那一刻完全一副匆匆赶来的样子，似乎是我一直在这里等她。坐下后，她立刻表扬我，但比损人还让人不舒服。“你总是说得多干得少，不过这次很感谢你，真的动手了。说实话，你写我我放心，我一直给人说只有你懂我，别人贴着钱我也不会让他们写我。”她的双臂又交叉抱在胸前，手机被右手举在耳边，我盯着她含义丰富地笑了笑，她跟着一笑，把手机搁在茶几上。

我把带来的那份策划案递过去。

赵光晋立刻看起来，看得很快，但不误用钢笔在策划案上改动着她认为的别字，或加批注。她的字写得特别大，写字的动作很有气势，而且边看边说，“挺好挺好”，又说，“标题我觉得好，立意也好，主题思想也好，女人这个角度也好，像女人过日子一样办企业这点我特别喜欢。”看着、说着、问着、写着字，她突然合住方案，靠在沙发靠背上闭住眼睛。我的心一阵狂跳，以为她不满意。一会儿，她睁开眼，瞳孔湿润，眼圈微红。她声音很低沉略带哭腔地说，“我看到了第九部分，你总的故事梗概，很感动。我看你后面还有每章具体的故事设计，一共三十八章，我……我就不看了……”她摘下眼镜，揉着眼睛。我心一动。

时间像小河一样流淌。

赵光晋：“写吧，我不看了。”

我：“后面你还是看看吧。”

赵光晋：“不看了，我也不懂，我知道你不会损我，也不会胡吹，真实就行，你能写好，只要对别人有帮助，对社会有意义……”

我：“……”

赵光晋又闭目靠在沙发靠背上，嘴里吐出微弱而含糊的声音：“小说……小说……什么是小说，我还有资格写进小说？”

我还没回答，她又说：“小说是不是胡编哩？”

我：“不是胡编，是在原型基础进行虚构。”

她呼地坐起来，盯着我：“虚的还不是胡编？”

我干干地一笑：“那是两回事，文学的力量在于真实，但与你熟悉的新闻真实是两个概念，就像我们文学行当上说的，新闻把真的写假，小说把假的写真。”

赵光晋眼睛睁得很大，目光从眼镜框上射向我，似乎想说什么，但什么也没说，只是嘴里“噢”了几声。

突然她正眼盯着我：“这本书咱总得在市场上能卖出去吧，印一堆书放在库房里有什么意思？厚着脸皮给人送？”

我：“这本书我要写成作品，肯定要正式销售。”

赵光晋眼睛一眨不眨地仍盯着我：“那你以前给我写的书就不是作品？就没好好写？”她挺多疑。

我：“与赵总讨论这些问题，简直要把人气死。”

赵光晋乐得笑出声来：“行了行了，不说了，我知道你写得好，不会哄我，我现在想走，老是想哭。具体意见，十天后给你。”

回家的路上，我觉得自己驾驶的车像只欢快的小鸟。

接下来几天，赵光晋破天荒地很频繁地给我打电话，每次都是先笑几声，然后说“没事没事”，然后沉吟几秒，很不好意思地说出一句话，“小说……我怎么就不喜欢小说！”听我不语，她便开怀一笑，“我没啥意思，你就写吧，我相信你能写好，小说我又不懂。”很多次这样的电话之后，我警觉起来，便在与她的通话中耐心地给她讲小说与新闻写作、纪实写作的区别，她听时屏声静气，听完还是那句话，“反正小说我不喜欢，你说好就好，你就写吧。”我的心沉重起来。

在第十天早晨，我预感到要发生什么，心里忐忑起来……早上七点，赵光晋打来电话约我了。她选择的时间是早晨八点，地点是北大街双合成公司总部一侧的咖啡厅。敲了半天门，守夜的后生打开门，那目光显然是把我们看成了歹人。说明原委后，守夜人认出了赵光晋，才把我们带上二楼，在靠窗的一对沙发上请我们入座。双合成的电话和来人不断，看来，她选择这里是为了工作方便。不一会儿，几个风姿绰约的护士来了，她们把输液架子支好，从包里掏出几个输液瓶挂上，把针头扎进赵光晋手背。“说。”赵光晋嘴里又是这一个字。我便把写好的东西递过去，她立刻进入阅读，逐条逐条地念，念完一条说声“好”。念完所有条款，赵光晋发现后面还有两个人签字的位置。她说，“还签字？”我说，“是，就是签了字我也不敢保证你不变化，到时候又是那一套，我老头是开飞机的？我……”赵光晋大笑，大笔一挥，在条款后面写上她的名字。“我签了字你还是要记住你那句话，不能把我在全国写红了，却在太原弄死了，要是这，签了字也没用。我想好了，我不管是小说还是其它，你就写一个真实的赵光晋。”我拍脑门，“你又把我说住了！”

我彻底明白了，即使别人说得再多，赵光晋还是不喜欢小说，而她之所以在我写的条款上签字，只是给我个面子，那个签字根本保证不了什么。同时，我能想象到她签字时心里是多么不痛快。一个人真诚地干了一件让别人不痛快的事，这是图什么？这就是作家的勇气和崇高？我又想起她那些话，“我什么时候抽过烟喝过酒？我老头是开飞机的？……”签署了那个条款一两个月中我一个字也没写，我失眠了。我不再思考如何继续对付赵光晋的问题，而开始以她的朋友和这个城市一员的角色，回忆赵光晋的往事。回忆像一条河，一浪接一浪。开始，我还是边回忆边思考文学的真正使命，思考赵光晋到底需要不需要小说这个答案，但后来……我在回忆之河中尽情徜徉，让这河流把我带到它要去的任何地方。

02

专家与大师

光晋的家园

HOME

赵光晋喜欢专家和大师。由于喜欢他们就相信他们，由于相信他们就更喜欢他们。她一直觉得他们是她的恩人和贵人，终于有一天她发现他们才是她天生的对头和克星。2005年夏季，我见证了双合成一场巨变，它是专家与大师的对决，其结果差一点要了双合成的命，差一点把赵光晋苦苦经营的事业毁于一旦。

开始与结局都是这样一件事：赵光晋以重金从上海请来的营销大师，双合成常务副总、在双合成成功地领导了九年营销的林先生，背叛了赵光晋和双合成。

2004年经朋友推荐，给双合成写了一阵子文章后，我便经常接到赵光晋的邀请。彼此越来越熟，信任升级，她便委托我给双合成编写一套丛书，分别从企业、人物、图片三个角度反映赵光晋的创业史，我便拉上另一个作家一起做这件事。我糊里糊涂地也成为双合成的专家，但我只是观察与采访，对双合成具体事务从不介入。

从那时起，柳巷 76 号就在我心里扎下根。1995 年 7 月，我在山西省政府法制局主办的一份机关刊物工作。省政府办公地就在府东街原山西督军府衙门里，与最繁华的柳巷仅隔一里地。下班后我经常在市中心这片地方怯怯地闲转，由于觉得自己是农村人，没有钱，便不敢进商店，总是弯腰在门口一瞄。但是，柳巷、钟楼街、桥头街我熟透了，我在这里看到了太原市当时最高档的商场和老字号——六味斋、老鼠窟、老香村、认一力、清和元……包括双合成。

说起来真可怜，到了 2004 年，我才真正懂得了太原市的市中心柳巷、钟楼街、桥头街这一带，因为我享用了这里的商品，吃到了这里的代表性产品双合成月饼，并与传说中的月饼王赵光晋成为朋友。就这，我每次走进柳北 76 号双合成那幢灰不溜秋的晃悠悠的小楼时，心里还是颤乎乎的，因为它是这个城市的标本之地，我走在那里，感觉就像踩上太原的胸膛、经络和内脏。双合成一亩大点的地方，那幢小楼从外面看是灰的，里面是黑的，这种灰暗使我觉得里面的地方很大，楼道拐来拐去，去处很多，但哪儿我都不敢去，不知道那楼道通向的房间里是干什么的，也不知道里面会突然冒出个什么人来。我经常去的和待的地方是三楼赵光晋办公室，那还算个地方，外面是两三间会议室，里面是她那间形状极不规则的办公室。会议室里总是拥挤地站着很多人，他们围着会议桌，指着桌子上满满当当的食品盒和画册之类的东西，说着策划和设计之类的话。我就是那时候认识了如今双合成的常务副总古鸿文的，他当时三十来岁，高高的个子，英俊的脸庞，是管这些工作的头儿，企划部经理，介绍我认识赵光晋的王总便是他请来的专家。赵光晋办公室的人更多，她总是穿着花格子衣服，坐在那个角落（三角地带）的办公桌后面，不断扶着眼镜，看着对面挤在一起的两小一大一套沙发上的人，一个一个听大家说话。听到重要处，她便脸往前一凑，张大嘴长长地“啊”一声，似乎没听清对方说话；听到高兴处，她便额头往下一扎，目光从镜框上面射过来，一笑。这时，一定是她的心思被人说中了，她于是同意了对方的说法。来的人都是找她做业务的人，那时候我坐在他们中间，给人的印象，也像是想从她手上抓钱的那种人。但我发现赵光晋很聪明，她知道每个人的不同，知道用什么口气、什么话语、什么表情、什么眼神与每个人沟通，她知道轻重。她一般不理我，但会不断给我送过一杯水。她总是亲自给我送水，而不是让她的助手、那个与她基本同龄的副书记、主管办公室接待工作的马苏容招呼我。在她绝对不允许抽烟的办公室里，她竟经常给我面前放一盒烟，我于是知道了她很尊重我这个写家。所有人都离开之后，她才与我说话，她会拎着她永远开着口的里面装满东西的大包，手搭着我的肩膀催促我快走。“咱找个地方说话，不然一会儿又来人了，我就走不了了。”她匆匆的脚步逼得我在黑暗的楼道里踉踉跄跄地往前扑着，怕我摔倒，她不断提醒我往左、往右、往下、脚步不要大了、小心碰头。她还会说，“来我们这地方委屈大作家了，但就这楼房还是我八五年接手后新盖的，过去那院子和房子简直烂透了，下雨时一脚踩进泥里就拔不出来了，所有房子都漏雨，楼道和房间里的老鼠比人还多，还是成排成排的，就像学生上体育课似的。你好好给我们写，帮助我们有个光辉前程。”走着走着，她会突然站住看着我说，“就这，这儿还干不成了，你跟我回去。”她拉着我又匆匆赶回她办公室，指着墙上我没留意到的那几个能钻老虎的大洞说，“柳巷、钟楼街、桥头街本来是太原老字号大本营，是这个城市的命脉，也是历史记忆吧，文物吧，可现在这儿要开发商业区，还叫什么铜锣湾。你看墙上那洞，就是他们的吊车撞的，真他妈土匪。所有的老字号都强行推了，就剩我们了，我坚决不走，我看谁敢把这个百年老字号从祖基上铲了，给他们一百个胆子！”

走到街上，回首东望，我看到双合成那小楼孤零零地挺立在一片瓦砾之中，那情景像刚刚经过一场战争。不干什么事，不操什么心，来过许多次了，我真没注意到这些。

“我们干不成，他们也别想干，现在是冷战状态，但总有一天会爆发点什么，我等着他们，你们大记者大作家给呼吁呼吁！”

赵光晋指着空无一人的工地和那幢孤楼，愤愤地说道。

我与另一位作家分别采访结束后，各自进入写作状态，便有些日子没去双合成，没与赵光晋联系。有一天，我接到古鸿文语气紧张的电话，他说，“赵总让你赶快来一下，有急事，她的司机柳兵已经接你去了，正在贵府门口等着，你出去就看见了。”我坐上赵光晋那辆破旧的日本原装进口本田，由于不了解到底发生了什么事，一路上也不敢问话。我就不断给这个长得堂堂正正的军人出身的司机递烟，他像战士一样开着车，目视前方，干脆地说，“不抽！”接着又说，“不让抽。”接着又说，“就不敢抽！”接着他忍不住笑了，“双合成谁敢抽烟？尤其车里这么小的空间，偷偷抽一根，赵总一个月后都能闻出来。食品企业怕脏怕火，不让抽烟也对，干着特殊行业，跟着特殊的人，就得有特殊精神。刘老师，你们这工作很潇洒。”从一开始我就对柳兵印象很好。柳兵并没有把我拉到双合成，而是拉到北边很远的北大街。柳兵在街边一幢毛坯楼（大致有四五层吧）面前停下车，指着那个能进出大卡车的厂房般的没门的宽大的楼门，对我说，“现在这就是双合成了，柳巷那儿让人家欺负得干不成了，折腾了两个月刚搬过来，赵总就在里面等你。”这条没有政府部门和城市重大机构及建筑的街道，显得阳光特别充足，刚进入夏天便有了酷夏的感觉。下了车，我在阳光中眯着眼打量着这片街区，面前的毛坯楼上每层的窗口闪烁着电焊的弧光，能看到装修工程队密密麻麻的人影，能听到倾泻而出的刺耳的装修楼房的声音，这使我心里有一种被铁锤捣砸、被电锯切割的感觉。从小我就发怵这样的劳动场面，但这一天我是这里的贵客。似乎有一种力量追迫着我，我步履蹒跚地走过去，不断抬脚迈过地上的砖瓦、土块、石头和泥坑，走进那楼房的一层。满目的砖头墙，墙上的砖缝和石灰清晰可见，一层的楼房还没装修，显得四面的墙很薄，使人感觉到四面薄墙支持着头顶一幢庞然大物显得很吃力，随时都有被压塌的可能。楼里还没分隔段，显得特别大，像个难民营，或废弃的大车间，或战争时期的火车站，楼顶吊着十几个灯泡，它昏黄的光晕使楼里显得更加幽暗。矗立在那儿的方形砖柱，使我好像看到一个人的主体骨骼那样惊心。我终于从昏暗微亮中看到了横七竖八的一片办公桌椅，接着看到了办公桌后面坐着的人。我第一次感觉到双合成竟有这么多人，但因为光线的原因，我认不出任何一个人。每个办公桌上都搁着双合成各个科室的桌牌和每个人的名牌，看来，双合成真是被赶到了这个地方。嘈杂的声音一浪接一浪涌来，我听不到人说话的声音，只看到一堆一堆的人影。他们都在工作，那气氛里有着决战前夕的沉闷和焦躁，其中包裹着某种巨大的潜在力量。

赵光晋神不知鬼不觉地出现在我面前。我先听到了她的脚步声，然后看到了她的人。“来了。”她抱着她的大包，在跟前一堆旧书报上坐下，虎着一张似乎泪水刚干的脸，看着我，目光却收回眼眶。“有点事，耽误你一点写作时间。”她话音刚落，身边就站满了人，有马苏容，有古鸿文，还有一个满头白发的富态女人程雨兰，还有柳兵，还有许多我叫不上名字的人。“柳巷是干不成了，几百个人，哪儿都找不到地方，只好来到这儿，急得没办法就买了，800万，双合成哪有这么多钱，都是员工集的资。”突然，她的目光喷到我脸上，好像我就是她说的那个人。“你说他姓林的是什么东西，双合成被赶得无家可归，眼看又到中秋了，坐没坐的，吃没吃的，喝没喝的，他倒跑了。你作为常务副总，不知道这个时候有什么责任？你不应该挺身而出？你这个时候背叛了企业，给别人干，你是什么东西？赵光晋对你赖了？赵光晋三顾、八顾、几百顾茅庐把你从上海请来，给你发最高的工资，让你担任最重要的职务，把双合成的人都交给了你，你在关键时候撂挑子，对得起谁？你是什么东西！没有赵光晋你能有今天？没有双合成你能有今天？谁知道你？还有人挖你请你哩？”我心里有点亮，但还是不知道双合成内部发生了什么变故，不知道该说点什么，正在思考怎么应声，赵光晋拉着我说，“咱走。”

我跟着赵光晋先去了一家茶社，然后去了一家酒店，然后去了我家……可想而知她说了多少话，话题却不完全是痛骂林先生。一切明白之后，我知道了赵光晋正处于险境，但我不明白她找我干什么，而我又能帮她做些什么。

在赵光晋的诉说中，我得知林先生事件与另一个专家有关，这个专家就是省城策划大师王剑。几年来，在省市企业家与专家的联席会上，赵光晋总能看到高大帅气的著名企划专家王总，但她更感兴趣的是他的经历。被整个省城人都叫作王总的王剑，六二年的虎，太原理工大毕业，毕业后不久便辞去机关工作，在社会上从事企业策划。他并不是那种只耍嘴皮子的策划专家，而是特别重视做项目，通过项目来验证策划，实现理想，进而实现企业家的目的，于是，他多次被聘请担任一些大型公司的总裁。王总有气势的谈吐和清晰的思维也吸引着她，她便瞄上了他。赵光晋上学时就乐于请教成绩优异的好同学，当了糕点工后又在全市同行业中主动寻师学艺，1985 年当了双合成经理后，开会的机会多了，她便把各种会议作为为双合成寻找能人的场所。她的办法是尽量把自己的想法吐露出来，然后洗耳恭听，看每个人怎么说。随着名气越来越大，参加会议的级别越来越高，她就有了与专家们会聚一堂的机会。在会议上她会想方设法争取到发言的机会，讲她的创业和未来战略，尤其要讲双合成人及她全家人都强烈反对的她要建个大工厂的想法，她要听专家们怎么说。对她的创业专家们从来都是交口称赞，但对她未来战略中要建大工厂的想法，专家们大多是先称赞想法很好，然后劝她“老字号的特点和实力是否允许这样做，希望赵总多加考虑”，然后便是“那样”一笑，滑过这个话题。而王总从来都是激情洋溢地呼吁全社会应当全力以赴为企业发展扫清障碍，铺平道路，她很感动。分手时，王总总是热情地对她讲，企业有什么需要帮助的尽管吭声，“我保证随叫随到！”她便经常联系他，先把他请进双合成的策划项目中，然后，在 2005 年中秋前这个夏天，她把他任命为她的特别助理，执行她领导全公司的指令。她相信中国很多神秘文化，她属龙他属虎，她觉得龙虎双合，必成大事。双合成福，双合成喜，双合成强，双合成功……多少年来，她用这些语言把“双合成”三个字剖析成全体员工特别崇尚的文化和口头禅，她与王总的合作，又给她这些思想增添了崭新的篇章。

那时候，王总是省城太原的先锋人物，他表面上高大帅气，和蔼可亲，其实谱儿很大，价码很高。但他有高度的职业精神，做了赵光晋的特别助理后，便立刻进入角色。让赵光晋更高兴的是，王总竟然也是眼里不揉沙子的铁腕人物，赵光晋便放心地做大事，一是摆平双合成的生存环境，二是找相关专家整合开发双合成精神文化，而公司其他事务全部交给王总。赵光晋没想到王总一上任就遇到了天大的难题：常务副总林先生林大师不执行他的工作安排。中秋月饼生产销售大会战一天近似一天，林先生的营销计划就是不往上报，各部门主任、经理及主管们还纷纷反映，林先生的营销方案早已做好了，就放在办公桌抽屉里，但是，“我为什么要给他？他卖过几块月饼？我从上海卖到台湾卖到全国和全世界，在双合成也卖了九年，怎么可能把方案交给一个念了几天书的小白脸？夹着个包包，提着电脑到处吹牛，忽悠企业家的钱，这种人怎么能领导一个久经沙场、经验丰富的职业经理人？开国际玩笑！双合成的事情还得双合成人干，什么专家，听了这些人的话双合成的命都要送了！”林先生不仅不配合，还影响着整个营销团队也不敢配合王总的工作。反复沟通无果，王总火了，便在北大街临时办公处召开了紧急会议。“专家要开会！”这句话像高压电流般在那偌大的办公区传导着，在每个人神经上跳荡着。王总挺直身板坐在办公桌后面，目光直逼对面林先生的脸，林先生躲开他的目光，用目光扫视着幽暗的环境显现出来的一张张脸，满脸的不屑。

王：“我只问你一个问题，你想不想干？”

林先生看着别处，全身晃动：“这你说了不算！”

王：“我今天就要算，柳巷宝地那个工程把双合成赶到这里，你作为常务副总，要把双合成带到哪里？作为双合成这样重要一个角色，你理应与大家同心协力，同甘共苦……”

林：“我是为赵光晋干的，只对她一个人负责，你算什么？”林先生嘲弄地瞟着王总，“你说我不干我就不干了？你代表不了赵光晋，代表不了双合成……”

几个人急急地走来，都是双合成要人。“他就能代表，他是赵总任命的！”说话的人叫宋英民，气得满脸颤动。

林先生看着宋英民，淡淡一笑，站了起来。“要是你这样说，那我就得走了。”他夹着皮包，慢悠悠地往外走，走了几步回过头来。“老板的老公嘛，说话还能不算？”林先生眼中充满讥讽，几秒钟后，目光从宋英民脸上滑到王总脸上，王总呼地站了起来。“有本事你最后说一句话，你说让我走我立刻就走，再也不会回到这个地方。”林先生扫视着四周，摇着头。

王总一拍桌子：“你现在被除名了！”

一瘦一胖，两个高大的男人对峙良久。

林先生终于决定离开这个地方。随着他缓缓离去的身影，成千平米被十几个灯泡照着亮的临时办公区，双合成成百号科室管理层干部员工，绕过拥挤的办公桌，小溪般地一股股地涌到大门口，汇成情绪亢奋的人群。林先生手拍着鼓囊囊的皮包，缓缓地走向停在铺满砖石的街边他的车跟前，似乎心里正唱着一首欢快的歌。看着他那个样子，双合成人突然嚷嚷起来。

“姓林的真不是东西，看那个球样就像烈士一样，其实早就在一家公司干上了，这事社会上早就吵成一片了，他是故意挑逗王总火哩，逼得把他开除，然后就能告诉人是双合成把他开了，不是他跳槽背叛，看看，上海人有多精！”

“精？”王总愤愤地扬起嗓门，“他要有那样的脑子！一个不义之人还想光荣地背叛？就要把他开了，看一个臭名昭著的人能在社会上混几天！”

而在这期间，赵光晋正频繁地找着她该找的领导和专家们，给他们诉说着她的危机与梦想。她埋怨政府对老字号支持力度不够，痛斥那家土匪般的房地产公司，哭诉百年老字号正值中秋大会战被赶得无家可归。她咬着牙，瞪着眼，挥舞着她改变双合成命运的铁拳头，见人就说这句话，“双合成在柳巷本来也就一亩大小，外面还租着四五个地方做厂房，现在总部让人给端了，不想办法批块地盖个大工厂能行？没有党和政府的支持能行？没有全社会的支持能行？”

还是夏天，城市的上空却奇异地飘满柳絮，阳光干燥而黏人，与柳絮一起落在人们脸上、脖子上和臂上，让人很不舒服，使人心绪烦乱。赵光晋带上我和我的搭档——就那个作家，一个酒店接一个酒店请我们喝酒吃饭，而她却水米不进，一直述说着内心的怨气和苦恼。她在无助中把我们当作朋友，我们内心便渐渐充满了为她两肋插刀的义愤。但是，赵光晋渴望我们办的事也太艰巨了，并因此给我与双合成一些人的关系蒙上阴影。按照赵光晋的意图，我们以客人的身份在林先生跳槽的那家酒楼喝了几顿酒，看林先生是否在那儿出没。城市真不大，消息真快。林先生打来电话，约我俩小聚了几次，而且每次他都带着太太。俩人说起赵光晋和双合成，话语和表情中竟充满真挚的感情，不像是装的。说起他被除名和跳槽这两件事，林先生和太太反复强调，“我（他）是被赵总请来的，在双合成干了九年，对我（他）的安排和待遇也是最高的，我（他）怎么可能背叛呢？这还是人吗？只是生气和不平。”同时，他俩反复声明他跳槽是被王总除名之后的事，“在双合成干了九年，在山西这边也有了名气，人家是听说了我（他）的事才请人叫的，不是社会上传的那种。”他们还反复说，“即使迫于无奈给别人干，也不会把双合成的营销队伍和客户带过去的，只要赵总需要，在时间允许的情况下，我（他）还可以帮双合成做一部分销售。”他几次拍着胸脯说，“我这人光明磊落，不信明天我安排一顿饭，咱们与那个酒楼的老板见一下．

你们问问她。她与赵总关系也很熟，很不错的，太原搞食品的都是些女同志，你们问问她，看我胡说了没有。”第二天，林先生真的安排了这个会面，那个女老板风韵犹存，在大家你一言我一语地说林先生的事时，她总是微微地笑着来回瞟林先生和我们，几次说道，“如果光晋真的很在乎这件事，我随时放人。”分手时，那女老板一直握着我的手让我给赵光晋作个解释，表示只要赵光晋心里过不去她随时放人。与她分手后，林先生又握住我与我的搭档的手，他那两只大手握得我俩叫出声来。但林先生的眼圈竟然红了，轻轻地不断摇头。他似乎与金庸小说里的乔峰一样，是个备受冤屈的英雄。

一天深夜，街上人迹稀少，只亮着排排华灯，我跟着赵光晋，按照她事先不知怎么打听到的地址，去拜访双合成的叛徒林先生。那是市中心一幢高层建筑上一套很大的房子。房间里设施简洁秀气，完全上海人风格。几人见面后，我觉得很窘，但林先生与赵光晋俩人竟然无一人惊讶，似乎他们早就约好今晚会面似的。林先生的太太拉住赵光晋的手，两个女人坐在客厅里大沙发上，我与林先生分别坐在单人沙发和两人沙发上，礼貌地点头问候之后，林先生与赵光晋的谈话开始了。他太太一直给大家倒水、削苹果，我只听着。他与她都低着头，用低沉的声音追述他们从相识到合作的全过程，对一些细节互相进行补充，并且都在感谢对方对自己的好处。他们就像一对经过漫长的恩怨又走到一起的战友，重归于好后正在回忆和反思过去，寻找自己的不足和过失。我与他太太不断对视，表情随着他们渐渐变得祥和而欣慰。他们没有谈这段时间的变故，说到动心处，俩人还会红眼，甚至流点眼泪。

离开林先生家，赵光晋的脚步突然加快。柳兵开车把我送到青年路我家院门口时，赵光晋突然抓住我的手，我感觉到她全身抖着。她一边说话，一边推着我下车。“我干双合成，真是受罪了。”她的声音很低，似乎怕空无一人的街道上有人听见。“该骂人的时候得骂，该求人的时候得求，有时候当爷爷，经常当孙子，常常为了一个人……”她脸上滑下两串亮晶晶的东西。“花着钱，求着人，丢着面子，伤着心，但是……要不是这些有本事的人，我一个做点心的女人，怎么能养活那么多人？从几十人到几百个人，中秋忙时往往上千，我哪有这本事？王总是大专家，那样做也是帮我的忙，是为双合成好。说实话，林总早就不得人心了，可是，你王总就不能把他哄得过了中秋？林先生是营销大师，这九年确实贡献不小，双合成由他来时的几个店到如今几十个店，产品由每年几百万到今天的几千万，都是林先生的功劳，可是……赵光晋和双合成也对你不错呀，为什么要在企业最困难、最吃紧的时候……真是怪了，我需要专家大师的帮助，可他们一插手总要出点事，我也不知道该说谁。好了，不说了，耽误你不少时间，我走了，我还得找他们。”赵光晋回身钻进车里，啪地关住车门，她那辆破旧的本田消失在夜色之中。

后来听说，林先生又出现在双合成，激情洋溢地拍着胸脯开起营销大会。这一天柳兵又把我接到双合成，当然是北大街。柳兵把我带到赵光晋办公桌前，让我在一个小圆凳上坐下，赵光晋正和一群人挤在她那个米黄色的长沙发上，拍着一个头发稀少、面容削瘦、脸色苍白的陌生中年人的腿，反复强调她那句话，“喜鹊是你弄的，福喜是你弄的，工作服也是你弄的，你还能跑得了？这些年你在南方、珠海胡跑，把我忘了？今天这专家会议你必须提出你的高见。”她看了看旁边那些人，“也包括你们这些专家教授，都要提出自己的高见。双合成不是我的，也不仅是双合成人的，它是顾客的，是太原市民的，是山西的，是中国的，大家都要贡献自己的才华和智慧，包括所有的人脉资源。林总只是带团队，没有咱本地的智慧和资源，他也是无源之水，无……什么什么……对，无本之木。”她提到林先生，我想到王总。我本能地扭头一看，看见那边一片火红，穿着红工衣的双合成营销团队正站在一片桌椅的缝隙，聆听一个大汉激情昂扬的训话，然后跟他一起呼口号。“中秋必胜！中秋必胜！中秋必胜！”我看见那大汉是林先生，便皱起眉头。赵光晋正与专家们说话，发现我表情异样，便看着大家对我说，“王总走了。”接着补充说，“也不算走，他的事很多，业务很忙，咱这边有事他就过来了。”

那边的中秋营销誓师大会突然停息，林先生迈着大步走过来，眯着眼睛从幽暗的环境中辨别着这边的人。“赵总，”走到跟前，林先生对我点点头，看着赵光晋说，“我就说不怕嘛，赵总身边人才济济呀！”林先生话里有话。“好了，”林先生抬腕一看表说，“九点了，我该走了，那边还有会。开会不在乎时间长，关键是要鼓动起团队的销售激情。事我给你办妥了，你放心吧，明天我再来，有重要的事，晚上在电话上还可以沟通。”林先生右手抬至耳边，拇指和小拇指耳边一张，扭身走了。

赵光晋本能地望着林先生的背影，目光显得有点失神。

“我们有个协定，他每天九点之前在这里，可是王总……”

听着赵光晋的话，我心里不是滋味，因为，王总走了，我来了！

赵光晋身边那个瘦人突然说，“谁想走就走，没什么了不起，赵光晋还怕他们？坐在这里的也是专家，咱开会吧。”瘦人声音微弱飘渺，但语气不凡。“牛球啥哩，啥本事都没学上，就学会了这坏毛病。凭啥牛哩，还不是老板给了面子？要是双合成工业园建起来，成了现代化大企业，一个个屁颠儿屁颠儿就又来了，真是贱逼……”尽管他这个“逼”说得很轻，但接下来我的话却机关枪般地射向他。“不知道这位如何称呼，我觉得你说的那个工业园对于赵总来说还是个梦，还不足以成为资本，而对专家们最好不要用牛呀、球呀、贱呀这样的词……”赵光晋笑着打住我的话，“都怨我都怨我，许老师，他就是张亮，就是你赞美的那个双合成的骨血级人物！”我一愣，向张亮伸去手。

03

北大街5号

光晋的

HOME

从那时起至今，我一直觉得欠着王总什么，因为我心里一边纠结，一边毫不犹豫地走进了北大街双合成这个企业王国。

赵光晋曾立下钢铁般的誓言，坚决不离开柳巷76号，看来，她确实是顶不住压力才搬到北大街的。按照双合成的历史，她这次是第四次搬迁，可以想象，她这两个月带领着五百来号员工搬迁，内心是多么的痛苦。柳巷76号这地方真是命运多舛，而由于赵光晋名气大，每次厄运都是当时轰动社会的新闻。

第一次叫作“全国劳模打砸抢事件”。

1990年，赵光晋当了五年经理的双合成已经有了点钱，为了使这个老字号有个好形象，她决定拆掉旧房旧楼旧院，在原址上盖幢新办公楼。正好，南边一墙之隔的和平剧院也要拆旧盖新，两家协商之后，达成一个协议：双合成将自己的地皮让给和平剧院2米，再出20万元，和平剧院就让自己的施工队给双合成盖三层办公楼。谁知，赵光晋一疏忽，和平剧院便占了双合成4米的地方，还在那儿砌了一堵4米高的隔墙。赵光晋生气了，数次派人与和平剧院交涉，对方却胡搅蛮缠。旧房旧楼旧院已经拆了，在搭起的棚棚里凑合上班的赵光晋及员工，经常溜达出来，看着和平剧院砌起的4米高墙，及墙上密密麻麻的施工电线，听着那边打夯的声音、电钻的声音、电焊的声音，个个气得浑身发抖。

又是反复交涉，对方还是不拆墙，赵光晋怒了。这个冬天的一个礼拜天，员工都在家休息，赵光晋自个儿来到两家交界的施工处，从梯子爬上去，爬到那4米高墙上，一把一把揪掉墙头的电线，那边施工的声音登时停了下来。一群人嚷嚷着冲过来，把她从梯子上揪下来，她身体后仰，双脚落空，从高墙上掉下来，重重地摔在铺满砖头的坚硬的地上，顷刻失去知觉。她在地上躺了很久站了起来，与和平剧院的人据理力争。她讲了两个小时，谁也听不懂她讲的什么，后来人们传说她说的是宇宙语。对方有点怕。这天晚上，闻讯赶来的双合成员工推倒了那墙。

第二天，双合成叫来柳巷派出所，和平剧院叫来杏花岭派出所，两家主管机关的书记、局长、经理也到场了，两家员工虎视眈眈地站在领导后边。是非本来很明白，但迟迟解决不下来，结果是赵光晋落了个劳模打砸抢的名声，随着媒体的报道，她这名声便传遍社会。赵光晋眼睁睁地看着那堵墙又砌了起来，但很快又被推倒了。

双合成与和平剧院拆旧盖新的合作中，无疑还发生了更多的事，但故事讲到这里就终止吧，最后的结局还是好的：双合成原址上总算出现了一幢崭新的三层办公楼，原来60平米的门店也变成140平米，还有了100平米办公室和1400平米生产车间，双合成人高兴疯了，纷纷说，这是双合成破天荒的一次新生。

第二件事是“铜锣湾”地产项目对双合成的冲击。

新世纪到了，一切突然变得崭新。可是，2003年双合成却遇到了天大的倒霉事。一家叫宝地的外地房地产公司拿下柳巷旧城改造的项目，要把桥头街以北、南肖墙以南的旧建筑全部推掉，建造柳巷“铜锣湾”，赵光晋立刻意识到双合成面临拆迁，盖好才10年的办公楼就要消失。双合成在柳巷已近百年，拆迁后损失无疑很大，但作为享受那么多荣誉、在省市人大和政协兼任要职的社会名人，她想的更多的则是这个项目对太原这座古城历史文化的破坏。她本来想在两会上提案阻止这个商业行为，但因牵扯到双合成，想了想，决定算了，心想只要宝地对双合成的赔偿合理，就不给政府找麻烦了。

奇怪的是，周围其他老字号和相关单位都拆了，双合成却迟迟没接到拆迁通知，更没人与他们谈判拆迁后的赔偿事宜。拆迁的行动日益迅猛，一辆辆推土机沉重的身躯和隆隆的叫声，房子倒塌的声音，民工的叫唤，像地震似的，搞得双合成人心惊胆战。2003年11月12号这个上午，赵光晋正伏案办公，只听几声巨响，她办公室墙上出现了一个大洞，又出现一个大洞……墙上的空调被砸到地上，砖头飞了进来，办公室尘土飞扬。她踮脚往外一望，看见两根吊车吊着的房屋大梁直冲双合成小楼撞来。她还看见了推土机高扬的那只大“手”。小楼剧烈颤动，好像要塌了。她冲出办公室喊人，派几十个员工奔到工地，把拆迁民工和推土机包围起来。房地产公司几个大汉抄着手站在民工中间，傲慢地看着她和她的员工。她和员工们齐声斥责，站成一片的民工看着他们的工头。拆迁暂停。

以后几天中，双合成人只要阻止，拆迁就停了，但几小时后又拆起来，干扰得双合成没法上班。赵光晋于是派更多的人去了工地，两边都是几百号人，你包围我，我包围你，情势剑拔弩张，似乎一触即发。赵光晋告诫员工，“主要是解决问题，不能闹出事来。”宝地公司那些威猛的工头，则扬起脖子吆喝自己的保安，“赶快拿家伙，拿家伙！”工头和打手拿着棍棒站成一片，工头指着双合成人对他们的人说，“都听着，谁敢阻拦，就给我打，往死的打，打死人我负责！”赵光晋冷冷一笑说，“那你们试一试，只要敢胡来一下，我保证让你们受到严惩！”双合成人站着不动，对方的民工站着也不敢动。工头和打手走来走去，骂骂咧咧，气急败坏，显得很张狂。骚乱一次一次压下去，但又一次一次重演。

怕这样持续下去真闹出事来，赵光晋派负责安全的经理李青前去谈判。他也是个刚猛大汉，热血男儿。这一天，2003 年 11 月 25 日，他来到工地一侧房地产临时办公室，看见皮椅上坐着个很神气的抽烟人。“我是双合成的……”他还没说完一句话，那人眼神一使，一群人就围了上来。他被按在地上遭到痛打，登时昏死过去。

赵光晋大怒，派人把李青送到医院，把电话打到政府有关部门，同时，员工们在柳巷挂起“保护老字号，严惩打人凶手”等巨大条幅。双合成和宝地房地产公司“拆迁纠纷”传遍全城，媒体和太原民众起来了，铺天盖地的新闻舆论和全城人的热议，给政府增加了压力。但协调迟迟没有结果，市领导便决定，没协调好之前，双合成周围 30 米内不能拆迁，否则赔 50 万，同时接受其他制裁。没想到，只过了几天，推土机又把双合成围了起来。“他们凭什么这么横，连政府的话都不听！”回忆往事赵光晋愤愤地说。此后的事更多，房地产公司每天在双合成周围拆好几回，直拆得柳北那一大片地方就剩双合成孤零零一幢楼。也许是因为赵光晋名气大，他们不敢强拆双合成，但骚扰却逐渐升级，地产公司开始派人砸双合成门店，从里边乱拿东西吃，还殴打员工。媒体又起来了，赵光晋找政府有关部门又进行紧张的交涉，结果是，政府和派出所都没办法。赵光晋在全体员工大会上挥起拳头，“我就不信他们敢把一个百年老字号怎么着，我就不信没人管，条件谈不好，坚决不搬，出了事我负责！”

2004 年初春这一天，宝地房地产公司又派人捣乱，双合成几百号员工忍无可忍，终于组织起来，浩浩荡荡直奔政府而去，巨幅标语上和员工身上披着的红布上都写着这样的话，“强烈要求保护老字号，请还双合成一个公道！”市政府门口和周围的街道全被堵了，双合成人挥着拳头，呼着口号。赵光晋正在台湾出差，电话上听到这消息，头轰地爆了。

“这就是现代化！”回忆往事赵光晋痛彻心肺，“双合成受到了欺负，也得到了成长，让人家硬硬地赶走了，赶得好，意义大，它说明赵光晋和双合成还是不行。”赵光晋双眼蓄着泪花，“不走不行啊！”赵光晋不堪回首地摇着头。

接到必须搬迁的最后通牒时，双合成刚刚开始中秋月饼生产销售大会战的筹备工作。双合成这样的食品老字号，不像六味斋生产销售的是老百姓日常吃的熟食，也不像酒店是让人们请客吃饭的。双合成的产品以北方的中点为主，主要销售机会是中国传统节日，比如春节卖馒头、元宵节卖元宵、端午节卖粽子、中秋节卖月饼，等等，平时只能卖些老人、孩子和女人喜欢吃的晋式老点心之类的产品，挣回门店的租金和人员工资就不错了，谈不上利润。而每年节日销售60%靠中秋销售，这个会战失败了，全年就赔大了，可以想象赵光晋的压力。双合成搬迁那两个月，情景狼狈之极，路上的市民看到双合成搬迁，那眼神就好像双合成已经塌了似的，赵光晋哪能不担心中秋大会战的前景！但是，关键还不是必须搬，而是往哪儿搬。柳北76号，双合成总部一切设施都山一样堆在大门口、大街上，往哪儿搬呢？赵光晋简直疯了：她疯一般打电话，疯一般在大街小巷跑，疯一般地找人。太原是东西为街、南北为路，她坐着那辆破旧的原装进口本田，跑遍了全城所有街、路、巷，连市郊的小店、晋源区……都跑遍了。“哪儿有地方，给我们推荐推荐，多少钱都行！”地方倒是很多，但都是适合开饭店和办商铺的地方，不适合双合成这个百年老字号安营扎寨，即使碰见一个废弃的旧工厂、旧机关或旧学校，因为所处地带或荒僻或杂乱或低档，便立刻被她或随行人否定了。“怎么说双合成也是百年老字号，是省市名企，怎么能在这种鬼地方！”

赵光晋说：“我当时只有跳楼！”

但是，就像社会上对赵光晋的传说那样，她总是在最关键的时候，就有两肋插刀的好汉来到面前。一天，她领着几个亲信在北大街5号后面那片富人会所的一个会所里歇脚喝茶，但她什么也不喝，只是满脸愁苦地举着手机，好像随时要打电话的样子。她已经没有信心打电话了：她已经无数次地打通了全城她认识的所有人的电话，但没有找下地方。她把失望的目光撒在眼前几个最信任的人的脸上——他们是她的常务副总林先生，她想提拔为副总但还想考验考验的企划部经理古鸿文，党支部副书记马苏容，与她一起创业的老姐们老哥们程雨兰、肖姗、陈锐，辞去铁路工作帮她做采购的丈夫宋英民……“跟着咱帮咱找地方的人由几十个变成十几个，由十几个变成零，就剩下咱这几个没本事的人了。大家就不能再想想办法，动员动员社会关系，看能不能找下地方！”大家相视无语，然后低头。林先生站起来，还是把厚厚的胸脯捶得山响，“赵总，不要急，不要怕，面包会有的，地方会有的，一切都会有的，赵总是龙命，你早说过龙虎成祥，咱们一定有贵人相助。”脸上汗光闪闪的赵光晋把目光转向大帅哥古鸿文，“你是咱们第一个大学生，又是南方人，我一心想培养你，可你遇到事总是蔫不几几的，你看林总……”说到这里她突然话题一转，谈起她多年的一个心思，“你们看看，有地多重要！让人家把咱们从柳巷赶走了吧，咱其他几个工厂还是租的，哪一天又把咱们赶走怎么办？我就说得批块地方，得建咱自己的大工厂，可一说到这里你们就你看我我看你，然后低下头，而宋英民从来都反对我……”宋英民的脸霎时从脖根红到额头，“钱！钱！钱！我辞职是心疼你想帮你把双合成搞好，可不是跟着你掉进黑窟窿里！”宋英民背着手噔噔地走了，在这家会馆一个房间接一个房间地转，然后又转到外头，似乎要找什么人。赵光晋盯着丈夫的背影。

“这是老天要灭我赵光晋，要让这个百年老字号葬送在我手上。我是个女人没本事，你们一个个也帮不上忙，花着钱养着你们有啥用？完了，咱就等着关门吧，你们想走的就走，不想走的就准备跟我在街上卖油条，卖馄饨，卖片汤！”

这边赵光晋正喃喃地说着，那边走来一个人，那人身边跟着宋英民，看样子，两人并不是很熟悉。

那人说："赵总。"

赵光晋捂住脸哭着应道："噢。"

那人提高点嗓门："赵总，我叫胡小风，咱早就认识，报纸上电视上老见你，你还让你老头找我。"

赵光晋："我就没想起你。"

那人笑了："还是人物太小。赵总，我有地方，有房子。"

赵光晋："有也没用，我没钱。"

那人说："钱不急，你们先用，有了再给，没有就欠着，我胡小风不能看着咱百年老字号、著名的食品企业垮了……"

赵光晋呼地抬起头，脸上露出笑容："你说你叫啥？你说的是真的？"

赵光晋看见面前站着一个面容白嫩、墩墩实实的中年男人，她皱了下眉头，立刻笑逐颜开："你就是那个爱盖商场……电视上经常剪彩的那个……"

那人走过来，握住赵光晋的手，笑得很温和，但眉宇间有一股一言九鼎的男人气势："我就是你想说的那个胡小风，在社会上名声不好，但这些年也做了不少正经生意，主要是开发商场，开了不少家，北大街 5 号就是我的，后面这片别墅式会所，前面那幢三层楼，都是我的，你要看得上，楼上我给你几千平米。"

赵光晋反过来握住胡小风的手："那太好了太好了，我代表全体双合成人谢谢你，谢谢你！"

胡小风无所谓地说："不谢，能为赵总这样的大名人做点贡献是我的荣幸。"胡小风看了一侧的宋英民一眼，慢悠悠地对赵光晋说，"我街边那楼中间的几千平米，其实都卖给别人了，"赵光晋眉宇间掠过一道暗影，胡小风一笑说，"赵总别紧张，知道了你们的情况，我不准备卖给他们了，咱自己的房产，得先支持最急需的人。"胡小风从赵光晋手中抽出一只手，握住宋英民一只手有力地捏着，"你家老宋都磨了我好多天了，我已经说动了那家，将地方让给你们。钱的事好说，你们就先用吧，先设计装修，不要误了中秋的事。”

赵光晋有力地抱住胡小风：“天助我也，我赵光晋又遇到贵人了！”赵光晋的泪水落到胡小风肩头。“胡总，我真的太谢谢你了，但我不租，我要买，有了钱我还想批块地盖个大工厂，你是搞房地产的有经验，有关系有信息，希望这事你也给帮点忙。”胡小风款款地拥着赵光晋，轻轻拍着她的背，“不说钱不说钱，想批地盖工厂这事我尽量帮你操点心。”

周围的人鼓起掌来，就数林先生的掌声最响。其实，他已经在另一家公司上班了，这就是后来双合成人群情激愤的原因。

头顶的太阳突然没有那么热了。

几天后，赵光晋经常挂在嘴边的另一个贵人也风尘仆仆赶来了。他也墩墩实实，憨态可掬，是太原最大的一家民营印刷公司的老总，叫俞进生，看上去还像个后生。他与赵光晋脸对脸站在北大街 5 号楼前一片瓦砾之中，一开口就直奔主题。

俞：“赵总，需要钱你说话。”

赵：“谢谢小俞，你太热心了，我都不敢见你。”

赵光晋眼泪汪汪地看着俞进生，想着几年前第一次认识俞进生的情景。当时俞进生慕名来到她办公室，想谈双合成那 16 万个食品包装袋的业务，但赵光晋说已经把这业务给了别家，俞进生就要走，正好听到身后赵光晋与人打电话说运作资金缺 50 万，他就立刻回头对赵光晋说，“赵总你别着急，别找人了，这事我帮你解决。”俞进生当下给他们财务打电话让给双合成打 50 万元，不要利息，当钱打到双合成账上，俞进生才放心地告辞。从那之后，俞进生就成了赵光晋和双合成最好的朋友，与双合成有了业务联系，经常给双合成资金支持。

俞：“赵总，今年你们需要钱的地方多，需要钱你吭声，需要我们给你们做什么，咱先做，钱以后再说。”

赵：“谢谢谢谢，赵光晋就因为有你们这么多好朋友才有今天，但我实在是不好意思……”

俞："在社会上谁没个难处，企业之间就要互相支持大家才能发展起来，我小俞不是那种小心眼的人，咱以后客气话不说，互相帮着往前走，这样大家都好，我们公司肯定也有用得着双合成的地方。"

赵："谢谢，谢谢！"

那些日子，赵光晋就尽"谢"人了，她打心眼感谢的人还有丈夫宋英民，因为没他就没有双合成北大街 5 号。她没想到一直与她顶牛的丈夫，在关键时刻竟立下这么大的功劳。

还有一个人也来到赵光晋面前，他长发飘飘，像个音乐家——他本来真是搞音乐的——但他早已放弃了音乐事业搞起装修，太原及全国很多大城市的一些大酒店都是他的手笔。他是武汉人，但特别相信山西人，喜欢山西人，受媒体的影响，早就想为赵光晋这个著名女企业家尽一把力。"赵总，我姓胡，都叫我胡工，咱们在我装修的一家酒店见过几面。我找你就是想给你们装修，鉴于你们目前的困境，我准备垫资施工，希望赵总给我一次为名人效劳的机会。"胡工说着笑了，赵光晋突然觉得全身的力气散尽，想坐在地上好好歇歇。

由于胡工的仗义支持，北大街 5 号那幢商用楼上，双合成那几千平米的房子，一天比一天有了新的模样。在繁忙的装修中，一天清晨，双合成总部百十来号人整整齐齐地列队出现在楼前，唱起他们坚持唱了十几年的那三首歌，《国歌》《没有共产党就没有新中国》《双合成之歌》。当歌声响起，一直偏僻荒凉的北大街有了激情和一个吸引路人眼球的地方，这就是矗立在街边的双合成的牌子、牌子后唱歌的双合成人及正装修的楼房。双合成人歌唱着党，歌唱着中国，歌唱着自己，把路人及周边的市民吸引了过来。"这么多企业和朋友都帮助咱们，咱双合成能倒塌了？人家都够意思，咱们不能不够意思，人家都给咱们垫资，咱们就得付钱。但是，"赵光晋的目光从员工脸上滑过，"咱双合成从我接手到今天这 20 年，每年中秋大会战都是全体员工集资解决流动资金问题，但今年为了中秋咱们已经集过资了，如果为了楼的装修我再号召集资，就有点为难大家。我本事不大，这20年只是保住了大家的饭碗，谁都没有多余的钱，但是咱得给人家付钱呀，咱不能丢这个份！”赵光晋拎起沉甸甸的提包对大家说，“作为董事长总经理我带头再次集资，大家根据自己的能力，有多少出多少，100万也不嫌多，一块钱也要表扬，现在报名。咱们总部先集资，然后我还要到咱其他几个工厂去……”

赵光晋面前举起一百多只胳膊，像一片森林，员工们抢着报着集资数目，声音像涛声一般响起来。

2005年中秋前，双合成竟又集资了800万，这远远超过了双合成员工的能力，后来赵光晋得知，大部分人都是借的。但赵光晋有信誉，这便是每年中秋大会战结束后，她会迅速通知公司连本带息全部返还员工的集资款，这才保证了员工集资成为双合成解决资金困境的铁律和绝招。不过，这一年又多集资了800万，这个返还是否还能兑现，就成为很多人担心的问题。

夏日的阳光洒满北大街，洒满了双合成人的心。

但夏季的炎热似乎退去，只留下温暖。

按照中秋月饼生产销售大会战的需求，装修必须在一个月内完成。装修进展一段时间后，胡工便已明白，给赵光晋做项目尤其是做工程，到后期都要弄成五八年大跃进的模式。因为，她每天会无数次带着领导、专家和媒体人来察看参观，她会带着水、烟、饮料及双合成的食品，满脸堆笑地给工人们发送，高兴了还与随行一起举着手臂，喊一会儿“向工人师傅学习，向工人师傅致敬”之类的口号，搞得你没法不拼命干，甚至不好意思下班。被传为装修大师的胡工，真的被赵光晋整得很苦。这个闷热的下午，装修终于结束，北大街5号双合成那三层楼一下子涌进几百号人，主要是赵光晋带领人验收工程，也包括关心双合成的省市领导、同行一些老总、相关专家及省市媒体人参观。装修之前的北大街5号那几千平米，简直不堪入目，像几层废弃的烂尾楼，装修之后面貌发生了翻天覆地的变化，就连赵光晋都惊讶得瞪大了眼睛。胡工还真是装修大师，尽管装修成本设计得不高，走的不是高档豪华的路子，但他装修的天分、经验和艺术家的才华，使这次装修堪称杰作。按双合成提供的部门分布方案，胡工的装修隔段分布科学，空间进行了充分的保留和利用，装修材料也很环保，色彩的安排非常艺术化，工艺也精致，从而使双合成一到三层几千平米的办公环境充满了现代化气息，又有中国家园的感觉，这真是装修到了赵光晋心上。装修的色调以现代化的浅淡混合色为主，但不时会闪出一片或一道有艺术造型的温暖的酱红木质的色感，赵光晋对此满意极了。她瞪着眼睛像参观一个现代化大公司那样看着自己的新公司，嘴里连说“好好好”，几百个人也跟着她连声夸奖，分享着她的快乐。长发飘飘、满脸大汗的胡工，从一楼至三楼，一个个区域、一间间办公室、一个个景点、一个个造型给大家讲解着装修的涵义。楼内一层是个成千平米的形象店；二层是总经理办公中心，包括营销部门在内的所有业务部门全设置在这里，这是公司的执行层；三层是董事长办公中心，主要是人事、财务、企划、文化、教育这些机构，属于公司管理层，权力中心。尽管各层各个办公室门口还没挂上牌子，但双合成严密的管理结构已看出端倪，它使人们感到，北大街 5 号双合成与柳巷双合成已大不相同。听着胡工的介绍和几百人的交口称好，赵光晋兴奋的目光急切地打量着办公楼的每个地方，并不时孩子般愉悦地看着几百张堆笑的汗津津的脸庞。

验收工程和参观的团队终于走到赵光晋办公室。它在三层东南角，是个 150 平米左右的方方正正的巨大办公室，地上铺着红木，墙上贴着叫不上名称的发点浅蓝的一种环保材料，墙壁与顶棚不时闪现着红木条的艺术造型，而临街是一整面玻璃墙。尽管赵光晋办公室还是空空荡荡，但那装修的感觉已经使人们能感觉到她将来的所有办公家具应该在哪儿摆放，人们盯着门对面那堵墙跟前将摆放赵光晋办公桌的那个地方，兴奋地嚷嚷起来。“省长市长的办公室也没有这么大，赵总真是鸟枪换炮了！”还有人嚷嚷说，“只有民营企业才有权力按照自己的想法设计办公环境，赵总实行股份制真是弄对了，使双合成有了自主权，否则根本不可能有这样好的办公室。”赵光晋兴奋地看着大家，“真的？”她话锋一转，又回到柳巷76号，“我们柳巷那屁股大的地方，所有面积也就成千平米，我现在一个人就占了一二百平米……这……这……”她的目光和表情中洋溢着抑制不住的高兴与忐忑，这时胡工一把一把抹着脸上的汗，眯着睁不开的眼睛对大家说，“给劳模做工程真是个挑战。这一二十年来做装修，全国我从南做到北，什么工程都做过，最主要的经验不是装修的业务能力，而是敬业拼命，分秒必争，但就这，也对付不了赵总的劳模精神。你们不知道，赵总每天无数次地慰问和鼓励，把人整的，不干真是不行，弄得我的人都觉得我已经不是他们的老板了，而认为老板是赵总。”胡工双手握住赵光晋的双手晃着，又对大家说，“最难的是，赵总只给我提供了各部门的名称和人数，什么设计方案都没有，多亏我什么工程都做过，对企业也算了解，我是按照我对老字号食品企业的理解和经验，做了布局规划，连双合成成为现代化企业后应该有什么部门都重新设计了一下，这才画了图纸，否则咋装？赵总呀，”胡工看着赵光晋，被汗水浸得睁不开的一对眯眯眼挤出开心的笑，“这就等于我还给双合成做了体制策划，装修是我们垫资，这策划也不收钱了，给大劳模大名人干活一点便宜也占不上，真是的！”胡工双手抹着脸，往地上甩着满手的汗。赵光晋开心地笑着说，“谢谢谢谢，谢谢谢谢，多亏大家支持，双合成没钱，但我和我们五百号员工都在心里给你们立了块碑。”大家鼓起掌来。

在众人的掌声中，赵光晋与她的部下忘情地笑着，说着话，似乎已经忘记了逼迫搬迁的不快和痛苦，似乎他们的心正像鲜花一样绽放着。

而双合成另外两大功臣胡小风和俞进生那天没来，或着说，他们其实来了，但是他们没有跟在赵光晋身后或身边，而是躲在人群里，默默地分享着这一切。

现在得说到我。我没想到，双合成北大街5号总部崭新的办公大楼的软装修竟成为我的事。所谓软装修，就是文化装修，简单地说，就是各部门、各办公室到底叫什么名字，设计什么形状、什么材料的牌子，一到三层的墙壁上，还应该悬挂什么牌子，写什么文字，设计什么样的文化景区。多亏我做过企业顾问，搞过企业文化，否则这事还真拿不下来。而赵光晋用我做这事的理由是，“刘老师能把我和双合成说清，这事只有他才能干成。”我便组织了一支由文化人与平面设计师组成的小团队，每天与装修大师胡工楼上楼下地跑，设计好一个文化景点，当下写下文字，策划好图案和所使用的材料，让设计师晚上完成。在这过程中，赵光晋发现文人审美能力好，就经常拉着我们帮他们买办公家具和相关文化道具，在这个过程中，我深刻地体会到赵光晋用人的手段，也正是在她的“绑架”之下，北大街 5 号双合成总部的办公楼里，才留下了我们的文化和审美痕迹，使我们永远与双合成在一起。我发现，赵光晋的“绑架”竟绑架出我的自豪，因为，双合成崭新的现代化办公大楼里，到处悬挂着我们的文字，这使我感觉到了文字的地位和意义，也感受到了赵光晋对文化的向往、情趣和审读能力。近十年过去了，去过北大街 5 号双合成总部的人都夸双合成的文化搞得好，甚至赵光晋北京、上海、广州、深圳等老字号、食品界的朋友，也经常称赞双合成是个文化企业，是具备现代化模样的中国老字号，他们尤其夸奖双合成的文化理念总结得准确得体，在全国富有典范性：董事长办公中心临楼梯的玻璃墙上写着双合成的政治理念，“用共产党人的先进性引领企业的先进性”；二楼文化墙上写着双合成的核心理念，“做中国最有发展力的老字号”；赵光晋办公室办公桌后那面墙上写着双合成的文化哲学，“合和”；一楼形象店一进门的对面墙上写着“百年饼艺”四个大字……还有，随处都闪现着“福喜”二字……墙上悬挂的那大秤下面写着一句话“用秤可以衡量一切”，墙上悬挂的那个大算盘下面写着一句话“用它计算我们的过去、现在和未来”……每个办公室还悬挂着一个字——赵光晋办公室悬挂着“德”字，人力资源部悬挂着“缘”字……从此之后，双合成人嘴里就出现了一串串很切合双合成实际的现代化新词和新语言，似乎他们一下子就成了一支崭新的现代化知识团队。但是，我真正惊讶和佩服的还不是这些，也不是我们的词汇和语言有水平，而是，赵光晋训练出来的双合成人，发现了给力的语言和思想之后，不仅立刻说、经常说，而且立刻去做，并迅速融化到血液里，使每个人突然都像变了人似的，这才使我感觉到了赵光晋多年训练出来的双合成人的精神功力。

2005 年 7 月 21 日，北大街阳光灿烂，鞭炮齐鸣，火红的气球拖着火红的绸带冉冉升上天空，人们潮水般地涌向北大街 5 号。双合成第四次搬迁的庆典仪式正热闹地举行，省市各方重要人物全部到来，他们站在双合成门口的台阶上，看着赵光晋激情洋溢地讲话，掌声不断将赵光晋的声音淹没。

柳巷柳北 76 号，在人们的记忆和口头似乎消失了。

而在这个人们难以忘却的日子里，我只用目光在人群中急切地寻找着策划大师王总的影子，见不到他，我心中不安。

04

月光，妈妈

光晋的家

HOME

中秋还没到，赵光晋心里已升起一轮圆月。

双合成靠生产与销售传统节日产品生存着。接手双合成三十年来，赵光晋忙了三十年节日，主要忙月饼——因为中秋月饼的销售每年就要占到全年销售额的60%左右，所以，一年中，赵光晋时时刻刻都等着这轮圆月。而一想起月亮，她就想起妈妈。

这天她很晚才回家，一走进明晃晃的客厅，她便腿一软跪在正面墙上妈妈的遗像前——那儿的地上固定地放着蒲团——她双手合十，满脸泪花。“妈妈，有贵人相助，双合成有地方了，我知道这是妈妈在天堂保佑女儿。女儿吃了这个亏，更坚定了建大工厂的想法，妈妈一定要保佑女儿梦想成真。妈妈，我是晋，我相信妈妈能听见女儿的声音。”然后，她摸摸索索正从包里找着能擦眼泪的东西，一个叠得四四方方的湿毛巾递了过来，是坐在后面沙发上一直等她回来、这会儿走过来站在她身边的女儿。灯光下，女儿脸色显得苍白，盯着她，努着嘴，既心疼又委屈地说，“你总是看不见我！”女儿跟着她在双合成长大，她一忙起来总是忘了行军床上的女儿，使女儿无数次泡在尿里，或掉在地上，还有几次她竟把女儿忘在幼儿园。她一直觉得欠女儿的，一直寻机会补偿，但女儿长大了反而成为她的守护神，总是出现在她最需要人的时刻和地方。一想起这些，她心里一酸，抱住女儿。当女儿用脸蹭着她脸上的泪，她又轻轻地把女儿推开，指着墙上的妈妈一笑说，“你姥姥漂亮吧！”女儿盯住墙上的姥姥，她与女儿一起看着墙上她心目中的女神：那是一个穿着花格子衣服的姑娘，留着小辫，脸圆圆的像个月亮，眼睛里闪着慈祥而快乐的光芒。她与女儿的目光交融在一起。她说，“姥姥漂亮吧！”女儿嘴一撅，“姥姥又不是你！”小保姆小红轻轻来到客厅看有什么事做。两只爱狗——像老虎一样的阿虎和像兔子一样的阿龙——从它们房间里怯怯地跑过来围在她们身边。她又说，“姥姥是神，心里有啥要给姥姥说说，她会保佑咱们。”女儿眉一皱，“你就是姥姥！”

丈夫在外地采购未归。赵光晋与女儿一起吃了早餐，俩人拎包上班。在一大一小两只爱狗的叫声中，赵光晋与女儿走到楼下，早在院内等候的司机刘兵打开车门扶她上车，女儿头也不回地骑着自行车走了。当车在旭日中徐徐开动，她回头在三楼家里厨房的窗户上看到了两只爱狗，心里酸溜溜地涌上温情。突然两只爱狗汪汪地叫起来，震得整幢楼房地震似的颤动。只几秒钟，她的破旧本田驶出院子，她感叹道，“柳兵，当年我盖这楼，大家是那样兴奋，可现在真不能看了，就一幢丁字楼，旁边这一溜儿地方，汽车一眨眼就过去了，看上去真寒酸，咱有了钱不仅要建厂，还要给大家盖房。”清晨的阳光里，赵光晋和柳兵都显得特别精神。柳兵开着车说，“赵总，我觉得咱这院子好，咱双合成都是些没本事的人，要不是你，都不知道在哪儿飘着呢，哪有自己的家！管他别人金窝银窝，这儿是咱的窝。”赵光晋很感动地说，“柳兵，你能这样想我就有信心。”

出了院，正北就是北大街，两人只说了几句话，车就到了双合成门口。清晨橘黄色的阳光里，双合成总部一百来号人穿着红工衣正列队准备唱歌，赵光晋与柳兵钻出车，赶紧跑过去站进队列，指挥唱歌的古鸿文做了个手势，一百多人洪亮的歌声响起来。成群结队上班的路人纷纷停下，将目光投了过来。

没有共产党就没有新中国

没有共产党就没有新中国

三十年来，双合成人雷打不动地坚持每天清晨唱歌——《国歌》《没有共产党就没有新中国》《双合成之歌》——尽管这早已是太原市家喻户晓的事，但北大街的人这才看到了这道风景。

写到这里，必须简单讲一下双合成的四次搬迁。赵光晋 1985 年来双合成时，它的历史是这样记载的：双合成创始于河北，为了扩大生意，1912 年，创始人李洛金派次子李俊生来到太原，在北司街 24 号又开了一个商铺，1914 年搬迁到大剪子巷，1929 年搬到柳巷的 76 号，直到 2005 年被逼迫搬迁到北大街，这就是双合成的第四次搬迁。而随着政权更迭和社会发展，河北双合成总部及其他地方的双合成早已不复存在，因此，太原双合成就成了中国双合成。在双合成的四次搬迁中，赵光晋进行的是第四次，但它却是双合成历史上一次命运的大挪移。第四次搬迁的结果是，双合成丢失了柳巷 76 号，却有了一幢现代化“大楼”，这使双合成由一个老字号一下子有了现代化公司的模样，使北大街 5 号成为双合成的代号，使北大街随之成为太原市一条被人们关注的街区。

现代化的环境迅速改变了赵光晋，也改变了双合成人，把他们的劳模作派硬生生地导向现代公司人的范儿。人还是那些人，样子还是穿着张亮设计的红工装的样子，但走在楼里的气质已非同以往，似乎训练有素。楼里见了面，“你好！”“大家好！”“赵总好！”简短的问候之后，都会匆匆赶回自己办公室，或赶往正忙工作的地方，完全不是老字号中掌柜与徒弟的关系，不是旧双合成里领导训斥员工、员工黏着领导的那种关系。会议突然增多，除了一楼形象店必须时刻繁忙地接待从全市四面八方涌来的顾客之外，三楼赵光晋的董事长办公中心及二楼的总经理办公区域里，各部门随时都在开会，三楼总是开着企业文化和企业战略的会议，二楼总是开着企业管理和企业营销的会议。三楼的会议肯定是赵光晋主持，而二楼则是古鸿文的天下。环境的改变一下子打消了赵光晋对古鸿文的很多顾虑，似乎这幢大楼就是古鸿文施展才能的场所。在这新楼里一上班，她就把古鸿文任命为常务副总，从心里卸掉了总经理的担子，于是，这一年中秋月饼生产与营销就成了古鸿文的事。而古鸿文真像变了个人似的，每天用他的方案和会议实现着赵光晋确定的工作目标。古鸿文总是很忙，步履匆匆，他话很少，表情怡然，似乎对一切都心中有数。即使赵光晋因为什么事急了，甚至因为他的一些错误批评他，他也只是一笑说，“都安排好了，早都安排好了，该做的时候自然就会做的。”然后他会递给赵光晋一沓方案，让赵光晋沉浸进去无话可说。古鸿文被赵光晋召唤，或他召见任何人，包里或手上随时都带着厚厚的一沓一沓的方案，他是一个没等你开口就用方案使你闭嘴的人，他对经营企业的信心，是在北大街 5 号突然让人们看到的。

古鸿文做职业经理人凭的是方案，不像上海林先生凭的是拍胸脯和喊口号。而赵光晋总是希望通过会议或谈话，找到双合成的灵魂，基业常青的路径。

似乎一切都变了，被请来的专家也多了起来。专家们经常是彼此不认识，但对于双合成人来说，他们都是一样的。他们都夹着公文包，或提着电脑，戴着眼镜，目不斜视，气宇轩昂地被人伸着手指着路带进来，年龄大的还会有人搀扶。“咱这儿一下子多了这么多戴眼镜的！”好多次我听到一旁办公室里双合成人在窃窃私语，便目光瞟过去，他们就低头一笑，我也一笑，走进会馆。

对待专家，赵光晋的态度是，是专家就请，但大浪淘沙，最终留下那些真的理解她支持她，真的很懂双合成很想帮双合成，真的很有水平的人，也就成为像张亮一样的双合成的骨血级人物。在北大街双合成时期，我印象很深的专家有台湾的杨达天，他是平面设计大师，也是企划大师，但在台湾做生意做得不顺，这才来内地发展。在内地他做得很好，公司在上海，设计与策划的业务做遍全国，渐渐以大师的身份到处教课。赵光晋是以学员的身份与他认识的，并把他聘为双合成的专家，除了给他不少业务，公司有要事赵光晋必请杨达天到场。印象同样深刻的是一对朋友：一个六十来岁，花白的头发，浑身的精气神，人称郭处，他是企业管理和商标注册专家，对企业一切问题的看法都非常老到；一个四五十岁，头发稀少，越来越宽大的额头总是闪闪发光，看样子七十多岁，看气质比实际年龄还年轻，人们叫他彭工——他大学学的食品，多年来专注于食品企业的研究，从来是语不惊人死不休，渐渐地省市哪儿开会都想请他，希望他用现代思想炮轰那些落后的非专业思路；他俩从来都是成双成对地出席各种企划会议，是一对能掌控会议成败走向的专家。还有个专家是全市人民的熟人，他历史知识渊博，文化思维特别，是市政协领导，人们叫他王主席，但他却是这个城市的策划大家，做的项目绝不限于历史，由于职务缘故，他在很多场合都是被邀请第一个发言的。另一个留着大背头的专家是策划大师王总的朋友，他是一所大学的教授，人称黄教授，他是山西企划界的独行侠，特别擅长会议和会战策划，尤其是演讲高手，在煽动营销激情方面无人可比。王总偶尔也来，但匆匆发个言就走了，大家就纷纷议论说，王总现在项目很多，不可能在一家企业里泡着，大家要理解他。这话似乎是让赵光晋听的，赵光晋那时会低一会儿头，这使我感觉到她因上海林先生的事很矛盾地与王总分手后，就一直对王总有一种解不开的心结。当然，这些专家中也有我带去的一些文人。

都是专家，谁高谁低？哪个是真的哪个是假的？是骡子是马得出去遛遛，是真是假谁高谁低，得发言上见。从每个专家的表情、眼神和目光上，能看到这种较劲。彼此当然很亲热，互相抬举和吹捧是免不了的。但是，会议一开始杀气就出来了，专家们很过瘾的语词交锋，总使赵光晋开怀大笑。她不是看到专家们战斗她就高兴，而是兴奋双合成请来了更高的高手。她总是急切地抛出话题，当大家唇枪舌剑地“干”起来，她便专注地做起笔记，她的副手们也像她一样认真地做着笔记。她还会安排人在大家周围不断地转着摄像照相，记录下会议的分分秒秒，每个细节。

专家们的发言，总是在赵光晋讲完开场白的片刻宁静后，突然爆发起来。

这天讨论的是双合成月饼的营销思路，赵光晋渴望通过大家的发言验证或调整自己的决策，也想凑机会征求专家们对她想建工业园的意见。会议桌上摆满了各种月饼和月饼的内包装，月饼的外包装盒则山一样堆靠在专家们身后的条桌上。每个专家面前都摆着盘子，盘子里摆放着切好的各种月饼块，上面插着塑料叉子。也许是感觉到身份重要，也许是感觉到会场上有一种期待，杨达天在古鸿文汇报了月饼营销思路之后，就立刻发言，并说中午饭不能吃了，得赶往机场坐飞机下午参加沈阳一个月饼营销会议。他首先感谢赵光晋给他面子，好几年在营销上都用了他策划的“感恩”这个主题，然后打开大皮包，掏出一沓沓硬纸片，一拼就是一个个月饼外包装盒。他把这些盒立在会议桌上，指着设计在上面的形象不同的“感恩”二字，给大家讲解他对“感恩”的多种理解和设计表达。然后，他重点讲了一款叫“小小月亮”的月饼盒的设计理念，并在墙上的大电视上播放他拍的一个小月饼像星星一般在天上飞来飞去的电视短片。“营销要有大主题，还要有大亮点，小小月亮是今年我的一个突破，它抓的主要是孩子，只要孩子要吃，哪个妈妈不会购买？这一款东北及南方几家已经定货了，买断了那些区域的使用权，包括电视广告，如果赵总感兴趣，这款盒和电视广告……”专家们齐刷刷一声短笑，王主席用油笔轻轻敲着桌面，打断了杨达天的话，“台湾人的思路就是先进，今天本来是讨论双合成的月饼怎么更好地卖向市场，杨先生却是想把自己的盒盒卖给赵光晋，赵总还听得津津有味，嗨嗨！”王主席短促地笑着看着杨达天，赵光晋放下笔，抬头看见杨达天红了脸，便一笑要说话，王主席对赵光晋做了个手势自己继续说道，“我是开个玩笑，市场就是你卖过去我卖过来，最后由顾客买单，只要杨先生的营销概念和包装能推动双合成的销售，赵总你买下来有什么不好？”杨达天赶快解释，“主席，主席，我不是这意思，与赵总合作多少年了，我每次来都是想贡献点思路……”赵光晋终于打断杨达天的话，为她心目中这位贵客说起话来，“杨总是我请来的……”

这时，彭工轻轻晃着脑袋笑着看着王主席：“主席，”他的笑容给大家的印象是他与王主席很熟，“听说南海酒家今年有一款月饼将要火爆，叫什么玉莲酥，据说是乔家大院几百年前的秘方……”彭工身边的郭处忍不住笑了，王主席脸微微一红，瞟着赵光晋对彭工与郭处说，“那是谣传，我只是参加了一下他们的会议，去的时候也不知道干什么，乔家的秘方不是我找到的，名字也不是我起的。”郭处提高了嗓门，“我绝对相信王主席的话，如果玉莲酥真是王主席手里的秘密武器，怎么会不贡献给双合成呢？怎么可能不贡献给赵总呢？”

充满火药味的话题转移到王主席身上，杨达天如释重负地盯着桌面默默地微笑。看到为了双合成专家们话语上谁也不饶谁，赵光晋乐得哈哈大笑。彭工眯着眼瞄上坐在人群中只笑不语的张亮，“说到营销概念，我真的觉得双合成一些老概念不错，比如福喜……”赵光晋与古鸿文这些副总们情不自禁地念叨起他们“福喜人间寻，情缘双合成”这句老话，张亮苍白的脸微微一颤，笑了，露出两排白牙。彭工一字一板地继续说道，“中国是一个家园情怀的国家，从古至今都向往福喜二字，而福喜感就集中表现在一个个传统节日上……”郭处胸一挺，激动地打断了彭工的话，“从这个意义上讲，福喜不仅是双合成代代传承的产品精神，用现在的话讲，它还是双合成的营销策略、营销理念，它走的是中国节日的道路，是中国人的心路……”赵光晋看着郭处，很郑重地告诉他，“福喜是张亮跟我在街边吃馄饨时想出来的……”彭工哈哈大笑，“汉字是老祖宗创造的，事是双合成人一代一代做的，不仅双合成，中国哪家食品老字号走的不是福喜的路？他们台湾也是！”彭工的食指往杨达天那儿一点，“张亮先生是跟着赵总突然顿悟，总结提炼出福喜，也是功不可没，但真正的功绩属于双合成。仅说这两个字的产生，当然是赵总手上的事，赵总你别紧张，我不否认你的历史功绩。”赵光晋哈哈笑着在本上飞速地记着。“所以，咱们大作家总结得很准，”彭工友好地瞟着我，“骨血级人物，入木三分，张亮兄就是这样的人，我希望自己也能成为赵总身边这样的人，作家的笔一定给点面子。”我对彭工点点头，看了一眼张亮，发现他笑得很开心。

赵光晋立刻表扬我：“就是就是，二十年来那么多人写我，就是许大雷许老师能把我说清，小古，赶快派人给专家们一人发一套《信念三部曲》。”

王主席咳嗽了两声，会场静了下来。“我还想贡献个研究，我发现月饼的前身是尧饼。为什么月饼是圆的？因为中国的饼就是圆的，中国最早没有馒头只有饼。为什么饼是圆的？因为尧那个时代所有的生产技术都很原始，面一和手一拍就成了饼，就是圆的。山西是尧舜禹的故乡，等于就是饼的故乡，也是月饼的故乡，如果把尧饼作为一个概念……”赵光晋激动地打断了王主席的话，“王主席你再说一遍！”王主席的脸已激动得通红，头一抬正要解读，会场上发出一个人朗朗的笑声。“哈哈哈哈……，我实在忍不住了，一盒尧舜禹，那价格可高了，可谓无价之饼，赵总，这双合成就发了，哈哈哈哈……”说话的人是黄教授，他笑得前俯后仰，“真是一个比一个能整！”

在专家们互相指指点点的笑声中，赵光晋让大家休息十分钟去趟厕所，然后拉着古鸿文回到自己办公室。俩人在一个红木茶几旁的一对红木椅上坐下，古鸿文看着兴致勃勃的赵光晋，眨着眼睛等待问话。赵光晋兴冲冲地问，“你觉得怎么样？”古鸿文干脆地回答，“醍醐灌顶。”赵光晋又问，“你能记住几个观点？”古鸿文更加干脆，“一个也记不住。”赵光晋眉头一皱，“为什么说……那为什么还要……什么灌顶？灌顶是什么意思？”古鸿文头一低，“就是好的意思，就是好得听不懂。”赵光晋拧住眉毛，“你这是什么意思？”古鸿文抬眼看着赵光晋，眨着眼睛，“那么容易听懂还叫专家？专家说话就是要让人听不懂嘛！”古鸿文低头一顿，抬头一笑，脸又拉下，瞪着赵光晋，“我得好好消化消化，然后给您写个报告，不，写篇心得体会！”赵光晋一愣，不满地看了古鸿文几秒钟，起身往会馆走去。“快走，接着开会，你是副总，就是当年的林总，时时处处要带头，会上会下不能跌凉话戗棒子！”古鸿文跟着赵光晋，缓缓地往出走，声音很低地嘟囔道，“说的都是个……”赵光晋猛地回头，“小古你说什么？”古鸿文站住眼一瞪，“我没说那个字！”赵光晋又盯他几秒，回身走进会馆，古鸿文这才快步跟了上去。

会议进入另一个程序。

赵光晋抬头问话，低头做笔记。

赵光晋：“各位专家觉得我们‘合和’这个理念怎么样？”

专家们你一言我一语：没有什么问题，双合成的传统本来就是“合”，加上“和”字意义又提升了，与中国的和谐社会及世界对和谐的强调都很合拍。

赵光晋：“还想听专家们说说，我们‘用共产党人的先进性引领企业的先进性’这个理念怎么样？”

专家们又纷纷说道：这还能有问题？谁敢说这句话有问题？王主席进而强调，“赵总是共产党的红人，还真得用这个理念作为旗帜，我觉得很准，很合适。”

赵光晋：“那‘做中国最有发展力的老字号’呢？”

郭处道：“挺好。作为商标管理的领导，我见证了很多老字号的消亡，也了解全国90%的老字号在现代化的过程中都倒闭了，其他10%的老字号都苟延残喘勉强生存，这就证明老字号这种民族企业形式现在面临的主要是生存与发展的问题，所以，这个理念抓住了老字号的要害，双合成正好是中国老字号生存发展的典范，这个理念应该成立，而且……”

彭工忍不住插话道：“刚才这些理念都没问题。我要说的是，赵总，你们双合成的文化，也就是思想理念一直都是正确的，既有永恒的文化内涵，又有超前的追求。但是，近一段时间，双合成在文化上确实突然发生了重大变化，有点迷人，看来背后有高人，高人不仅仅是在座的诸位……”赵光晋脸上绽开笑容，她指着我和我身边的朋友：“这都是作家刘老师他们写的。”

专家们看向我们几人，纷纷客气地点着头，对视着互相说：作家们有灵气，语言好，会表述。但在一般人印象中，作家都是会写些形容词，看来赵总请的这几位文人作家不是那些老朽酸人。真人不露相啊，失敬失敬！我们几人点头回礼，但还是没人打算发言，都只是想听听而已。

会议继续。

王主席又一咳嗽，大家安静了。

王主席：“不过，我想提醒赵总，企业理念不是口号，它要实实在在管住企业人的思想，因此要分清都是什么理念，一个理念管一方面的事情。”王主席边说边打开面前《信念三部曲》中刊登企业理念的《信念的空间》一书，一条一条发表他对所有理念的理解，“赵总你看这上面写得清清楚楚，‘合和’是哲学理念……引领先进性这句话是政治理念……做最有发展力老字号这句话是核心理念……这里也有福喜，它是营销理念……十几条理念等于十几个精神领袖，它们得管事，不能只喊在口头上，写在墙上，登在报上，播放在电视上，帮助你们卖月饼卖产品，这就瞎了。另外，今天讨论今年中秋月饼的销售思路，等于一个高端策划，我建议不要讨论这些抽象的理念问题。”

专家们齐声说“对对对”，赵光晋一笑表示：“我把话题引偏了，耽误了专家们的时间。我是觉得王主席尧饼这个概念特别好，想请教专家们，尧饼能不能与咱们的感恩和福喜结合起来？”

王主席轻轻一笑，手玩着油笔，看着赵光晋，瞟着大家：“赵总，不能因为我刚才发表了点意见就这样肯定我表扬我。但我还是要顺竿往上爬，发表拙见，我想问你，赵总，你说的结合是什么意思？是内涵上的结合，还是语词上的结合？”

赵光晋愣愣地看着王主席，只笑，找不到对答的话。郭处与彭工对视了一下，郭处抢先发言，“我是管商标的，也是品牌管理，品牌其中就包括品名。咱们双合成的感恩或福喜并不是品名，就是说，不是月饼的名字。感恩这个概念更台湾味，是基督教概念，世界概念。”杨达天对着郭处拱手，但郭处没看见，继续对赵光晋说，“福喜是中国的人生向往，更民族化、内地化，更适合中国人的情感，其实都不错。王主席提出尧饼，是对中国食品文化渊源的深度挖掘，感恩或福喜里有了这个深度，肯定增加了产品价值，相应也会提高价格，但这个结合怎么体现？首先得体现在品名上。问题是，品名上有了尧字顾客就认可了？这恐怕需要时间，而且语词表达上很困难，我觉得一下子没法结合。”彭工早等急了，“非常同意郭处的意见，对王主席的考证和研究也表示敬佩。但今秋月饼引进尧的概念，除了郭处刚才说的，恐怕还有人为编造炒作的嫌疑，这就臭了。试看今日市场，很多明明白白的现世产品，历史都是越追越远，作为顾客，我就感觉到恶心，一听就产生怀疑。尧饼这概念当然很重要，不妨作为双合成长期发展的战略要素，从长计议，它只有整体运营才会发生作用，不能当作廉价的口号，赵总你以后得改掉这个毛病。”

这时，我带来的一个教授，享有全国威名的学贯中西的理论家杨洪突然发飙：“月饼是中国人天伦情感的千年烙印，它本来是一个温暖的文化记忆，但市场经济却使它变成中国最大的浪费。试想，费了那么大劲、投了那么多人力智力物力财力，做下月饼谁吃？都是送来送去，使最温暖的礼品成为废品，就这一项每年国家要浪费多少钱？浪费的仅仅是钱吗？浪费的主要是中国人的智慧和情感，践踏的是全民族的情怀和期待，但始作俑者是谁……”

黄教授鼓起掌来：“批判得好，批判得好，成了赵总急功好利的思想批判会了。都说我是大忽悠，我本来还想在大市场上给赵总的尧饼好好吹一吹，拍个电视片就老黄一个人在上面讲，现在看来没机会了。哈哈哈哈……”

看见专家们都笑，赵光晋一怔说：“月饼有这么大的罪恶？那就算了，我请教下一个问题，这可以吧？可以我就说了。双合成1997年股份制改造到现在，每年月饼的销售额一直是三五千万，徘徊不前，我们的人认为这就是双合成月饼销售的极限，过去我们的专家也下过这样的断言，说双合成已经是山西的月饼王了，是老大，不让我再胡思乱想。可我总想，好利来、北京的稻香村、上海的杏花楼……怎么就能销售几个亿、十几个亿呢？我觉得，这不是市场极限的问题，而是咱生产能力不行。”

古鸿文及双合成其他几个副总开始偷偷地笑，专家们看着他们，也顿悟到什么似的跟着笑起来。

赵光晋一扬眉毛，提高嗓门：“笑什么？我说的是真的，这就是我的想法。全国很多地方还没有咱们的市场，但这通过努力可以开发呀，如果生产跟不上，你营销能力再强都不行。所以，我还想谈谈建工业园的问题，如果我们有一个几十亩、成百亩、几百亩的工业园，有一个能跟上市场需求的现代化生产线……”

专家们轰的一声笑了。参会的双合成副总及相关部门经理也跟着笑了。忙碌着给大家摄像照相的双合成员工也笑了。

会场一片笑声。会议桌上的茶杯在笑声中得得地抖动，每个人面前的笔记本或做记录的纸张在大家大笑的气流中卷起纸角，一杆杆油笔被掀得滚动起来。

专家们吵吵起来：就知道赵总要说这个事！

赵光晋眨着眼睛：“难道我说这事不对？”她突然醒悟到什么似的耷拉下眼皮，坐着不吭声了。会场一下子冷了，大家互相低声解释着刚才的发言，让赵光晋听。当大家提高嗓门要给赵光晋解释时，满脸沧桑、穿着花格子短袖衫和短裤的赵光晋突然起身说，“我去趟厕所。”然后，她拎起鼓囊囊的包走了，并且头也不回地甩下一句话，“招呼专家们吃好喝好。”然后走了。

赵光晋走时甩下的那句话显然是给古鸿文说的，他知道自己的老板是在专家的话语中受到了伤害，这一走肯定不再回来了，但他不想说破这一点，而是干干地看着专家们和参会的双合成副总们苦苦地等着赵总回来。那等待的分分秒秒非常漫长，每个人的表情都很干涩，似乎谁都伤害了盛情邀请大家的东道主。但等着等着，大家不再对视，不再交流，不再开玩笑，更不再“互相开炮”，因为，赵光晋走了，会议自然就结束了。这个时候大家才意识到谁是这里的主人，一个个都显得那样自责和无趣。还是王主席带头站了起来，其他专家也跟着站了起来，纷纷喊古鸿文派人叫“赵总”回来，接着开会，而古鸿文早已悄悄地追了出去。古鸿文一直打电话，赵光晋一直不接，他便从财务部叫出赵光晋女儿俏妹，把俏妹叫到赵光晋办公室告诉发生的事情。俏妹愤怒得脸都白了。俏妹拿着手机，一次一次拨号，只拨几个数就停了下来。她又几次拎包要急匆匆地走，但走几步又回来站在古鸿文面前，仰着头，皱着眉，眨着眼，想着什么。突然，她脱口而出，“我知道我妈在哪儿！”她说“叔叔你别管了，你们开会吧”，说着拎着包跑下楼去。

赵光晋被女儿从天龙山父母墓地找回来时，街上已行人稀少。母女俩一进入市区就下了出租车，然后互相搀扶着一直走回来，一直走向双合成职工住宅大院，即北大街南侧新开南巷的双合成大院。赵光晋一路上看着夜空，看着夜空的月亮，看着月亮一会儿变大一会变小，一会儿隐于云层，一会儿又露出笑脸。月光像水一样在她脚下流淌，在她心里泛着波浪。这会儿，她已经站在了自己的院里，她突然从月亮上看到了妈妈。她想起妈妈那张遗像。妈妈穿着花格子衣服，脸圆圆的像月亮一样，花一样的眼睛总是慈祥而快乐地笑着，脸上从来都没有忧愁和怨恨，似乎一切在心里都是那样美好和淡然。妈妈的笑容和眼神总是能带给她平和、宽容与幸福。可是，从下午到晚上十几个小时了，她仍没法像妈妈那样，心里仍是难过至极。她忍不住跪了下来，对着月亮上的妈妈说，“妈妈，我没想到是这样，我请他们是虚心向他们请教的，可是，他们都对，就是我不对，他们还那样损我笑我，我不就是想把月饼卖好嘛，不就是想建个工业园，我为了谁？妈妈，要是你，你会怎么办？你会难过吗？你还会再请他们吗？”她脸上泪如雨下，像断线的珠子。她听见妈妈说，“晋，乖女儿，咱不难过，咱不难过，咱不难过……人家都是能人……都是能人……都是能人……”她听见妈妈温柔的声音在月光盈盈的夜空里回荡。她仿佛听见也有人叫着，“妈，妈妈——妈妈你怎么了？”

那声音是俏妹在叫她。

俏妹以为妈妈气疯了，那晚上她恨透了那些专家。

05

到河北去

光晋的

HOME

后来，赵光晋还是经常把这些专家请到双合成。她好几次这样解释了那次会议上她的离席不归：“很对不起，那天我是突然想起了我妈，我去了天龙山。”她打开手机，挨个让专家们看了妈妈年轻时的照片（她把妈妈照片设置为手机首页）。专家们看看她妈妈的照片又看看她的脸，一致感叹着说，赵总那张漂亮的脸是贡献给双合成了。赵光晋听后笑了。

闻名三晋的两个企业拯救者王总和林先生，成为双合成偶尔出现的两个影子，这不仅没有打击双合成人的情绪，反而激发出他们的激情，这一点谁也没有想到。这一年，生产与营销的舞台好像就是为古鸿文而设定的，除了不断审查、调整方案，不断签署、修改营销合同，他基本上就与主管生产的双合成饼艺大师程雨兰及主管采供的宋英民在一起，渴望通过采购、生产与销售三者的完美配合，创造中秋利润奇迹。看到倔把头古鸿文成熟老练的样子，赵光晋放心了。

赵光晋从小喜欢打破砂锅纹（问）到底，遇事不弄出终极因由誓不罢休。她往往把与她在一起的人逼得满头虚汗，她就因为这个特质把她带进了企业文化，这便是她对双合成传统与精神的考证。“干一行就要敬一行，敬一行才能爱一行，爱一行才能专一行，专一行才能精一行，精就是搞清搞透，成为第一，这才是本事，这才叫干。干活干活，干才能活，人都是这样，咱这没本事的人更得这样！”她没想到她这种成套的赵氏格言，竟成为双合成新的文化传统。采访中赵光晋经常悄悄对我说，“我的话人们都爱听，文人专家却从来不把它往文章和策划中写，这是为什么？”我感受到了赵光晋热烘烘的目光，特别想笑……我还是笑了，我说，“不过，我写！”这时，她高兴得像个孩子，不断拍我的肩头。

尽管她继续保持与专家的来往，但专家们对她的反思和批判，还是她内心的伤痛。这一天，她突然决定到河北去——后来我才知道她是为了散心——她隆重地邀请了我和我的女儿童童同去。我与女儿光荣地坐在赵光晋刚买的一辆墨绿色韩国华泰特拉卡里，听她一路没完没了地打电话。“只有是与不是，行与不行，好，好，那就好！”这个时候，她特别像个铁腕人物，甚至给人蛮不讲理的感觉。当汽车在太旧高速上驶出山西，她突然打开车窗，长长出了一口气，似乎吐出了心中无尽的纠结和窝囊。在扑进车里的呼呼的风声中，她用高亢亮丽的声音唱起歌颂父母的歌，不是《白发亲娘》，就是《父老乡亲》。

我生在一个小山村
那里有我的父老乡亲
胡子里长满了故事
憨笑中埋着乡音

“好了好了，”赵光晋双手拍打着胸脯说，“一唱心里就轻松多了，舒服多了！”她在额边举起双拳，对着没有尽头的高速公路，高速路两边飞逝而过的树木、花草、麦田和秋禾、山峰与沟壑，用尽全身气力喊道，“我来了，赵光晋来了，噢——噢——噢——”我女儿被吓得躲进我的怀里，眼睛却仍痴痴地看着副驾驶座上赵光晋的背影。而我却从后视镜上看着后面的几辆车，那几辆车里坐着双合成摄像照相的几个年轻人，和省市电视台、报社的一些记者。

车队沿着太旧高速向燕赵大地河北平原疾驶，越接近目的地，眼前越开阔，阳光越充足，天也越低，似乎太阳就在头顶，只是一团光晕，天蓝得看不清太阳的形状。一侧，几辆拉煤大车在我们车队后吃力地疯追。“一个煤字破坏了一切，还有土！”赵光晋讲起她对全国的印象，“南方和北方就是两个世界。南方水多，青山绿水，人的思想活跃，但心眼太多。北方一些本来穷的地方因为有煤了，就有钱了，地好的地方现在穷了。土是北方的特点，好好的城市，好好的田野，好好的山，好好的水，让土荡得像旧的似的，你们看高速路两边，”赵光晋指着高速路两边，话回到路上，“太旧路当年真是最漂亮的路，可没过几年就感觉又窄又旧，就像秦始皇的千年古道似的，都是煤车弄的。但是，”赵光晋脸转了过来，“当年这条路真是风光，它使山西与全国有了一条高速通道，使山西人冲出了娘子关，改变了山西和全国的关系，带动了山西的发展，这样重要的工程双合成怎么可能坐视不理！”赵光晋诡秘地笑了，“我就组织车队，敲锣打鼓，给工地送食品，慰问太旧英雄，还做了个直径两米的大蛋糕。但仅这一次？山西哪个大工程双合成没有慰问？修建机场，万家寨黄河引水工程，等等，党政系统重大庆典，香港回归，等等等等，什么都没误过，双合成的大蛋糕或大月饼出了名，全省上下都记住了双合成，还上了世界吉尼斯。”赵光晋越笑越开心，像个孩子，“其实我不懂营销，但脑子机灵，用老百姓的话说就是挺精的，咱不借这些大事，怎么能让更多的人知道双合成？我这二十来年主要就干了这件事。”赵光晋一高兴透露了她的秘密，但认真体味她东一锤子西一棒子的话，从中会感受到她的精神洪流，听到她的心声，这时听者会肃然起敬。

在听赵光晋东拉西扯时会发现，赵光晋从来不装。

一会儿说一会儿唱的赵光晋，又一次说到此行是拜谒双合成的祖宗之地，即创始之地。几十年来，一个故事已被双合成的食品盒和记者的文章宣传得众所周知，说是清光绪二十四年，河北保定满城县夏家庄两个人李洛金与张子瑞，因为生计挑着担子走街串巷卖鸡鸭和小食品，赚了些钱后，两人一合计，就在石家庄开了一家食品店，取名双合成，即俩人合作一定要成的意思。由于人和，生意越做越好，就想开分店，于是，1912 年李洛金就派次子李俊生来到太原又开了一家双合成。随着政权更迭和时局变动，河北双合成总部及全国所有的店都不复存在了，这才有了太原双合成一枝独秀的故事。这个故事告诉我，此行的目的地是石家庄，但是，车开到井陉县却拐出高速，这使我的心理、表情和身体有了强烈反应。一路默不作声的柳兵从后视镜上看到我的表现，善解人意地说，“双合成的开创之地不是石家庄了，是井陉横口，咱要去横口。”

井陉与山西一界之隔，但地貌大不相同。虽说还有丘陵，但丘都是小丘，不仅坡度平缓，而且间隔大，中间平坦的地带辽阔，给人以天高地大的感觉。尤其是道路的纵横交错，会使人感觉到这里在历史上一定曾经繁荣似锦。赵光晋做事常常很突然，而且把大家带进“突然”里她还迟迟不说明白，好像谁都应该明白似的。但是，她自己已经兴奋得挺直上身，右手紧紧抓住车门把手，抬眼望着不断变换方位的前方。车从国道拐出去，在田间小路上拐来拐去奔向横口，尘土不断腾起又不断散去，一个隐没于绿色庄稼地的村庄出现在面前。这是一个四四方方的村庄，道路都是柏油铺成，整整齐齐纵横成“井”字状，使这儿更像个镇子。但是，道路不宽，一律中国乡村道路的宽度，路两边的建筑都是乡村风格，加之不时出现一个院子，就使这儿又像个村子。赵光晋兴奋地说，“这就是横口！”但除了她一路上说了无数次的“这次主要是看看双合成的祖宗之地”这句糊里糊涂的话之外，她还是没有说清此行的具体因由。

一进入横口，人声突然响起，随之看到路上走着的、巷里遛出来的串串人影，到了跟前，发现他们长得与山西人一模一样，但脸上的表情却比山西人安详消闲，由此会想到他们的日子千古以来的殷实，以及见识上并不闭塞。村里男女老少来来往往的那个十字路口，显然是村子的中央，而人群中稳稳地站着一个两手叉腰的中年大汉，正企盼地眺望着前方，即我们来的方向，我预感到他与我们有关。果然，他就是接待我们的人，闻名井陉甚至河北的著名村支书。

专门穿着白短裤和粉T恤的赵光晋，伸着双手，满脸堆笑地急急地走去。

“支书支书，我又来了，又回到娘家了！”

年轻高大的村支书，伸开粗壮的长臂，抱住了名声响彻燕赵大地的糕点王，他心目中的铁娘子，他的贵客赵光晋。

“只是个小村长小村长，大姐，你永远是横口的贵客，全村人都等着你哩！”

村支书拍着赵光晋的肩头，赵光晋拍着村支书的后腰。

“谢谢，谢谢，又给你们添麻烦了。还是那句话，不忙别的，我们看看咱这村子，看看双合成老院，看看那些碑，看看秦始皇那条路，就走了，完了还想到县上去一趟，再去趟我的老家黄骅。”

“没事没事，都准备好了，还是先看后喝。我不能慢待大姐和大姐带来的人，客随主便，大姐不要再客气了。”

俩人这才握住手，有力地晃着。看着赵光晋这身打扮，村支书一直夸她像小姑娘似的清爽可爱，充满活力，赵光晋却反复强调自己老了，脸上都是褶子，并赞美村支书高大帅气，是燕赵汉子。

“咱老祖先创造了井田制，不仅村村镇镇和土地分布是这样的，连村里和镇里的巷道院落也是这种格局。”村支书东西南北指着横口，“一会儿带大家转转，咱先看老字号一条街，先拜访双合成祖基，大家都跟我走。”村支书说着一口说不清是河北味、山东味还是河南味的地方话，领头拐进跟前的一条巷道。

巷道已挤满男女老少。脚下是几千年没动过、深嵌着明显的杂乱的脚印的旧砖，巷两边是一座座旧时的四合院，但一看就不是住家户的四合院，而是做生意的铺子，因为院子前面都有黑黝黝的门板，有的打开着，有的没有打开，有的正在打开，使一个个旧式柜台呈现在大家面前。电视台和报社的记者们忙着摄像照相，双合成几个年轻人也跟着拍摄这些有纪念意义的镜头。“各位领导，各位老师，横口人祖祖辈辈都把这条街叫作老街，而把村里其他新修的街叫路，这也是对历史的一种敬畏吧。”村支书左手夹着烟，右手指指点点地兴致勃勃地说，“这条街过去全是商号，每天街上车水马龙，走来走去都是全国东西南北的人，有发财梦想的人。我很奇怪经历了那么多战争和时代变迁，这条街竟然没有被毁掉。还有个现象是，在我爷爷这辈人、我爹这辈人、我这辈人的记忆中，这街两边的院子里仍住着很多人家，都是给人家看院子的，不仅不出租金，还能得一些看院的补贴，可院子的主家是谁还没有考察出来，人家也不说。”从一个个院子里出来的人，听了村支书这话，咧着嘴笑。“我当了村里的书记、村长后，就觉得横口有点邪乎，就动了心思考察研究，有了结果就不远千里万里地给人家说，好多人还以为我是骗子！”村支书说着看着赵光晋哈哈一笑，赵光晋也笑起来，看来他们最初的接触一定是个有趣的故事。“我的想法是推横口的品牌，吸引项目和投资，像老祖先那样把横口再搞起来，同时也想给从横口走出去的华商提供些帮助，让他们续住自己的历史，至少多点自豪和回忆吧，我是一片好心……”村支书挥着手喊起来，好像正开一个村民与远方贵客的现场联席会。

赵光晋啪啪鼓起掌来，满巷道的人跟着鼓起掌来，一个个把手掌拍得通红。“向村支书学习，向横口人民致敬，向河北人民学习致敬！”赵光晋举着双手喊起口号，把巷道的气氛搞得沸腾起来。当年的糕点工，二十年来已见过太多的大世面，赵光晋早已训练有素，于是此刻像演员一样迅速进入角色。喊了一会儿口号，赵光晋见涌来的人越来越多，便叫了声“刘兵”，刘兵又叫着双合成几个年轻人跑过去从车里一趟趟提来各种食品，在赵光晋面前摆下一片，并全部打开包装。赵光晋双手抓起各种食品，一捧一捧送到身边男女老少的怀里，大家高兴得头上冒着汗，扯起衣服把食品兜起来。横口的男女老少连连说着“谢谢”，赵光晋则扯起嗓子歉疚地喊道，“不要谢我，我赵光晋要谢谢大家。双合成是从横口走出去的，它是山西的，更是横口的，也是河北燕赵之地的，是中国的，一句话，它是我们的！我赵光晋来晚了，多亏支书主动找我，使双合成发现了更久远的历史，今天我还是看望娘家人的，我要向大家保证，今后每年的传统节日里，我都要让娘家人吃上咱双合成的食品，尤其是中秋节，我要让娘家人吃到双合成的月饼，要吃到那份温暖的记忆和祖先的创业精神，要吃出我们更美好的生活。向横口学习致敬，向横口人民学习致敬，向我的娘家燕赵大地学习致敬！我亲爱的娘家人，你们欢迎我吗？欢迎双合成吗？”赵光晋踮着脚挥着双手。巷道里所有的人都举起手，“学习学习，致敬致敬，欢迎欢迎”的声音，一浪高过一浪。一台台亮着闪光灯的照相机咔嚓咔嚓地响着，一台台摄像机晃眼的镜头对准了赵光晋，然后转向巷道里激动的男女老少。记者们一边拍摄，一边转悠到我的身边，纷纷对我说，“许老师，赵总不得了，这两下你来得了来不了？”我说，“来不了！”紧紧抱住我右臂的小女儿说，“我爸爸就喜欢半夜把我与姐姐叫起来谈话！”

赵光晋抡起双臂，哗啦哗啦地向人群撒着双合成食品。

不远处一个院子里隐隐传来小提琴的声音。赵光晋一愣望过去，接着缓步走去，巷道静了下来。她轻轻推开那两扇黑漆大门，看到一个长长的台阶，便走上去。上面是个方方正正的方砖平台，正站着二十来个孩子，还有个女老师。老师和孩子的目光怯怯地投向突然走进来的赵光晋，并忐忑地瞟着她身后涌进来的人。细一看，那女老师也像个孩子。“老师，”高大的赵光晋弯着腰低下头，“老师，教孩子学乐器唱歌哩？”赵光晋的声音很轻很柔。“我是从山西来的，祖籍也是河北，河北黄骅，这次来是参拜我们的旧商号和石碑的，你们的琴声吸引了我。”赵光晋突然眼泪汪汪，“你接着教吧，让孩子们拉吧，会不会拉《父老乡亲》？”赵光晋的目光小心翼翼地打量着那孩子般的女老师。老师羞涩地一笑，看向身边一个抱着小提琴的小女孩。小女孩小胸一挺，用嘹亮的童声说，“会！”小女孩突然没了羞怯，她鼓圆红扑扑的脸，绷着小嘴，两只小胳膊一伸把小提琴提起，悠悠地拉起来。在小女孩生涩幽婉的琴声中，赵光晋眼眶里含着泪水跟着琴声唱起来：

多少亲昵
多少疼爱
多少开心
啊，父老乡亲，父老乡亲
啊……
树高千尺也忘不了根

小女孩笨拙的琴声和赵光晋小女孩般的歌声，在小院回荡，飘向很远。

满院子的人，那老师和孩子们，在琴声和歌声中都红了眼睛。

这支歌拉完唱完，赵光晋蹲下来，搂过那小女孩，柔柔地问道，“奶奶唱得好不好？”小女孩说，“好，比我们同学唱得好！”赵光晋又问，“你拉得更好，你是天下最聪明最漂亮的孩子，能不能告诉奶奶，你为什么要学琴？你们老师教得好不好？”小女孩看了老师一眼，头低下半天不说话，突然抬起头勇敢地说，“我们老师是大学生，什么乐器都会，什么歌都会唱，我们跟老师学就是要将来上大学，我爸爸妈妈说了，考大学要花很多钱，学乐器唱歌考大学分低……”赵光晋猛地把小女孩搂进怀里，搂了一会儿，又伸手往怀里搂过几个孩子，把他们紧紧抱住。赵光晋用脸蹭着孩子们的脸。

旁边，村支书叹了口气，用低沉的声音说：“现在上大学难，就业更难，这位小老师家里没关系，在外面不好就业，我就给了她这个院子让她办个班，就算给她找条出路吧，也让这些更小的孩子们……”村支书揉揉眼睛，没再说下去。

横口村民们纷纷说道：国家形势越来越好了，但大学生的就业越来越难，村里人没关系没钱，真是没办法……

村支书胸一挺，拍着胸脯，提高了嗓门：“所以，我要想尽一切办法给咱村创造些机会，给年轻人和孩子们找条路子，我是全中国最小的官，管不了全国的事，但我想管好横口……”村支书哽咽起来，又说不下去了。

赵光晋抹了抹双眼，把村支书和那老师拉在身边，往孩子们中间一站，然后又按住两个大人的肩一起蹲下。“孩子们，都围过来，围在奶奶、你们村支书和你们老师身边，咱们照个相。有这张照片，你们将来有任何事都可以找奶奶，奶奶有个很大很大的企业，能让你们在那儿发挥才能，能让你们有工作，有饭碗！乡亲们，你们也来，旁边能站几个算几个。柳兵，让记者们摄像照相。”记者们及双合成摄像照相的全挤到台阶周围，将镜头对准平台上的赵光晋、村支书、老师和孩子们。“孩子们，跟我喊，茄子——”台上的大人们与孩子们一起喊道，“茄子——”

涛声般的掌声结束了这次合影。

赵光晋走出院子。跟着赵光晋和村支书，几百个人漫步在这条历史上布满老字号的老街上。村支书边走边说，“历史上，最多的时候这街上有百十家老字号！”赵光晋插话道，“但现在一家都没了！”听着俩人的对话，一种伤感的气氛登时迷漫了这条旧时繁荣昌盛的老街。而让人更伤感的是，人们瞬间意识到，这条老街在历史上竟没有孕育成一个城市，而是随着时光，渐渐由镇又成为村庄。尽管天南海北的客人总是把这里叫镇，而这里的村支书和百姓却把它叫作村庄，这里面的情绪和情感……的确是一种使人们太纠结的回味。

赵光晋的目的地双合成旧院到了！看上去它同其他院子是一样的，但此刻它是那样的不同，因为它的主人或后代来了，它像一个老人般稳稳地坐落在巷道中端的北侧。院子还是那样完整，完全是前店后厂的格局。前店的挡板、柜台、房檐、黑黝黝的大门，通往后面的那幽深的过道，地上的青石、院里的石子、墙上的方砖、脚下的楼梯、两边的扶手、楼上的木地板，掌柜的房间、伙计的住处，烤房、账房、食堂、花园、鱼塘……一切依旧，好像刚刚打扫擦洗过似的，但没人了，只留下祖祖辈辈留守的那家人，而他们并不是双合成的后代。他们像客人一样怯怯地跟在人群里，似乎提心吊胆地等着主人察看他们留守的职责是否尽到。楼上楼下，出出进进，赵光晋一句话没说，只是喘着粗气，抚摸着胸脯，好像缺氧似的。而且，她在行走中始终保持着作揖的动作，不管到了任何一个地方她都要作揖三拜。她没有流泪，脸上却随时能看到弯弯曲曲的泪痕。其实，几年来，她带人已经来考察过很多次了，但每次她都是这个样子。而每次离开这个院子，她都会瞅机会对身边的随从说这样一句话，“奇怪了，我一进了这院就像进了坟墓似的，心里又静又沉像有一块巨石，又憋又闷，使我喘不上气来。我好像能听到很多人在角角落落里说话，这时特别害怕眼前突然出现一个什么人，我想象不出他们是什么样子，不知道他们与现在双合成墙上画的那些祖先一样不一样！”

横口人渐渐散去，太阳缓缓西行，而我们一行人仍跟着赵光晋和村支书，在横口老街上行走。我女儿走累了，我抱起她跟上大家。又看了一些地方，我突然觉得手心剧烈地疼痛，一看，是女儿的指甲在我手心掐下了深深的血印，可见抓着她的小手看那个院子时她内心的恐惧。女儿光滑的小胳膊小腿冰凉如玉，但她扎在我肩胛窝的小脸滚滚发烫。我听见女儿梦呓般的声音，“我想回家，我想姐姐了，但我不饿。”我竖起耳朵，女儿的声音便清亮了许多，“我要写一篇文章，都想好题目了，叫‘老院子，老房子’，我写完就让爸爸一个人看。”女儿认识不了几个字，但心就这么大。我悄悄对住她耳朵说，“看完那些碑和那条路，咱就去宾馆。”女儿轻声说“嗯”，然后往我脖根掉下几滴泪。我心酸地觉得，女儿一定是想她妈妈了。

横口的历史上，不仅盛产老字号，而且盛产碑石。村支书的一个贡献是，把废弃在断垣残壁里、荒芜的院落里和泥土里的碑石，全部挖出，清洗干净，并拼接起来，把它们矗立在村里最醒目的地方。这些立碑的地方不是房檐下就是亭阁里，并且全部用铁栅栏围起来，旁边还挂上牌子，对碑的历史和内容进行解读。显然，村支书是用整合和保护横口历史文化的办法，来打造横口品牌，他用心良苦。但他的行为也引起很多非议，很多人说他作为村支书，不务正业，像得了魔症似的，迷上了考古。我们跟着村支书看了很多展示横口历史的碑石，发现全是当年那些老字号为修建或修缮什么建筑捐款捐物捐粮的石碑，几乎所有碑上都有双合成的名字。又看了一个多小时，当院落的墙头、房顶和树冠里射过来的太阳散化为夕阳的光晕，村支书把大家带进一个废弃的四合院里。他说这是他有意保护、绝不修缮的一个废弃的四合院，而一走进这个院里，他的兴致就来了。他指着院子说，“你们看，到处都是碑！”院里的确横七竖八地躺着很多碑石，有些碑石还深深地插在土里，只露出一个尖。村支书把大家带到一个个碑前，蹲下来用手掌在上面一擦，擦掉浮土的碑上，登时显出青石的颜色，出现了斑斑驳驳的“双合成”三个字。然后，他吃力地念着碑上的解说文字，告诉赵光晋和大家，这个碑上记载的是当时老字号为什么而捐款捐物捐粮的故事。赵光晋兴奋地拭着“双合成”三个字上面的土说，“前几次你怎么没领我看这些碑？”村支书说，“那几次时间短，没看到这个院。”村支书又说，“还有一个最重要的碑，在秦直古道的旁边，我现在领大家去。”

现在必须补上一笔：横口这个如今万把人的村镇里，其实还有十几个供奉各路神仙的庙宇，这说明这里在历史上不仅盛产老字号和石碑，而且驻扎着众多的神仙。有庙便有碑，有碑就有双合成。问题是，几千年或几百年后的今天，庙还在，碑也在，而双合成这些老字号都到了哪里去了？它们的创始人和后人们又到了哪里去了？在庙里或碑前燃起几炷香，它们的香火就能永远燃烧吗？但前来参拜的后人还只能这样，这才是悠远的悲凉。

还需要强调一点：同中国地势一样，横口一带也是西高东低。村镇西边再往西是一抹平缓的斜坡，站在斜坡上，能看到夕阳正红，它把目下的村镇和田野映照得像着了火似的，而横口方方正正的就像一盘棋正摆在夕阳里，如果眯眼远眺，仿佛还能看见那下棋的两个老人的影子，及蹲在一侧观棋者的影子。横口就是中国历史摆放在河北平原上的一盘棋，棋还在，下棋者与观棋者却早已仙去。正如孔子所言，“逝者如斯夫！”一条蟒蛇般的路突然出现在面前，它是大小不一的圆形青石铺成，因为历史久远和负重，那青石不仅被踩平，踩成一面面小镜子的模样，而且那路也被踩踏得起起伏伏，坑坑洼洼，宛如巨形蟒蛇般垂死挣扎的情景。数千年的青石铺就的那路还像一支军队，正浩浩荡荡从远方开来，只是再也听不到金戈铁马和将士呼号的声音。路两边长满奇异的花草和青苔，蝴蝶无声地飞翔，虫子在花草中丝丝地爬行或跳跃，一股股蛇一般的凉气从四周悠来，一道道青石拱门从头顶越过，夕阳里这情景使人感受到过往时代和朝代的没落。面前突然一马平川，纵横交错的现代国道呈现在眼前。而正前方西边却出现一道已经深陷地下的巨大的青石拱门，走到跟前一看，泥土掩埋的这拱门的下面，仍是青石铺就的道路，它已经被泥土堆满，只剩下蜿蜒依稀的小路，没有尽头地伸向远方。而拱门上四个字“秦直古道”凸现出来，它有一股神奇的魔力吸引了大家的目光。

“这就是秦始皇统一中国时修的那条路，不论是东征西战，南巡北游，走的都是这条路，这就是当年的国道。”村支书挤到大家面前，看着赵光晋，瞟着大家，指指点点地说着，“没有这条路，中国根本统一不了，国家哪儿有了事就不可能那样快地到达。也是这条路吸引了有发财梦想的人，他们本来都是东西南北地瞎找误闯，好多人就看上了这个交通要道的横口。横口横口，横在交通要道的大嘴巴，它吃掉了别人的钱财，也吞食了一代又一代人的梦想！”村支书正讲得激动，却更激动地奔向拱门西南角一个高高的残败的亭台上。“快来快来，主要在这上面！”村支书低头、弯腰、侧身，手揪着土坡上的花草，脚踩着土坡上的深窝，嗖嗖地攀上那丘上残败的亭台。他站在亭台中间斜斜地矗立在那儿的一个残碑前，指着碑上一个地方，啪地打着打火机说，“你们看这里，双合成！”他又转到碑的后边，指着碑上另一个地方，啪地打着打火机说，“看，还是双合成！”他很忘情，似乎忘记了赵光晋的存在。说着又蹲下来，指着碑后左侧下方，啪地打着打火机，“你们看这里的时间，清道光十八年，这个时候就有双合成了。赵总啊赵总，你们说是河北满城夏家庄的李洛金和张子瑞俩人 1898 年创建的双合成，可碑上这个时间就是 1838 年，这肯定还不是最早的时间。总不可能刚一创建店铺名气就很大，就有资格和实力捐钱捐物捐粮吧，这肯定还不是最早的时间，横口是不是双合成真正的创始之地还值得商榷。”一行二十来人围住夕阳里亭台上的残碑，拥到跟前瞪着眼睛看，并紧张地摄像拍照，似乎这残碑、这情景就要消失似的，而赵光晋始终一声不吭，连表情似乎都消失了。

“不要挤，不要挤！”赵光晋突然吼道。她已经痴在那里。她一会儿转到碑前，一会转到碑后，一会儿站起，一会儿蹲下，一会儿凑到碑前，一会儿用手指轻轻拭着碑上“双合成”的字样和刻碑的时间，她突然很激动，但看上去更紧张，她脸上的表情刀刻一般，与没有表情一样。她轻拭碑石的手带动着全身轻轻抖动着。

残败的亭台下，深埋在地下的青石拱门前，车流奔涌的国道边，大家一堆儿一堆儿地围在一起嚷成一片。有的赞叹秦始皇太伟大了，用一条路统一了中国的东西南北，有的赞叹当时的路到了哪里，中国的疆域就到了哪里，说这太神奇了。有的说起发生在河北平原上人们耳熟能详的历史故事，什么黄帝大战蚩尤，什么项羽巨鹿与秦军生死决战，什么吴三桂引清兵在山海关剿灭李自成，什么中国军队在这里与日本鬼子艰苦鏖战，等等等等，几乎所有发生在河北及中国北方的中国朝代更迭的惊天动地的战事，大家都恨不得在此刻将它们全部说出来。有的则说起历史上涌现在这里的侠义之士，有的抢着说这里诸多的成语故事……有的则说，这本来是一条政权的道路，但数千年来却奔涌着滚滚的财富浪潮……

赵光晋呢？

她一个人正站在国道旁，失神地望着南来北往、东去西行的滚滚车流，望着国道的尽头，手上拿着手机，一声不吭。她的旁边还站着一个人，村支书，他胸脯一起一伏似乎仍很激动，但赵光晋的样子使他觉得不便说话，他便拼命抽烟，等待赵光晋开口。我觉得应该过去一下。我抓着小女儿的手悄悄走到赵光晋身边，她听见了我的脚步声。

赵光晋仍看着远方："都是从这条路上来到横口的，但不知道后来去了哪里，他们的后人是不是还能记得这个地方。"

我点着头，赵光晋并没有看见我的反应。

赵光晋："很壮烈，很伟大，其实都是为了追求好生活，为了一个梦，秦始皇也是这样。"

我轻轻应了一声："是。"

"我不知道我在干什么，非要找到那个最早的时间和最早的人，但我还没有找到，只看到一条物是人非的老街，一座空荡荡的院子，一个个残败断裂的石碑。"赵光晋轻轻叹了一声，接着说，"每当这个时候，我就特别想说说话，只有你们这些文人专家能和我说，能让我开窍，可是……"她摇着头，"这次我本来是想出来散散心，在老祖先这地方吸取点精神力量，可是……我觉得自己心胸太窄，心眼太小，这儿也许还不是我要找的地方。祖先们经历了那么多才有了咱们今天，我却受不了专家的几句话，看来还是不行，没有资格往这碑上写！"

我又轻轻应了一声："是。"

赵光晋转过脸看着我笑了："你最会分析了，今天咋一声不吭？我今天最想听有思想的人说话了，说什么都行，把我批判得体无完肤也行，你咋不说？晚上咱不麻烦人家支书了，咱找个酒店我请大家喝酒，大家都尽情地谈谈此行的感受，然后认识分析我，开个赵光晋研讨会，批判会也行，我保证一张笑脸陪到底，认真记住大家说的每句话，每个字！”

村支书眨着眼睛走过来。

其他人还在嚷着河北燕赵之地那些壮烈而辉煌的历史和人物。

我女儿又用小手抠进我的手心。

赵光晋望着夕阳下横口一带的平原、山脉、道路和村镇的影子，幽幽地说：“既然来了，我就得去趟县城，该见的就得见见，不然要落下埋怨。我还要去趟黄骅，说了多少次要去都落空了，这次一定要去。那个城市原来也是个说不清是村还是镇的地方，它是我的老家，在那儿没人认识我，但我不能不看他们，它在北京和天津的边上，说起来我也算京郊后代，唉！河北这地方，真大，割出去北京和天津，还是这么大，但是，两个这么大的都市都使河北先进不起来，这个事真是搞不清。以前老觉得自己是人物，看来，弄个双合成真没有什么了不起，太小了太小了，对于中国来说，它就是个小小的家。”

我更无话可说，为了阻断赵光晋绵绵不断的倾诉，我拉着女儿向车跟前走去。我看着地上我与女儿一长一短的两个影子，听到赵光晋的歌声轻轻地悠悠地传来。

娘啊，娘啊，白发亲娘
儿在天涯
你在故乡
娘啊，娘啊，白发亲娘
黄昏时候
晚风已凉

06

那时候，那家人

光晋的家园

HOME

06
那时候，那家人

回忆时而像条船，时而像匹骏马、像束闪电、像个飞碟，而时间宛若河流、草原和天空。而这会儿，回忆正像赵光晋驾驶的华泰特拉卡，时间就像她眼前的高速公路。

多少年来，当思绪滚滚到来的时候，赵光晋总是想开车。她是太原市财贸系统第一个买下日本进口本田轿车的人，这曾刺激得有些人想把她整死而后快，但她反而越来越喜欢车，而这些年她干脆喜欢上了越野车。“这种车，个儿高，门大，视野宽阔，看见轿车都像看见甲虫，一切都在自己下面，心情舒畅。”赵光晋这样表达她对越野的钟爱。但是，搬到北大街 5 号她买下这辆墨绿色韩国华泰特拉卡后，却很少用，主要是接送双合成的贵客，她还是经常乘坐那辆破旧的本田轿车。只有出远差、需要长面子的时候，她才会让柳兵开这辆车。而情绪一上来，她就要当一会儿司机。她不仅车开得快，而且话多，妙语连珠。此刻她正讲述一个孩子的故事。

这孩子出生在京津之郊的河北黄骅市（原盐山县）韩村镇北村，他生下来就光眉俊眼，机灵过人，但因家庭贫寒，他在 9 岁才遇到一个恩人，在一家私塾免费读了 4 年，接着免费读了 3 年初小。除了上课，孩子免费的代价是给老师打扫卫生和做饭。初小毕业，他竟被留下来做了初小体育老师，这可能是因为他长得高大英俊，像个英武的军人。孩子总算有了饭碗，不仅能给家里减轻一个人的生活负担，还能给家里点钱。孩子的家庭非常贫寒，本来有两亩地，支撑着一家人的生活，但是，饥饿逼着父亲要带着 13 岁的大哥远赴东北讨生计，这就不得不卖掉唯一的两亩薄田换取盘缠。从此一家人失去了土地，只能靠母亲给人做零活为生。孩子的母亲于是发誓让孩子读书，盼望长大后能有个好前程，不再受土地或没有土地的煎熬。但因为学校人员的变故，两年后他的体育老师做不成了，便开始靠识字写字的本领，给人抄写户口本维持生计。1931 年到来了，这年腊月，大雪覆盖了盐山，母亲和他都找不到零活干了，一家老小的日子突然过到了死亡边缘，就这时，孩子突然觉得自己长大了，就辞别母亲和全家人，来到津东（天津之东）昌黎县当兵。他不懂那是支什么样的军队，只知道当兵要打仗，可能丢命。但他和他的家庭需要他那点薪金，从那时他就知道自己必须活着，永远地活着。高粱米加菜汤，每月四顿白面馒头，他的生活得到了巨大改善，但想起每天抠抠巴巴熬光景的母亲和全家人，还是寝食难安。为了多挣点钱，他便参加了东北军，跟着大军征战东北、京津和豫鄂皖。他在征战中终于成长为真正的汉子。谁知，频繁的转战使他病得卧床不起，终于在 1934 年被遣送回乡。但他不能歇着，就找门子托关系在周边各县做政府科员。

他做过县区科员、区助理员、各种理事、经征员、河务区管理员、段长……人虽然长得高大，可他永远是个写字的，这一干就是12年。母亲越来越老，弟妹越长越大，他的薪金又满足不了全家的需求了，他很不好意思地又想“跳槽”——每次跳槽都像偷人似的，但为了多挣些薪水，他必须这样做。1946年，经堂兄介绍，他来到天津一家米厂学做生意。他老实憨厚，不是做生意的料，一年后又通过同乡介绍，在北平国民党军新闻社担任了司书，其实就是个刻蜡版和写毛笔字的。1949年，北平和平解放，他随大部队起义，被选送到北京共产党的军政大学接受教育……

“这个既平凡又伟大的人就是我爸爸！”赵光晋手握方向盘，让泪水尽情地在眼眶打转。“河北叫燕赵之地，咱光找双合成的祖先还行？我还得找找我爸爸妈妈的爸爸妈妈，我的爷爷奶奶，赵家的祖先！”赵光晋眼眶里的泪水已蓄得太满，影响了开车的视线，她便用右手在双眼上横着一抹，有力地将手上的泪水一撒，然后又将右手搁到方向盘上。这一刹那，她猛踩油门，越野车刷地从车流中蹿向前去。

人间天堂一家人
敬天法祖是本分
家乡祭祖敬父母
拜祖暖心灵魂升

赵光晋随口吟出一首诗来，接着讲起另一个孩子的故事。

她是个女孩，1952年龙年生人。据说这天满天祥云，似有雷声隐隐，她出生了。但她不是出生在老家，而是山西太原，一个叫文庙巷的地方，一个住房只有5平方米的家庭。当她懂事，家就搬到双塔西街牛站商业厅宿舍。她从小不喜欢牛站这个名字，心里总想，牛站牛站，就是牛待的地方。但牛站的好处是离市中心很近，东边不远处是青年路，青年路直通太原市最宽的街道迎泽大街，北边便是太原市有史以来最出名的街道柳巷、钟楼街、桥头街、解放路、府东府西街和五一路。这些街区才像个城市，而它们周边的地区，包括她住的双塔西街这一带则完全像个农村，到处都是泥泞的土路和庄稼地。牛站牛站，即使没牛，也只是城市下等流民集居的地方。但是，这里除了有商业厅宿舍，还有不少省级机关或事业单位的宿舍，可见当时国家处在何等初级的阶段。爸爸在北京那所军政大学毕了业，同八百多人一起分配到山西太原，这是她成为太原人的原因，使她至今仍坚定地认为，“晋”才是她的故乡。

她记得小时候很多生活情景：比如每天清晨或夜晚，她总是被人叫醒钻出被窝，或被哄得睡着后被塞进被窝，这时她身边总是一左一右盘腿坐着两个人，一个男人一个女人，男人威严的表情上凝聚着慈祥，女人慈祥的表情中闪现着威严，而她的床边总是还站着两个比她大的男孩。

她看着那男人：“爸爸。”

男人欣慰地点着头：“哎，晋，真乖！”

她看着那女人：“妈妈。”

女人微微笑着拍拍她的小脸。

她看着那个高个男孩：“大哥。”

高个男孩虎着脸看着她。

她看着那低个男孩：“二哥。”

低个男孩看着高个男孩，也不吭声。

她的神经绷起来，知道最庄严的时刻到了。

男人低头问她：“晋，你叫什么？”

突然涌到头顶的热血使她头皮发紧：“我叫光晋！”

男人又问：“什么是光晋？”

她小胸一挺，头扬起来：“晋就是三晋，光晋就是光照三晋！”

男人又问：“三晋是什么意思？”

她回答道：“三晋就是山西！”

男人接着问：“为什么叫三晋？”

她口齿越来越流利：“过去有三个国家，赵国、魏国、韩国！”

男人拍起手来。男人觉得屋里的掌声有点冷清，便拧着眉毛盯住两个男孩，两个男孩就也拍起手来。她在三个男人的掌声中，被女人抱进怀里，她被女人亲得吓得流下眼泪，又痒得咯咯大笑，四肢乱动，身体扭成一团。

这就是她的一家人，爸爸、妈妈、大哥、二哥和她。

从那时起，河北老家对赵光晋来说就像梦一般不真实，而太原牛站、双塔西街、青年路、柳巷、钟楼街、桥头街、解放路、五一路……才是伴随她成长的地方。她经常与小伙伴成群结队地跑过这些街区，后来她发现，他们院子后面的迎泽公园才是她的天堂。

作为省级机关住宅区之一，牛站商业厅宿舍像一所学校似的是一排排平房，几百户人都在门口烧着煤糕做饭，呛得满院的人不是干咳就是打喷嚏。一有风就更惨了，每家每户都必须全家人围在火炉周围挡住风尘，否则那飘扬的尘土和树叶就会扑进炒瓢里和锅里，饭就不能吃了。因为地势低，下雨时最惨，家家户户必须把火炉搬到家里，如果要出去买盐、买油、买菜，则必须提着裤管蹚着一股一股的滚滚洪水才能出院，那时候各家各户很少有雨鞋和雨伞，所以从院外一回来就成了落汤鸡。可是，下雪天牛站很漂亮，大雪掩盖了一切，也美化了一切，她与孩子们便能看到一个童话般的世界，能滑雪，能打雪仗。地势低而不平，全世界的雪似乎都拢在这里，所以，滑雪和打雪仗有天然优势，这便吸引了城里更多的孩子，她于是有了更多的小朋友。有时候，她兴致一来，便钻进雪里，当她听到有人走到跟前，便像战士一样冲出来，手端着木棍往前一戳，喊道“杀——”她把大人和孩子们吓得抱头举手，像缴枪投降一般，但也经常被爸爸拧住耳朵。所以，她进一步发现迎泽公园是个好地方，那个地方太大了，有花有草有山有水有亭有桥，主要是没有爸爸，她与小伙伴可以尽情地从上午玩到夕阳如血的黄昏，如果不是到处都回响着爸爸妈妈们喊他们的声音——然后被爸爸揪住耳朵拉回去——她才不回去呢。公园什么样的地方都有，春夏秋冬都能在这里玩。同时，这里还是儿童们的成人舞台，她可以在这里尽情地演绎长大之后的故事。比如，她像妈妈一样关心着跌倒的小朋友，她抚摸着他们的头，吹着他们的伤口说，“乖，不疼，妈妈在这哩，别哭！”比如，她为被欺负的小伙伴抱打不平，把坏孩子追得到处逃跑……

童年太美好了，但是，这一天，她要告别自己的童年。因为，她要离开自己家那两间房子，要离开那个院子，要离开牛站，要离开青年路、柳巷……要离开迎泽公园……要离开太原。她不相信世界上还有比这里更美好的地方，离开这里，就等于埋葬了童年。她记得那天挺着大肚子的妈妈一直呆在家里不出来，而父亲则无言地站在院里，看着对面另一个男人。她正在院里与小伙伴玩，无意中听见爸爸和那个男人嘴里不时蹦出一句话：“哥也是没办法，你可得把孩子招呼好。”“哥你放心吧，你是我亲哥，她就是我亲女儿！”她觉得爸爸和那男人的目光一直追着她的身影，突然觉得浑身发冷发紧，头皮就像要绷裂似的。她被一股神奇的力量定在那里，不能动了，但她的目光不能不落在他们身上。她发现那男人朝她走来，并且向她伸出巨大的手掌，她觉得那手要掏出她的心脏。她听见那男人对她说，“晋，跟五叔走！”她觉得自己往后退着，其实她一步也没动，只是站在原地哆嗦。她觉得自己张开了嘴，用尽全身的气力喊着“妈妈——”，但妈妈没有出来，因为她嘴里其实根本没有发出任何声音。她求救地将目光投向爸爸，爸爸却摊开双手，做着要把她和那男人往院外推的动作说，“走吧走吧，一会儿就赶不上火车了！”她突然明白发生了什么事，僵在那儿的身体蠕动起来，而且瞬间充满气力。她喊道，“妈妈——！”她要奔到屋里，但是，她被爸爸高大的身体拦住。爸爸的长臂和大手夹住了她，把她交给了那个男人。她不理解地仇恨地盯着爸爸的脸，任那个男人把她一直往院外拖，她肩上的头像蛇螺一样角度越来越大地往后转着。她突然喊道，“爸爸——”但她的呼号挽救不了她的命运。

她终于看到了妈妈。妈妈低低的个子，沉沉的肚子，双手搭在尖尖的肚皮上。妈妈就站在门口，一句话也没说，但是，爸爸和那男人似乎听到了妈妈心里撕心裂肺的声音。

院子里已经站满了邻居和她那些小伙伴。

那男人双手夹着她的小身体，在院门口站了很久很久，终于回过头来，把她送到妈妈跟前。她张开双臂扑进妈妈怀里，把妈妈的肚子撞得……她踮起双脚用双手擦着妈妈满头的冷汗。“妈妈对不起对不起对不起……”妈妈想抱起她，但已经没那个力量，便抱住她的头把她款款按进怀里。“是爸爸妈妈对不起你……爸爸妈妈没本事养不了你……妈妈不让你走了，谁都不会让你离开妈妈身边……”妈妈哽咽着以坚毅的目光盯着爸爸，她仰头忐忑不安地感激地祈求地看着妈妈的脸。当妈妈的泪水雨水般落在她的脸上，她相信了妈妈。

要带她走的男人是她的五叔。当五叔沮丧地离去，家里只剩下她、妈妈、爸爸三个人，她第一次感受到家里的贫穷。她已经五岁，能懂很多事了。她被妈妈拉着看了看全家的两个房间，她看见妈妈用另一只手掀开家里所有的坛坛罐罐，并扳倒让她看，她看到里头全是空的。然后她被妈妈拉着又看了家里空荡荡的炒瓢和锅，当妈妈拿起炒瓢在门框上当当地一敲，妈妈失声恸哭。“晋，妈妈肚子里……还有……你一个妹妹，咱家很快就六口人……养不了这么多……多了，爸爸把你给你叔……是……是不想让你饿着，是……为你好，你……不要恨……恨你爸爸，不要……不要……恨……恨……但晋不走啦，不……不走啦！”爸爸默默地坐在床上抽烟，她从来没见爸爸抽过烟。“爸爸一辈子为了咱这个家……为了……为了……”妈妈扑在床上哭，“晋……你不能恨爸爸，不……不能呀……呜呜……”

但是，她还是恨上了爸爸。因为妈妈有话，她便不把恨说在嘴上，但她不理爸爸，看都不想看他一眼。

“这个女孩就是我。”赵光晋任眼泪在脸上尽情地流淌，“现在想起来，天下的儿女对父母都不了解，不了解他们的艰辛，当然就不懂他们的伟大。而且，”赵光晋抽了抽鼻子，副驾驶座上的刘兵赶紧递过几张纸巾。“他们那代人的难处真不可想象。中国从清末打仗打到四九年，国家穷得什么都没有，当时的高干也就是一百多块钱，毛主席才四百多，没吃的没喝的没住的没跑的，咋就有心思管这么大个国家？一个普通干部每月就几十块，我爸爸就是这样。我妈妈又没有工作，一家五六口人，真是难活，什么都要证，有钱还没东西，真是让人死哩。可是那时候谁都没有怨言，要不是心里有个信念，真是活不下来，中国现在好多家庭就不会存在。想起来真是惭愧脸红，开着车住着高楼大厦，骂天骂地骂爹娘骂祖宗，就是不骂自己，三个字，不能比！”赵光晋猛踩油门，超过了十几辆车，把车开到高速路上空旷的路段。“我也扯蛋，父母不在了才真正懂了他们，只能靠回忆弥补。回忆是幸福的，更是痛苦的，真正的孝心是把孝尽在父母活着的时候，不要回忆！”赵光晋打开所有的车窗，让滚烫的风突突地扑进来。

赵光晋记忆力好，说过的话都能记住，一有时间就会写出来，就这样她竟写了一本又一本感人至深、发人深省的书。其中一本叫《不安》，让我们一起读一些篇章——

爸爸：种南瓜

……我头脑里经常出现那时候爸爸背着大南瓜笑着回家的影子，妈妈很快给我们兄妹四人做成南瓜稀饭或蒸南瓜……养儿才知父母恩，想起南瓜就看到爸爸种南瓜的场景。面朝黄土背朝天，手拿锄头把土翻，南瓜种子放里边，施肥挑水不停闲……期盼南瓜快长大，背上南瓜回家欢……时间很短爸爸还得返回农场……

爸爸：饺子

爸爸……老家有个习惯是爱吃带馅的食品，比如饺子、包子、馅饼等。六〇年困难时期每月每人只供给一斤白面，我们家每月就有6斤白面。我们兄妹四人天天盼着星期天……爸爸挽起袖子大干起来……和面、切菜、剁馅……一大盆馅调好了，妈妈才开始有活干了。爸爸的要求是皮薄馅大……水要开三个坎再揭锅盖……吃饺子时爸爸让数数，我一口气吃了32个饺子，把肚子吃得贼大，出气都有困难……

爸爸和我：捡麦子

……爸爸带我去河西庄稼地里捡麦粒，要过汾河大桥。汾河水不停地咆哮，翻滚的浪花使我心惊胆战，长长的铁索链跨在河西、河东两头的岸边。我背一小布包在太阳暴晒下紧紧抓住铁链，战战兢兢地走在窄窄长长的木板上……一望无际的田野……烈日当头，口干舌燥，爸爸不停地在地里跑来串去，睁大眼睛死死盯在地上，生怕让一个麦粒漏掉。整整一天工夫爸爸和我捡了一把麦粒，还挖了些野菜……

爸爸妈妈：孝子

爸爸是个大孝子……爸爸说，你们的爷爷奶奶从来自己舍不得吃好的，总是先给他的爸爸妈妈吃……爸爸工资仅有85元，我们兄妹四人还在上学，老家还有奶奶、姥姥、舅舅、大娘等，每月都要往老家……寄40元，分到他们手里每人也就几元。剩下一半留作我们全家生活费用……我真不知道妈妈那个时候用几十元是怎么过的。记得有一次，妈妈把土豆长出的芽蒸了一碗饭自己吃了，马上浑身肿了起来 ，上吐下泻，我和妹妹吓得直哭。爸爸跑去叫大夫，本来瘦小的妈妈已经不成人样了……妈妈为了照顾我们，每天吃糠咽菜。妈妈是个地道的家庭妇女，没有上过学，但忠孝礼义分得很清，爸爸给老家寄钱妈妈从来没有抱怨过……

妈妈：劳模

妈妈个头最多一米五，每天除了繁琐的家务，就在街道服务站干活。干活干活，只有干才能活，不干真是活不了……妈妈很精干，是个内向的女人，但讲起话却很爽快，句句讲的是核心……我上学了，妈妈到服务站了，我放学了，妈妈已经在家做饭……天道酬勤，妈妈得奖了，是当时太原市市长岳维藩亲自给她颁的奖呢……

妈妈和我：夏令营

……二年级……我在商业厅洪峰小学读书……暑假时班里选出参加夏令营的同学，很荣幸有我，当时我是班里的中队长……下学回家了，妈妈在炕边上和面，我站在妈妈身边央求妈妈同意给我钱……好像只一元钱……妈妈就是不答应。晋啊，等妈妈有了钱带你去玩，听话啊……同学都去参加夏令营了，可我苦苦地在家里写作业，眼里含着泪水，不和妈妈说一句话。机会从此再也没有光顾我，我从来没有参加过夏令营……

我们家：过年

今天是……大年初一，我们要给婆婆拜年……婆婆坐在沙发正中间，我和英民跪下给婆婆磕头……儿子……儿媳……孙女……孙子……女儿……女婿……我们给婆婆10000元，两个孩子给他们奶奶5000元……全家14口人其乐融融，幸福无比……我不由得想起爸爸妈妈过年的时候……爸爸妈妈很庄重地坐在两个破旧的高凳子上，我们兄妹四人穿上新衣服排起队给爸爸妈妈磕头……磕完头我们才可以吃饺子。煮饺子是爸爸的拿手好戏，煮的时候他细心地保证饺子绝对不破……爸爸担子很重……连饺子破了都怕不吉利……

妈妈：赵太太

记得我们还在文庙巷19号四合院里住时，我们家住西房，大约有五平米，一进门就上炕。妈妈真是心灵手巧，不知道怎么学会了裁剪衣服，给别人剪衣服都很合适……家小，但来人络绎不绝，把屋子挤得满满的。妈妈剪衣服不要钱，有的人拿走衣服随手放下一毛钱，有的放下两毛，妈妈还要装回她们兜里……还记得，让妈妈剪衣服的人一进院就大声喊，“赵太太在家吗？”……

爸爸妈妈：节约

……习近平主席提出厉行节约，反对浪费……报道说中国是一个浪费大国……一顿饭几万、十几万、几十万……仅餐桌上的浪费就能供两亿人吃一年……我生在新中国，长在红旗下，度过了五六十年代凭票供应的计划经济时期……我的妈妈爸爸一生都没有存下一万元，也没有见到一万元是啥样子……记得我们吃饭时不能讲话，爸爸说吃不言睡不语，我们兄妹四人就悄悄吃饭，真怕做错了让爸爸痛打一顿。特别是碗里坚决不许留一粒米，只要有一粒米，眼快手快的爸爸就会拿起筷子朝头上打去。碗里的饭必须吃完，不许剩饭，肚皮撑大了也得吃完……妈妈说不倒饭是给自己积福呢……我一直怕爸爸，也恨爸爸，心目中的爸爸是个无情的魔鬼。我很小就发誓，长大了挣了钱绝不给爸爸……

爸爸：种菜

从我记事起，就看到爸爸妈妈整天不停地干活……牛站商业厅宿舍，东一排一院四号，宿舍后墙外，爸爸利用一块空地种了一些玉米和菜。每到下班回家时，爸爸就会去打理，我和妹妹也跟着去做一些杂事。爸爸忙着挑水，我们后面跟着，拿着小瓢浇水。有时还拔草……那里住着几百户人家，为什么只有爸爸才会想到利用这块儿不起眼的空地种庄稼呢？……在那个时代，只要活着就是快乐，就是幸福！

我：捋树叶

……三年自然灾害刚刚过去，家家户户都很贫穷，平日尽是吃糠咽菜。记得五中门口马路两旁种着两行榆树，师傅把树修得整整齐齐……但我，在脖子上挂一个用布做的小包，常在榆树旁，用手捋着树叶，一把一把往包里装，时不时还得抬头看看，怕人看见了把我逮着。看到没人注意，我又捋一把树叶装进包里……心里还念叨着，快点儿啊，快点儿……现在想起来……真是对不起那些榆树，但是我感谢它们……

我：摘槐花

……春天到了，槐花开了，看到树上的槐花，我口水都流出来了……我爬上树……摘到槐花自己先吃起来，槐花既甜又美……能钩着的全部摘完了，钩不着的就拿上二哥做好的钩子，钩到槐花再扭下来，我会把树枝和槐花一起钩了下来。我把槐花一朵一朵摘下来，放进书包里……槐花不烂子……真让我……

妈妈妹妹与我：拣猪毛

……妈妈……从太原肉联厂拉回猪毛……每天放学回到家，我就扔下书包拣猪毛……白色、黑色、花色，要一根一根拣出来分开……家里的灯泡只有十五瓦，光线很暗，一到晚上就看不清楚了。不过，凭着年龄小、眼睛亮，我每天拣猪毛都能坚持到深夜。我和妈妈还有妹妹挤在一个小桌边，每人拿一个小镊子，左手一边扒拉，右手一边用小镊子拣猪毛。黑的多白的少，就拣白毛，白的多黑的少，就拣黑毛……拣一斤只能挣到几分钱，拣一个月就能挣五元钱……

妈妈与我：叠书页

……在没有机器装订的时候，书页是人们一张一张折叠出来的……六六年，学校开始停课闹革命，很多老师被批斗，打成反革命。红卫兵全国大串联，我也加入了这个洪流，从此再没上过一堂课……（一切都变了，妈妈的一切没变）瘦小的妈妈拉回很重很重的书页……我和妹妹帮妈妈折叠，右手拿一个刮板一刮，一张书页就对折起来。然后，页码对齐折一下，再对齐折一下，一张纸要折三至四次，折成十六开，然后拿起叠成的书页再捆起来……多折些书页，多赚几毛钱……

妈妈和我：洗面袋

……这活很辛苦，我和邻居大娘合作，拉着平车从省体育馆走到小东门面粉二厂拉面袋。满满的一车面袋，我在前面拉，大娘在后面推，走一截儿歇一会儿，走走停停，往返三十多里路程。回到家，先把每一个面袋翻过来抖面粉……妈妈让我拿笤帚把面袋扫个干净。积少成多，几百个面袋能扫出几斤面粉，虽然变了色且有些味道……接下来的活更繁重，先把面袋泡上洗一遍，洗完面袋的水就是一盆很浓的面汤。然后洗第二遍，洗的时候必须用凉水，热水会把剩在袋子上的面烫死，把每个面袋角上的黑印子全部洗干净。然后开始洗第三遍，这一次就容易多了，第四遍水就清了……晒面袋……面袋半干时，要把线头全部扯掉，压平铺展……洗好再送给面粉二厂……

爸爸哥哥和我：拉烧土

记得自小学开始，每年我都要和爸爸、大哥、二哥一起去东山拉烧土……爸爸拉一辆，大哥拉一辆，后来二哥长大了，也拉一辆……每年拉烧土，都会有人把命葬送在这黄土下面。都是从底下挖土，一不小心上面的土塌下来，就把人活埋了……路上有一个坡，很大，很陡……望不到山顶，很多人在那里挖土，黄黄的一座大山……我们把黄草垫子在平车上围好，每人拿一把铁锹，从大山脚下溜边用镐头刨黄土，再一锹一锹铲到平车上，铲得满满的，再用铁锹把土拍实……上大坡时要憋住气，咬住牙，用尽全身力气拉。爸爸哥哥拉，我推，上了坡才能喘口气……下坡就惊险了，爸爸下坡时还得踮着脚，架着胳膊拉车，大哥二哥个子低，驾着平车脚都着不了地……（多亏）车底下有两根长长的棍子拖着……

妈妈：信

妈妈也出生在河北省黄骅市，一个小四合院里……妈妈说，姥姥腿不好，得靠小板凳托着她走路，还自己做饭……妈妈解放前就跟爸爸到了北京……（之后）失去了三个哥哥和一个姐姐，都是因病无钱治疗而丢掉了生命……五〇年，妈妈随着爸爸工作的变动，从北京来到太原……太原离河北老家就五百公里……几元钱的火车票却难以承受……妈妈不会写字，每次给姥姥写信都让我们代笔……姥姥走了……妈妈擦掉眼泪（像她的妈妈一样开始）……抚养……她活着的四个子女（即我们现在这兄妹四人）……

我们家：中秋节

……八月十五，爸爸总是拿上月饼券到双合成买上一斤郭杜林或提江月饼，共有四块。那时，一斤月饼只几毛钱，妈妈把买回的月饼切成八块，我们兄妹四人每人两块……吃一块月饼后，很长时间才吃第二块，二哥在旁边就推我，让我把月饼给他吃，我就不给。他就吓唬我，不和我玩了……时隔五十年……上苍竟安排我成了“月饼王”……真是盼月饼又怕月饼……

我和妈妈：做棉衣

……我和妹妹的棉衣小了，想起妈妈……缝衣服的姿势……蹬缝纫机的情景，我决定自己做棉衣。我……从橱柜里找见包袱里的烂布，照着与妹妹俩人衣服的肥瘦大小……把棉衣里放上棉花缝起来。我和妹妹的棉衣做好了，五颜六色……没想到……妈妈回来后不问青红皂白就把棉衣拆了。妈妈……不多会儿就把我们的花棉袄做好了。妈妈……（从来）不能让她的儿女穿不合体的棉衣……

妈妈：不开灯

……妈妈并不是要求我们随手关电灯，而是根本就不开灯，只点蜡烛照亮。只在除夕妈妈才拉亮电灯……我们便（在灯光下）穿起新衣服……

我：女孩家

……妈妈常教导我，“晋啊，你要好好学学做饭和做衣服，将来长大到了婆婆家就不受罪。”……十二岁（了，该为妈妈分担一点了）……（正好妈妈揽下为解放军）轧鞋垫的活儿……我个小，在凳子上垫个厚厚的布垫子，坐在上面脚还够不着缝纫机踏板，几乎是半坐半站着去踩缝纫机……我的两只小手扶着鞋垫不停地转。妈妈要求轧鞋垫针线要均匀，间距大小要一样，鞋垫的头和后跟要转成圆形的……我踩缝纫机不知道深浅，而且踩得很快，鞋垫就不听使唤，跑得飞快。我的手实在跟不上趟，左手食指的指甲盖一下就进了缝纫机针的下面，缝纫机不动了，血扑了出来。我大叫起来，“妈妈快点来呀！”妈妈正在厨房里做饭，只见她在围裙上擦擦手，匆匆跑了过来……她麻利地把缝纫机的手轮往后一转，针就顺着起来了……

妈妈：纳鞋底

……每到晚上我们睡了，妈妈就在煤油灯下一针一线地纳鞋底……麻绳捻好了……妈妈把不穿的旧衣服剪成布片，按家里人脚的大小量好尺寸，再打上浆糊，把剪好的布料一层一层糊好，然后放在太阳底下晒干。

接着把新的布剪好，放在上面，一双鞋底大概要十多层厚，鞋底周围还要用新白布围在上边，这样做出来就讲究，就好看了……纳鞋底……先把鞋底外边纳一个圈，才开始纳中间。一般是从上往下纳，纳到中间再从后跟往上纳，就接上头了。鞋底纳得总是密密麻麻的，针脚还必须均匀好看。鞋底做好，就开始做鞋帮。鞋帮相对简单一点，也是一层一层粘好，再把新布放在鞋帮上，一般是黑的或蓝色的，女孩一般是花格的。鞋帮要用新白布滚一道白边，主要是为了好看。鞋底、鞋面做好就要上鞋面，用麻绳一针一针上下缝合……穿上妈妈的鞋，坚实地向前走……

妈妈：糊纸桶

……妈妈什么都会做……比如……糊纸桶，它可以放面、放米、放针线、放布头，它是万能桶，什么都可以装……妈妈把废纸泡在盆里，待纸泡软，拌上麻刀做成浆状，再把纸浆贴在合适的小缸上，放在太阳底下晒，晒干拿下来，一个纸桶就做好了。有的纸桶做成小缸一样高，就是高纸桶，有的做成脸盆一样大，就是圆纸桶……有时，妈妈还会让爸爸或大哥在上面写上许多字，比如“自力更生、艰苦奋斗”……妈妈为了好看，还把我和哥哥攒的烟盒贴在纸桶外面和里面……家里到处放着大小不等和形状各异的纸桶……（那就是我们的家具）……

哥哥和我：吃蚂蚱

你吃过蚂蚱吗？我小时候可吃过不少蚂蚱……两个哥哥带我去逮蚂蚱，我们都拿着玻璃瓶子装蚂蚱……牛站宿舍外的庄稼地里，蚂蚱飞来飞去，我见哥哥用手扣一下，就把蚂蚱逮住了，我也学着他们的样子，蹲下弯着腰，看见蚂蚱飞来，就快速用手扣住……回到家里，两个哥哥用个小棍扎在蚂蚱屁股里，放在土火炉上烤起来。蚂蚱烤黄了，就递给我，我就吃起来……现在想起吃蚂蚱的事，我就恶心得想吐。两个哥哥怎么就晓得吃蚂蚱呢……他们一定比我……饿得更厉害……我真要吐了！

……

赵光晋的怀念文章先读到这里吧。民以食为天。赵光晋的文章讲的就是两个河北人——即她的爸爸妈妈——一对中国最普通最朴实的夫妻——一生的故事：由一篇篇故事我们可以看到，他们一生为了养家糊口，真是耗尽了心力。尤其是赵光晋爸爸，一个并非燕赵悲勇之士的燕赵后代，一生为了解决全家人不饿的问题，真是殚精竭虑。不管他做过什么，其实他实现的只是中国人最普通最基本的目标，却没想到这会给儿女带来麻烦。他的历史是清白的，就像雪花飘落人间，只为那寸土地一霎间的温润，但他的一生却是黑色的，尽管他把儿女都带到了那个红色的年代，但他却是个黑色人物。他的背景使他做什么都不对，写材料不小心把“治病救人”写成“治病治人”，一字之错就给他带来灾祸，他成了现行反革命。他引起了“党和人民”的高度警觉，从档案上一挖掘，历史上的“那个他”便被挖出来，他又成了历史反革命。他为了一家人的生计，写了一辈子字，但一字之错，他把自己写成历史现行反革命，把全家人在那个红色年代拖进了黑暗之中。

红！白！黑！

他叫赵静远。他能忍受了万恶的旧社会，对新社会所受的委屈也能理解，但儿女们惨了。“文化革命”的到来，在不能上学这一点上，他的儿女同所有的儿女都是一样的，但不能就业却是这些黑五类子女的“特权”，因为一查档案，那些招人单位就找到了拒绝他的儿女的铁一般的理由。赵光晋开始还傻乎乎地不明白这一切，因为十几岁的她还参加了红卫兵大串联，但当她回来后再也不能参加任何红卫兵和学生活动时，她就深深地明白了她的家出了问题。父亲一会儿被人斗，一会儿被人关押。母亲作为反革命家属同样被人唾弃，但必须忍气吞声地继续做零活，保证一家人吃饭。两个哥哥被抛弃在青年人世界之外，到处流浪，寻找做工上班的机会，但总是被管人事的恶狠狠地问道，“你爸爸就是赵静远？”哥俩就自觉地走了。妹妹光春还小，总是瞪着两个铜铃般的眼睛，不明白世界和家里发生了什么事。正好赵光晋年少无畏，血气方刚，家里任何人受了气，她就冲过去质问个究竟，打抱不平。“我爸爸是起义的，是革命干部，一个字写错了就能否定一生？你们的爸爸爷爷旧社会就没干点什么？你们就没有写错一个字？让我看看！”她冲过去，冲到那些招人单位正接待她的人事干部面前，就要抢他们办公桌上写了字的纸张或红头文件。“算了算了，小姑娘，你厉害，我惹不起你！”那些戴着眼镜刚才还盛气凌人的人事干部，双手按住办公桌上的纸张和文件，恳求她快走。她扬着头、抖着羊角辫、甩着双臂走了，什么事也没办成，但出了一口气。

她的这种性格非常引人注目，使很多人喜欢，使不少人并不以为她是黑五类子女，所以，她不断能获得打零工上班的机会。但是，到了正经填表进人的时候，就露馅了，她又得四处奔波寻找机会。谢天谢地，她终于找到了铁建，铁路建设兵团，在那儿她当了筑路工人，工地就在繁峙县绵延的山脉之间。她又黑又瘦，但个儿高，自小跟爸爸妈妈干了太多的活，浑身充满气力，不管是刨石、挖土还是担筐，她都不服那些小伙子。她的理想是，要像妈妈那样当劳模，苦干加巧干，拼命干革命，她要表现得最好，好到所有革命领导不好意思不表扬她为止。她最大的理想是入团，为全家争光，为爸爸雪耻。梦一般的奇迹到了，她真的入了团。就在团旗下举起右手的那一天，她内心同时萌生了有一天一定要入党的想法，她的大脑和双眼在这个想法中豁然开朗。她看到山坡、山头、沟边、路旁及原野上，经常结伴行走着一对对年轻的革命情侣，她被他们火辣辣的四目相对时登时干劲冲天的情景所打动。她认为，只要表现好，肯定会获得革命青年的钟爱。有一次休假回太原看望父母，她偷偷穿上妈妈的花格子上衣，按爸爸总叨叨的妈妈年轻时留着羊角辫的样子打扮了自己，然后在镜子里学着妈妈的样子慈祥地微笑。她悄悄走到街上，来到钟楼街光明照相馆，当她的脚要迈进去的时候，她的心像兔子一样慌乱地跳起来。她照了一张半生来唯一自己想照的照片，想等有机会送给她心仪的人。但是，她从来不好意思，在不好意思中她终于忘记了这张照片，直到几十年后，她把这张照片当作妈妈的照片挂在墙上。

“在铁建工地上我还有一个做法，越饿越不吃饭，经常把碗里的菜和窝头分给别人。也许是饿惯了，我就认为只有吃的东西才能打动人心，才能让大家都说我好。老天爷也真长眼，后来我真的做了食品。”

赵光晋把车越开越快，直奔河北之东她的老家黄骅市——她说，“我爸爸妈妈说，当时那只是个村庄。”

……

啊，父老乡亲，父老乡亲

……

啊，娘啊娘，我的白发亲娘

……

赵光晋放声大唱，但是唱串了。后来她说，她当时就想乱唱。

07

火红的秋天

光晋的家园

HOME

张信哲歌里唱道，“爱就一个字，我只说一次”，但对于很多中国人来说，这个字一生都没说过。中国文化里似乎没给这个字留下多少驻足之地。人活在地上，老祖先却把这个字写在月亮上，让人们望月感怀，去感受这个字的温度与远离这个字的感伤。

说起月亮，当然是中秋的月亮最圆。明月几时有，把酒问青天……中国有太多太多歌颂月亮的诗词，文人的才华似乎都用在了歌颂月亮上面，从而把人的情感都寄托在宇宙间那个冰冷的本来不发光的星球之上，使怀念和感动都发生在夜晚。这是中国式的情感，它使月亮在中国人心中却有着太阳般的温度和光芒。

西方人讲的是爱，中国人讲的是福喜。中国的老祖先给中国创造了太多的节日，所有节日都是为了感受福喜，尤其中秋节更是中国人的福喜盛宴。为了每年月亮最圆最圆的那个夜晚，中国人总是在秋天到来之时，就像长征一样踩着时间的分分秒秒，激动地向中秋之夜最明亮的那个时空聚拢而去，而一旦到了中秋之前，人们便如同江河决堤一样带着礼物从四面八方涌回家乡，这无疑是全世界最壮观的回家的情景。

作为以糕点生产为主的食品企业，当然要把中秋作为全年最重要的商机，责任就是为中国人中秋回家生产食品大礼，这就是月饼。中秋月饼的生产与销售，行话叫中秋大会战，它总是在中秋前的两个月就开始了。中国地大物博，民族众多，几千年来传统月饼的种类何止成百上千种，但到了二十一世纪，中国月饼市场上名气很大的就是北京稻香村京式月饼、好利来月饼……和广式月饼这几种了，而在这几种月饼中，广式月饼似乎显得更加优雅而高档。但是，随着市场需求的变化和非物质文化遗产的刺激，中国民间月饼又纷纷翻出花样来，从而把月饼市场冲击得晕头转向。不过，有一个现象却是亘古不变的，月饼主要不是食品，而是礼品。因此，当商家聚集着高人的智慧研究月饼生产与销售之时，中国文人便站了出来，他们通过精准的统计数字，大肆讨伐月饼事业给中国带来的浪费。这讨伐宛如一场月饼大会战的狙击战，力度是惊人的，但它无法阻挡中国人中秋时的送礼狂潮和中国食品商家的营销战役，从而使文人们反浪费的狙击战有点可笑。

从这个意义上纵观全国的月饼市场，可以发现，商家的模式尽管各有特点，但格局大同小异。任何省市的食品企业都是生产销售月饼的主体，但一到中秋会战，所有高档酒店及其他餐饮企业也会抛出他们研发已久的月饼，他们有些是为了赢利，有些则是为提升和扩大企业知名度，哪怕赔钱也干。至于那些众多的个体食品小公司和街边时尚类食品作坊，更不可能放弃这个商机。他们身边也不乏能人，会帮他们“制造”出一些更概念化、人性化和目标化的月饼，会将有更诱人的名字和包装的月饼推上市场，他们虽然是散兵游勇，但丰富和战领市场的作用不可小觑。更有甚者，许多其他公司——大型、中型、小型都有——为了在中秋期间拉拢客户，也会找人设计出一些自己的月饼包装，他们把别家的（一般都是小公司或小作坊）月饼往里一装，就成了自己的产品，成为他们送给客户的中秋大礼。还有些市民或进城的农民，为了挣钱便一拍脑袋，雇个会做月饼的老师傅甚至是小师傅，也就开张了，门口还挂上用毛笔写的“正宗”的牌子，这使月饼市场就更乱了。月饼是凝聚着中国人崇高情感的礼品，但做月饼却是生意，这就是中国的福喜社会。

现在讲讲山西的月饼市场。山西省 16 万平方公里，3000 多万人口，南有运城福同会月饼，北有神池胡麻油月饼，中部则有太原的郭杜林月饼、混糖月饼、提江月饼、五仁月饼、笨月饼，而在整个晋式月饼市场上独占鳌头的肯定是太原月饼这五大件。神池胡麻油月饼名气也不小，太原郭杜林月饼名气则最大。这些都是传统月饼，主要是中老年人喜欢，而年轻人、妇女、孩子更钟情广式月饼和好利来月饼。山西晋式月饼的生产销售重镇当然是太原。有史以来，至少百年以来，太原月饼市场上生产和销售月饼的主体机构就是双合成，除此之外，云集在钟楼街、柳巷和桥头街的老香村等食品老字号，也是生产与销售月饼的生力军，产品都以晋式月饼为主。而几十年来的市场经济大潮，却使老字号纷纷消亡和衰弱，这便使月饼市场上形成了双合成一枝独秀的情景。而二十一世纪的到来，人们思想观念的解放，市场的冲击及利益的驱动，则使很多本来不做月饼的餐饮集团在中秋期间也做起月饼来，但他们的目的主要不是赢利，而是打造企业影响力，比如五星级酒店国贸、太原最大的民营餐饮集团江南及南海酒家等等，都会在中秋期间一显身手。这便出现了一些在月饼上能与双合成一起说事的企业，比如江南的“江南味道”及南海酒家的“玉莲酥”——据说它还是乔家大院的祖传秘方，除此之外，神池胡麻油月饼在市场则一直保持着它民间口味的冲击力。但双合成还是月饼王（占市场 70%的份额），而且还是糕点王（基本也占到 70%的市场份额），主要原因是，它坚挺地传承并发展了晋饼技艺和整个产品体系，是一个专门的糕点企业，它的饼艺更加专业。尽管广式月饼及好利来月饼越来越被时尚人群喜爱，但它动摇不了山西及太原月饼和糕点市场的主导消费方向，改变不了山西人的中秋情感。而民间的杂牌月饼，还不足以与双合成对抗。

而双合成稳坐月饼王这把交椅，还有什么原因？

一句话，没有任何商家和企业能像双合成那样，一直坚持把月饼当成自己的命。

“双合成是靠月饼活的，中秋这一仗打不好，大家的饭碗就砸了，我就得下台，咱们的店就得关，你们就得回家！”赵光晋从一进双合成当经理就在会上嚷嚷这句话，几十年了，已经把这句话嚷成了双合成人心里的最强音。一百多年来，双合成一直是个点心店，按西方的说法就是个糕点企业，晋饼的品种就数它全，京式津式点心也早都引进了过来，南方糕点也成为产品结构中的常规品种，但是，做月饼却一直是顾客对双合成的主要印象。“看来咱就是做月饼的命。”赵光晋经常这样说，“但这也说明双合成有史以来就有主打方向，就有使命，我们一定要把这个传统发扬下去。”

而如今，柳巷成了“铜锣湾”，北大街五号则成为双合成的代名词。中秋一天天逼近，即使是在大晴天，双合成人抬起头似乎都能看到那轮圆月的影子，同时，八月十五的情景也像那轮圆月一样温暖地出现在这个城市：每天清晨，当那三首红歌被穿着红工装的双合成人昂着头唱完，双合成北大街总店及全市几十个店的门口，就里三层外三层地围满了要买月饼和凭借发放的购物券提取月饼的人。他们有的是普通市民，有的是与双合成有关系的人，有的是省市机关、企事业单位及各种社会组织派来的提取月饼的代表，他们或者骑着自行车来，或者骑着三轮车来，或者开着轿车来，或者开着带拖斗的货车来，不管男女老幼高低贵贱，他们都是双合成的顾客。他们使双合成人既惊喜又惊讶：仅仅换了个地方，怎么一下冒出这么多顾客？于是，很多人便猜测赵光晋究竟采取了什么绝招，也有人猜测赵光晋新提拔的副总古鸿文究竟施展了什么本事。而当三支红歌唱完，买月饼和凭券提月饼的人潮涌进双合成北大街总店和双合成全市各个门店，赵光晋和她的团队的兴奋点便蹿到高潮。那些导购都是又漂亮又亲和并能说会道的姑娘，“欢迎来到双合成，请问您有什么需要？”导购小姐铜铃般的声音此起彼伏，一浪赶一浪，一浪高一浪，买月饼和提月饼的顾客就根据他们对导购的偏爱分流涌到她们身旁，并想尽办法往导购小姐跟前挤。“各位新老顾客，感谢大家光临，今天客人特别多，为了使每位顾客顺利地尽快提到货，请大家排好队一个个来好吗？”双合成热情的导购小姐登时变得都特别有教养，就好像在世界上一些大企业训练过似的，顾客们的目光便喜悦地打量着她们，同时自觉地排好队，使店里出现无数支蛇形的购物队列。导购小姐便带领顾客一排排地看琳琅满目的货架，一个个地介绍月饼的品种。京八件、晋八件、广式月饼、港台月饼、山西地方月饼……中国月、华夏情、小小月亮……而一百多种月饼中，顾客们最青睐的还是太原传统月饼郭杜林、提江月饼、混糖月饼、五仁月饼和笨月饼，还有赵光晋当年创造的蛋月烧、新月烧这两个系列，台湾策划设计大师杨达天创造的小小月亮这个品名，也引起一些顾客尤其是孩子们的关注。让赵光晋感到高兴和意外的是，不论是北大街总店，还是柳巷柳北形象店，还是市里各个门店，经常是片刻之间，货架上的月饼就销售一空，然后，还没买上月饼或提上月饼的顾客们，就与导购和店长们争吵起来，这真是赵光晋当双合成经理以来没出现过的现象。

全市几十个店长，都是双合成久经考验的形象最好、办法最多、最会管理门店的精英分子，但是，面对月饼抢购风潮，他们一下子都没了办法，因为他们解决不了补货的问题。但是，双合成北大街总店店长却把场面控制得很好，准确地说，她就没有控制，她只是笑，用笑容答谢广大顾客对双合成月饼的厚爱。她已经四十多岁，看上去还像个英姿勃发的姑娘，她其实不是那种战天斗地的巾帼女性，温柔的眼神说明她内心有一汪女性温情。但是，谁让她是当年山西省著名的纺织女工呢，她的单位是山西毛纺厂，她工作的速度及美姿，让全行业惊羡，她是与赵光晋齐名的全国五一劳动奖章获得者。但是，她那个巨型的国企垮了，她只好流落到社会，成为下岗职工。她是在最悲凉的时候被赵光晋请到双合成的，从此成为一名店长。她是劳模，只会干活，不会处理店里发生的任何事情，甚至连导购说的那套热情话都不好意思说出口，就只好用目光对拿不到月饼的顾客表示歉意。她是那样的无奈。她的头像、她的名字、她的事迹就悬挂在墙上，她把店长的责、权、利深藏在心里，却不会用，不好意思用，因为，她心里一直有个声音说：你只是个纺织女工！她打通了一个又一个电话，还没开口就流下眼泪，嘤嘤地哭着。企业的倒闭会使人痛苦，她没想到企业搞得红红火火也会给人带来麻烦。“赵总，我当不了这个店长……”“古总，快给店里配点货吧，我只会搬东西，当不了这个店长，真的，我当不了……”她的部下，那些导购小姐们围了过来，但没人敢和她说话，只是抱歉地看着面前嚷嚷着的顾客。“尊敬的顾客，我们店长与赵总一样，也是很出名的劳模……”顾客们慢慢宁静下来，不知是该同情还是该尊敬这个店长。

此刻，二楼总经理办公区正忙成一团，原料部、生产部、技术部、物流部、门店部、市场部、微机部、行政部，身着红工衣的双合成员工匆匆忙忙进进出出，一个个抱着文件夹大呼小叫，使二楼宛如一个正指挥前方打仗的指挥部。环形楼道上，中间摆满沙发、藤椅的休息区，都是人影如织，站的坐的，聚在一起焦急地交谈的，都是包里提着现款的各地经销商。大家喝着茶或塑料瓶里的矿泉水，但没人抽烟，这是双合成铁的纪律，无人敢冒犯。省内外经销商大部分也断货了，但月饼销售的疯狂势头仍不减退，所以都拎着现款来了。但副总经理古鸿文办公室里的经销商还不见出来，而传出来的消息仍是几个工厂加班加点生产还是供不应求，经销商们便急得直往东北角古鸿文办公室门口跑，企图加塞儿挤进去谈事，而古鸿文办公室的门就是不开。古鸿文办公室正挤满一屋子人，沙发上坐着河北、内蒙、东北、京津几地的经销商，但几个穿着红工衣的人站在他们面前，紧紧围住古鸿文办公桌，挡住了经销商的视线。古鸿文倚在能前后晃动的转椅上，右手拿着一支铅笔搁在唇上，做着抽烟的动作，左手则不急不躁地翻阅着办公桌上的报纸和杂志，目光盯着上面整版整版的双合成月饼广告，告诉他身边的几个部下："把电视都打开，锁定山西卫视、黄河台和太原台，我看看今天广告播放的情况。"古鸿文对面墙上的电视及右面墙上的电视都打开了，双合成月饼的广告不断播放出来，"福喜人间寻，情缘双合成"、"千秋月，中华情，双合成月饼"、"用共产党人的先进性引领企业先进性，用中华民族的千秋情温暖现代华夏人"这样煽情的话语，伴随着双合成总部、几个工厂生产线上及各个门店产品琳琅满目的镜头不断出现。从来心平如镜的古鸿文，此刻心里正波澜壮阔。他觉得他的理想实现了，他的理想是，今年关键不是卖多少月饼，而是给市场制造一种印象，月饼断货了，买不到了。所以，顾客与经销商越着急，他心里便越安静。他窃喜他在广告费上的大胆投放，内心正感激着一个人。那个人也是双合成专家团队的成员，性格低调，开会很少发言，但古鸿文总觉得他点子多，对处理任何事都有超常规的想象力，他于是一直尊他为师。林先生背叛之后，又被请回来在营销团队里忽悠了一段时间，就再也不来了，古鸿文的机会于是到了。他把老师请到酒馆，两人喝了一夜，一个大胆的想法产生了。经过赵光晋同意，他把双合成原有的六百多人及几百个季节工全部请到不远处的五一路军人俱乐部，又"正式"召开了一次中秋会战誓师大会，一千多人穿着红工衣，使会场宛如"文革"期间的红海洋，加上俱乐部里悬挂着的一道道红条幅及员工扯起的红条幅，会场便笼罩在"中秋必胜"的决战气氛之中。除了赵光晋打头的几个要人的誓师发言，大会还准备了三首歌，第一首就是刘欢的《从头再来》……当赵光晋讲到"今年我们被赶出柳巷，赶出了双合成的祖宗之地，但我们的灵魂还在，即使命运再次把我们赶回二十年前，让你们在大街上跟着我卖丸子汤卖油条……"刘欢的歌放了出来，"昨天所有的荣誉已变成遥远的回忆，再苦再难也要坚强只为那期待眼神……"，赵光晋哽咽起来，讲不下去了，会场上唏嘘一片。一千多员工突然站了起来，举着红条幅和小红旗呼喊起来，“中秋必胜！中秋必胜！中秋必胜！”一个浑身犍子肉的小伙子冲到台上，举臂高呼，“我只要还有一碗饭吃，就要跟赵总再干五百年！”员工纷纷冲上主席台，站在赵光晋身旁一起高呼起来，“有我们在就有双合成在，今年中秋这一仗都必须打胜！”……就这时古鸿文冲到主席台上，他像林先生一样拍着胸脯，举起双手，“跟着赵总，从头再来！”会场上一千多员工跟着古鸿文喊了起来……此刻，想起这些，古鸿文又一次真切地感受到文化人的本事和文化鼓动人心的力量，他拿起手机，拨通了那个给他出主意的老师的电话，“老师，您好，您的点子激起了全体员工的激情，非常感谢，非常感谢，抽空我亲自到您府上把月饼送去，同时带去赵总和全体双合成人的问候和敬意……”同时，他在心里也给自己打了个电话，他感谢那个“鬼精的古鸿文”广告轰炸的点子，帮他轰开了市场，与此同时，他心里又开始酝酿另一个点子，这就是，在顾客和经销商实在等不及的时候，他要往市场上抛出一大批月饼。

他面前站着原料部、生产部、物流部、门店部和市场部的经理，但他不想当着经销商的面把内心的想法告诉他们，他甚至不与他们说话。他却拨通了实际上影响着原料进购和生产两个环节的两个人的手机，他们一个是赵光晋丈夫宋英民，一个是双合成月饼技艺大拿程雨兰。手机里传来宋英民飘渺的声音，使他感觉到这个常年不着家的人正奔波于南方或东北一带，正积极地为他的设想准备原料。程雨兰每天二十四个小时奔波于享堂、新城等几个工厂之间，人在市里，电话的声音便显得清晰无比，似乎人就站在面前。然后，他告诉面前几个部下，“一定要安顿好每个顾客和经销商，告诉大家我们一定满足大家对月饼的需求，但让大家稍有点耐心。你们走吧，出现任何事都要自己想办法解决，绝对不能动摇大家对双合成的信任和热情，办法自己想，不要再找我！”他的部下走了，他笑着看着一屋子的经销商，“诸位老总，我想尽一切办法给大家配货，咱一个一个来，钱交到财务上就行了，你们或者在外面等着，或者回到宾馆等我们的通知。外面还有那么多经销商等着，大家看……”古鸿文站了起来，河北、内蒙、东北、京津几地的经销商犹犹豫豫地站了起来，看着古鸿文，迟迟疑疑地走出去，却用目光把渴望留在古鸿文脸上。古鸿文告诉大家，“大家要相信我，我小古不会食言的！”大家齐声道，“那我们等你的电话，你一定要亲自给我们打电话！”古鸿文笑着说，“一定一定，小古一定亲自通知你们提货。”

这一拨儿经销商还没走出门，另一拨经销商便涌了进来。古鸿文的手机响了，是老总赵光晋打来的。“小古你电话上废话咋那么多，我怎么打也打不通，厂里还有没有货？货配得怎么样？配不上货也不能赔了人心，这个局面你可要控制好，伤了任何一个人的心，只要接到一个投诉，我就当场撤了你！要在最关键的时候学习做人，你们南方人那种冷酷无情绝对不行，有货就给货，没货就给情，只要咱有一颗真诚的心，断货就断不了人脉，小古你给我好好学着！”古鸿文频频点头，“赵总教诲的极是，极是极是！”赵光晋在电话那头骂道，“还极是极是，极是个屁，这是中秋大会战，不要嬉皮笑脸的！”古鸿文便干干脆脆一个字，“是！”

三楼董事长办公区里，此刻也是一片繁忙景象。董事长接待室、人力资源部、文化策划部、财务部，员工和客人也是进进出出，但没人高呼小叫。透过四周的玻璃墙，能看到中间会馆里正开着一个会，看着那一个个戴着眼镜的中年形象，一猜就是专家会议，但赵光晋不在里面。旁边的教室里似乎正搞着一个什么培训，隐隐能听到讲课的老师与听课者问答的声音。三楼明显比二楼有一种秩序，楼道来来往往的客人也不像是经销商这种角色，而像干部和文人。

赵光晋在哪里？在她的办公室里！

每年一进入中秋会战的紧张时期，尤其是中秋前一个月，赵光晋就不离办公室了，她的任务就是在办公室走来走去不断打电话。尽管双合成一步步往现代企业管理上转变，但在很多部下和员工心里，双合成就是她的，工作上有了解决不了的问题或矛盾，都习惯给她打电话。她从来的做法是，把他们大骂一通，训他们“要你们领导干什么？有事都找我还让不让我活了？”但她对双合成事无巨细的不放心，却使她无法不详细地询问到底发生了什么事，并作出指示。所以，各部门、各工厂、各门店解决不了的问题突然得到解决，或有人在工作中突然硬气起来，使顶头上司不可理喻，“根”都在她这里，也就是说，都是因为她表了态。赵光晋所知道的是专家们对她这一点颇有微辞，但不知道的是，她正是用这种方式实施着对双合成铁板一块般的统治，或者说，这并不是她的方式，而只是她对双合成的那颗心使然，只是她的性格使然。赵光晋打出去的电话，最多的是为月饼团购和经销商的工作排解困难，扫除人际关系的阻碍。二十年来，她由一个普通糕点工成长为社会名人，由一个只认识厂长、车间主任和工友的底层人，成为熟通社会各界要人的名人，于是，当双合成的工作与社会关系的对接上出现障碍，她不出面，谁能解决？“这倒好，一个个油的，我给你们疏通关系，你们出成绩受表扬拿奖金，我成了你们的老妈子了，成了活雷锋了！”面对每一个求助到她办公室的部下或员工，或面对用电话求她说话的部下或员工，她常常要骂这样几句话，但每个人的事都是双合成的事，都牵扯到双合成中秋会战的成败，她不得不给他们打电话。有时候她一天要打几百个电话，打得头昏脑涨，嘴上起干皮脚底起泡，甚至缺氧跌倒在椅子上半天醒不过来。但是，一旦有人用手掐她的人中，她便会呼地站起来，“我还死不了，掐，掐，掐，有什么掐的！”她会接着把电话打下去。

但是，此刻，赵光晋手里抓着手机，就像时刻准备砸人似的抓着半截砖。她靠在自己的办公桌上，正冷冷地看着坐在深红的太师椅上的那个人。那是个四十岁左右的男人，中等个，穿一身牛仔装，也戴副眼镜，看样子像个文人，可做的事实在让人恶心。那人的眼珠像算盘珠般嘀噜乱动，似乎能发出计算的声音。那人右手拿着一份稿子，左手往下一弯，用食指一点一点地指着茶几上他带来的几块装在一个塑料袋里的月饼，看着赵光晋，阴阴地笑着逼赵光晋说话。赵光晋就是一言不发。“里头有铁丝！”那人说。见赵光晋仍不吭声，那人做出站起来要走的样子，指着月饼的左手拍了拍右手上的稿子说，“那我们就发了，你不签个字？”赵光晋冷笑一下，“那几块有问题的月饼你是从哪儿弄来的，我相信你一会儿就会说出来。你到底是想要钱还是想发文章？要钱是不给，想发文章你就发吧，一会儿有人会和你说话。”赵光晋刚才打了一个电话，她用很隐密的说辞从面前这个记者所说的那家报社又叫来几个记者，目的是辨认一下面前这个记者是真是假。轻轻地有人敲门，赵光晋使了个眼色让一直担心地陪着她的办公室小贾（一个女孩）打开门，几个风度翩翩的大汉便风风火火地拥进来。几个人刚要问候她，她的眼神递了过去，用抓着手机的手指了指椅子上的那人说，“你们报社有没有这个记者？”那几个人盯住那人，眨着眼睛摇头，不理解地看着赵光晋。赵光晋说，“那他就是假的，不知道从哪儿找了几块有问题的月饼想讹双合成的钱，还写了篇文章说要在你们报上发表……”赵光晋话音未落，一个风度翩翩的记者冲了过去，攥紧拳头照着那人就是一顿臭打，那人吓得跪地求饶，而那记者突然用左手抓住了自己的右腕，因为他在痛打那人时，把自己腕上一块名贵手表打得碎了一地，使他腕上只剩下条表带。赵光晋抓住了一个骗子，却当下赔了那大汉、那个真记者两万块钱。赵光晋冷笑着看了一眼筛糠似的伏在地上的那个骗子，过来握着几个记者的手，“谢谢谢谢，我赵光晋和双合成能有今天，你们新闻界出了很大的力，但我从你们的队伍中也抓住了不少这样的人……”那几个记者纷纷说：他可不是记者，不是我们新闻队伍的人，即使我们队伍中出现几个这货，那也是败类，赵总可不敢这样说！赵光晋笑了，手指着地上那个人问，“这个人怎么办？”几个记者和进来的几个双合成办公室文员纷纷说：送到派出所，再拍几张照片写篇文章登到报上，电视台再播一下，臭死他，让企业和全社会对这些坏人都提高警惕！赵光晋在地上踱起步，良久，她回过头来叹口气说，“算了算了！”她走几步过去，照着那人屁股猛一踢说，“还不快滚！”那人把那几块月饼拿上，把手上的稿子一卷，低着头捂住脸，嗖地离开了。赵光晋与大家跟在那人身后，看着那人踉跄地跑向楼下，直到人影淹没在抢购月饼的人流之中。

大家摇着头，一个个嘴里发出轻轻的叹息。时空凝滞了，赵光晋和大家仍然站在楼梯上，看着那人逃跑的方向。

一个老人的声音缓缓地悠悠地传来，那是个老得不能再老的老人。“光晋，赵总——光晋，赵总——”老人瘦得只剩下人形，就一副骨头架子罩上张人皮，但是，老人白而干净的皮肤和整齐雪白的短发，却使老人有一股精气神，尤其是老人明亮温和的眼睛，使人们感觉到他的健康和快乐。老人被越来越多的人搀住，一步一步踩着台阶登上二楼。老人被扶到休息区一个最长的沙发上坐下，但他屁股还没落稳，就又要站起来，转着头左顾右盼。“光晋，赵总——电话2028XXX……”老人在寻找赵光晋，他用两只手甩打着围在他身边照顾他的众多儿女和孙子们。看到老人来了，双合成那些四五十岁、五六十岁的老员工纷纷赶过来，围在老人身边，一些经销商也好奇地围了过来。双合成老员工们你一言我一语地讲起老人的故事，这时人群中冒出一个中年女人，她伸出两只手，拦住大家不让说话。“这是咱双合成的宝，是咱双合成的老寿星，老寿星的故事得我讲，你们都说不清楚。”她就是程雨兰。她不断捋着满头白发，尽量把她那张富态喜庆的脸凑到老人面前，对着老人说话，让大家听她的故事。“老寿星，你和咱双合成的年龄基本上差不多吧？你十二三岁就当上了学徒，还记不记得学不会做点心每天挨掌柜的板子和烟袋锅子的事啦？还记不记得天天给掌柜倒尿壶？老寿星你咋还笑哩，板子还没挨够？烟袋锅子打着疼不疼？尿壶还没倒够？老寿星你别笑嘛，你是不是认出我了？我是程雨兰，小程！”老人收住笑，又开始左顾右盼。“光晋，赵总——光晋，赵总——”程雨兰失望地绷紧脸，憋了一会儿又笑了，转头看着身边所有的人。“我是白与老寿星套近乎了，说了半天就没认出我。”老人的儿女开始说话，有的说他爸谁都不认识了，有的说他爷爷只要对谁笑就是不认识谁，有的说他老爷爷笑的时候眼珠是不动的，一旦认识了谁就不笑了，眼珠就会动，就会流下眼泪。老人的儿女和孙子们说，他爸他爷爷他老爷爷在家天天都在笑，眼睛却不看人，而是看着窗外，总是蠢蠢欲动的样子，好像就等中秋到来他要来双合成似的。已经站在人群后边的赵光晋再也不能等待了，她挤了进来，蹲在老人面前，用双手抓住老人的双手。老人盯住赵光晋，眼珠动了，红了，湿了，一只眼睛流下一滴眼泪，那泪珠就晃在眼袋上不往下流。“光晋，”老人轻轻叫道，“赵总，电话 2028XXX！”老人全身颤动起来，“我看你来了，看双合成来了，没有你，咱双合成就没了，我活不到今天，我这儿子孙子……”赵光晋感觉到老人想抽回双手，感觉到老人想擦眼泪，就赶紧向后伸去手，一个女员工从衣兜掏出湿巾包，撕开抽出来递给赵光晋。赵光晋拿着湿巾往老人眼睛上款款摁去，当她手上的湿巾快挨住老人的眼睛时，老人的眼泪流了下来，不是两滴，而是两行。老人的儿女们和孙子们看着赵光晋，争着诉说起来：赵总，我爸（我爷爷我老爷爷）在你手上没干过一天，早就退休了，糊涂了，可你每年工资照发，还亲自送到家里，还安排了我们，安排了儿女又安排孙子，赵总，我们张家祖祖辈辈感激你，而我们的爸爸爷爷老爷爷却因为你感激了一辈子共产党，在他心目中共产党就是你！老人的儿女们孙子们重孙子们在赵光晋面前站成一片。赵光晋一个个握了他们的手，扬着大嗓门对大家说，“我为谁干哩？大家都为谁干哩？就为他们干，为他们活着！但是，不是我们养着他们，而是他们激励着我们，是……”赵光晋说着，突然收住话。

因为，赵光晋又看到一个人，也是个老人，一个肿得失去人形、连眼睛也睁不开的老太太。她显然没有前边那老人年龄大，但看上去也是三世同堂甚至四世同堂的年龄。这个老人一看就是真糊涂了，一看就是被浮肿弄糊涂的。她是被儿孙们用轮椅抬上来的，目标是要抬到三楼赵光晋办公室，但是，二楼密集的人群阻挡了他们的去路。她眯着眼，两只手在面前的虚空里摸索着企图握住什么，似乎那儿有一双手。赵光晋的手正等着她。赵光晋的手伸了过去，紧紧抓住她的手。她的双手和全身抖动起来。她用手指哆哆嗦嗦地在赵光晋手上摸起来，赵光晋的手心、手指、手的每个关节及指尖，她都摸了个遍。她——这个浮肿了几十年的老人咧嘴恸哭起来，“是光晋，是赵总，做点心的……机器手，我能摸出来……”赵光晋听罢感动地说，“我什么本事都没有，就是这双手会干活，我是你们培养的，是你们培养的——”

前边那个老人叫张佐成，后面这个老人叫阎富珍——比起张佐成她小得多，但因病就“老”成那样。这一天，双合成那些退休的老员工，那些久病在床或已老得双脚已踩住阴界边缘的老人们，至少有十几个人被儿女送到双合成，来看双合成中秋大会战的情况。而到了第二天、第三天……还有这样的老人到来。他们大部分人并没有在赵光晋手下干过，但赵光晋却以当时国企的标准给他们放发着工资和福利，并且帮他们安排了住房和儿孙们的工作，甚至帮他们给他们的亲戚和老乡的孩子办招生、办分配或转户口，赵光晋不仅给了他们稳定的生活，而且满足了他们作为城市人对待亲戚老乡的一份情怀。他们本来没文化没本事，但是，他们有赵光晋这个靠山，便衣食无忧，而且面对熟人和老乡会觉得自己很有能力，他们于是又获得了一份自尊和虚荣。他们是借看双合成中秋会战这个机会来感谢赵光晋的，同时看看他们越来越好的“单位”。他们是我们这个城市里最有良心最懂感恩的底层人，他们是真诚的。而平时，他们并不想打扰赵光晋，一是该办的事办完了，二是……三是……四是……他们不想让赵光晋感觉到他们又是来求她办事来了，他们在赵光晋的关怀中渐渐地有了做人的自尊。但是，中秋会战期间，他们一定要来，他们把攒了一年的“想念”在中秋会战期间的某一天全部说给赵光晋听。按赵光晋的话说，“他们才是双合成的精神动力！”

“是你们培养了我，是你们养育了我……”

赵光晋一遍又一遍抒发着自己的内心。尽管面前这些双合成的老人们大部分已经听不清她说的什么，但是她还要说。她觉得她更需要感激，更需要感恩。她觉得有人依靠和有人需要就是上天的恩赐，就是上天让她成长，成长为一个对他人和社会有用的人。作为一个企业家，赵光晋对“人心”的工作越来越感兴趣，用她的话讲就是：经营企业就是经营人心，双合成老字号的算盘既要计算利益，更要计算人心所向。她相信心灵的力量。

08

请问大师

光晋的

HOME

偶尔闲了，电话打累了，赵光晋就坐进会馆听专家们发言。虽然她经常说请专家这事是“花着钱，求着人，伤着心，啥事也不顶”，但为了接受教育、开拓思想，她还是不顾一些人反对，保持着与专家们的来往，不仅对他们恭敬有加，而且一如既往地把他们请到会馆里神侃。但她也有变化，变化就是不再一陪到底，想来就来想走就走。她把主持专家会议的重任交给了主管办公行政的副总常俊。

而所有专家对赵光晋的胸怀和信任当然给予着高度的赞美，而且，只要赵光晋在，他们便神思飞扬，口若悬河。专家的类型不同，有从双合成领取年薪或月薪的，也有参加一次会议领一次红包或礼品的，专家的研究方向、年龄和性别也打破了原来的局限，研究什么问题的专家都出现了，这大大提高了分析赵光晋和双合成的力度，并丰富了分析的视角。而且，专家团队中增加了年轻专家和女性专家，使专家会议的气氛平添了许多情趣。这不，这年的中秋大会战又开始了，赵光晋又把专家们请来，一是要讨论双合成的产品、生产和营销问题，二是讨论大会战期间暴露出来的问题，三是专家联想到什么就讨论什么。同往常一样，专家会议依然留下了详实的文字和影像资料，以供随后学习研究。关于这一点赵光晋说，“二十年来，双合成有学习的传统，从上到下都喜欢新思想，单位经常十几个人、几十个人地派到外地接受培训，经常是听几天课每人就交几万元，其实就听了那么几句话！但是，我们把专家请来听专家说话，这要说出多少有价值的思想，咱才花多少钱，这还划不来？双合成墙上的大算盘是算大账的，谁都不准说风凉话！”因为赵光晋早就给她的团队开了会，做了思想工作，定了调，双合成人对专家们的态度才毕恭毕敬。

这一天，老中青各路专家，男专家与女专家，满满当当坐了一会馆，只有门口会议桌顶头的主席位置是空的，那位置就是赵光晋的。会议期间赵光晋突然来了，专家们齐声咝地吸了口气，胸脯就都挺了起来，眼睛也明亮起来，正发言的专家也提高了嗓门。正发言的是个黑发飘飘的老专家——听说还是个作家——他正在谈前几次会议上谈过的那个话题，即抨击中国传统节日里尤其是中秋节期间中国的浪费现象。赵光晋很奇怪，一旦谈到这种大而无当的问题，专家们便兴致颇高，争论起来就没完没了。比如关于中秋月饼的浪费问题，专家们的看法就五花八门：有的认为，把月饼营销成礼品，送来送去谁都不吃，这是天大的浪费，是犯罪；有的认为，送来送去送的都是中国文化，传承的是中国传统和民族情感，不能用经济计算的思维把它定位为浪费和犯罪，应当用民族血脉传承的思维计算它的价值；有的则认为，站在企业角度讲，它为企业赢得了利润，为国家增加了税收，这不仅解决了中国人中秋送礼的问题，而且解决了企业团队和经销团队很多人的饭碗问题，它功莫大焉；有的说得更玄，中国呀，世界呀，文明呀，文化呀，现代呀，后现代呀……似乎全是好话，又似乎全是坏话，就看怎么听。而赵光晋想听的是：好些年来，双合成中高层领导及原来那些专家们一致认为，双合成每年中秋月饼销售3000万是常态，而5000万则是极限，但看今年月饼销售的势头明显要远远地超越这两个数字，她想听大家说说，这说明什么？而且，今年是双合成被人从柳巷赶出来的，又是搬家，又是到处找地方，又装修公司总部，是双合成资金最紧张、人心最疲惫、最慌乱的一年，甚至很多人担心双合成要关门，但为什么恰恰这一年双合成月饼出现了抢购和断货的现象，这说明什么？原因在哪里？除此之外，赵光晋更想听的是，今年的月饼抢购与断货之间有什么联系？它给企业提出了什么问题？而双合成明年中秋又将是什么样子？可是，对这些问题却没人谈，她有点急，总想插话把话题引到这里，却怕打断专家的话不礼貌，也怕遭到专家们的集体攻击。

但赵光晋还是忍不住挑起了她关心的话题，她说，她相信所有的专家都会为双合成今年的月饼抢购和断货现象感到高兴，但顾客和经销商会不高兴，如果双合成有个工业园，有了大工业的现代化生产线，就肯定不会出现这供不应求的现象，她希望专家们就这个问题贡献出真知灼见。让她恼火的是，她发言之后的结果是，正如她预料的那样，专家们一愣之后哄堂大笑。尽管从专家们的笑声和纷议中基本听不出他们过去那种对她的嘲讽、挖苦和打击，而是因为专家们又听到了她最爱谈到的她的“建厂梦想”，但是，她还是接受不了这种反馈。专家们笑，她也笑，她在无声的笑中聆听他们的发言。她发现，专家们都是为了照顾她的情绪，这才言不由衷地一个个开始发言，但说着说着就都掏心掏肺地与她说起一些旧话来，这便是劝她不要异想天开。这时她像客人一样观察了一下会场，她发现面前这个椭圆形会议桌很长很大，周围坐着二十来个专家，加上双合成中高层代表、做记录照相摄像的及主持会议的常俊，总共有三十来个人，人是不少，而且都隔着很远，但专家们似乎都尽量把脸往她面前凑着，似乎要凑到她跟前似的，而且，那一张张脸上的真诚之态可掬，她有点忍受不了这种真诚，因为她觉得这种真诚中有别的意思。尽管专家们的话说法和用词不同，但意思基本相同，都还是老观点，认为走代加工的路子为妥，认为，尽管双合成在赵光晋手上发展了二十年，比起当年已经是鸟枪换炮了，但毕竟它是个老字号，是小国企的基础，在资金、人力和技术等方面都没有建设工业园的根基，弄不好会全军覆没。同时，专家们还一致告诫她，不管双合成现今发展得再顺利，成长得再好，但作为老板，希望她一定要警惕头脑发热。专家们还指出，中国所有的企业家那种做强做大的好大喜功的思想中，都有很深的农民意识和体制中的狂热激情，不是一个现代企业家应当具有的理性思维。不少专家还以双合成墙上的老算盘为例说道，旧中国的掌柜用算盘计算的是利益，新中国的企业领导人用算盘计算的是政绩，而世界进入新世纪，企业家除了计算利益，更多的要计算企业的命运。赵光晋把专家的这些话每个字都听在了心里，而且记在了本上。说实话，她觉得这些话听起来意思真对，但味道不对，她却说不清味道不对在哪里。她微微笑着双手轮换抠着双臂，把黑黄而结实的双臂抠得通红。其实，她的双臂并不痒，但不抠心里却又毛又乱。而抠臂期间，仍坚持在本上记着专家们的名言警句。专家们如此这般发言，她真是没办法，人家是专家嘛，对共产党的政策都敢随便评论，何况你只是赵光晋，何况人家专家们已经口下留情了！但是，双合成行政部经理，她丈夫宋英民的弟弟即她的小叔子、太原理工大培养的建筑专家，她专门请来为她筹建工业园的她的助手宋卫民，竟也跟着凑热闹，这使她不能容忍。宋卫民说，“是的是的，专家们的话我都同意”，然后他列举出很多数据证明建设工业园是很危险的，“双合成名气大，但毕竟是老字号，是个小企业，哪有那么多钱？一旦钱砸进地里，市场一下子又接不上气，资金链的断裂就会使双合成全面崩盘，我是搞建筑的我知道这个，也经历过无数这种血的教训！”赵光晋一听到这里便在心里骂，宋卫民王八，你在为谁说话？作为双合成一个部门领导，还是我的特别助理，你应当引导专家往老板的意图上说，但你怎么猪八戒倒打一耙？你等着，看我怎么收拾你！近几年来，在专家们多次批评和规劝下，赵光晋已慢慢改变了在会议上训斥部下的习惯，但她心里记下了那笔账。而没有当下收拾宋卫民还有个原因是，这一年月饼销售得很好，她心情好，专家们的话她只是感觉到不悦，还不至于愤怒。在会议期间，有一个人很特别，他始终不说话，他就是赵光晋最早请来的专家张亮，而此刻，赵光晋就特别想知道他心里正想着什么。她不时瞟一眼张亮那张苍白的脸，看见他不时一笑露出两排白牙，她渴望他张口说话，但她没有要求张亮发言。因为，双合成变了，专家团队的结构变了，眼下的专家都不是张亮当年那种实实在在出主意干事的专家，她担心张亮说不过在座的其他专家，没准还会被一群专家挤兑得脸红脖子粗，还是不想让张亮丢那个脸。

突然，赵光晋脑子里产生了个主意。正好古鸿文派人找她，想汇报和请示加班生产月饼给门店和经销商补货的问题，她便礼貌地给专家们打了招呼走了，走时叫出了常俊，要了当天参加会议的所有专家的名单，那名单上既写着他们的名字、单位、职务或职称，也写着他们的住址和电话。

……接到赵光晋的短信后——其实是一首诗——她叫的双合成那几个铁杆老员工们便三三两两相跟着来到迎泽公园，找呀找呀找呀找，谁都没想到他们的老板竟然悠闲地坐在一片葱茏的绿树掩没的回廊里，就好像一个退休的老人正在等另一个老人。见到赵光晋后老员工们说，赵总今天是考我们哩，多亏我们找见你了。赵光晋说，你们都学过《把信送给加西亚》吧，那书里的将军就一个命令，什么都不说就要让一个叫罗文的人把信送给那个能影响战争胜败的人。我至少还写了一首诗，这只是考小学生的难度。老员工们纷纷念了赵光晋的诗，接着纷纷说，那我们是过了关还是没过关？赵光晋说，说过也算过了，说没过还真没过，真正的考核还没开始。赵光晋说，咱先随便聊几句。她看着树梢上跳来跳去的鸟儿，听着四面八方传过来的集体大合唱的歌声，瞟着身边过来过去的人影，问大家对今年中秋月饼抢购和断货的现象有什么感想。大家说，厂子太少太小，设备落后，生产跟不上销售。赵光晋的目光便扫上他们的脸，“如果咱有个工业园会是什么情况？你们说这工业园到底能建还是不能建？”大家低下头互相看着，等别人说话，等来等去，赵光晋开了口。“怎么都不说话了？”“平时我们也经常说。”“那今天怎么都不说了？”“今天……今天……”老员工摇着头。赵光晋看着面前几个人，“算了算了，有人不让你们说吧？是不是还让你们给我说别的话？算了算了，不为难你们了。但是，我要说清一个问题，现在谁支持工业园，将来工业园就和谁有关系，谁不支持就和谁没关系。没事了，你们走吧，正大会战忙着哩，不和你们多说了，都赶快回去上班吧。”赵光晋看向别处，挥挥手把这拨人打发走。在公园待了几个小时了，见了好几拨老员工，全是这样的结局，赵光晋的心越来越凉。尽管阳光充足，坐在绿树丛中回廊的栏杆上是一种凉爽的享受，但赵光晋感受到的却是寒气，她看见自己的四肢上汗毛挺立起来，汗毛根部起了一片片细密的小包，她就抠起双臂和双腿。

赵光晋仍然右手抓着手机，左手拿着一瓶矿泉水一下一下在膝上蹾着，等着她想见的老员工。一双双老人们在她身旁手拉手无声地坐着，一对对恋人身体缠在一起黏糊在栏杆上，不断发出使人心惊肉跳的声音。看到此情此景赵光晋身心打颤，只好以目不斜视的态度来抗击这种尴尬。但她那颗心是宁静的。匆匆忙忙活了半辈子，她从来没有体会过这种心惊肉跳。她此刻想，这也许就是真正的生活。那几个老不死的终于来了，他们互相搀扶着，竟然走得很快，一看就是没有过多地寻找，一下就找到了她坐的位置，而他们脸上的表情似乎是她有什么事想不开，正准备投湖。赵光晋往对面栏杆上一指让他们坐下，发型与衣着总是很整齐的比赵光晋小三岁的马苏容和外号叫老革命的陈锐，老老实实地像两个小学生般并排坐在对面，而满头白发、皮肤嫩白的程雨兰则坐在她身边，一坐下右手就抓住她的手，左手就搭上她的肩。“赵总你知道现在是几点？”“不知道。”“三点了，你吃了没有？”“没有，我就不饿，我有矿泉水。”“你可是咱的主心骨，光喝水还行？要不我给你买点面皮？”“不！”“赵总，你是不是心情不好？有什么想不开？总不是想投湖吧？要投也是我们替你投……”赵光晋仍望着远处公园的美景，但她笑了。“你想死？我还没活够哩！”对面的马苏容眼睛亮亮地一笑，“赵总哪有那么没信心，肯定是有了大想法。”马苏容收住脸上的笑，“赵总，我天不亮从娄烦赶到太谷，刚从太谷赶回来，两边的生产都没事，你放心。我一回来就碰上雨兰和老革命，说你在公园，就跟着来了，有啥你就安排。”马苏容的眼睛又亮了，“咱今年中秋搞得这么好，就说明一切了，有些人的话你别太在意，不管说啥都是好心，对了就听，不对咱该咋干就咋干。”老革命跟着笑了，脸像开了花一般，“马书记一点我就清楚了，又是那些眼镜说得赵总不高兴了，待理球他们哩，咱双合成的事得咱自己干，赵总你能把我这混混整成老革命，啥事干不成！”赵光晋笑着目光扑在三人的脸上。“你们一个比一个会说，都是说我爱听的，听着心里确实舒服……”程雨兰用手虚虚地捂住赵光晋的嘴，“别别，先别舒服。”程雨兰看了对面两人一眼，脸往前一凑，很近很近地看着赵光晋，“赵总，他俩的话不能听，这两个都是老滑头，爱溜舔领导，我不是这样，我是烈士，你听烈士说。”程雨兰双手抓住赵光晋拿手机的手，抚摸着她的手背。“你是纠结工业园这事吧？赵总，别说我们都不是公司的领导要人，重要的会都参加不上，可北大街五号一开会我们立刻就知道了，有人会说的，公司还有文件录像，还有简报，一层层传达，我们啥不知道？但是，这个事我是这样看的……”程雨兰很响地咳了咳嗓子，说话像开会发言似的，赵光晋、马苏容、老革命都笑了。“不准笑！”程雨兰手往前一推，又收回来抚摸着赵光晋的手臂。“赵总，我们跟你干了二十年，企业发展得这么好，哪一步不是因为你胆子大得能把人吓死的点子干成的？我现在一个个给你们举例子……”赵光晋说，“往事休提休提，就说现在！”程雨兰说，“好，也好，就说现在。赵总，现在是，咱刚搬到北大街，正搞中秋哩，工业园的事还早哩，咱不着急，他们愿意说啥就让大家过过瘾。”程雨兰像正哄一个小孩，

“但要展望一下未来，我是这样看的，专家的意见也要考虑，咱双合成老人们的意见更要考虑。你看，”程雨兰顿了一下接着说，“当时党和政府给你一个烂摊子，五十多个老弱病残，一个快塌的院子，账上不到一千块钱，咱是跟着你在街边卖油条卖丸子汤起的家，这光景是一毛一块攒下的，员工的光景也是这样攒下的，到了中秋或有了大事，攒下的这钱还要投到单位，谁不担心？回不来怎么办？咱双合成人能把这种心理忍受二十年就是英雄，能忍就是信任你，你就是凭这些二杆子干事哩。但工业园这事太大了，肯定要往亿上说，一个亿、两个亿都不一定行，咱双合成，咱双合成每个家庭、每个人，有没有这个实力和心理承受力，这个事你得考虑好。”程雨兰说着拳头一挥，提高了嗓门，“但是，你一旦定了，时机合适咱就干，我们就跟你再要一次二杆，我程雨兰的房子当时就是你给的，我就是把它卖了都要跟着疯子要土！”马苏容和老革命跟着说：雨兰说的就是我们想说的，是双合成人的心声，大家理解不理解、同意不同意是小事，但都会跟你干，掏光家底、卖掉房子也会跟着干！听到这里，赵光晋心潮澎湃，但脸上却掠过一片阴云。

“你们回吧，班上离不开你们，不要让大家有事谁也找不见！”

赵光晋从程雨兰手中抽出自己的手，走下回廊，走到绿树之中，走上一条弯弯曲曲的石子铺成的小道。但她突然站住了，不知道该往哪儿走去。

“赵总，你咋变得胆小了？你现在最大的错误就是老想听别人怎么说……”

程雨兰在后面喊道。

公园里，四面八方都响彻着集体大合唱的歌声，赵光晋加快步伐，朝一个歌声最洪亮的地方走去。马苏容、老革命和程雨兰跟了上去，跟着跟着，没了赵光晋的影子，但他们听到了那个潮涌般的集体大合唱中，响起了赵光晋小姑娘般的声音。

雪皑皑，野茫茫

高原寒，炊断粮

红军都是钢铁汉

千锤百炼不怕难

三人走到人群跟前，拨拉着层层围观的听众往里挤。他们看到了一支几百人的中老年合唱队伍，但是看不见赵光晋的身影，只能听到她的歌声。他们互相对着耳朵说，这是一支歌颂红军两万五千里长征的歌。他们还说，赵总最喜欢唱歌颂母亲的歌，怎么对革命歌曲感起兴趣?

雪山低头迎远客

草毡泥毯扎营盘

风雨侵衣骨更硬

……

革命理想高于天，高——于——天

集体大合唱突然停了，好像发生了什么大事故。不一会儿听很多人齐声喊道，“那不是赵光晋，大劳模！”“就是赵光晋，就是赵光晋，我们在电视上见过她！”“赵光晋还会唱歌？声音像小姑娘一样！”“咱们唱《让我们荡起双桨》吧，让赵光晋领唱！”“赵光晋，想不想加入我们三晋中老年合唱团，你给咱当团长！”

赵光晋被人抬了起来，抛到空中。

马苏容、老革命、程雨兰总算看到了他们的老板，他们既紧张又兴奋，三双眼睛紧张地交流着，商量是否应该冲进去把老板抢出来。但是，被人们抛在空中的赵光晋已经唱起《让我们荡起双桨》。

三人沉浸在赵光晋与合唱团的歌声中，竟忘了回单位上班，于是事后受到了赵光晋的重罚。但是，真正要命的是，当夕阳把公园一景一物涂抹得一片火红，赵光晋的影子又从他们的目光中消失了。

……话说够了，也过了唱歌的瘾，赵光晋开始了她的行动。她仍然没叫司机和陪同，能走就不搭公交，能搭公交就不坐出租，路要是实在太远或拐弯太多或难以行走，步行或搭公交都不合适，她才拦辆出租。

她想体会一次老百姓的感觉，想要一次光杆司令。她体会到，人一无所有时，心里的勇气和身上的劲头就会绵绵不断。

赵光晋第一个拜访的专家是个教授。他住在迎泽公园东侧青年路一个小区，这小区住着很多媒体单位的社长、总编和记者，她听说这是省城一个新闻大院，还听说她要找的这个教授曾经也是一家报社的总编。这个院子有两排上世纪八十年代盖的那种红砖五层小楼，已经显得非常破旧而杂乱，很烂，但这个院里进进出出的人都显得很牛气，很转，不是昂头挺胸气宇轩昂，便是迈着八字步撒着双臂，显得气吞山河。夕阳下，老人们扇着扇子看护着跑来跑去的孩子，主持家事的男男女女正进进出出买菜，炒菜的声音和炒菜的香气从家家户户窗户上传了出来。赵光晋按照地址敲响一幢楼最高层单号的那个门，正好是那个油头粉面的教授给她开的门。“解大师，我在迎泽公园唱歌，顺便看看你。”赵光晋汗津津的脸上绽开随意的笑容，径直走进解教授的书房，没等主人请座，她便坐在那唯一的布艺长沙发上，沙发已坐得很软，她整个身体陷了进去。她的对面是解教授简单的书桌，书桌上立着一个手提电脑，电脑发出轻微的嗡嗡的声音。赵光晋请解教授坐在他的正座，并强调不要忙，水也不用倒，她坐一会就走。解教授喊着正在厨房做饭的妻子倒茶，赵光晋说不用不用，并用手上的矿泉水蹾着膝盖说，“我手上有水，拿了一天都没喝，心里有水，嘴就不干，让老婆赶紧做饭吧，不用麻烦，我坐一会儿就走。”但解教授的妻子已经把一杯热茶端到她面前，惊喜地说，“你就是赵总？平时是在电视上见过，今天可算见到真人了。”解教授看着妻子，对赵光晋说，“正赶上吃饭，咱们喝两盅吧。”赵光晋简单两个字，“不用。”解教授坐下很长时间两人无话，赵光晋悠然自得地看着屋里的设施，解教授反而显得拘束紧张，手也不知道该往哪儿放，眼睛也不知该往哪儿看。赵光晋问，“你这么大的大师就住这房子？和我们这些底层人住的一样？”解教授说，“孩子在五中上学，临时租的，租的。”赵光晋问，“大师到底是教授还是总编？”解教授说，

“总编是兼的，主要是搞学术，做一些课题，嗨。”赵光晋盯住他的电脑，“又给谁家策划哩？有大钱了？”解教授被赵光晋问得满头虚汗，“一家大企业，几百亿的……”赵光晋立刻追问，“谁家？”解教授低下头，摇着头，“现在还不方便说，不过可以透露一下，也是地产上的事，几千亩地的项目，也是个工业园……”赵光晋眼睛一动不动地盯住解教授，盯得他咽下后面的话。赵光晋脸上慢慢又绽开笑容，并且放低了声音，“大师，你提到工业园，我正好想请教这个问题。”赵光晋盯住解教授，顿了一下说，“看来你也经常做项目，工业园项目估计也做了不少，我想请教大师，别人能做，为啥我就不能做，双合成就不能做，而且我在会上一说这事你们就笑，然后分析批判我，每次都是你说得最多！”解教授红了脸，但不得不看着赵光晋，“专家会议上只是分析，不是批判，绝对不是，我的看法在会上……”看见解教授为难尴尬的样子，赵光晋不好意思地解释道，“大师，我今天不是兴师问罪来的，真是想听你在你家这个环境中怎么说。我这人没文化，但很敏感，发现你们有文化的人一聚到一起就……”赵光晋停了一下，笑着说，“就像喝了酒似的想说啥就说啥，似乎是比谁的水平更高，是为了过瘾，所以，我想单独请教，想请大师指点。”解教授终于找到了台阶下，低头调整了一下情绪，靠在皮椅的靠背上，但头仍扎着，眼睛看着桌面，“赵总立志创建工业园是可敬可贺的，也是百年老字号突破发展瓶颈的关键一步，我在会上说这是政绩激情和农民意识是出于好意，是考虑到双合成的实力和社会上诸多失败的教训，确实没有别的……”赵光晋打断他的话，“可是你们怎么敢肯定我会失败？会失败在哪里？认为我们没钱？还是说建了工业园我们没本事卖产品？”解教授额头的汗流了下来，他低头摆着手，嘴里却答不出话。赵光晋一笑起了身……“主要是关于工业园的认识。”解教授追着赵光晋说了这样一句话，赵光晋回过头，“我的认识错了？”解教授低头一笑，“会上你从来没谈过工业园是什么，但听你那意思，工业园在你大脑中就是个工厂……”赵光晋反问道，“不是吗？”然后推门走了，“好，好好好，有时间再听大师讲讲什么是工业园，好啦，打扰了。”赵光晋一步一步走下楼梯，后面传来解教授妻子挽留她吃饭的声音。

赵光晋拜访的第二个专家也是教授，女的，她很年轻，白白胖胖的中等个儿，特别健谈，不知道天高地厚的言辞使她显得有点二。她住在迎泽公园旁青年路一个成人学院家属小区，据说也在那儿上班，教的是酒店管理、旅游、培训和企划、营销之类的课程。尽管她教的课很杂，但她时间仍然充裕，精力旺盛，到处给企业讲课，做企业内训和策划，是个闲不住的忙人红人，于是，很多人尊称她为大师，甚至连很多大师也尊称她为大师。她的名字叫小红，人们都叫她红教授。当赵光晋敲开她的门，系着粉围裙正快乐地做饭的红教授哇噻一声抱住赵光晋，抱了很久，才把她拉进厨房，一边炒着苦瓜一边兴致勃勃地与她说话。“大姐，都叫我小红，姓我都忘了，在这个符号时代，小红就是我的代号。但是，我提醒的是，我是拂晓的晓，彩虹的虹，拂晓的彩虹，而不是大小的小，红色的红，这太俗了。我老公一年四季在飞机上，我一个人在家里做饭的兴趣反而更大。”红教授已经把苦瓜炒好，端起炒瓢把菜溜进面前排成一行的一个盘子里，又开始炒黄瓜。“作为女人，要会打理自己的生活，即使工作再忙，事业再出色，女人的本分不能丢掉，这才会有女人的心和眼光。我炒菜只放一点点盐，其他什么都不放，总是炒那么一大桌，一个人吃呀吃呀，再喝几杯红酒，主食从来不进口，直到吃得困了就睡一觉，醒来就开始工作。最麻烦的是请我的人太多，但外面的饭不能吃，我不喜欢那种场合，从来都是课讲完，让他们把我送回家，我自己做饭。”红教授炒好了黄瓜，开始炒木耳。“你对小资怎么看？我认为更重要的是中产阶级，中国需要这个阶层培养全民素质，那些土财主只富有金钱，穷的就剩下钱了，这钱还得有文化有思想有品质的人去花……”赵光晋打断红教授的话，“我今天是想请教大师……”红教授说，“大姐你别多说，有啥事吭个声就行，小红保证随叫随到，百分百地让你满意。大姐你先把炒好的菜端到餐厅，咱姐俩今天好好享受享受小红的厨艺。食品工业添加剂太多，卖给顾客是可以的，但咱自己还是要多吃天然无公害的东西。我这些菜都是乡下的朋友专门给种的，数百里开着车送来的，就放心吃吧。大姐，往餐厅端吧，我再拌几个凉菜，餐桌上红酒已经放好，你开一下瓶就行。酒杯也放好了，正好两个，我今天就知道你要来……”红教授抖动着白胖的胳膊炒着菜，嘴里没完没了，明明小十几二十岁，却大姐大姐地叫着，赵光晋知道她今天是插不上话了，只好悻悻地帮助端菜。当然，她没有吃。

赵光晋拜访的第三个专家是个食品专家，他就是彭工。这天晚上，彭工本来正在外面与朋友喝酒，与几个企业家神侃，但是，赵光晋一个电话却把他召回家里。当她敲开他解放路中段那幢高楼上的那个家，一直跟着他在城里几幢房子里轮换居住并伺候他的老婆，已经给他准备了一桌酒菜。他是个真正的酒者，在外面与朋友喝酒是图痛快，是侃思想，在家里一个人喝酒是图意境，是琢磨事。多少年来，他可谓是赵光晋的知音，是真正的哥们儿，所以言谈举止特别随便。赵光晋端起他递来的满满一杯酒，在手上转着却滴酒不喝，彭工也不催逼，只顾自己吱儿吱儿地喝。“请问彭大师……”彭工晃着头发稀少的圆脑袋，接住赵光晋的话，一开口就说出了她的心事，“你想问工业园的事我到底怎么看？”赵光晋一笑说，“你真是人精！”彭工仰头又喝下一杯，“赵总才是人精！”彭工搁下酒杯，点着烟抽起来，吐出一串烟圈。“你们的专家会议，我有时候去，有时候不去，去是给您面子，不去是不待去，都是些棒槌。按正常情况讲，双合成搞工业园是根本不可能的事，也就是说，成不了。可对您赵光晋就不一定，但我不参与，我没有您的胆量，不敢像您那样去赌。”赵光晋有点高兴，端着酒杯与彭工一碰，送到嘴边抿了一下。“有你刚才这句话就够了，但你会上为什么也是那样说，说得比谁都狠？”彭工眯眯眼一挤，把两束刀锋般的目光投到赵光晋脸上。“那是您错了不是我错了，谁让您开那个专家会呢？您要明白，会上有会上的话，它说的是一种普遍的大道理，不然水平从哪儿体现？如果互相不比，说不出高水平的话，你们做老板的还会给钱吗？还会再请吗？当专家做大师没人请那不瞎了，就像你们的月饼卖不出去一样。我是做食品的，就说你们今年被抢购断货的月饼，能认真探讨吗？什么场合说什么话，咱私下坐在这里就是另外一种说法。”赵光晋赶紧说，“对对对，我来请教彭大师，就是想听你这会儿怎么说！”彭工看着赵光晋，笑着晃了半天脑袋，吱儿吱儿又喝了几杯，凑过去盯着赵光晋说，“然后，你就给别人说彭工怎么怎么说了？我可不想当众矢之的，不敢破坏我的市场。我没意见，要是非要有意见，请回去查阅专家会议记录。”俩人哈哈大笑，赵光晋竟高兴地喝了那杯酒，彭工则举着酒杯，对着窗外的月亮吟起诗来，“举杯邀明月，对影成三人……”

赵光晋拜访的第八个专家就是我……当我送她出了门，她手上仍然抓着那瓶矿泉水……月色水一样铺满了整个城市……我记得她告辞时又说了那句话，“还是你了解我！”……她一路吟唱着一首歌走回北大街南侧新开南巷双合成住宅大院……她看见几个人在月光下焦急地走着，她叫着女儿的名字，司机柳兵的名字，古鸿文的名字……她听到了他们惊喜的回应……还有几个人跑过来，“还有我！”“还有我！”“还有我！”……他们是程雨兰、马苏容和老革命……她将右手的食指竖在嘴边嘘了一声说，“我丢不了，死不了！”然后，她把大家叫到古鸿文家里。

“今年月饼抢购断货，说明我们的生产能力跟不上，所以，今天晚上咱讨论一下工业园的事，都必须说真话，谁说假话立刻开除！”

赵光晋发布了命令，她眉宇间布满一抹阴云，说明她还沉浸在另一个世界里，即她晚上拜访专家的情景里。

而当晚小会议的情形是，大家都低头不语，面面相觑，吞吞吐吐。当她一句接一句凌厉地逼问大家的时候，大家才豁出去打开了话匣子。结果是这样的，对建工业园大家真的都很担心，怕弄不好砸了来之不易的家底，但同时又非常渴望……“谁不想？傻子才不想哩，咱本来是个小店，如果……”赵光晋一拍桌子说，“想就行，后面的话咽了，散会！”

会散了，赵光晋脸上的阴云也散了，她又轻轻地哼起歌儿，让女儿抓住手往楼上自己的家里走去。

09

时髦人，机器手

光晋的家

HOME

砰砰！砰砰砰！

“光中——光宇——晋——春——起床了起床了——”

从小到大，一年四季，每天每天，天上还有一抹隐隐的星月，也就是黎明前最黑暗的时候，爸爸就起了床，一个个地敲着他们兄妹四人的门，催他们起床。爸爸一边喊一边擦家扫地，妈妈则在厨房叮叮当当地做饭，爸爸妈妈都把动静弄得很大。“再睡一会嘛！”“正做梦哩！”兄妹四人在床上伸着懒腰，很不情愿地说着半梦半醒的话，但是他们必须起来，否则爸爸就会进来拧他们的耳朵，或用笤帚把抡他们的屁股。时间长了，他们一到这个时刻也就起来了，但爸爸妈妈照常比他们起得早，他们于是把爸爸叫作钟表（为什么不把妈妈当作钟表呢）。

“钟表响了！”

兄妹四人起了床，揉着惺忪的眼睛刷牙、洗脸、穿衣、整理头发、准备上学的书包或上班的东西，然后坐在饭桌旁吃饭，爸爸妈妈则坐在饭桌旁看着他们吃完。后来两个哥哥分别成了家，租了房子另住，家里就剩下赵光晋与妹妹赵光春姐妹俩。赵光晋似乎成为家里的老大，她被爸爸叫起来后，便去叫还上学的妹妹。由于爸爸妈妈天天早起，天天把他们早早地叫醒，才使他们兄妹四人养成上学或上班从来不迟到的习惯。

时代在变，他们一家的住所也跟着变化，但不管他们搬到哪里，他们住的那个院子，似乎每天都是在他们家的动静中醒过来的。然后，家家户户收拾家的声音，做饭炒菜的声音，叫孩子们上学上班的声音，夫妻吵架拌嘴的声音，就此起彼伏地响了起来，从而给清晨的院里增添了活力。而当窗外突然大亮，这种嘈杂的声音就会停下来，院里便陷入一片宁静，这便是家家户户吃早饭的时候。吃着吃着，天上便蓦地出现一抹阳光，孩子们便高兴地呼喊着跑过去趴在窗前，看着旭日像蛋黄一样从东边的天际浮出。天亮了，街上汽车的声音、上班的大人和上学的孩子们闹嚷嚷的声音便传过来，这个城市才算真正地醒了，新的一天就又开始了。

这是赵光晋对童年少年生活的一点记忆。

一眨眼，赵光晋便觉得自己由儿童和少年变成二十几岁的青年，清晨的旭日依然动人，总是带给她每天工作与生活的热情，她于是喜欢旭日，渴望自己一生能像旭日一样，即使走到人生终点，还是那样年轻并光芒四射。已经是七十年代末期，赵光晋已正式上班，出落成一个时髦的姑娘。每天清早，她总是飞快地穿上她喜欢的红裤子和绿上衣，蹬上头天晚上擦上白粉的白色运动鞋，背上红色小挎包，站在衣柜上的穿衣镜前用皮筋将头发扎成精干的锅刷子形状，然后就推着飞鸽车上班。“爸爸妈妈再见！”但爸爸夹着公文包也跟着她上班了，妈妈便用慈祥的目光把家里最后一个人送走，这才开始叮叮当当地收拾他们刚吃完饭的碗筷。她骑车上班的路上想着爸爸上班和妈妈收拾家的情景，心里荡漾着湖水般的暖流。

北京的金山上光芒照四方

毛主席就是那金色的太阳

赵光晋骑着飞鸽车唱着歌，让清晨柔软的凉风吹拂自己的脸庞和发梢，感受着一路上班和上学的人投过来的目光。而在自行车飞一般的眩晕和她快乐的歌声中，她常常能听到隐隐的雷声，因为她想起了1976年粉碎“四人帮”的那个震撼中国人心灵的年份。首先是周总理和毛主席的接连去世，那时她已经从太原市副食大楼调到钟楼街副食品市场，当两位新中国的缔造者去世的消息接连伴随着响彻中国大地的哀乐传来，她同全中国人一样，内心充满了紧张和恐惧。她的第一反应是中国会不会更乱，第二反应是日本人会不会再次打来。接着便是这年十月“四人帮”的倒台：当时，在人们的概念中，“四人帮”是毛主席的“人”，因为江青是毛主席的夫人，那么，“四人帮”倒台是否意味着中国“变了颜色”？那就是说，资产阶级和修正主义要掌权了，中国将陷入水深火热之中。而当报纸、广播和电视登载和播放了审判“四人帮”的情景后，“四人帮”在“文化大革命”中的罪恶公布于天下之后，她心中的担心和恐惧才像巨石一般落了地。但是，中国将会变成什么样子，人们心里还是没底。接着便是从上至下的持续地对“文革”罪恶的批判，对那些打着毛主席旗号乱党乱国的“文革”分子的清查，全国人民的心病一点一点得到医治，同时心里又不断增添了新的茫然。而在这个关键的历史关头，赵光晋没有想到的是，广播和电视上突然播放的歌曲改变了她的人生，使她真正感受到了新时代的到来。“文革”中不能唱的“文革”前那些或激昂或优美的歌曲渐渐在中国大地上唱响起来，那些从解放到“文革”结束期间，中国大陆人从来没有听过的港台流行歌也被唱了起来。同时，她从报刊和电视上还看到，那些港台歌星都那样洋气，活力四射，留着长长的头发，穿着五颜六色、款式别出心裁的衣服，抱着吉他，唱歌与说话一般，是那样的抒情、那样的沉醉，而且歌唱的都是父母的恩情、朋友的友谊和恋人的感伤，他们的样子和歌声深深打动了赵光晋的心，启开了她的视野。她进而看到，她的身边，她的单位，她的街区，她的城市，她的国家，很多年轻人也跟着时髦起来，都一副港台样或华侨样。赵光晋感觉到崭新的世界已经向她打开大门，新的生活已经向她招手，她感觉到体内和心中充满了全新的激情，她想释放，她想张扬，她觉得这个新时代像梦一样绚丽。她在妈妈抚育下，自小爱美，心中本来就有个张扬美和个性的精灵，而这时她看到了能使她施展美丽的时代。她一次次来到商店……终于找到了她想买的商品……她买了最时髦的衣服、坤包和坤车，然后骑着车在上下班的路上，跟着满大街的录音机里播放的歌，学会了那时候唱响中国大地的所有的中国老歌和港台新歌。真是喜事连绵，爸爸也能上班了，家也搬到了牛站南边菜园一个新宿舍区，房子新了，空间大了，她与妹妹都有了单独的房间。她从此特别爱回家，而一回到自己的房间，就唱着歌装扮自己，从而使妹妹抓住把柄似的损她，说她唱歌唱出了爱情，鼓励她早点给自己带回个姐夫。

晚风轻拂澎湖湾白浪逐沙滩
没有椰林随斜阳只是一片海蓝蓝
坐在门前的矮墙上一遍遍怀想
也是黄昏的沙滩上有着脚印两对半

还有半小时才八点，但钟楼街副食品市场门前，穿着工衣的领导、老师傅和同龄的哥们姐们已经站了一片。大家喜气洋洋地问候之后，成队成队地往楼里走去，这时，赵光晋骑着飞鸽车唱着歌儿来了。她把车停在门前划线的停车区内，几十个老师傅和同事就围过来。她锁着车，嘴里唱着《路边的野花不要采》的最后一句，“请你不要把我来忘怀”。她感觉到大家的气息，笑着盯着每个人的脸，反复唱着这首歌里的另一句，“路边的野花不要采，当得儿哩得儿当的……不要采，当得儿哩得儿当……”姐妹们你一言她一语地说起她，“你看人家光晋，你看穿的、挎的、骑的、唱的，好像华侨似的！”有人摸她飞鸽车小小的白座、细细的红梁和燕儿闸，有人摸她的小红挎包，一些与她更惯、经常开玩笑的姐妹们则叫唤着要看赵光晋的手。赵光晋盯着大家，胳膊一伸双手一展，两只有力的男人般的大手吓了大家一跳。“又损我的手？手大就嫁不出去了？我告诉你们，”赵光晋挥着她的手，“我这是战天斗地的手，是革命的手，是创造奇迹的手，党和人民喜欢，所有帅小伙也都喜欢！”赵光晋的目光下意识地瞟着赶过来的几个年轻小伙子，红着脸咯咯地笑了。

因为在铁路建设兵团工地上表现优秀，作为可以教育好的反革命子女，赵光晋于1971年被市二商局抽去帮忙，1972年春她刚20岁的时候，就被正式招工，在市二商局下属的解放路副食大楼上了班，这在当时的同龄人中引起了不小的震动。开始她是在小百货柜台当售货员，几个月后就下车间做点心。那时候，她的穿着就很时髦，只不过是妈妈用旧布染烫后对接起来做的。她总是走进柜台或车间后才套上工装，然后开始与大家一起打扫卫生，整理货架或生产点心的工具，然后就变了个人似的再不说话，疯子一样忙上一整天。她不仅热爱劳动，而且劲大，所以，拉平车进货的事情总落在她的头上。据她当时的同事们说，她每天拉着平车城南城北城东城西进货，简直就是当时太原市的一道风景。她拉车时撅着屁股、弯着腰、扎着头，脖子和双臂青筋暴起，尤其是上坡时身体突然绷直，像箭一般往上一蹿的样子，现在还留在人们心中。她的老同事们说，“赵光晋那时候就是劳模！”而赵光晋则说，“我小时候在家里就是劳模，都是我妈妈培养的！”赵光晋在副食大楼口碑很好，但是，有件事使她伤心得向领导递交了请调报告。事情很简单，她的部门丢了700元，主管领导就开始怀疑这个怀疑那个，她急了，觉得爸爸政治上有问题，怕领导怀疑到自己身上，追住副食大楼的军管领导递交了请调报告，她被调到太原市最繁华的地段钟楼街副食品市场上班——这是个老字号——她坚持到车间当工人，不想再与麻烦事打交道，她永远记得她被调到这个新单位的日子：1972年7月1日，一个光荣而伟大的日子！

回忆往事，采访者经常会问到她当时哪来的那股勇气，她说，“因为我二杆”，又说，“那个年代是红白黑，白是历史的真实，黑是我爸，红是革命理想，不管我爸爸是不是反革命，我都觉得他是革命干部，我是无产阶级的红色接班人，我才不受那不白之冤哩，受不了那个气。好在副食大楼没有开除我，还给我调了个好单位，这也许是当时的军管会领导觉得冤枉了我，给我的一种补偿吧。”而一个戏剧性的情节是，赵光晋调到钟楼街副食品市场上班后，父亲政治上有污点的她，竟然被安排做了八个月的党务工作，这是领导的欣赏还是当时确实抽不出人干这些事，直到现在她都不知晓，但这无疑给她后来下车间增加了一种背景。但是，赵光晋决定告别政治记忆，不再想干出头露面的工作，天遂人愿，正好八个月后她有幸在全市著名的史师傅手下当了糕点工，而一个师傅还是副食品市场糕点厂的厂长。她本来天生喜欢动手，加上副食大楼那场事给她的教训，她决定从此发挥自己心灵手巧的本事，心想，只要坚持就一定能成为太原市最优秀的糕点工，她要靠技术生存，不再去过问政治，不再想着从人际关系上寻找前途。面对一缸缸面和油，她经常想起妈妈。在她心目中：如果说爸爸是个命运不济的河北燕赵大汉，妈妈则是不畏艰辛的中国小脚女人；如果说爸爸是为了全家的生计甘于忍辱负重的男人，妈妈则是心灵手巧，哪怕只有一分钱也不会让全家生活断顿，并且一定要让全家人过得很体面的女人；如果说爸爸是一生背着黑锅的严父，妈妈则是一生备受赞誉的慈母；如果说爸爸教给他们儿女的是人生观和教养，妈妈带给他们的则是信心和办法；如果爸爸是他们的灵，妈妈则是他们的魂。严父慈母是她对爸爸妈妈最高的赞美，她感谢上天赐给他们兄妹四人一对完美的父母，而面对满车间的面和油，她想的当然只是妈妈，她要像妈妈一样被人称道。

赵光晋心里活跃着妈妈的精灵，但是，在车间里师傅才是她的天。师傅就是她的领导，是太原市有名的糕点传人。她每次接受师傅传艺之时，都忍不住盯着自己的双手，她相信这双手能玩出面和油的奇迹。各种饼干、各种点心、各种月饼、各种蛋糕、各种传统小吃……她把晋饼几百种产品的名字、配料及工艺背得滚瓜烂熟，她知道“那活儿”最终得靠这双手才能玩神。她的手就是她的机器，中国老字号的机器就是中国人的手。当她把油和水分别倒进面缸的面里，当她的手插进倒上水的面里，她就觉得自己的双手登时充满了力气和灵气，觉得它们就自动地搅动起来，而且越搅手感越轻盈，搅姿越美妙。她每天不仅能和几个人的面，而且能做几个人的产品。就说做蛋糕上的标花吧，她在同事们下班后稍一加班，就能做出400个标花，这相当于一个人几天的工作量。而且，她的手像秤一般，做出的任何产品分量一点不差，且形象精美，渐渐地，她就不需要再用模具。她在副食品市场出了名，不仅经常受到会议和简报的表扬，而且总是多拿几块、十几块甚至几十块钱的奖金。

而在生活的另一面，赵光晋则喜欢穿着洋气的衣服，挎着洋气的挎包，骑着时髦的自行车，一路大唱而来，大唱而去。昨夜的月色还没有退去她就到了班上，经常车间就她一个人，当夜幕再次降临，她还在车间研究糕点技艺。夜色中来，夜色中归，一个人来，一个人回。只有到了晚上，她才能与爸爸妈妈和妹妹相见，妹妹总是早已睡着，只有爸爸妈妈在家里等她。当她把飞鸽空梁车放好，把红挎包挂在衣帽架上，妈妈就把饭热好，整整齐齐摆在桌上看着她吃。而每天晚饭时，她总是只吃几口就起身进了厨房，然后把面缸、油壶倒腾出来，和好面后，便开始做各种糕点和月饼。她最大的兴趣是在蛋糕上练习标花技艺……她把家里搞得乱七八糟……折腾得爸爸妈妈无法入睡，还逼着爸爸妈妈尝她做的东西。爸爸妈妈如果说做得好做得好，全家人可以睡觉。如果有一个人说做的东西形象不好，口感有问题或味道不对，那她一定要埋头折腾到第二天天亮。“晋得了魔怔了！”妈妈说着进了卧室，但爸爸仍站在她身边，劝她“算了算了，明天到班上再说”，她理也不理，仍在玩弄她的面团。第二天，她的精力反而更加旺盛，擦把脸、背上包、推上车嗖地就走了。爸爸急了慌了，指着自己的头对妈妈说，“晋是不是真的有问题了？”妈妈笑笑，总是说，“没事。”有个礼拜天，她正在家里折腾她那些面团，进来一个中年美妇，站在她面前看她玩了一会儿面团，又与她爸爸妈妈说了一会儿话，便告辞走了，走时说“我姓谢”。这女人后来又来过多次，她不知道应该将姓谢的女人叫阿姨呢还是应该叫大姐，更不知道姓谢的女人就是市二商局局长。

赵光晋二十多岁，意气风发，从来是骑着车一路大唱上班，然后一头扎进车间便不出来，直到天黑。但是，她却有时间拜访名师。同别的同事一样，她经常会被领导或师傅们派出去送货或进料，或办什么事，这期间她就抽空寻访她师傅嘴里经常说的那些糕点大师。太原市的糕点大师是一个阶层，他们中有的是赵光晋师傅的师傅，有的是她师傅的师傅的师傅，有的是师傅的同门，但因为年老体衰，有的退休了，有的病休在家，而且都生活在城市边缘的贫民区里，比如五龙口之类的地方，没人看望，早已经被时代忘记。但是，赵光晋找到了他们，一个个地敲开了他们的家门。赵光晋一进门就磕头，使他们受宠若惊，也一副想跪的样子。当赵光晋扶着老师傅们一起坐在他们咯吱咯吱快塌陷的床上，她才讲明自己的来历、身份和目的，她说：“从今天起你们就是我的师傅，我一有空就会来学艺，我要传承你们的技艺，把你们的本事发扬光大。”她说得师傅们热泪盈眶，一个个痛快地答应“我教我教”，然后鼻涕眼泪地流着，说起多少年来无人问津的孤独和悲苦，说着晋饼一天不如一天的悲伤，说他们多亏不是旧社会老字号的老掌柜，这才在“文化革命”期间没被斗死，真是天大的侥幸。他们还说，她能拜他们为师是晋饼的幸运。她给师傅们磕头，师傅们给她作揖，师徒之间那种自天而降的情谊真是感人至深。

尽管上世纪七十年代末和八十年代初，中国已经结束了“文化大革命”的十年浩劫，但左倾思想的阴影仍然浓重地笼罩着中国，引领着中国人的心灵和人性，所以，赵光晋在那个时候的拜师学艺还属于“地下活动”，是绝不能对人说的。不过，她终于露馅了，她做糕点的技艺突飞猛进，首先使她直接的顶头上司产生了怀疑。她的麻烦来了，她做的产品开始被认为是不合格的。她被认为只专不红，个人英雄主义。她得到了奖金，却被人控告为贪占或收私钱。她被副食品市场的领导，甚至被上面的领导叫去谈话，甚至在会上挨批。调了个新单位，却出现了副食大楼的旧情况，她很愤怒，更加纳闷：怎么哪儿都是这样？只要干出了成绩，就会遭人妒忌和憎恨，想着法子给你穿小鞋，这怎么干呢？又该到哪儿去呢？但是，年龄慢慢大了，她学会了冷静，她冷静的表情使领导和同事都很害怕：似乎她随时都可能抡起椅子砸人似的。但她没有，她只是紧闭双唇，一个个地盯着他们，她要盯得那些想整她的人心里发颤，要盯得他们主动找更上一级的领导为她洗清名声。钟楼街副食品市场是当时太原市最大的副食品商场，她还不想走呢，她要和他们耗下去，要耗出个谁是谁非，谁高谁低。

赵光晋突然渴望爱情，她开始接受老师傅、朋友、邻居的阿姨叔叔们的提亲。一个小伙子家庭条件不错，高干，根红苗壮，但一点不争气，对待工作、家庭、同事、朋友一点不负责任，只知道与高干子弟们厮混，这当然不行。还有个小伙子是军人出身，人长得很帅，但与她骑车找地方谈话时，她已骑到街的对面，那小伙子还在街那边过不来，推着车刚想往过走，一辆汽车呜地过去，他又被吓得退回原处，这明显是个胆小鬼，哪能做了丈夫？还有些小伙子工作都不错，人也时髦，但留着长头发、穿着喇叭裤，给人的印象不是港台那些明星的洋气，而是流里流气，还转乎乎地以为自己刚从国外回来似的，一看就没有多少成色，不是什么正经人，也就算了。但是，有一个小伙子打动了她的心。介绍人说，他比你大两岁，长得一般，但看上去还行。介绍人还说，他在铁路上工作，是搞装卸的，但待遇不错。介绍人还说，小伙子的缺点就是家里子女多。也不知道是想给热情的介绍人面子呢，还是见对象见疲了，她说“见见也行”。她跟着介绍人来到柴市巷东一个她至今都叫不上名字的住宅小区，走进一个站满一屋子后生、坐着两个老人的房子里，坐在那儿与两个老人说话。她干净利落地回答着两个老人的问话，简明扼要地说了她家的情况，比档案上要简略得多。但她没有问他们家的情况，因为她看到了他们家的一切。看见她表情很冷，介绍人忐忑地看着她和两个老人，以商量的甚至是恳求的口气对她和他们一家人说，“那……是不是……中午……两人一起吃个饭？”她看见那群后生中一个最瘦最腼腆的后生咧嘴一笑，脸红了，并开始摸全身的口袋，同时目光哆哆嗦嗦地打量她的脸。但是，这个后生不敢与她说话，而是瞟着两个老人和其他几个后生，心情很矛盾、很过意不去、又怕吃不成饭落个尴尬地对他们说，“那你们……要不……”她突然干脆地说了一个字，“吃。”她与这个小伙子吃了饭。这个小伙子叫宋英民，就是她现在的丈夫。过了好多年，她才对丈夫宋英民说，“家里的情况怎么样对我无所谓，但是，你当时的腼腆使我感觉到你的厚道，尤其是吃饭前你看着父母和兄弟的犹豫，使我感受到你的孝心和兄弟之情，我当时真的感动了，脱口而出就说了那个字。”

很明显，那个字并不是“爱”字。这就要提到张信哲，他歌里唱到“爱就一个字，我只说一次”，而赵光晋及她这代人，很多人一生都没说过这个字，不过，他们心里燃烧着大爱的烈焰，而一生却为的吃穿。

赵光晋没想到，当她把与宋英民的事对爸爸妈妈一说，爸爸妈妈竟一口答应了，但是告诫她，“他们家子女多，你不能老花人家的钱，将来也不准要什么彩礼。”她说，“那出去的时候我就请他。”爸爸妈妈伸出两双布满老人斑的手说，“那也不行，你们都刚上班，工资不高，要好好攒点钱给你们将来买点东西，你在副食品名声不错，大家都看着哩，方方面面都要给人做个榜样。”她说，“是。”从那时起，她就遵从父母，说话算数，任何一个字从嘴里说出去都要在地上砸个坑。而腼腆谦逊、老实憨厚的宋英民却总是想尽一切办法想对她好，只是苦于没钱。1978 年，俩人定好结婚的日子，便相跟着逛起商场，他们来到太原市最繁华的钟楼街、柳巷和桥头街。看到赵光晋走进任何一个商店都是那样欣喜若狂，眼睛嘀溜乱转大呼小叫地看这看那，摸这摸那，宋英民奇怪地问道，“你就在这儿上班，咋就好像没来过似的？”赵光晋说，

“是呀是呀，我整天待在车间不出来哪有时间逛商店，有时候买衣服也来过，但不逛，我是只看衣服不记商店，也不知道是哪条街上的，除了好看的衣服，我对什么都没兴趣。”宋英民眉宇间掠过欣喜的亮光，以为自己找到了一个节俭的妻子。但是，宋英民高兴得太早了，因为这时赵光晋看到了一件棕色的毛绒大衣。她翻过来翻过去，看呀看，在试衣镜前试了又试，把衣服交回服务员，人却不走，一直看着服务员傻笑。突然，赵光晋对服务员说，“我要买这件大衣！”宋英民傻了，脱口而出，“那得多少钱呀！”宋英民说着哆嗦着手摸出口袋里的几十块钱，“光晋，你口袋有多少钱？咱俩的钱加起来都不一定够！”赵光晋绷起脸要起赖来，“我就要买，你现在就是借钱我也要买，不然结婚证就不领了！”赵光晋说这话时心里特别想笑，但她还想再看一会儿宋英民为她而着急的样子。“你自己看着办吧，我今天是买定了！”赵光晋要回了那件大衣又穿了起来，并且扣住扣子，盯住宋英民。宋英民急得满头大汗，抓着那几十块钱的手哆嗦着。赵光晋掏出口袋里的钱拍在宋英民手上。服务员笑了，“你们的钱够了，你们这样喜欢这件大衣，又是新婚燕尔，我请示一下领导，给你们打个折。”赵光晋逼着宋英民用80元钱买了这件大衣，但是，结婚三十多年来却没穿过一次，一直压在箱子底。开始，她是舍不得穿，后来，是觉得太难看不想穿。但是，她不会送人也不会扔掉，她要留下他们恋爱时最难忘的记忆。

俩人领了结婚证，决定喜事新办，旅行结婚，也借机看看祖国的大好河山。他们坐着火车去了北京、上海、杭州、苏州、南京……去的地方确实不少，但是，都是坐着火车到目的地后往旅馆一住，就没事了。因为，不论想到哪个旅游景点看看，只要宋英民出去“一看”，回来保证是说“没车票了”，或者说“今天人家关门了”，不能去的理由一个接一个。赵光晋火了，“这些地方我红卫兵串联时就来过！”宋英民看着赵光晋说，“那你说怎么办？”赵光晋说，“坐火车回！”宋英民立刻背起俩人的大包小包，挽住赵光晋的胳膊往旅馆外走，赵光晋忍不住破涕而笑，“英民呀英民，你看上去老实憨厚，鬼主意比我还多！”宋英民搀着赵光晋往旅馆结账的柜台跟前走，边走边说，“娶鸡随鸡，娶狗随狗。”俩人哈哈大笑，赵光晋唱起歌来：

送君送到小村外
有句话儿要交代
虽然已是百花开
啷得儿哩的当
路边的野花不要采
啷得儿哩的当

赵光晋用手指在宋英民鼻梁上一刮。他们没想到，他们亲昵的样子竟在南方那家普通得不能再普通的旅馆里留下美谈，以致好多年后他们重温旧梦时，那些还在那儿工作的当年的老人（老员工）竟然还能一眼认出了他们。

赵光晋提着好几包喜烟喜糖喜酒回到太原。在当时，钟楼街副食品市场是太原市最大的副食品商场，它是综合性的，山珍海味、鸡鸭鱼肉蛋、烟酒糖果点心、油盐酱醋及各种珍奇调味应有尽有，而且是，除了零售，主要是批发，不仅供应太原市各大商场和小商店，也是山西省很多地方的副食品货源，可见食品的丰富。加之商场所在地是最繁华的钟楼街，这便形成每天从开门到关门就一直客流如潮的情景，而那流淌在商场里点心的香气及糖果的甜味总使人流连忘返。可以想象，在那个凭证购物的年代，赵光晋在这里上班是很吃香的，尽管她不是柜台上的售货员，但无疑可以帮家人、亲戚、朋友、邻居、同学“走后门”买些东西。讲这么半天，主要是想说，赵光晋结婚的喜糖喜烟喜酒完全可以在自己商场里购买，但是，为了使领导、师傅们、同事们高兴，更充分地分享她新婚的快乐和幸福，她没有贪图从自己商场里购买喜烟喜糖喜酒的方便，而是在南方旅行结婚时，从上海、杭州、苏州、南京……一个个大城市里买齐的，她要让副食品人感受到她与丈夫宋英民的真挚情义。

但是，她没想到，她与宋英民给大家分发喜糖喜烟喜酒时，看到的却是一张张怪异的脸，似乎她走后单位发生了什么与她有关的大事。后来她才知道，她的顶头上司把平时批评她的那些问题告了上去，她认识到，她之所以看到那一张张怪异的脸，是因为大家对她担心，对她与上司之间的关系不理解。一个礼拜天，她与宋英民一起把喜糖喜烟喜酒送到上司家里，她像对待她寻访的那些师傅一样，一进门鞠躬作揖。

“你也是我的师傅，我先给你磕三个头……”

从此，赵光晋就不想再理这个师傅了，她只想做好自己的事。

生活中多了一个人，心里就多了一个世界。一种从来没有体会过的感觉在赵光晋心中弥漫起来，她觉得一切都变得那样明媚，而这明媚使她沉醉，沉醉又使她猛醒。如果说“四人帮”倒台使她震惊并恐惧，满大街激昂的历史经典歌曲和温情的流行歌曲使她感受到个性自由的时代到来，而这次猛醒则使她从此有意识地从自己内心那个“中国”走了出来，从此她才去观察和体会中国的大社会。邓小平恢复高考的决策掀起了全国教育高潮，推动了全国各行各业技术比武的开展。她开始浏览报刊和电视上相关的新闻和专题，深切地感受到了中国真的是走进了郭沫若所说的那个“科学的春天”。心情变了，她的着装和出行设备也提高了档次，她耳朵上多了个耳环，真就一个，自行车也变成了小凤凰。她的机会来了，太原市首届糕点技艺比武大赛于1983年某月在市中心一个广场上隆重举行。事先她已被通知参赛，知道了这次技术比武代表着钟楼街副食品市场的荣誉，并且知道了这次技术比武高手云集，除了他们单位，还有副食大楼、双合成食品店、老香村副食品店以及太原食品一厂、二厂、三厂……太原成百家食品单位、几百名选手都要参加这次比赛，而且有省市相关领导、中央相关机构的特邀领导和嘉宾、中央和省市各媒体单位领导和记者参加。还没参赛她已经四肢发软，害怕比武大会上发挥不好，便不断找领导（而不是她的顶头上司）请求换人，但领导说，“这是上面的领导定的，我们没有权力换人。”她只好硬着头皮参赛。到了现场，她才体会到技术比武大会的场面是如此之大，在她看到人山人海的那一刻，心里涌上了激情。事后她的总结是，“我这人自小是人来疯，人越多越来劲，我就是占了人来疯的便宜。”当主持人宣布比武开始，她头嗡地一响，便觉得自己变成了机器。她觉得根本控制不住自己的双手，脑子也不动，只看见自己的两只手自动地上下翻飞成花的模样。她觉得自己完成了技术比武项目之后，便垂下双臂笑着看着前后左右的选手，她看见选手们都满头大汗地忙碌着。但她不敢看自己面前的案板，她担心她做的产品不好。就这时，她听到海涛般的声音骤然响起，“机器手！”“机器手！”“机器手！”“这个姑娘简直是机器手！”她四处张望，寻找那个被人呼喊赞美为机器手的选手。她的肩头让人拍了一下，她那两只僵硬的手被一双温热的大手抓住。那人报了自己的名字，她这才知道正站在她面前的竟是太原市一个大领导。“你叫什么名字？”“我叫赵光晋。”“你真是一双机器手，就像武打电影里那些大侠的掌法一样，简直太快了，好，好好好，我祝贺你！”“谢谢首长！谢谢首长！”接着，她面前出现一个女人，就是去她家的那个姓谢的女人，在旁边人的叫喊中，她又得知姓谢的女人就是市二商局局长。市二商局的其他领导、糖业烟酒公司的经理们、钟楼街副食品市场的经理们、市里相关领导、市商业系统的经理和专家们，都走过来，将手伸过来，握着她的手夸她是机器手，她又是“谢谢谢谢”。当她谢完最后一个与她握手的人，她才意识到，她就是那个机器手，这时，她的全身真的软了，像泥一样简直要瘫在地上。但是，她双手撑住案板不能让自己瘫倒。她获得了技术比武冠军，从市领导手里领取了获奖证书，她突然想放声大唱。但是，她在比武结束后，在骑着飞鸽车奔到一条谁也不认识她的街上之后，她才放声把心里的那首歌唱了出来：

我们的家乡

在希望的田野上

她唱的是《在希望的田野上》。那时候，她就喜欢这首对家乡和父母充满深情的歌。她成了名人，不久便被任命为钟楼街副食品市场糕点加工厂副厂长。就在这个时候，她还不知道提名让她当副厂长的人竟是二商局局长，经常去她家看她“玩”面团的那个姓谢的女人。直到谢局长退休，赵光晋也没见过谢局长几面，后来干脆就断了联系。但是，她永远记住了这个她当年不知道该叫阿姨还是该叫大姐的姓谢的女人。而有些人虽然天天和她在一起，她却要想尽一切办法把他忘记，甚至要像拂去灰尘一样把他从她的记忆中拂去。

——人呐！

10

1985年柳巷

光晋的家园

HOME

这一年，赵光晋33岁。两年以前，她夺得了市首届糕点技艺比武冠军，不久便被任命为钟楼街副食品市场糕点加工厂副厂长。没想到的是，这竟引起了上司对她更加的不满，使她常常挨整，非常憋屈。

需要讲一下市中心这个街区：这个街区是由钟楼街、柳巷、桥头街三个条组成的，它们本来唇齿相依。其中柳巷最长，南北走向，像条龙，是这里的商业主街。桥头街和钟楼街东西相望，中间只隔个柳巷，像两只翅膀，与柳巷共同构成市中心一主两翼的商业格局。但三条街却从来各是各，每条街上的人说起另两条街，都非常冷淡，这也是一种街本位意识。

而赵光晋属于钟楼街的人，但三条街上那些商店里的人都知道她，因为她得了冠军，又当了副厂长，正在挨整，她的事就成为人们很关注的话题。

这一天，单位的大会上，领导又让她检讨自己的问题。一想起人们说她贪占公款、偷白糖和偷鸡蛋这类扯淡事，她就很愤怒。她听着经理们以企为家、廉洁奉公、作为名人和领导更应该以身作则的大话，听着各部门领导和职工代表走过场的发言，目光扫视着会场上的几百号人，一声不吭。因为她清者自清，知道自己没事，唯一使她窝火的是，自己当了冠军和副厂长，反而给自己惹上麻烦。她想象着匿名举报她的人到底是谁，想着想着慢慢有点明白。她想起了，确实有“钱”和“鸡蛋”的事：“钱”的事是上司让一个同事给她送了几十块钱，说是发的奖金，她拒绝了没要；“鸡蛋”的事是下班时她看见一些同事偷鸡蛋，便迟疑了一下就收回了目光。但是，这脏水怎么就泼到自己的头上呢？她的目光投到不远处阴阴地瞟着她的上司脸上。经理宣布暂时休会，让大家去去厕所，大家便三五成群地出去站在院里嘀咕，她就轻轻走过去站在他们身后，听他们说话。“都大声点，让我也听听我的罪行。”她说。一堆一堆议论她的人霎时作鸟兽散。但她拦住了她最想找的人，即给她送过奖金和她看见偷过鸡蛋的同事，他们正与上司站在一起，说话时的表情甚是神秘。她像影子一样无声地出现在他们身后，为了让他们知道她来了，她轻轻地咳嗽了一声，他们登时都红了脸。上司则装作一副与己无关的样子用脚尖在地上画着圈儿，“光晋，不管谁在会上说什么，都是为了帮你，如果自己真没有什么事，会上说清楚就行了，不要老是扛着。”她冷冷一笑。

这样的会一次接一次，即使开别的会，领导们也免不了捎带她几句。但是，赵光晋的情绪看上去不仅没有受到挫伤，人恰恰显得有一种别样的风采：她干活更加卖力了，自行车也换了，换成一个新牌子，由飞鸽牌坤车换成飞鸽牌运动型车。她的打扮也更加时髦，仍是清晨唱着歌骑车而来，加班到半夜又骑车唱着歌而归，她看上去是那样的坦然和逍遥。

其实，赵光晋很苦，尤其是家里正水深火热。丈夫宋英民病了，病得很重，大夫要求他必须到苏州一个地方治疗休养。路途、吃住、书信和电话的花销不说，一个月的药就要买四盒，一盒四块七毛五，这就是近二十块，而她一个月只挣四十二块钱，除去丈夫的药钱，一个月怎么生活呢？结婚后，她就从爸爸妈妈那儿搬出来住进了新建北路公婆的一套平房里，1980年她生了儿子，1983年她生了女儿，她已有个四口之家，全家的生活得靠她打理。

在她的单位大会小会讲她的问题的同时，市二商局下属的糖业烟酒公司也接手了她的事。糖业烟酒公司在钟楼街东边五一路上，办公场所是街边路北一幢古旧的小楼。公司管着29家商店，大部分都是食品老字号，主要集中在钟楼街、柳巷、桥头街三条街上，比如老鼠窟、老香村、双合成……都与省城太原副食品市场的繁荣与否相关，责任重大，但因为管的都是小商店，给国家上缴的利税微乎其微，所以地位不高。这天的会议又是讨论老字号问题。经理姓马，男，副经理姓梁，女。马经理让梁副经理去叫其他领导班子成员和各科室主任科长，人一到齐，他便嗞溜嗞溜地喝茶，愁眉苦脸地讲开了。“咱今天还说说老字号。国家改革开放了，恢复了老字号的字号和自主经营权，这本来是好事。但是，咱这老字号的人员素质太差，都是老弱病残，从1956年当国企到‘文革’十年的折腾，职工的性子都磨疲了，传统技艺也丢得差不多了，产品普遍不行，只有老人光顾。现在普遍发不了工资，要是闹事咋办？我刚从市局开会回来，谢局长说再不采取得力措施咱就集体下台。现在双合成又闹起来了，五十几个职工发不了工资，经理和后厂的厂长闹得更凶，公章和办公桌都抢上了，好像谁抢到手谁就是头儿。弄不好真要出事，大家说怎么办？主要是让谁当这个经理，大家说说，咱这系统里谁行。”副经理们和各科室的主任、科长便纷纷提起人选，结果还是那样，提一个大家否定一个，马经理于是说，“谢局长倒是提到一个人，说不错，就是副食品的赵光晋，她获得了技术比武冠军，又当了副厂长，资格也够，但管理能力和经营能力怎么样，梁经理负责了解一下。”梁副经理说“是”，会便散了。

没到天黑，赵光晋要到双合成当经理的消息就传开了。当消息传到副食品市场，领导和职工就热议起来，说“整人家哩，人家倒升了”。糕点加工厂厂长则兴奋地拍着大腿说，“好事呀好事，这是咱副食品的光荣！”厂长一反常态地见人就说赵光晋的好话，但大家心里明白，这是因为赵光晋要走。

只有赵光晋对这一切一无所知，因为她正兑现着对师傅的承诺：“师傅，我啥事也不管了，就老老实实在车间当个工人行了吧！”同时，她也不想与别的同事多交流，以免给他人带来麻烦，她便成为消息最闭塞的人，成为待在车间只拼命干活的孤家寡人。这一天，厂长高兴地让她赶快到糖业烟酒公司去一趟，说公司领导找她有要事相谈，她脑袋嗡地一响，觉得大事不妙。她看了厂长半天，轻松地一笑，背着时髦的挎包（坤包）噔噔地走了。不几分钟她便登上糖业烟酒公司的楼，她觉得整个楼都在她有力的脚下颤动。“马经理好，梁经理好，各位领导好，我是赵光晋。”走进公司小会议室里，赵光晋问候了坐在那儿等她的几位领导，坐在一把椅子上后，她立刻绷紧了脸庞。但马经理脸上绽开笑容，“光晋，你知道今天是什么事？”赵光晋说，“知道，也不知道。”马经理说，“光晋呀，咱见得不多，但你现在是大名鼎鼎，我们对你关心不够，在此我首先做出检查。”梁副经理也笑了，目光幽幽地瞟在赵光晋脸上和身上，“你看人家光晋，头上扎着锅刷刷，耳朵上戴的，身上穿的，肩上背的，就是不一样。”赵光晋抢上一句话，“这也是问题吗？”马经理说，“梁经理是女人，对女同志的穿衣打扮比较感兴趣，你不要多心。你的境况我很了解，”马经理转向身边几个副经理，“尽管‘文革’结束了，但很多地方还有文革遗风，不思谋团结一心好好工作，就是你整我我整你，这种现象咱得整顿，啊！我读过台湾大师柏杨写过的一本书，《丑陋的中国人》，说的就是中国人的窝里斗，咱就得整顿哩。不过，”马经理又转向赵光晋，表情变得和蔼可亲，“光晋，今天是好事，你不要担心，有个重要任务要落在你的肩上。双合成你知道吧，现在很糟，职工发不了工资，领导之间闹矛盾，我看哪一天就要打起来，再这样下去就得倒闭关门。所以，公司决定让你去当经理，这还是市局谢局长点的将。你作为市里比武冠军和新提拔的副厂长，要勇敢地挑起这副重担。”副经理们纷纷点头说，不仅是谢局长点将，公司也多次开会，把下边 29 家食品店的人反复捋了捋，“一致都觉得数你合适。”赵光晋蒙了傻了，晃着脑袋，拍着头顶，不好意思地笑了，“各位领导，我不知道是这事，我刚才……对不起，对不起！”赵光晋站起来频频给大家鞠躬，经理们轻轻地都笑了起来。坐下后，赵光晋浑身哆嗦起来，“可是……我只会做点心……”马经理手一挥说，“不怕不怕，干中学学中干嘛，毛主席这代人谁不是在战争中学会的打仗？有市局和公司给你撑腰，你就大胆干吧，我们相信你。”赵光晋站起来说，“行行行，我考虑考虑。”经理们都站了起来，纷纷说，“不用考虑了，双合成五十多号职工就交给你了！”赵光晋仍说，“行行行，我考虑考虑。”经理们齐声说，“还考虑哩！”在经理们哈哈大笑中，赵光晋嗖地离去，事后她说，“那简直是仓惶逃窜！”

这天之后，赵光晋的心常常突然奔马般地狂跳起来。这一天她终于忍不住了，便穿着工衣从车间匆匆走到街上，找了家商店借了电话，给在省生产资料公司上班的爸爸和家里的妈妈打了电话（打给门房叫妈），但是她支支吾吾了半天，还是没说出公司领导让她去双合成当经理的事，她只是草草问候了爸爸妈妈几句，就挂了电话。她还是憋不住，几次下班后买上菜到了爸爸妈妈那儿，但是，菜放下了，话还是没说出口。爸爸妈妈对视半天，一齐看着她。爸爸说，“晋，你是有啥事了？我和你妈身体都好好的，还用打电话问？”妈妈说，“晋呀，没见你这么早下过班，还买菜，到底是咋啦？”她抓耳挠腮，红着脸不敢看爸爸妈妈，“没事没事，就是尽点孝心。”回到新建北路自己的家里，她在家里走来走去，魂不守舍，丈夫宋英民把两个孩子从公婆那儿已接回来了，她还没买菜做饭。宋英民也觉得奇怪，“光晋，老婆，中国的习惯是老婆要相夫教子，咱家是反的，我不动手，你就硬硬地等着，看把你等得心急火燎的。”宋英民挽起袖子开始忙碌，赵光晋立刻赶过去帮忙，宋英民手一划拉，让她“去去去”，“你做点心可以，是全市冠军，做饭太难吃，还是我来吧。”其实，她是想和宋英民说话。“英民，我们公司领导要让我到双合成当经理。”这句话刚一出口，赵光晋的心又奔马般地狂跳起来。“你就哄我吧，这怎么可能？当个冠军就能当经理？那是车间工人的荣誉。况且你连党员都不是，尽管那个火红的年代结束了，但是……”赵光晋着急地说，“我说的是真的！”宋英民偏过头看着她，见她眼神里充满真实和等待，立刻焦急地逼问，“你说的是真的？”“真的。”“你帮我做饭就是想和我说这？”“是。”宋英民拉着赵光晋坐在饭桌旁，也不做饭了。“你给咱爸咱妈说了没有？”“没有，两边的老人我都没说，我爸我妈那儿我是打过好多电话，回去了好多次，但没说这事。”“为啥不说？”“我觉得这事像梦一样，万一有什么变化……”宋英民站起来，背着手在地上急急地走起来，“你这人呀，你呀你！”

要到双合成当经理这事，竟然成了赵光晋的压力。上班后，她明显感觉到领导和同事对她热情了许多，有事没事都要到车间与她攀谈半天，尤其是厂长对她更加热情，在大家干活时，他总是站在她一边一个劲儿地夸她，把她窘得两颊绯红，满头汗星。她觉得脚没处站，手没处抓，眼没处看，不知道该怎么在大家的目光中摆那个架势。她只好低头更加拼命地干活，可这样一来，好像又觉得这是故意做样子让大家看似的。“师傅，厂长，我还是那句话，我只想好好当个工人。”说了这句话，连她自己都觉得这话言不由衷，而师傅和同事们说，“你倒想不上哩，这由你哩？”听了这话，她更加感觉到自己那样说是得了便宜卖乖，在装。她这样难受地过了好几个月，但糖业烟酒公司那边还没有让她上任的消息，她觉得那事没准黄了，便拉着脸骑车回到家。“英民，害怕处有鬼，我就说谁也别说，你看现在什么消息都没有！”她坐在饭桌旁，把挎包咚地投到桌上，把耳环摘下叮地扔到桌上，把几块钱买的手镯得啷啷甩在桌上……她坐在那儿默默地流泪。

但是，她生命中最重要的一天终于到了：1985 年 6 月 30 日，按照糖业烟酒公司的安排，单位正准备着第二天“七一”建党节的庆典活动，她接到公司马经理的电话，“光晋，明天 7 点半你到双合成报到，现在来公司办一下调动手续。”马经理叭地挂了电话。

这一天，赵光晋下班很晚，有史以来最晚的一次，她甚至渴望工作到天亮。宋英民一次次把电话打来，她每次接上电话都说“马上就回”，但一放下电话又揉起面团。等想丈夫和孩子实在想得不行了，她才背起包推着自行车出了门，但她没先回家，而是在街上转呀转呀转。她先转钟楼街，后转对面的桥头街，最后转柳巷，她在柳巷里南南北北转了好几个来回。在这市中心已经工作了 13 年，一个 20 岁的小姑娘已经熬成了两个孩子的妈，一个最普通的糕点工马上就要当经理，但是，这个晚上她才发现，自己真的不了解这个地方。钟楼街、柳巷、桥头街，街边坐落着幢幢历史悠久的小木楼，拥挤着最有历史的老字号，每天从日出到日落，三条街上始终人满为患，人们肩擦肩头碰头，小偷偷了包都没有知觉。但是，这天晚上，她看着排排昏黄幽暗的路灯照着空无一人的街道，及街边幢幢低矮的小楼，她才尽量用心去感受它们昔日的繁华。她知道，时过境迁，老字号的繁华年代早已过去，街边的大商场才是街区的主角，那些老字号已经破破烂烂地蜗居在商场周边，成为没有文化的老弱病残为养家糊口而工作的地方，成为城市底层居民买东西的地方，这天晚上，她真正感受到的恰恰是这些。她还研究了老字号的布局，钟楼街是老鼠窟、老香村……她工作了 13 年的副食品市场，桥头街是清和元、认一力……柳巷的老字号最多，是……这里面当然有双合成。她喜欢时髦的打扮，但原来是进了商店买了衣服和首饰就走，“只认衣服和首饰不认店”。同时，因为钱的原因，她不买贵的，甚至不买真的，她总是用最少的钱把自己打扮成最时髦的样子，她追求时髦，只是为了表达心情，张扬个性。但现在，她懂了这三条街，她知道自己将成为三条街中最出名的柳巷的一个角色，而这个角色是老字号的一个角儿，并不是大商场那些耀武扬威的大经理，她的使命就是保证双合成不像其他老字号那样关门倒闭，她要让双合成那五十来个老弱病残有碗饭吃。她更明白了，从明天起，她就要走上一个英雄的祭坛，不是成功，就是失败，不是名扬太原，就是臭在柳巷。她已经无可选择。

回到家里后，赵光晋一夜没睡着，她觉得自己的心是木的。她一直在收拾东西，丈夫宋英民一直陪她说话，说话的声音和手势都哆嗦着，似乎比她还激动，但是，她并没有听清丈夫都说了些什么。收拾完明天到双合成上任要带的东西后，她更不知道该干些什么，就时而在床上躺一会儿，时而看看沉睡的一儿一女，时而在地上走来走去，时而在柜子里翻来翻去。折腾了一夜，她终于满意地找到一个“文革”时的黄色军用挎包，一杆旧钢笔，一个上面写着毛主席语录的旧笔记本。她喜欢时髦，但是，明天她要到双合成当经理，她认为自己应该庄重点。她特别想把自己的思想立刻告诉爸爸妈妈，但是，当时家里都没有电话，她就与丈夫宋英民说话。宋英民激动地表扬她一下子成熟了，老练了，相信她一定能把这个经理干好。丈夫还鼓励她一定赶快入党。她在丈夫的叨叨中想象着明天欢迎会的场面，但是，她想到双合成只有五十来个人，就没好意思与宋英民说这个话题。她突然想起一个人，“英民，公司经理说我当经理是谢局长提的名，可是，我和人家又不熟……你说她咋会推荐我？她是听谁说了我经常在家里练手艺？”宋英民语塞半天后说，“人在做，天在看！”她激动地说，“你这句话说得很深刻！”宋英民挥着拳头说，“光晋，你一定能行，一定要给咱赵家争光，给咱宋家争光。”她一笑说，“我姓赵，你姓宋！”

1985 年 7 月 1 日，中国共产党建党 64 年的伟大日子，赵光晋扎着锅刷子，穿着黄色短袖上衣、红裤子和白色运动鞋，背着黄挎包，骑着飞鸽 26 运动型自行车，心里七上八下地飞奔在旭日融融的清晨里。七点半她准时来到双合成。那是柳北一个一亩大小的旧院，西边临街的几间房是双合成门店，旁边有个门直通院内。院内南北两侧是平房，北边的平房像个仓库，南边的平房像锅炉房或做糕点的烤房，东边院后是幢小楼，一楼的门锁着，也许是车间，中间是楼梯，上边应该是双合成办公的地方。院内放着十几辆自行车，赵光晋把自己的自行车往那儿一放一锁，就噔噔地奔上楼梯。到了二楼，她看见一间屋开着门，里面人声嚷嚷，便走了进去。由于房子太低，门更低，她走进时头重重地撞上门楣。她听到头与门相撞时发出的沉闷的声音，却没有感觉到脑袋的疼痛。她晕晕乎乎地走向主席台——那是一张办公桌与后山墙之间的一个过道——她听到了像饺子一样挤在一起的一屋子的人嘴里发出的等待已久的出气的声音，还听到脚下的木板楼咯吱咯吱的刺耳又惊心的声音。她感觉到小楼晃晃悠悠地颤动，以及自己心脏奔马般的狂跳。她明白了，她的另一种生活将要开始。突然，她想哭。她说不清当时的心情是兴奋还是紧张还是恐慌。她抬起眼帘，往会场上一看，看见屋里竟然还悬挂着几条字写得歪歪扭扭的欢迎她的标语，还挂着几条细细的五颜六色的油光纸做成的彩带，而几面墙壁上，除了西边墙上有几个窗户，其他墙上都贴着画着图表的红纸，图表的格格里都是用毛笔写的字。她本能地回头一看，看见身后的墙上也贴着红纸，红纸上写着“欢迎新经理光荣上任”九个大字，字虽然写得很差，但她心里登时涌上一股暖流。这时，她才看见公司梁副经理及人事科科长也微笑着坐在下面。

“我是从副食品市场来的赵光晋，也是个做点心的……”

赵光晋这样开始了她的就职演说，从那一刻起，她便开始了她的近三十年的创业历程。

不到一个小时会就散了。当职工们出门时顺手搬走开会时坐着的椅子或凳子（不少人是两人挤在一把椅子或一个凳子上的），又把堆放在楼道的那些办公桌搬进来，按原来的位置放好，使这个刚才还像会议室的两间房成为教室的模样，赵光晋已经有了某种预感。果不然，公司梁副经理给她介绍的双合成的情况比她预感的还要糟糕。梁副经理说：这院里的一切倒都是双合成的，但是，因为糖业烟酒公司下边很多单位（商店）办公的地方紧缺，公司很早就决定让公司属下的“柳批零”“半间楼”“德昌永”三家商店（也是老字号）的领导管理人员来到双合成的小楼上办公，加上双合成这就是四家，这就是说，四个单位的经理和管理人员（基本都是一个会计加一个保管）就在这一个屋子上班！

人散房空，赵光晋坐在与门正对着的窗户下自己的办公桌后，把挎包往桌上一放，耳畔就回响起梁副经理告辞时说的那句话，“赵经理，双合成这五十六个职工就交给你了，目前的条件是很困难，等你真正了解了双合成的实际情况之后，你会觉得更加困难。但是，谢局长和咱公司这样欣赏你、信任你，你一定要咬住牙干好，要给咱系统做个样子！”赵光晋已是泪如泉涌。“有没有文字资料？有的话全部拿过来！”当她身后的会计把厚厚一沓布满灰尘的像废纸般的资料放到她面前，她赶紧揉揉眼睛看了起来，并从包里取出红笔在她认为最重要的地方画上波浪线。双合成，老字号食品店。1898 年创始于河北石家庄，创始人是石家庄满城县夏家庄李洛金和张子瑞。1912 年李洛金次子李俊生来太原创办新店，店名仍叫双合成，最初的地址是北司街 24 号，1914 年又搬到剪子巷 36 号，1929 年再一次搬到柳巷 76 号至今，并由阎锡山的秘书、著名书法家孙奂仑题写了牌匾。1956 年公私合营，双合成收为国有，前店后厂分家，前店更名为“太原南城食品总店”，后厂更名为“太原南城糕点肉食加工厂”。1964 年前店后厂重新合并，恢复了双合成商号。“文革”十年间前店后厂再次分家，统一名字叫“太原红星食品店”。1980 年前店后厂又合并一起，重新恢复双合成商号，全称为“太原糖业烟酒公司双合成批零商店”。现有职工 56 人，有旧院一座，资产 30000 元，账上只有 1000 元的流动资金，欠债却十几万元。双合成是市二商局下属糖业烟酒公司属下 29 家副食品店之一。国企性质。赵光晋把资料看了又看，直看得眼冒金星，这才靠在椅背上闭住眼睛。这时屋内乱哄哄一片吵嚷声，她回头一看，看见另三个单位的经理和管理人员来了，她怕打扰人家上班拎包就走，三个单位的经理围了过来说，你就是赵光晋，赵经理吧？赵光晋点头说，“是是是，我是赵光晋，打扰了打扰了，以后就是一家人了，请多关照！”

赵光晋说要去趟厕所，这才躲开了三个单位的经理们、会计们、保管们的热情问候。她噔噔地跑下楼，刚在院里站住，泪水就哗地流了下来。她已经体会到了在双合成当经理并不是好差事，但是，她感觉到自己流泪并不是觉得委屈，而是被将要背负的沉重责任吓的。她想起爸爸妈妈：他们兄妹四人数她受爸爸妈妈影响最大，过去她一直认为她对爸爸妈妈最了解：爸爸为了全家人甘于忍辱负重，靠一种精神支持着全家人的精神大厦，妈妈则心灵手巧，靠勤劳和心眼过日子，再苦再难，也没使全家的日子断过顿，而且让一家人活得很体面。但是，现在她感觉到爸爸妈妈没这么简单。她认为爸爸妈妈一定也有一本类似双合成那样的故纸堆般的账，即使没有纸质的账本，那账也记在他们心上。她突然想跑回去趴在爸爸妈妈膝上大哭一场。接着，她又想起从双合成那故纸堆里看到的百年来一任又一任掌柜、厂长和经理的情况，她觉得他们肯定更难，比打理一个家庭难得多。她从心里同情起刚被糖业烟酒公司撤得精光的双合成的经理和厂长，想与他们坐坐，说说话，给他们一点安慰，也说说他们的难和好，她还希望向他们学习，让他们指导指导。她突然想到，过去她只是个工人，做好点心就行了，比起这些当经理的要容易得多。她觉得自己是那样的孤独无助。

泪眼蒙眬中，赵光晋看见院内一群一堆的职工都在那儿转悠，他们互相木木地看着，但是，共同瞟着她这边。有个人显得很特别，他戴顶鸭舌帽，手指上还闪耀着一个巨大的黄金色泽的戒指，他一个人蹲在加工厂门前抽烟，眼睛却瞟着院内所有的人，不时还叫唤一句，“都过球来吧，瞎转悠甚哩，转得老子头晕！”但是，始终没人到他跟前去。还有一个脸圆得像苹果一样的小姑娘，既像双合成某职工的孩子，也像一个小职工，她倒很高兴，站在前店的后门门口一直笑着，谁走过去她就笑着拍一下谁的肩膀，然后笑得弯下腰，她是这个院子里最高兴的人。

只有一个像男人一样的女人在院里忙碌，她迈着僵硬的腿到处走动，搬这搬那，似乎是想整理院子，但是，院里脏乱差的情景又使她失望，所以，她搬东西的动作是那样的无奈和不情愿，但是，很明显她是自觉地那样做的。在欢迎大会上，赵光晋已经知道这个人是双合成的保管兼采购，是顶大梁的，这会儿她才看到她腿上有毛病，她想着她的名字，想叫她一声，她想起了，她似乎叫张玲。五十来个职工都闲得无事，似乎都在等待新经理发话，但是，她感觉那种等待是想看她的笑话。欢迎会一结束，公司梁经理一走，人一下就都变了，赵光晋心里感觉到山一样的压力。这时，一个白嫩漂亮的女人朝她走来，走到她跟前，脸上绽开笑容。“赵经理，你还认识不认识我？”她眨着眼摇着头。“我叫程雨兰。”“雨兰？”“你忘了？七二年咱一起去的二商局，你穿着红裤子、白球鞋，头上扎着锅刷子，是铁建的劳模……”她惊喜地啊了一声，手指住程雨兰的脸，“程雨兰？就那个白白胖胖的小女娃，也扎着锅刷子？”“对对对，经理想起来了，后来你去了副食大楼，我来到双合成。”“哎呀！”久别重逢的两个人握住手，在原地跳起来，把赵光晋眼眶的泪跳得落下来。跳着跳着，程雨兰站住不动了，赵光晋也稳稳地站住。程雨兰压低声音说，“经理你不到车间、仓库、烤房、门店看看？”她醒过神似的眼睛一亮说，“走。”程雨兰拉着她刚要往东边院后加工厂的车间走，就又停住了，瞟着院内那些人，用更低的声音说，“经理，副食品市场大，几百人哩，有规矩，咱这个小摊摊，又是个老字号，都是只买掌柜的账不买经理的账，人可难弄哩。被撤的那两个宝不仅争公章，还争办公桌哩，谁往那个桌子后一坐就不走，弄得前店后厂两个部门像仇人似的，后厂的产品前店不卖，前店需要货后厂不给，宁肯让单位塌了都不合作，这哪是双合成？不过，我还好，就凭做点心这手艺，两边的人都给我点面子，说啥他们还听，否则我哪敢带你到处看看？不说了，时间一长你啥都知道了，我现在带你去。”赵光晋想了一下说，“好。”

赵光晋跟着程雨兰动身往车间走，院内那成堆成堆的职工便活了起来，脚底像突然长了弹簧般地带动身子蹿起，几步就都赶到赵光晋和程雨兰身后。赵光晋和程雨兰一起推开车间的门，只听咯吱吱一阵响，一股霉味扑了上来。几间房大小的车间一片黑暗，看着看着，看出黑暗里有几十束斜斜细细的阳光，是从后面几个糊着报纸的窗洞里射过来的，赵光晋借着这微光看到了几个布满灰尘的巨大的案板，旁边搁着几个空荡荡的面缸和油桶，比饭店里的泔水桶还肮脏。她的心凉了半截。这时，车间角角落落里发出窣窣的声音，还没等人回过神来，案板上便跳上几十只老鼠，老鼠们瞪着贼亮的眼睛惶恐地盯了大家几秒，便一齐嗖地跳到地上，排成蛇形的队列弯弯曲曲地从人缝中跑到院里，霎时没了踪影。赵光晋摇着头扭身就走，走到院心，程雨兰指着院心那个垃圾堆似的煤堆说，“就剩下这点煤了，都是些煤渣渣，没劲，烧起火连馍馍都烤不干，还做点心哩！”说着，程雨兰笑了，手指住煤堆旁一辆三轮车。“经理，这是咱唯一的运输工具，前店后厂争着用，谁用完就用铁链子锁了，怕下次用时被人抢了，烂三轮还成了宝了，要是经理你开会坐着这三轮车去，那可就……”程雨兰咯咯地笑着摆着手，又把赵光晋带到南边的烤炉房。“经理，你是做点心的知道这是啥，你看，就是这。”赵光晋1952年生人，1958年全国大炼钢铁时，她跟着爸爸妈妈经常见到那些土法炼钢炉，她面前这烤炉就像那炼钢炉，只不过是“废弃”了而已。赵光晋看着满屋的灰渣，忍不住又叹口气，跟着程雨兰到了对面的仓库。仓库实在太乱了，无法下脚，赵光晋瞄了一眼里面的面缸、油桶、配料罐罐袋袋、模具和破烂的桌椅板凳铁锹扫帚这些杂物，一声没吭就扭头往前边的门店走去，五十来个职工也跟了上来。在前店她看到左右两个木质柜台，后面墙上立着货架，但货品很少，只有些像干馍和干馍片似的豆沙方、精点心、烧蛋糕、槽子糕、油食、长寿糕、蒸蛋糕、桃酥、开口笑、一口酥及饼干等十几种产品——没到中秋，当然没有月饼——她还看到几沓包食品的黄色马粪纸和几卷纸绳，心里就彻底凉了。但是，那个胖乎乎的爱笑的女孩却显得异常高兴。“经理经理，我叫肖姗，我十六岁，就在这儿卖东西，还是出纳。”赵光晋苦笑着摸了摸肖姗的脸，嗖嗖地走进院里，走到院中央的煤堆旁，抬头看着天。当她看见五十六个职工都围了过来，就低下头说，“反正我也来了，我在车间里做点心下苦还凑合，经理可没干过，以后大家要一个锅里吃饭，希望多多配合支持，不然……”赵光晋说着推着自行车就走，还没出门就跨上去骑起来飞奔，骑到街上才失声抽泣起来。

赵光晋本来打算把自行车飞快地骑到柳巷口，再拐到宽阔的迎泽大街上疯狂地骑一会儿，但是，她骑到钟楼街口上，就本能地往右一拐，直奔副食品市场门口骑去。当她使劲捏住车闸，听到车闸吱儿一声响，她醒了，意识到自己已经不是这里的人了。她就赶紧躲人似的脚一蹬又疯狂地往西骑去。她想尽快见到爸爸妈妈和丈夫，但是，她不知道自己是应该先到爸爸妈妈的菜园那个家去，还是先回新建北路自己的家。自行车两个轮子越来越沉越重，她听着自行车从被太阳晒得稀软的柏油路上骑过的声音，便想起自小到大从身上撕去膏药的那种感觉。她迷失了方向，骑到一棵树下，双手扶把，双脚踏地，立在阴凉下歇汗。她又想起爸爸妈妈。爸爸是个很帅的男人，这样一个男人一辈子忍辱负重是很残忍的事。但爸爸不仅如此，他对子女博爱的教育才是他最大的贡献。他要求子女要懂得尊重人，要求子女给人递烟递茶时，不管是动作还是招呼人的语气、递酒递茶的方向和位置，都要特别讲究。爸爸还要求子女要乐于助人，帮助有困难的人渡过难关。爸爸一生为家里挣钱，但他的钱太少了，连整整一万元都没见过，但是，他爱给人寄钱。他有一个本，经常记下那些家庭困难的亲戚、同事、邻居、朋友和有缘人（常常只见过一面）的名字和地址，觉得人家困难了就给人家寄钱，仅每年过年前后就要寄出去一万多元——其中很多钱都是问子女们要的——而他的身上往往只有一二十元钱，但是他高兴。妈妈与爸爸真是天生的一对，尽管她个头只有一米五，体内却有无穷的能量，她干遍了所有的苦活和累活，打零工挣钱弥补爸爸工资的不足，而回到家里还照常料理家务。她按住笤帚一尘不扬地扫地，擦脸似的擦洗着家里的门窗、家具、墙棱子、厨房及家里每个角落，食材再差再少她都能做出美味的饭菜，烂布头一洗一染一剪一拼一缝就是好看的衣服。而做完这一切，妈妈又开始教邻居们做饭，给上门的人做衣服。妈妈不会愁只会笑。妈妈是爸爸强大的精神支撑，没有妈妈，赵家的日子能坚持到哪一天就不好说了。爸爸娶了妈妈真是爸爸的福气，而妈妈脸上的微笑告诉人们，她嫁给爸爸才是她的福气呢。爸爸是好爸爸，妈妈是好妈妈，爸爸妈妈都是那种在别人困难时带给别人帮助的人，所以，他们才是境界最高的人，他们也算是一种英雄，是合格的燕赵儿女。而她，赵光晋，是爸爸妈妈最宠爱的女儿，理应保持他们的本色，应该有慈悲心肠，大爱情怀。想到这里，……心里登时充满阳光。于是她蹬着自行车又返回柳巷 76 号双合成，叫上还在院内转悠的王凤英等几个职工，请每人在街上吃了碗面，从此，她就再也没有按时按点地回过家，她的家就成了双合成。

这便是 1985 年太原柳巷发生的大事，由于对赵光晋能否当好经理这个问题的关注，双合成立刻声名乍起，但是，谁也没想到奇迹的诞生竟是如此之快。

11

柳巷76号

上世纪八十年代，正是全国恢复高考后大学生最吃香的时候，赵光晋的同龄人很多都因为读了大学分配到国家党政机关、公检法司和新闻单位，挣着是国家行政24级的54块钱的工资，而赵光晋已经工作了十几年当时才挣44块钱，只在当时人们最看不起的商业系统的街边一个小店当了个经理。但是，在双合成赵光晋的工资就最高了，而其他职工一般只挣三十块钱左右，只有少数与她差不多。那时候人们都看不起老字号，认为那是旧社会的残渣余孽，是没文化、没本事、没人要的底层人糊口吃饭的地方。赵光晋就接了这样一个摊子。

但是，太原人没人敢小看柳巷、钟楼街和桥头街，而且，工作单位和生活区域的好坏，都以距离这三条街的远近作为重要标准。工作与生活在三条街和周边的人，都非常骄傲，都会经常给他们的朋友和老乡夸耀他们是市中心的人。而这三条街自然是太原市人经常光顾的地方，或请至亲好友来这里聚一顿，或请恋人来这里转转买点礼品，或让进城的父辈及父母官来这里感受一下省城的繁华。尤其遇到传统节日，都会来到这里给家人和亲朋好友买些礼品，礼送出去一看是柳巷一带的东西，那礼品就增加了几分价值。而逛这三条街时印象最深刻的，自然是钟楼街老鼠窟的元宵，三条街交叉路口一间楼的凉皮、桥头街清和元的羊汤和头脑，桥头街认一力的饺子、柳巷双合成的点心和月饼。这些都是老字号，门前经常排着长长的购物队伍，为了挤到前边尽快买上东西还经常吵嘴打架，所以，在这些老字号上班的商业职工，在民间其实也很吃香，因为他们可以让熟人加塞排到前边，或一招手让熟人直接进到店里把东西买走，胆大的还敢让白拿。于是，老字号食品店售货的阿姨和大姐用黄色马粪纸把各种美食一包，用印着老字号名号和商品名的红纸将食品一裹，再用纸绳一缠一扎，然后用牙咬住纸绳嘣地将纸绳揪断的情形，就成为物资匮乏的年代里人们最幸福的记忆。

但是，到双合成当经理后，赵光晋感觉到的并不是什么荣耀。第一，她在前台当售货员的时间很短，没有职业售货员的那种感觉。第二，她已经当了经理，心里一天比一天沉重，所有商业部门表现在柜台上的繁荣和快乐都是表面现象，而有没有钱进货、多少钱进货又多少钱出货、成本与销售能否打平、有没有利润、职工能不能发了工资、有没有流动资金用以发展、单位有了大事钱又从哪儿来，等等等等，这才是大事，而考虑和解决这些问题的就是经理，就是店里的当家人。她于是想起爸爸妈妈经常说的那句话，也是中国所有的父母经常说的那句话，“不当家不知柴米贵”，她觉得她对这句话才刚刚有了一些理解。她认识到，经理就是当家人，就是那个为大家打理日子的人，为大家和商店的命运承担责任的人，而这是个苦差事、累差事、奉献的差事，远远不如大机关里那些名利双收的官那样荣耀。她觉出经理就是旧社会老字号里那些掌柜的，只是不能这样说而已。

柳巷 76 号，双合成破落的情景确实打击了赵光晋的热情，但也使她变得冷静。开始那些天，她除了与郭俊莹、程雨兰、肖姗、会计段守贤、采购张玲、保管秦玉英等几个职工说话之外，一般看到的都是职工漠然的眼神，尤其是被大家叫作老革命的陈锐更是阴阳怪气，让她很不舒服。但是，当她这个打扮时髦的经理穿上白色工装，变成与大家一模一样的职工之后，过来主动与她说话的人就多了起来——当然，相比还是少数，似乎与她接触多了，就要影响与别人的关系。可是，一有空她就想与大家多聊聊双合成的事，只是苦于没有地方，就只好站在楼道里或楼梯上或院子里与大家说话。在这期间，她真的感觉到头大，手足无措。不过，她还是了解到了双合成更多的一些情况，她得知，多少年来，双合成并不像钟楼街副食品市场那样认真地研究晋饼传统技艺，而只是按照老习惯疲疲沓沓地生产和销售着晋饼中最普通的一些产品，由于买的人越来越少，生产和销售的产品就越来越少。所以，平时只是凑合着生产和销售，钱挣不了多少，只是让几十个职工有点事做，养活住大家，使双合成还像个国营店而已。这就应了中国那句老话“穷吵吵”，前店与后厂的矛盾就越来越大，由于越来越说不清前店的店长和后厂的厂长谁才是双合成真正的头儿，前店便坚持不卖后厂的货，而后厂也坚决不让前店卖他们的货，一个“不要”一个“不给”，僵持下去，生产的东西就只好扔了。这样一来，几十个职工发工资的希望就寄托在中秋，但是后厂三十来个人中秋前两个月只能生产 3 万斤月饼，有时候还不到 3 万斤，而 1 斤月饼才几毛钱，即使卖光了才能拿回 20 万元的销售额，除去成本，就没有多少利润了，甚至还要亏本，根本不够五十多个职工全年发工资。就这，前提还是前店要积极配合，否则就更惨了。关键还不是常年给职工发不了工资，而是欠债越来越多，已经没有商店敢借给双合成钱用于进料了，更别说借钱让双合成修缮环境和改善设备，事实上，双合成这个小国企就叫垮了。而这时，店里的头头们却大刀阔斧地“干”起来，前店店长认为自己是一把手，后厂厂长也认为自己是一把手，争公章争办公桌，就是没人争着怎么发展企业。大家还说，这其中还有个非常重要的原因是，上边每次派来的经理都是政工干部，他们不懂食品企业还不说，关键是看不起食品企业，看不起老字号，都是想登上一把手的宝座找机会调走，所以双合成就成了如今这个样子，所以糖业烟酒公司才派来赵光晋……

“我可不是这种人，”大家一说到这里赵光晋就说，“我也是做点心的，没文化没本事，也没地方要我！”程雨兰赶紧代表大家解释说，“经理，我们可不是说你！”接着，大家进而说，柳批零、德昌永、半间楼这三家老字号要是不走，双合成没法干，一致建议赵光晋给公司领导说说，给那三家“领导班子”重新找地方办公，大家认为，“四家领导班子挤在一起，把谁都挤死了，乱死了！”没多久，赵光晋还真的感觉到这个问题的严重。那幢破旧的中间有个天井、摇摇欲坠的小楼上，就那么一个屋子（大概有两间大小）能办公，却拥挤着四个单位的四个经理，还有各家的会计、出纳、保管、采购，每天办公室里人挤得转不过身，根本听不清谁说话，常常听错，引起很多误会。不仅楼旧，而且房子太低，行走中时刻担心忽忽悠悠的楼会突然塌陷，还要盯着门框、打开的窗户，以防头碰个大包，还瞟着木地板，以免踩住别人的脚。那哪是办公室，简直就是农贸市场，或法院民事接待室。到了月头发工资，除了双合成五十六个职工，那三家老字号的职工也都来了，办公室挤得透不过气，一百多人身上的汗臭、脚臭、体臭、口腔的臭气，还有各种声音的屁臭，令人窒息。而最有戏剧性的是，不管谁家叫到一个人领工资，这人却死活挤不到办公桌前。下雨天办公室就更不能待了，房顶的雨漏得哗哗地响，几个经理和大家就得拿上塑料布上楼盖住房顶，如果这还不行，就要站在办公室举着棍子顶着塑料布站着，否则，办公室就要发生涝灾。下雨天似乎是老鼠的节日，那些猫一般大小的老鼠兴奋地在地上窜来窜去，吓得女同志哇哇大叫，但是，老鼠们也要躲雨不想出去，大家便赶它们，把它们赶得到处跑，但就是不往屋外跑，而当大家累得站在那儿不动的时候，它们便回过头看着大家累得惨兮兮的样子。而院子里连一块砖也没铺，下雨天就是一院子泥，人们进不来出不去，经常使大家双脚陷进泥里拔不出来，如果使劲一拔，就很容易摔个仰面朝天躺进泥里，惹得大家捧腹大笑。下雪天倒好点，但是一消雪就又成了“雨天”，还是满屋子的水，一院子的泥，站没站处，走没走处。风天就更惨，往往只听呜地一声怪响，人们便从窗户上看到整个城市登时一片昏暗，然后就听见呼呼的不断的风声，这时，狂风便卷起城市的尘土、煤渣、纸片、树叶、杂草和杂物，直扑双合成这个小院而来，好像要把这小院掩埋似的，大家便赶紧拉亮电灯。

多少年来，赵光晋每每想起这些情景，心里登时就充满昏暗。

一天，赵光晋把身后的会计段守贤叫到楼道，她瞄着办公室里其他几家老字号的人，低声问道：

“段大姐，咱账上还有多少钱？”

段守贤说：

“我都给你说过好多次了，就 1000 块。”

赵光晋赶紧说：

“对不起对不起，我忘了！”

四十来岁的段守贤凑过来，也瞄着办公室低声说：

“经理你别觉得丢人，这摊子又不是你弄成这样的。其实，他们三家也不怎么样，都是嘴上吹哩，说每天每个月销售多少多少，我又不是没到他们店里去过，我看不是那样，没准还不如咱哩。”

段守贤脸色一沉，声音压得更低：

“还有个事我忘了说，除了我，咱单位可没任何人知道这事。咱每个月还要给公司交房租哩，一个月 128 元，都几年没交了。”

看见段守贤捋着额头的散发低下头，赵光晋不解地问：

“这不就是咱的院子房子吗，咋还交房租哩？”

段守贤抬起头说：

“经理，这你就不知道了，好多单位的经理都不知道。五六年公私合营后，老字号的房产都收为国有了，从此都成了国家的财产，原来是谁的还是谁用，但只有使用权，得交房租。这些事只有各单位的会计知道，经理都是上面派来的大把式，没人问这些琐碎的小事。”

赵光晋吃惊地喃喃地说：

“怪不得给咱这楼上安排了这么多单位，咱交不起房租，欠人家理短。不当经理不操心，真没想到还有这些事，没准副食品市场也是个这，麻烦也很多。”

然后，赵光晋盯着段守贤：

“咱这点心和月饼就是从这儿生产出来的？这养分可大了！”

段守贤悄声说：

“多亏顾客不知道，知道了谁买？”

这天傍晚，赵光晋把五十六个职工叫到院里，叹了口气，苦着脸说，“还是那句话，反正我来了，经理是当了，可是不知道怎么干。就像一个家，乱七八糟脏兮兮的谁喜欢？我觉得要收拾一下咱这环境。但是咱没钱，账上只有 1000 块，哪敢动？我的意思是，咱库房的工具肯定不够，明天都从家里带上吧，笤帚、扫帚、小簸箕、抹布、斧子、钉子都带上，刷墙的白粉、抹墙的水泥、铁锹、水桶、和泥和抹墙的工具也需要，有啥带啥，收拾好了院子和房子咱再说。”会散了，大家迟疑地离去。

第二天天蒙蒙亮，赵光晋便一副打扫卫生的打扮出现在双合成院里，由于天光太弱，还不能劳动，她只好在院里站着，等大家到来。当旭日东升，天色大亮，段守贤、王凤英、郭俊莹、程雨兰几个年龄大一点的职工就用自行车驮着打扫卫生的工具上了班，她们看到了赵光晋，看见她戴着圆帽、穿着工衣、拿着扫帚和抹布，正皱着眉头站立在旭日里，似乎正在思考应该从哪里下手打扫卫生。她们就立刻支住自行车围了过来。“经理，对不起对不起，我们几个昨天下班时就商量好要早点来，还是来在了你的后头，你真是以身作则。经理你说吧，咱咋干，从哪儿下手？”几个人几乎是同时说了这段话，赵光晋摆摆手止住大家的自责和对她的表扬，站着前后左右一看，分配了任务。双合成小院登时响起笤帚和扫帚扫地的沙沙的声音，还有搬东西的声响，院内尘土蔽天。太阳越来越高，院里越来越亮，带着打扫卫生工具的双合成人成群结队地拥进院子，每进来一拨人程雨兰和段守贤几人就叫喊起来，她们说都好好表现，人家经理天不亮就来了，我们都来晚了，你们还不觉得丢人败兴？赶快好好表现，将功折罪。双合成院里、前店、后厂、楼上已忙成一团，嚷成一片。另外三家老字号的经理和管理人员陆续进了院子，他们被飞扬的尘土和忙碌的人群惊住了，一个个挥着手拂着扑到面前的尘土说，“这是咋哩？双合成是闹甚哩？”街上上班的人们也纷纷走进来看个究竟，但是，打扫卫生的双合成人该干啥就干啥，没人理睬他们。戴着鸭舌帽的老革命陈锐这时来了，他扛着一大堆工具走进院里，站在院心，一副想跌凉话的表情，但他还没来得及发飙，程雨兰的声音不知从哪里就飘过来了：“老革命，你别耍奸，最重的活都等着你哩，大男子哪能和女人比？仓库和烤房就是你的。”其他一些女职工也嚷嚷道，“对对对，最脏最累的活我们都给你留着，你别站在那儿视察了，赶快就位！”老革命一笑，竟很听女人的话，他放下工具就往仓库走去。这时，还有两个女人很特别，她们一边扫地，一边偷看赵光晋的脸。一个女人很瘦、很白，也很年轻，她平时很少说话，但对男人和女人都有一股吸引力，她叫二青。另一个女人有点胖，准确地讲是有点浮胖，但她更年轻，美中不足的是走路时腿有点僵，她与肖姗一样是前店的售货员，叫靳月萍。二青和靳月萍四目不时对视，不约而同地慢慢地往赵光晋跟前扫去。平时，她俩人关系就很好，经常私下议论这个新经理，而这会儿，她们是想看看新经理满脸尘土的样子。她们在慢慢往赵光晋跟前扫地时，心里同时涌上了对赵光晋的亲切感。

收拾了几天，双合成的小院、门店、车间、仓库、烤房，办公室的地上、墙上、墙角，房顶的蛛网、尘土、纸屑、烟头、果皮、糖纸，都彻底地打扫干净了，办公家具和门窗上的尘土污垢也擦得干干净净，破了的门窗也修好了，桌椅也修稳了，院子里的垃圾也清理了出去，所有的墙上也都涂上了白粉，墙上的洞也用水泥抹住，破了的窗户也安上了明亮的玻璃，房顶漏雨进尘的洞也补住了。尤其是院里铺上了红砖，中间还修了个煤池，柳巷 76 号一下子焕然一新，一尘不染。一个黄昏，大功告成的那一刹那，土猴似的赵光晋突然全身酥软，一屁股坐在院内干净的地上，跟着她打扫了几天卫生的职工们也纷纷坐到地上，一个个也都像她一样，一副土猴的模样。大家胸脯一起一伏地大口呼吸，夕阳的光线下，能看见空气中飞扬的尘土一团一团地被大家吸进嘴里。但是，累个半死的大家需要呼吸。只是谁也看不清谁的模样，大家看着看着大笑起来，互相指着辨认每个人是谁，叫着每个人的名字。笑着笑着，就一起看着赵光晋，她也大笑起来，露出两排沾满尘土的黄牙。

我们的家乡

在希望的田野上

赵光晋拍着手，轻轻地唱起歌，大家也拍起手，跟着唱起来。

唱完歌，赵光晋心头突然涌上与大家已有几十年兄弟姐妹情感的那种感觉。

“有条件了，我一定要给大家修个澡堂！”

赵光晋抬起头有点羞涩地说。

打扫干净的院子给双合成人带来了好心情，赵光晋对人事问题的安排也让大家满意：王凤英补缺当了后厂厂长，姚美兰当了前店店长，捣乱分子陈锐当上副厂长，唯一的党员郭俊莹当了双合成副经理，原来的会计、出纳、采购、保管及班组长一个没动。同时，赵光晋还设置了几个部门，让人给各部门做了牌子，但是，没办公室，没地方挂呀。赵光晋每天便从办公室出出进进，经常盯住办公室门口的墙。一天，她突发奇想，让段守贤几人把那几个牌子往楼道的墙上整整齐齐钉成一排，然后瞅着办公室里其他三个单位的人，悄声对身边的几人说，“他们看得不舒服了就走了。”说完自己先笑了，“段大姐，我真不知道我自己还鬼精鬼精的！”段守贤说，“赵经理手艺好，肯定人也聪明，不然咋能当上经理？”赵光晋竟说了一句英语，就一个字，“yes！”

双合成人终于接纳了赵光晋，赵光晋也接纳了双合成人，大家都喜欢上一起收拾干净的这个“家”。心情好了，劲头百倍。为了争取时间多干点事，赵光晋在拥挤的办公室找了个地方放了张行军床，把三岁的女儿俏妹带来放在床上玩，她自己就能腾出些时间楼上楼下地跑着处理一些杂事。女儿睡着了，她就下到一楼车间与工人一起干活。“经理，都说你是机器手，你给大家表演一下！”熟了近了亲了，职工们便这样要求。“那都是瞎传，我哪有那本事？”她说着说着人就进入状态，和面擀皮做馅包馅，不用模子竟能成型，她把面团在手上玩得像花一样，看上去真是一种享受，而且速度快得惊人，把双合成的饼艺大拿程雨兰都看傻了。“都看见了吧，经理就是经理，不是那些来当官的，以后咱都跟着好好学吧！”职工们不说“赵”字直接管她叫起“经理”，她听后觉得像听自己的名字一样，心里特别舒坦。

有时候，她刚从车间上楼想看看女儿是否醒了尿了，或正在办公室看文件和合同，或正与找来进货的人谈业务，车间或前店的职工就站在院里楼门口叫她，“经理——你来一下——”她便扯着嗓门应道，“哎——来了来了——”她就奔下楼去。她整天戴着工帽、穿着工衣，除了脚下的白球鞋，谁也再看不到赵光晋那个时髦的样子了，渐渐地，她也忘记了自己那个样子，完全成了双合成职工的模样。

能与职工打成一片，赵光晋说不出有多高兴，但是，对即将到来的中秋月饼的生产和销售，她不能不发愁。闷着头想了好多天，什么点子也没想出来，但她认准了一条，只要有钱进料就好说。这天晚上十一点多下班后，她把五十六个职工叫到地方最大的门店，说要开中秋月饼生产销售紧急动员大会。当最后一个人一到，她就立刻开口，“现在开会。月饼是咱一年的命，咱要想顺利地领到工资，并把原来欠下的工资补齐，就都要做贡献，共同把今年做月饼的投资款解决了。我也是工人出身，谁都不认识，借不出钱，所以希望大家从家里拿钱，有多少都拿出来，我用我的生命保证大家的本金。”她说着，从柜台上拿过那个记事本，用旁边一支钢笔刷刷地在一页上写下几行字：“赵光晋庄严承诺，1985年职工月饼集资，赵光晋以自己的生命作保，保证职工本金中秋会战后如数奉还。赵光晋，1985 年 X 月 X 日。”写完这段话后，赵光晋拿过印泥盒，手指在里面一按，又在所写承诺落款“赵光晋”三字上一按，交给段守贤说，“你把它撕下来存档，盖个公章，就算店里一份文件吧。”她接着又说，“我带头集资，集 3000 元，还有谁愿意集资，请举手！”赵光晋举起手看着每一个人，大家犹犹豫豫都将手举起来。“从我左边开始报数，段大姐记住，明天上午交钱，我保证第一个交钱。如果我没交，或交得慢交得少，罚款 1 万，段大姐你记住！”那时谁见过 1 万元？就是听到这个钱数都会吓得跌个跟头。所以，在赵光晋这气势的感染下，五十六个职工一下子有了激情，就一个一个报起集资款的数来：5000、3000、2000、1000、800、500、300、200……一会儿就报了 8 万，赵光晋笑了。但是，这八万元是否能落到实处？因为那是个没钱的年代，而她面对的是几十个穷职工，万一落空了怎么办？她心里正忐忑着，便心生一计，就说，“另外，明天上午咱开个家属会，我想帮助大家做做家属的思想工作。除了咱们的人参加之外，结婚的就叫上男人或老婆，没结婚的就叫上爸爸或妈妈，咱就在院里开会，也让家属们体会一下咱的艰难，会后我请大家吃饭，一人一碗面，再要一些菜，保证还有酒！”

这是赵光晋第一次动员双合成家属为双合成做事，说起来是家属座谈会，其实是“站谈会”，但开得很成功，并且把家属座谈会和职工集资从此形成双合成中秋会战前的制度，使双合成多少年都没有与银行打过交道，使双合成的流动资金有了一个坚实的内部循环机制。而当几年后、十几年后赵光晋把双合成成功地发展为名企，很多采访者和研究者提起这件事时，赵光晋的回答却显得特别的枯燥乏味，她的话是：“我当时是急了，灵机一动想出了这个点子。那个上午职工和家属们站了一院子，我其实特别担心会开不好，但是一说到挣了钱后绝对保证大家的工资，并要补齐原来欠发的工资，同时我还用自己的生命作担保，还写了承诺，这一下子就是一片欢呼声，家属们一支持，职工集资这事就办成了。现在想起来就想笑，因为命怎么能作担保？但因为我还款从来没有失信，这个事就坚持了下来。”这一年，穷得光腚朝天的双合成竟在中秋前奇迹般地集资 8 万元，这消息一下子就传开了，糖业烟酒公司和市二商局的领导都惊得瞪大眼睛，纷纷来双合成考察学习，而赵光晋被这个阵势吓得竟说不出一句完整的话来：“各位领导……这……我叫赵光晋……其实，从小我的同学们和小伙伴都叫我赵光腚……”脸上出现一抹羞怯。

这一天，又是个职工大会，还在双合成院里召开。赵光晋站在院心看着楼上办公室的窗户一笑，立刻收起表情：“咱有钱了，现在说中秋的具体工作。郭俊莹副经理就等于我，她的话谁都得执行。段大姐的任务是把好数字关，管好钱的进出。张玲采购要与雨兰做好进料问题，开完会就动手，价格要合理，质量和数量要保证，绝对不能拖生产的后腿。陈锐要保证人力，需要搬东西需要运输，自己想办法弄人。关键是生产和销售，先说生产，雨兰，往年每人每天能包多少斤月饼？”程雨兰说，“50 斤。”赵光晋一想说，“50 斤不行，今年每人每天必须包够 80 斤，分三班倒，一个班 10 人，不够就外聘，这样中秋会战这两个月就能生产 10 万斤月饼。而且，”赵光晋转脸盯住门店二十来个人，把目光停在新任店长二青的脸上，“你们要一块不剩地全部卖光，二青，销售的事你得想办法。”职工们瞪大眼睛：先是车间三十来个职工嚷嚷起来，说每天每人哪能包 80 斤月饼？我们又不是机器手！然后是门店二十来个职工嚷嚷道，10 万斤？往年 3 万斤都包不下来，更卖不了，10 万斤？即使能包出来，万一卖不了怎么办？嚷嚷到这里，职工惊惶起来。赵光晋扫视大家几秒钟，突然开口，“都是想起了你们的钱了吧？有我那张纸你们怕啥的？需要不需要我再写一张？就 10 万斤，第一是保质保量地生产，第二是卖光。不是机器手？机器手每天才包 80 斤？卖不了，那是因为闹矛盾没人卖。请放心，我会和大家一起干的，后厂和前店都要按人头分任务，两边都给我分一份，我保证完成，完不成再罚款一万，段大姐你记住，首先考核我这个经理。要是今年搞得好，我给大家发奖金，数额保证让大家满意。散会。”赵光晋刚要走，又想起了什么，“我再说两句，光生产卖不出去肯定不行，咱非要守在门店里卖？就不会走出去，到路口和人多的地方摆摊子？不会到其他食品店和商场看他们要不要货？就不会动员家人、亲戚、朋友、同学、邻居帮咱们卖货？也可以给他们奖励呀！总之，”赵光晋看着大家，“谁的业绩好谁拿的钱多，这就是今年的政策，散会。”

赵光晋快步跑到楼上，看见女儿还睡着，就返回来下到车间。进了门，她二话没说就动手配料、和面、做馅、擀皮、包馅，她的手太快了，还照常与人说话。使她生气的是，她的余光看见不少人发呆地看着她干活。“刚才我还少说一句话，任务完不成可要扣钱，完成得太差，过去的工资就不补发了，你们最好不要老看我！”程雨兰便说，“连我都看傻了，但是不敢再傻了，这傻的是钱呀，姐妹们，咱都要大干快干加巧干，像经理一样当机器手，咱比赛一下看今年谁拿的钱多！”这一班的十个人登时没人说话，十双女人的手像赵光晋那样，竟然也能把面团玩成花的模样。看到这情景，赵光晋高兴地打开了话匣子，她讲起她经过的遇到的听到的故事，问每个人家里的情况，比如老人呀丈夫呀孩子呀对象呀房子呀等等，包括祖籍、在哪儿出生、在哪儿上学、哪年毕业哪年上班、在哪儿住、有没有自行车、坐公交怎么倒车，她都要问到。程雨兰亮着嗓子说，“姐妹们，边干边说真是功夫，咱也得学习学习，不然闷着头干活真把人憋死了。”赵光晋干活期间，如果突然想起什么，便会匆匆离开，她不是上楼，就是来到门店，要不，就在院里喊这个喊那个，有时候则是从楼上抱下女儿往自行车后座上一放，骑着车嗖地蹿到街上。大家于是猜道，“经理肯定是找人销售月饼去了，不然她那份任务怎么完成？”大家还会说，“经理哪里只是机器手，简直就是个机器人！”

1985 年中秋前这两个月，双合成人集体发疯，整个城市到处都有他们的身影，有的是到各个商店与人家谈判是否进货，有的是到各个单位和社区找熟人帮助销售月饼，有的就站在十字路口拐角处或人流最多的地方支个摊摊叫卖，“双合成月饼，郭杜林、提江、混糖、五仁、笨月饼——”

功夫不负有心人，更不负玩命的人，1985 年中秋，双合成月饼的生产和销售取得了奇迹般的成绩：他们竟生产了 12 万斤月饼，并且一块不剩地全部卖光，连他们自己和家人在中秋也没有月饼吃。经济回报更加喜人：当时一斤月饼几毛钱，12 万斤月饼的销售总额减去职工集资本金和利息，每个职工还拿到了 30 元钱的奖金，那就是一个月的工资呀。还有很多人还拿到了自行车、暖瓶等奖品，而且所有家属都拿到一个铜火锅，取“让日子红红火火”之意。中秋前工资全部发了，原来单位所欠每个人数个月的工资也补发了，最后还剩 34000 元。“这就是利润呀！”庆功会上职工们嚷嚷着。市二商局领导和糖业烟酒公司领导都参加了这个庆功会，他们听着赵光晋的汇报，看到双合成五十六个职工兴奋若狂的样子，他们也疯了狂了，一个个站起来发表着他们的激情演说。柳巷 76 号于是出名了。

但是，天凉了，冷了，飘下雪花，双合成食品的销售进入淡季。双合成人似乎一下子失去了中秋的劲头，他们跟着赵光晋出现在街头巷尾，哪儿人多就到哪儿去。他们在那儿摆上了长长的低矮的铺着塑料布的长桌，由于塑料布的遮掩，人们看不见支撑桌面的是砖头还是别的，但是，桌上的东西却很诱人，有小菜、水果、香烟、白酒或啤酒，桌上还立着小牌子，上面写着“双合成小吃摊”六个歪歪扭扭的字样。长条桌旁还支着铝锅和油锅，里面正炸着油条，煮着片汤和丸子汤。而从此之后，不论春夏秋冬，只要是点心这类食品工业的销售淡季，街面上就会到处出现“双合成小吃摊”。

这个冬天，一个戴着眼镜、头发稀少、脸色白嫩的儒雅青年匆匆坐在双合成小吃摊旁想吃点东西，他一眼就看见木牌上“双合成小吃摊”几个字，便好奇地问：“你们是双合成的？不是卖点心月饼的嘛，怎么卖开这啦？你们的经理叫赵光晋？是男的还是女的？”正给这青年盛丸子汤的那个穿着军大衣、头上系着红纱巾的女人说，“我就是赵光晋。”那青年赶紧说，“失敬失敬，赵经理，你真是以身作则，身先士卒，我叫张亮。”叫张亮的青年将右手伸向赵光晋，另一只手则递给赵光晋一个名片。“这是？”赵光晋右手捏着张亮递给她的纸片，皱着眉头思考那是个什么东西，于是忘记了张亮伸过来的手还举在空中。“企业策划？平面设计？这是干啥的？”赵光晋自言自语地叨叨着。

由于张亮的宣传，很快，省城文化界、企划界和平面设计界很多人便知道了赵光晋，而双合成人则彻底服了赵光晋，越来越觉得她不可思议，甚至觉得她很神秘。开始是觉得她挺时髦，接着觉得她也挺朴素，接着觉得她特别能吃苦，接着觉得她挺有趣，接着觉得她挺有思想，接着觉得她饼艺超群，接着觉得她遇事坚韧、做人强硬，接着觉得她挺精明，接着又觉得她其实脑子很简单，就是一根筋，是那种一分钱都要撸回来的过日子的当家人……从那时起，双合成人就研究起赵光晋，但是，近三十年过后，说起赵光晋大家还是说不清，只有张亮……他与赵光晋的故事还是后边再讲吧！

12

谁都是劳模

光晋的

HOME

12
谁都是劳模

自从当了双合成经理，赵光晋发现爸爸妈妈一下子对她不放心起来，经常互相搀扶着来看她。但是，两个老人从来不进她那间几个单位的经理、会计、出纳一起办公的办公室，只是站在门口往里瞅瞅，叫出她，让她领他们转转。她便一左一右挽着爸爸和妈妈，先带他们围着二楼的天井转一圈，然后就带他们下楼看双合成的车间、仓库、烤房和临街的门店。爸爸在家里很严肃，但是在这里见到人特别亲热，问大家叫什么、多大了、结婚了没有、有没有孩子（几个孩子、上学了没有、在哪儿上学、学习怎么样）、身体怎么样、在哪儿住、爸爸妈妈姓甚名谁在哪儿上班，于是，本来很快就转完的事就变得非常漫长。这时，比爸爸低一头的妈妈就微笑着说，“她爸，人家上班忙哩，咱走吧，到柳巷转转，买点东西。”爸爸就立刻说“噢”。三人走到院里，都本能地站住。爸爸沉下脸说，“晋，你们那些职工脸上都是木木的，好像不高兴，是不是不欢迎我们来？”赵光晋赶紧解释说，“是加班太多，累的。”爸爸便说，“紧张时加班可以，平时还要按国家规定办，要按时上下班，关心职工的身体。”爸爸从她臂弯里抽出手，与妈妈手拉手就走，但是，走不了几步就又回过头来。“晋，这是公家单位，公家的钱要爱惜，不要胡花。”妈妈便跟着说，“你要对大家好，要像对亲人一样。”赵光晋连说“是”，用手款款地护住爸爸妈妈，把两位老人送到门口，看着他们手拉手在人流里慢慢走得不见踪影，这才返回来。

当了一年经理，赵光晋使双合成这个小食品店扭亏为盈，管理上越来越正规，双合成56个职工于是服了她信了她，并热爱上了自己的单位，从此上班就像过节一样高兴。但是，她喜欢加班这个习惯却把大家整苦了，整得职工脸上总是木木的，看上去没有一点精神，这才使她爸爸误会到双合成人不欢迎他们的到来。赵光晋也发现了这一点，她经常看到职工们一个个累得屁股往椅子上一蹲，对她说，“经理，我们可不是机器手，更不是个机器人……”她便眨着眼睛体会职工的苦和累，但是，她体会出来的却是自己心底那股澎湃的激情。她早就发现她有这个特点：看到别人越累，她心里便越来劲。随着双合成越来越好，她的劲头就越来越大，而这劲头似乎脱离了事业和责任，她觉得自己有点奇特。“都起来快干活吧，咱以后尽量少加点班就是了！”她每次都是这样安慰职工，而事实是，班越加越多。

而这些日子，赵光晋正醉心研发她命名为蛋皮月饼的产品，她希望1986年中秋节能给顾客一个惊喜，在销售上放颗卫星。她从图书馆找来很多书，也从书店里买来许多书，还请教了她几个师傅，做了整整一本笔记。一回到办公室，她便埋头翻阅起资料，研究配料、调馅和工艺问题，有了心得就到车间动手操作，和谁都不说话，好像车间就她一个人似的。在这个春天，她几个月都很少回家了，一直待在单位研发她心目中的产品，研制方案在桌上摞了一尺多厚，在车间实验了好几百次。她常常忘了关照行军床上的女儿是否醒了，是否尿了、渴了、饿了，甚至连女儿醒后哭着喊妈妈的哭声她都听不见。实在累得不行，她就在椅子背上靠一会儿，这时，她往往看见办公桌上职工们或丈夫宋英民送来的面条或饺子，有时候饭还冒着热气，有时候饭已经凉了。有时候她看见女儿站在她办公桌前，踮着脚尖正吃得满脸汤菜，有时候她则看见丈夫宋英民坐在行军床上喂女儿吃饭。“光晋，你这经理当得好，都当成神仙了！”听丈夫这样心疼地挖苦她，她挥着手说，“你快走快走，不要影响我工作！”但是，女儿还在，也影响她工作，没办法，她就把女儿送到解放南路少年宫的幼儿园。一天，她在车间研制蛋皮月饼有了重大进展，兴奋地举起拳头叫道“太好了，太棒了”，她看见车间里很多职工陪着她，而门外已是一片漆黑。“坏了，俏还没接呢！”她奔到院里，脚砰地踢开自行车支架，长腿往座上一跨，另只脚在地上使劲一蹬，自行车便蹿出院子。她骑着车在已经亮起路灯的柳巷飞奔，街上的行人纷纷议论说，“这女人是咋啦？”她往身后扔去一句话，“我把孩子忘到幼儿园了！”她发疯地骑呀骑，终于骑到少年宫。女儿让一个小老师陪着正坐在台阶上呜呜地哭呢。天上的星星像眼睛一样一眨一眨的，正看着女儿可怜兮兮的样子。女儿上幼儿园那几年，这种事在她身上发生过许多次。

赵光晋还有句口头禅是，“干活干活，不干就不能活！”这是她的体验，也是双合成人跟着她，由疲疲沓沓的国企人变成机器人的经验。1985 年中秋一过，职工们一个个累得要死，加上工资奖金都领了，很多人认为，应该歇一歇，即使在家里待几天，经理在工资方面一定会按国家政策照章办事，于是，不少人就按往年的习惯，中秋过后就不上班了。正好过了中秋一段时间里单位没活干，不来的人便在家里待得心安理得。赵光晋也想让大家缓口气，但是，她楼上楼下转着对来上班的人说的话是，“那也不能不来了呀！”她已经想好了中秋过后常规产品生产与销售的办法，想开会给大家说说，还想抽出一部分人在街上摆小吃摊，给单位多挣点钱，但是，这么多人不来怎么办？她急得火急火燎，想找爸爸妈妈和宋英民商量商量，或找糖业烟酒公司的领导及她的师傅们请教请教，但是，她把自行车骑到街上就掉回头。一是她不想给人添麻烦，二是她不想让最信任最期待她的人为她担心，三是她要自己解决问题，四是她已经想好一个办法。她发现社会上工作不好、收入低的人都特别在乎钱，所以，她决定给上班的职工发奖金，一个月发30块；对那些待在家里不来的，除了不发奖金之外，工资还要扣除，少来一天扣一天，这样一来，按天扣的、按周扣的、按季扣的，（理论上还有）按年扣的……扣得五花八门。这办法真奏效，政策没执行多久，不上班的职工就都来了，这时，她突然停发了上班的奖金。“全体职工请注意，停发了上班奖谁也不能不上班，否则，如果有人接着不来，我这政策接着执行！”上班奖不发了，但那个政策却像一把利剑时刻悬在每个人心头，从此再也没人无故不到了。赵光晋如此这般解决了很多职工混国企的恶习，也为她训练一支机器人团队打下了良好的基础。

除了在这个问题上“奖”，对工作中的其他过错就只是罚了，那罚得真叫惨，真叫损。比如“糕点事件”：一次，赵光晋发现刚生产的120斤糕点都是生的，她一气之下就让这个班上的几个人一人几十斤按市场零售价将那糕点买了，还规定不准卖，必须吃，发现谁卖就立刻开除谁。这时，一个男职工因不满意这种处理闹腾起来，叫唤着要死，并一头撞到案板角上，“哦”的一声滑落在地上，躺在那儿像真的死了一样。职工们急了，赶紧叫赵光晋，并打电话叫来派出所民警、医院的大夫和那职工的父母，大家千呼万唤就是把那职工叫不醒。这时，赵光晋嘘了一声，她围着地上那“死了”的职工转了几圈，发现他竟是平时戴着鸭舌帽、大戒指、特别爱跌凉话的陈锐的跟班，她忍不住喷出笑，在那职工腋窝使劲挠起来，那职工痒得笑着跳起来。“经理，我不敢了不敢了，再不装死了，不捣乱了！”赵光晋用她的损招又一次治住了柳巷一霸。不久，公司给双合成下来一个调工资的名额——一级工资才几块钱——赵光晋根据情况给了陈锐，陈锐感动得在赵光晋面前单腿跪下抱拳一晃，“经理，我本来看不起女流之辈，经常捣乱给你出点难题，但现在我老革命服了，你治了我的人，又给我提了工资，我愿意跟你赴汤蹈火，有困难就上，没条件创造条件也要上。”赵光晋说，“别急，事还没完呢。”陈锐一愣，忐忑地问，“还有甚？”赵光晋说，“现在王凤英是后厂厂长，从今天开始你也是厂长。”陈锐傻在那里，眼圈红了。接着，陈锐哈哈大笑，威风凛凛地走马上任。从此之后二十年来，不论职务有什么变化，陈锐一直都对赵光晋忠心耿耿，工作拼命，是赵光晋最信任的一名老员工。再比如“牛角酥事件”：这一次，赵光晋在车间发现那班职工做的牛角酥很不过关，“大的大，小的小，爷爷的爷爷，孙子的孙子，这怎么卖给顾客呢？”她当即想出个点子，“一人买5斤，还按市场零售价买，12点之前必须把钱交到财务上，误时价格加倍。”有前车之鉴，大家知道经理会来真的，所以中午12点前钱就都交齐了。还有个经典案例是“鸡骨头事件”：一天赵光晋在月饼里发现了鸡骨头，登时大怒，立刻把那个班上的职工叫在一起，也是让他们一人几十斤全部买回去，规定不准拿到街上卖，如果发现，先罚款后除名。单位的损失补回来了，月饼的质量保住了。而“烟头纸屑事件”是这样的：一次，赵光晋出差回来发现单位有很多烟头、纸屑、糖果皮、冰糕纸皮和冰糕棍，就在院子里开了个职工大会，让大家揭发是谁扔的，结果没一个人说话。赵光晋哼哼一笑说，“既然大家都讲义气，那就一齐受罚，不过，这次换个办法，咱借机打扫一次卫生，但不准起一点点灰尘，否则罚30块，谁起灰尘就罚谁！”当56个职工把院子、楼上、楼下打扫得一尘不染，赵光晋笑了。满身灰尘的程雨兰说，“经理这样就是整咱们哩，一点尘土不让起这咋扫地哩，还不如罚款干脆，比整犯人还损。这次就数我最冤枉了，我可是甚也没扔，跟着经理当机器人，现在上班连水都不敢喝了，就怕上厕所耽误时间！”赵光晋说，“不揭发比扔东西还严重，犯错误的人都是不制止不揭发的人培养的，要想不受罚，最好的办法是爱企如家。”一些人小声议论道，“咱这儿连个厕所都没有……”赵光晋打断这些人的话，“厕所里就能乱扔东西？将来咱有了钱，建了大工厂，就让你们专门收拾厕所，咱就规定厕所里除了拉和尿，还让扔垃圾，专门让你们收拾……”赵光晋说着忍不住哈哈大笑，职工们跟着也笑成一片。

一次工作总结大会上，赵光晋站在煤池边嘴角似有笑意，一副胸有成竹的样子，但她却看着大家半天不吭声。她看了大家很久，才开了口，声音不大，像女人叨叨家常似的，“我来了一年了，欣慰的一点是，我觉得大家都不反感我，但是对我的很多做法肯定很头疼。比如加班，说实话，我是习惯了加班，我没感觉，但我对天发誓，我加班时确实没想着让大家和我一起加班，我也懂按时下班是对的，但是我不说让你们走，因为有你们在我不闷，心里更有劲，咱这样在客观上也为单位多干了工作。”她说着自个儿笑了，“再说这个罚字，”她笑出声来，笑了一会儿接着说，“如果我发现不了大家的错误就不会罚大家，可是，我是工人出身就爱到车间和门店去，加上懂食品，这就容易发现问题，你们就倒霉在这儿。”她看见职工们笑得前俯后仰，自己便也笑得满脸泪花。“说不成了说不成了！”她擦了擦眼泪，缓了缓情绪，又说道，“大家都是我的兄弟姐妹，都是我的亲人，而且都没钱，我怎么忍心奖这个不奖那个，怎么忍心罚大家呢？目的只是让每个人长个记性。我爱说干活干活不干就不能活，过去单位不行就是因为谁都不干，不干是因为不爱这个单位，没有认识到这是咱安身立命的家。可是，这家里的日子得大家齐心协力一起努力才行，如果家不在了，咱就都成了孤儿了，像咱们这些没本事的人，离了咱这个地方谁要哩？但是，我的办法确实有点损，这也是你们把我逼的，我在这里给各位鞠个躬。”她说罢把腰弯成九十度，职工们便啪啪地鼓起掌来。掌声中赵光晋又忍不住笑了起来，职工们也跟着笑。“今天这会不能开了，老是想笑。”她宣布散会，站在院子里与大家手拉手聊起其他。

柳批零、德永昌和半间楼三家老字号终于搬走了。赵光晋和职工们用最热情的话语挽留并欢送了他们，当他们一批批彻底离开后，赵光晋看着他们的背影对职工们说，“不走？这不是走了，我就知道他们会走！”

职工们高兴地嚷嚷道，“经理你其实挺鬼的，办法真多！”她顺口说道，“人没办法的时候就最有办法！”程雨兰、郭俊莹、段守贤、老革命这些与赵光晋能随便说话的人便对其他职工们说，“都听听，都听听，咱经理出口成章，说的话都是格言，充满哲理。”接着，大家就喃喃地念叨着她那句话，“人没办法的时候就最有办法……没办法的时候就最有办法……”

又是7月1日，赵光晋似乎与这个日子有缘：1972年7月1日，她逃亡似的从副食大楼调到市中心钟楼街副食品市场，当了13年糕点工；1985年7月1日，她从钟楼街副食品市场调到柳北双合成食品店当了经理，从此走上创业的道路；而1986年7月1日会有什么事等着她呢？她想了很多，却没想到这天她会入党。

这一天，市糖业烟酒公司党支部阎书记带着几人来到双合成，通知她公司党支部特批她入党，她一下陷入色彩斑斓的童话般的梦中，眼前五颜六色的梦境使她霎时看不清脚下的道路。她被阎书记和一个随从搀扶着来到楼下的院子，朦朦胧胧看见五十六个职工已经在院里站好，她还看见煤池里那棵树上飘着一面火红的党旗，登时热泪盈眶。她想起自己当反革命子女的全部经历及在“铁建”工地的团旗下幻想入党的那个白日梦。院里很静，能听到每个人的呼吸，她隐隐约约还看到院门口围着很多路人。她在党旗下举起沉重的手臂，把右手握成拳头，含着热泪跟着阎书记念道：“我志愿加入中国共产党……”读完入党誓词，她开始发言，“咱们就唱首歌吧，就唱《没有共产党就没有新中国》。”她像上学时指挥同学们唱歌那样，一边唱，一边打拍子指挥五十六个职工唱这首歌。这首歌唱完了，她唱歌的兴致更浓，“咱们再唱一首吧，就唱《中华人民共和国国歌》。”她又边唱边打拍子……唱完《国歌》，她又说，“咱再唱一首《在希望的田野上》。”但是大家不会唱，她便打着拍子一句一句教大家唱。教大家学会了这首歌，她已是浑身湿透，她挥着拳头说，“兄弟姐妹们，我赵光晋今天特别高兴，如果说调到双合成当经理使我有了一个能主事的单位，今天我才算有了组织。那么，我今天以一个共产党员和双合成经理的双重身份向大家说几件事：第一是咱从此每天早上都要唱这三首歌，吃水不忘挖井人，不要忘记大好江山和美好生活是谁给的，咱要有个魂；第二是……”她想了又想，挥着拳头坚定地说，“大家要好好干，挣大钱，将来给咱们盖个食堂、建个澡堂、修个厕所，如果钱挣得更多了，咱就建个大工厂，那里什么都有，有宿舍、有图书馆、有俱乐部……还要有学校……兄弟姐妹们，加油！”56个职工跟着她喊起来，“大干苦干！加油加油！”也许是党员这个形象的约束吧，从这天起，赵光晋就告别了她那个时髦的形象，自行车也换成个旧的，人一骑上去就咯吱咯吱乱响，车上的漆皮也掉光了，连车牌子上的字都看不清。

回忆往事，很多人说，赵光晋的成功完全是干出来的，而赵光晋不这样认为，她的说法是，“成功还谈不上，干成了一件事倒是真的，而这也不完全是我干出来的，应该是双合成人跟着我一起干成的，如果说我们有过奇迹，这奇迹主要是大家与我同心，我与职工命运与共。”她进一步的说法是，“经营企业主要是人心，干劲都是从人心里发出来的，人要是对领导不信任，对工作的意义不理解，对单位不爱，谁干呢？”值得深思的是，在人心这个问题上，赵光晋恰恰不是有意而为之，而只是缘于她的情怀和个性。她是工人出身，喜欢和工人聊天，这一聊就聊出了你我他的困难，而出于不能见人难过的性格，她就想方设法帮大家解决，她就是这样成为双合成人的知心人和靠山。

比如段守贤和张昭铃这对母女：段守贤1958年就在双合成上了班，经历了双合成太漫长的历史，她一直搞财务，脑子中的数字就是双合成最具说服力的历史。段守贤正是通过数字看到了赵光晋为双合成投入的心血和她的本事，看到了双合成的希望，所以，1991年她退休时就给赵光晋提出想让女儿张昭铃接班的请求，赵光晋就一口答应了。从此张昭铃就成为母亲那样的人，每天早晨六点上班，晚上八九点下班，节假日还要加班，除了睡觉，几乎没有一点属于自己的时间。她甚至一次又一次推辞了与朋友、同学、恋人的聚会，为的就是做母亲交代的那种双合成人，以此回报“经理”的恩德。

再说说王克俭。王克俭一家人都在双合成工作，他在运输部，儿子王强和儿媳王莉在生产部，都是带班组长。而他家的事就像一个梦，像梦一般不真实。王成俭工作的运输部是在赵光晋把双合成做起来之后成立的，而他在这之前就是个蹬三轮的，双合成院里那辆唯一的三轮车就是他的伙伴。当赵光晋给双合成挣了钱，就成立了运输部，先买了一辆货车，随着单位越发展越好，车就越买越多，连厢式大货车也有了，王克俭心里便难过极了，因为他骑的还是三轮车，为了心中的那口气，他经常与货车抢着运货。他足蹬三轮车，南边最远要把货送到老军营，北边最远要送到尖草坪，一天至少打三个来回，一个人送货带收款，货与款从来没有任何差错。但是，谁知道他的苦处呢？他只是个蹬三轮的，没有任何一任领导会关心他的事。就像一个作家在一篇文章里写道，“多少年了，他孤身一人在太原，节衣缩食，省吃俭用，将省下的钱寄回平遥老家，抚养家小。为了省钱，他租在一间小而黑的民房里，白天在劳累中度过，一到晚上便只能用无尽的思念打发时间，若是不幸病了，只能自己干挨着。他想老伴，想孩子，也想他的父母……”他万万没想到新经理赵光晋会来到他的住处，还给他带来面、油、菜这些生活上的东西，并说为了奖励双合成老功臣，单位决定把他全家人的户口都转到太原。他认为那只是说说而已——说说已经够温暖的了——而当赵光晋真的把他一家四口人的户口迁移证明交给他，并告他，他儿子和儿媳都可以在双合成上班时，他心里就坚定了一个念头：就是再苦再累，也要为双合成拼了这条老命。他骑了一辈子三轮车，1995年他已满头华发，老态龙钟，谁都不敢让他再干了，但他接到退休通知后，还坚持蹬着三轮为双合成送了最后一次货，这才安然退休。

像肖姗、李保这样的双合成当时的小青年，对赵光晋的恩德则有更深刻的体会。赵光晋刚当经理时，肖姗刚刚16岁，赵光晋见这小姑娘机灵爱笑，说到原则问题特别爱与人较劲，第二年就让她当了会计，成了段守贤的助手，过了两年又让她入了党，从此使肖姗踏上了顺利的成长之路，并且在多少年后使她成为双合成主管财务的副总。而李保当时年龄最小，才15岁，根本不敢和赵光晋说话，还常常让赵光晋误会到“这是谁家的孩子”。李保人小有心，因为父亲在战争年代落下甲级残废，行动不便，母亲瘫痪，则常年卧床不起，他只好辍学，被政府照顾接替母亲到双合成上班，赵光晋就任时他也是刚来。他们兄弟姐妹六人，他排行老五，哥哥姐姐嫂嫂还没工作，在家里待着，可以想象那生活有多么艰难。一天，他家里第一次有人敲门来了客人，他一打开门，竟看到自己的新经理赵光晋。经理说是看望他父母的，他不知道经理怎么就知道了他家的事，更没想到经理给他父母带的礼品和营养品竟放了半床。后来，赵光晋又是帮他家里没工作的给找工作，等他结了婚，就又把他媳妇安排到双合成上班，还让当了会计，是一份体面的工作。他家彻底翻身了，在这个城市扎下了根，他怎么能不感激赵光晋呢？他经常说，“都说共产党好，在我心里共产党就是我们经理赵光晋！”他还经常说，“我只要有口饭吃，就要为双合成再干五百年！”他没有文化，但说出的话经常成为广为流传的名言，“感恩”的心情使他成为像赵光晋一样的工作上的永动机，使他成为双合成最杰出的司机，以至于他做司机的传奇故事传开之后，很多几十年的老练司机都为之咋舌。

必须说到程雨兰了，她比赵光晋小两岁，1971年俩人同时招进太原市二商局，一个分到副食大楼，一个分到双合成，那时程雨兰才16岁，与已是18岁大姑娘的赵光晋相比，她还是个娃娃工。刚参加工作时她只挣20块钱，但在那个计划经济的年代，当一名糕点工，她在社会上就算有点小身份。原因是当时买点心、买月饼都要票，没有票就要用粮票顶——六两粮票可以顶替一斤点心或月饼的票，一斤点心或月饼都是六毛钱——所以，找她们这种人走后门买东西的人就很多。她说她从小胸无大志，没有什么高远的理想和抱负，但做人品德绝对过关，属于干啥钻啥、以企为家的人，她迟迟不搞对象，晚婚晚育，就是她做人的证明。她做食品上也有一套，是双合成的饼艺大拿，1983 年她与赵光晋一样，也参加了太原市首届糕点技艺比武，尽管不像赵光晋的成绩那样突出，但也很骄人。她的性格给她带来另一个优点，这就是没有嫉妒心，所以，赵光晋当了经理后，她的心态异常平和。与赵光晋唯一不同的是，她显得比赵光晋老，因为她是少白头，30 岁刚出头就两鬓花白，头顶的发缝是一道白槽。她只有在开玩笑哈哈大笑时，脸上才洋溢出她性格中的青春活力，以及内心的福喜之气。她还特别幽默，很会讲故事，比如欢迎赵光晋的那个职工大会上，她就这样描绘了双合成："双合成就屁股大点一个院子，中间还堆个煤堆，满地的煤灰，满地的炭块，要是仰着头走路就可能踩着光溜溜的炭块给你滑个狗吃屎。有时候双脚一不小心踩进下雨时踩出来的泥坑里，脚就半天都拔不出来，还得两个人架起胳膊往起抬，弄不好抬的人也会把脚踩到坑坑里。后厂的情况更糟糕，没有窗，没有一点阳光，这幢中间有个天井的小木楼早就该塌了，但没办法还得用，职工就用十来根柱子顶住凑合着干。楼梯上一走人，在车间干活的人就能听见头顶呼通呼通地响，就担心楼当下就要塌了砸住自己。"但是，从来没人认为程雨兰这样说是糟蹋双合成，反而说她是"革命的乐观主义"。双合成其他人都怕赵光晋加班，但是程雨兰不怕，她认为自己作为赵光晋的同辈和新任厂长，应当像赵光晋一样以身作则。糟糕的是，她怀孕了肚子大了。另一本写双合成的书《信念的力量》这样描写了她当时的窘态："这一天清早她起了床正要上班，突然觉得肚子不舒服，就往杏花岭医院走（看来她住在那一带）去。她一路走一路想，可能是早上吃了个红薯（才不舒服），要不就是凉着了。肚子太大，身体累赘，她走路的姿势不怎么好看，两只手在胸前左右摆来摆去，就像军人晨练。她眼睛的余光发现路上很多人都笑嘻嘻地看她，她自己也笑了。但是她还是想到医院看一看，然后再上班。来到医院找到大夫，她讲了自己的不适，大夫看见她乐呵呵地走进来不给她看病，她看着大夫走出去的背影，叫着大夫大夫，大夫还没回过头来，她就生了。”她说双合成很多孩子都是“如此这般”生出来的，“这就是双合成孩子诞生记。”作为女人，她由“妻子”晋升为“母亲”之后，家里的事反而做得更糟：作为妻子，她把家里搞得乱七八糟的像个猪窝，谁的衣服都找不见，“就是贴上标签都找不见。”但是，“她把厨房收拾得很干净，一尘不染，碗筷收拾得更干净，就像机器消了毒似的。”她说这是长期做食品的本能，只要是与吃有关的地方她就会收拾得很好。作为母亲，她去学校开家长会，常常坐错了教室，她举手问女儿的一些情况，老师却不认识这个孩子。作为一个家庭主妇，她每逢过年还要让公婆、丈夫、女儿等她，丈夫一家是天津人，爱吃，特别会做饭，做下一桌子菜，却等不回她，丈夫便骑车到双合成找她，准备与她大吵一场。但是，她眉毛一扬，劈头盖脸就训斥道，“咱们家过年，全市谁家不过年？我总不能为了咱一家人吃团圆饭，让那么多顾客买不到双合成的东西。我是厂长，责任大得很，我们经理也没回家，我哪能回家？”她把丈夫训得灰溜溜的，喃喃地叨叨着“倒是我错了”，吧吧着就推着自行车走了。程雨兰赢了。

另一个重要的人物是郭俊莹。1984年双合成再一次恢复老字号，再一次将前店后厂合并，上级公司考虑到这样一个国企连个党员都没有，就把她派来了，但是，没等她有明确的职务，赵光晋就来了。按说，一个人当书记、一个人当经理，是个不错的选择，没准糖业烟酒公司就这样考虑的。但是，郭俊莹很快发现“赵光晋太能干了”，她便放弃了自己所有的想法，“我不想干扰赵光晋的工作，也不想重蹈很多单位书记和经理闹矛盾的复辙，使双合成变成以前的样子。”郭俊莹的高风亮节使赵光晋很感动，就任命她当了副经理，而第二年郭俊莹就提出只当统计。后来，赵光晋还让她当了工会主席和党支部书记，但是她只认为自己是个统计。她就这样一直干到2001年退休。退休后，她还经常来到双合成看看，每次都掏心挖肝地对见到的每个人说，“任何单位能来个好领导真不容易，如果咱们对单位就像对家一样，就应当扶着他甚至推着他往前走，往上走，这对谁都好。”这时一直陪着她的程雨兰又对大家说，“支持领导不是只说在嘴上，好好干才是支持，能影响更多的人好好干才是最大的支持。就像一个家，有人替咱操心，咱闷着头干多省事，多轻松，这样占便宜的事不做就是傻瓜！”

而除了五十六个在岗职工，赵光晋还了解到，双合成还有几十名早已退休的甚至老得不能走路、病得不能下床的老职工，他们也眼巴巴地等着那份工资和福利呢，比如前边写到的张佐臣……

每次说起这些事，赵光晋便说：她来到双合成当经理后，一直的一个心愿就是要把双合成人训练成同她一样干工作不要命的人，但是，她其实也在接受着双合成人的培养，而双合成人对她最大的培养，便是五十六个职工、五十六个家庭的生存带给她的压力。“这种压力才逼得我不断想怪招，而在副食品市场当工人时我就不想这些事，因为没责任，没有想这些事的机会。”1985年她走马上任初战告捷，双合成人心稳定了，她于是借势奇招怪招不断：1986年，她采取了“先尝后买”的促销方法，一时顾客云集，《中国食品报》报道了这件事，使双合成第一次登上媒体舞台，接着省内外各大媒体相继报道；1987年，她又想出了“花钱买批评”的促销点子，《山西日报》率先报道了这件事，省内外媒体又跟着报道，使双合成的名气大增；1988年，她进一步推出“经理挂牌亮相”的促销绝招，早已在双合成蹲点的《太原日报》记者抢先报道，其他媒体又追着报道，使双合成的名气青云直上；同年，她又想出“跟踪服务卡”一招，即在卡上印上产品进料、生产工艺、包装、出库、销售、定价等基本情况和责任人的名字，以便出了问题方便查处，双合成门店一下被挤得水泄不通，《太原日报》又抢先报了这个新闻，从而带起媒体宣传狂潮，使双合成的名字家喻户晓；1989年，为了打消慢慢成熟的顾客对食品安全问题的质疑，她便在门店前和媒体上公布了双合成所有产品的配方、原料进价、产品销售价等商业机密级内容，她号称“五公开”，《太原晚报》又抢到这个新闻，新闻狂潮再起，双合成被宣传成名企；1990年中秋期间，她根据几年的经验，变换了方式在太原隆重地召开了“月饼质量挑刺大会”，除了特邀的顾客及省城各界代表发言之外，她“真诚地欢迎”闻讯到场的任何人对双合成月饼横挑鼻子竖挑眼，并当场兑现奖励，媒体狂轰滥炸的宣传之后，双合成于是赢得上世纪九十年代最后一年的销售奇迹。

下面一串数字，也许更能真实地描述双合成的变化：

1985年以前，双合成食品年产量一直徊徘在3万斤左右，而每年中秋月饼产量从来没超过3万斤，利润或零或负。1985年赵光晋7月1日当经理后，全年食品总产量即达16万斤，中秋月饼产量达到12万斤，年总销售额达83万元，利润达到3万多元。1986年，全年食品总产量24万斤，中秋月饼产量达21万斤，年总销售额57万元，利润8万多元。1987年，全年食品总产量31万斤，中秋月饼产量达26万斤，年总销售额65万元，利润8万多元。1988年，年食品总产量42万斤，月饼产量30万斤，年总销售额89万元，利润20万元。1989年，年食品总产量38万斤，月饼产量37万斤，年总销售额115万元，利润达25万元。1990年……

这仅仅是赵光晋精明的销售点子带来的变化吗？

如果说1986年《中国食品报》对双合成“先尝后买”的报道是双合成在媒体舞台的“第一次”亮相，那么，1987年则是赵光晋登上名人舞台的开始。这年5月，她荣当“太原市先进工作者”，开始被市里关注，她很高兴。1988年5月，她荣获“太原市劳动模范”光荣称号，有人开始说她是名人，她开始心动。1989年，她再次被评为“太原市劳动模范”，1990年又进一步被评为“太原市特级劳模”，成为媒体热门人物，这才真正成为名人，而她竟然把这个荣誉连续坚持了13年。后来她又被评为“山西省劳动模范”，与申纪兰、郭凤莲这些她心目中的偶像站在了一起，从此成为省级名人，她开始激动。她没想到自己的劳模道路竟走得这样顺利，上世纪九十年代开始，她每年的荣誉都铺天盖地，除了“全国五一劳动奖章”和“全国劳动模范”这样顶级的劳动者荣誉外，她还获得了企业界、食品界、老字号界、妇女界、中小企业界、烘焙界、工商界所有最高级别的荣誉，包括省市政协和人大系统“委员”、“常委”、“代表”这样的兼职和荣誉。她的荣誉和兼职简直太多了，如果把她市、省、国家三级的荣誉和兼职都写下来，至少要写满满的五张纸。她就这样由劳模成长为名人再成为公众人物，但是，在她的心目中和别人的认识中，她只是个劳模。于是，她在任何会议上的发言，都忘不了说这样一句话，“我只是个劳模，但是劳模不仅是我一个，我们双合成人谁都是劳模！”而在私下，她才吐露心中的一点疑虑，“我真不知道自己为啥有了今天，最怕别人问我原因了，我真说不清，我想是当双合成经理的压力把我逼的吧，人总是没办法时就最有办法。或者，与我爸爸和妈妈也有点关系？”她就这样成为公众之谜。

13

英民，你听我说

13
英民，你听我说

皓月当空，繁星似海，虽然中秋已过，但是，这个夜空仍是这般灿烂明媚。

飞机在夜空中往来如梭，接机者站在武宿机场停车场里，翘首仰望着像缀满珍珠的锦缎般的夜空。在这个人群中，张亮臂弯搭件风衣，一会儿看看夜空，一会儿看看接机大厅的出口。当机场女播音员温情柔美的声音播报道，“女士们先生们请注意，从上海来的海航 XX 次班机正点到达”，张亮便疾步走向接机大厅。在里面等了一小会儿，张亮便看见削瘦精干的宋英民在出来的人流中向他招手，他就踮着脚尖向宋英民招手。俩人见面后拥抱了一下，又互相将双手搭在对方肩头喜滋滋地望了对方几秒钟，这才松开手问候说话。张亮说话间把风衣披在宋英民肩上让赶紧穿上，同时拉着宋英民搁在地上的提箱，跟着宋英民往接机大厅外面的停车场走去。

“张亮，辛苦你了，我是真不想叫双合成的车，一来就是一糊片，太奢侈太招摇，我受不了。”

“英民你别客气，我知道你是想我了，我晚上在家里也没事。”

“张亮，你真不知道，晚上在万米高空看夜空，感觉真是太灿烂太辉煌太震撼了，觉得那一颗颗星星就像拳头大的珍珠缀在自己的头上，那种灿烂辉煌简直无边无际，让我几个月的劳苦愁闷一扫而光，真是太神奇了！”

“我也有很多次这种体验，就是没有你会说。”

“你就是瞎说哩，你是文化人艺术家，我哪能比你会说！”

“我其实也不认识几个字，就会画个画。”

俩人坐上张亮的车。车开出机场停车场，开过一家灯火通明的名为“银海24小时”的酒店，宋英民说，“倒回去倒回去，咱下去喝几盅。”张亮便把车倒回去，停在酒店门口车位里，跟着宋英民走进机场这家24小时营业的饭店。已是秋末，大气中已流淌着寒意，尤其在这深夜，还有点冷，但是，俩人不约而同地走到靠窗的一张俩人桌前坐下，在桌旁放好提箱，服务员就拿着菜单走了过来，俩人瞅了一眼大厅，发现有二十来桌人吃饭——不过每桌人都不多，少的两三个，多的也就三五个，看来都是下了飞机吃夜宵的——俩人登时有了吃饭的情绪。宋英民接过菜单，看也没看就递给张亮，张亮也看也没看又递给宋英民，俩人将菜单递了好几个来回，宋英民终于打开菜单。这时，张亮打开手机给一个人发了个短信。

“张亮，你饿不饿？”

“饿，为了接你，晚上好几个人请我出去坐坐我都没去，老婆又旅游去了。”

“我是真的饿了，但我是为了请你，一回去咱可就没时间了。”

“你每天飞机来飞机去，肯定吃不好，飞机上的饭就那么一点点，还不够塞牙哩。”

看了半天菜单，宋英民看烦了，就随便指着菜单上的菜名，“这个”、

“这个”一通乱点，点了一盘水煮花生米、一盘酱牛肉、一盘小青瓜、一个羊肉锅仔，一瓶竹叶青，还要了两个分酒器，两个玻璃小酒盅。

“说起来赵总是搞食品的，可你看咱吃的这饭！”

“半夜就咱俩你还把老婆叫赵总？”

“赵总三令五申让我们一家人要分清家庭关系和工作关系，我是出差回来的，你来接我，这就是工作，这就得叫赵总。我也习惯了，现在什么时候都叫她赵总，叫光晋反而觉得别扭。”

“我老是叫光晋，在会上也这样叫，我看她听了挺高兴的。”

“你叫啥都行，但是，我们家人不行啊，行了，先喝一杯，暖和一下。”

宋英民举起酒盅与张亮一碰，把满满一盅澄黄透亮的竹叶青灌进嘴里，张亮只抿了一下酒盅，便把酒盅放到桌上。

“张亮，你猜老哥几个月没回来了？”

还没等张亮回答，宋英民便说：

“整整三个月了，从中秋会战前到现在，我一直在外头，东边一趟，西边一趟，北边一趟，南边一趟，日本、台湾、香港、新加坡、欧洲、美国等等，不太急就是火车，急了就是飞机，不管是白天黑夜，说走就得走，否则那边管事的人就走了，弄得我现在都弄不清天上地下白天黑夜了。这采购当的，把我都当成真正的食品专家了，比如说，全国一共有多少家食品工业生产企业，多少家食品工业销售企业，多少家像双合成这样的食品工业生产销售企业，多少家食品工业配料生产企业，多少家食品工业设备生产企业，多少家食品工业包装设计企业，多少家像双合成这样的老字号食品企业，以及每个企业在全国都有多少门店，销售量有多少，销售额有多少，利润有多少，面积有多大，企业有多少年，有几家上市了，有多少家倒闭了，谁家的什么好，质量与信誉可靠，哪儿有大师，像这样的数字和基本情况谁知道？就我知道，不说双合成，就说在太原和山西，我看就数你老哥我知道得最清楚。还有，日本的食品工业什么最好，特点是什么，台湾的食品工业什么最好，特点是什么，还有欧美的食品工业什么最好，特点是什么，应该向他们学什么，哪些又不能学，谁最清楚？就你宋哥哥。咋知道的？跑的。说是原料采供，其实都得了解，尤其是听说老哥与赵总这关系，到哪儿都是开会给汇报，然后就领着看，听得麻烦的，头比斗还大，但我必须记住呀，本上记下了，脑子还得记住，不然回来给赵总和班子咋汇报？一问三不知，赵总像训孙子那样训都是小事，误了双合成的事才是大事。关键是……”

宋英民说得有点激动，端起酒盅吱儿地喝了一杯，张亮也端起酒盅又用嘴抿了一下。

“关键是老哥迷上这事了，觉得特别有意思，就像上学时学功课一样，一钻进去就特别想学，考试考了高分，就更想学。尽管我不在生产销售的第一线，可产品的原料和设备都是我进的，我就有那些产品是我生产的感觉，这种感觉有点自豪。哎，对了，今年的月饼到底卖了多少？”

宋英民将酒盅端起，眼睛一眨不眨地看着张亮。张亮也端起那盅酒，望着宋英民。

“今年卖得好，销售不错，利润还没算出来。”

宋英民脸已微红，微红的脸上泛起笑意。

“好好好，看来他们电话上没骗我。我最讨厌胡说八道，把生产销售的数字说得老高，媒体倒是报了，领导也表扬了，可员工发不了工资领不到奖金，弄这事干啥？这是谁骗谁哩？好，好好好，我就说离了他林王八蛋地球照样转，赵总当时还紧张得像丢了魂似的，看来小古这年轻人还行，回去我一定建议赵总让小古当总经理。小古是双合成唯一的南方人，又在上海轻工食品学院毕业，把双合成当成他家似的，这样的人不用用谁？比那些棒槌优秀得多！高兴，干一杯！”

俩人杯一碰，都仰头很有气势地喝了。看见张亮喝得龇牙咧嘴，宋英民说：“我痛快地喝一会儿，你随意，你本来就不能喝酒，老哥不逼你。”说着，他长叹一声，说起一些家庭往事。

“张亮老弟，我现在是迷上了采购这事，觉得比双合成任何一个环节的工作都有意思，但是，老哥时常也很后悔。想当年，赵总刚当经理那些年，她迷上了双合成，我这个当老公的既要在铁路上班，还要考虑两个孩子的上学问题，放学后是往爷爷奶奶那儿送还是往姥爷姥姥那儿送的问题，送去还得接，然后还得买菜做饭，整个一个家庭妇男，一个保姆，见了同事、同学、朋友都抬不起头，可是，赵总就接了那样一个烂摊子，一天加一百个小时的班，我们家里人都担心她能不能干成，我能埋怨她？只有担心，每天提心吊胆的，老是担心第二天就干不成了，可没想到一下就干了二十年，全国这类国企估计就数她干的时间长哩吧？可谁知道我受的啥罪？一个大老爷们呀！埋怨是不能埋怨，赞美她吧又是一肚子火，唯一的办法就是不理她，火了就顶她几句，保证顶得她半天喘不上气。但是现在想起来，家里那点事简直太简单了，累是累，但是省心，为的是自己的儿女和老人，还有自己的老婆。可是现在，几百号、成千号人要吃饭哩，采供这个环节要是做不好，再弄回来点假的劣质的原料，吃坏了顾客，让人家告了，那双合成和赵总都得跟着倒霉，那我就是罪人。可是，因为我和赵总这层关系，能没人说什么闲话？但是，采供这么重要一个环节，这里面学问深哩，道道也多，交给谁会放心？谁会对赵光晋和双合成负责？我是没办法才在 2001 年硬办了退休手续干了这事，为的啥？说不为双合成是假的，但主要还是为自己老婆，怕别人在这个环节上胡来，捣她的乱，怕出事。张亮老弟呀，我越干越觉得这是一个不讨好的事，但老哥下决心干到底了，自己的老婆在双合成当老总，我不下地狱谁下地狱，你说对不对？”

宋英民端起酒盅，很有力地与张亮一碰，仰头喝了，眼圈越来越红。

“英民，我非常理解光晋，也非常理解你，光晋和你都是对的。”

张亮又喝了一杯，眼圈也微微泛红，接着又给人发了个短信。

“不说这了，不说这了。张亮，这次我在上海见到杨达天，他说几次开会赵总提到工业园，每次都让专家们损半天。”

张亮主动端起酒盅，但只端着，目光酸楚地看着宋英民。

“我正想说这事哩，那些棒槌说的话不用理，我在会上从来不说话，他们还以为我水平低说不过他们呢，真是棒槌！”

“我就经常给她说不要给打工的打工，可她这人反而把他们敬若神明，她这人缺点也很多，本来是一线上干出来的人，倒越来越迷信那些嘴上卖片汤的。”

张亮端酒盅的手轻轻发抖。

“现在倒不是这，而是她在会上已经正式宣布了工业园要立项。”

宋英民点着一支烟，左手中指与食指夹着却不抽，死死盯住张亮的脸。

“你怎么看这个事？”

张亮仍端着酒盅。

“我觉得吧，一是今年中秋月饼抢购断货她明显地感觉到生产能力不足，二来这也是多年的一个梦吧，从我八十年代末介入双合成，给你们设计老字号的福喜商标和服装，她就经常说这事，既然是个梦想，说说也对，说着说着就说成了理想，但没准也就是说说，现在这条件……”

“不。”宋英民狠狠抽了一口烟，吐了，用手扇着面前的烟雾，以便清楚地看清张亮的脸，“她这人只要经常说一句话就肯定要干，而且，反对的人越多她的劲就越大，要是在会上宣布了，那就绝对要干！”

宋英民又狠狠抽了口烟，一口就吸掉半支。

“张亮，我还是喜欢当年，记得当时她就像个工人一样只知道干活，除了开会的场合没人能看出她是经理，你就是在她卖丸子汤的小吃摊上认识她的。后来咱俩在酒场上认识了，好像是你正给我们铁路做什么设计，领导让我陪你吃饭，然后我把你推荐给她，她都忘了你这个人。你这才开始给双合成做设计，我记得我每一次去双合成看看，总是看见你与员工在那儿聊天，但是你从来不说话，只是听他们说，不像那些棒槌逼逼叨逼逼叨……”

张亮笑了，发了这个晚上第三个短信。

“那时候双合成一年比一年挣的钱多，我发现员工和顾客都很高兴……”

“所以你就想出了‘福喜’这两个字？”

“对对对，我也想到了双合成的产品主要是节日产品，而中国节日主要是家家团圆、幸福和快乐，我就想了那两个字，还设计了两个喜鹊，象征福喜双合，把工装也设计成红的，象征双合成的日子红红火火。”

张亮的笑容突然变得很羞怯。

“不，咱走题了！”

宋英民正要再抽口烟，但他却把烟（基本是烟头了）从嘴唇上拿开，张着嘴眨着眼，似乎在想他正要说什么。

窗外突然大亮，机场大楼清晰地矗立在眼前，天上嗡嗡的飞机声，机场大楼里女播音员嗲而温情的声音，交相响起，接机的小车从窗前蜂拥而过。服务小姐笑嘻嘻地走过来说：

“先生，你们的锅仔用不用热一热？”

其实，这个晚上赵光晋也没睡觉，也没在家里：她在办公室写毛笔字，整整写了一个通宵。在 2005 年这个最倒霉的年份，双合成中秋会战反而取得了她当经理二十年来 3000 多万元销售额的最佳业绩，赵光晋的心里有说不上来的爽快。心情一好，她便听到了更多的关于双合成的好话，其中包括不少人赞美她办公室正墙上写的“合和”那两个大字，认为它比双合成有史以来书法家题写的店名都好得多，比太原街头许多书法大师题写的牌匾也好得多，简直堪称书法绝技。赵光晋便立刻对我介绍的那个书法家王治国产生了兴趣，决定要拜他为师。赵光晋找了个拜访和答谢的理由伺机拜师，当我及另一个真正认识王大师的年轻书法家带她来到迎泽大街省文联宿舍，来到王先生的家，作为两个省城名人，赵光晋与王大师俩人都局促起来。所不同的是，不一会儿，经多识广的赵光晋便像个小学生一样向王大师请教起书法的问题，尽管她的问题问得都很可笑，比如“怎么才能把字写好”、“中国谁的字写得最好”、“王大师在太原、山西和中国能排第几”等等，但是，她毕竟是家喻户晓的企业名人，王大师还得认真回答，而王大师在赵光晋越来越谦虚的请教下，反而更加局促，脸上都急出汗水，微笑也变得越来越苦涩了。赵光晋问，“王大师，你说我能不能学会书法？”王大师说，“能，不论性别年龄，理论上谁都能学会书法。”赵光晋问，“那王大师想不想收我这个学生？”王大师礼貌地说，“岂敢岂敢，能收赵总这么大的名人为徒那真是三生有幸。”赵光晋扑通跪下，双掌撑地，头砰砰地在地上磕起来，“王老师，请受徒儿三拜！”年轻时，赵光晋拜过太多的师傅，都是这样拜的，当她起身把早已准备好的一件珍贵的礼品双手递给她新拜的师傅时，王大师正窘得红着脸、摊着手看着我们，但是，他不得不接下赵光晋递给他的礼盒。这时里屋出来个很年轻的女人，年龄上应当属于比赵光晋低一辈的女人，王大师捧着礼盒不好意思地对大家说，“这是贱内。”大师话音刚落，赵光晋又跪下给那年轻女人磕了三个头，“师娘，请受徒儿三拜！”赵光晋起身后，立刻把腕上一只价值不菲的玉镯撸下来戴在王大师老婆的腕上。她就这样成了王治国的徒弟。这天之后，她就迷上书法，让张亮叫来书法界一些朋友，帮她买了成捆的毛笔，还买了四尺的宣纸好几沓和一块毡，然后才买了一个巨大的书案放在她办公室里，把毡铺上，毛笔搁在书案右角的笔筒里，宣纸搁在书案的左角，她便开始夜以继日地练字。但写点什么呢？她脑子豁然一亮，想起她一直想创建的工业园，便在宣纸上一行一行、一张一张地练习题写她想好的一个又一个工业园的名字。刚开始，她写的是“太原市双合成食品有限公司”，写了很多张宣纸，突然觉得那只是工商局注册的企业的名字，而不是工业园的名字，就把它们摞起来堆在地上。接着又写“双合成”三个字，又写了好多张，又觉得不对，觉得这是老字号的名字，而不是工业园的名字，何况，当年双合成那些创始人、国民党时期阎锡山的秘书孙奂仑、后来的书法家虹川和王留鳌都写过这三个字，她觉得自己不能再写了。她又把它们摞起来放在地上。然后，她想双合成的文化，这下她有了感觉，她想到“福喜园”、“合和园”、“福喜双合园”、“合和成功园”等几十个名字，想一个就写几张，等干了便一摞一摞地放好。为了怕别人打扰她写字，她便把办公室门关住。等整个办公大楼彻底静了，她突然听到咚咚的敲门声，打开一看是隔壁财务室的女儿俏妹。“妈，都半夜了你在里面干啥哩，吓得我还以为你出事了！”看着女儿忧心忡忡的样子，她一笑说，“俏，快进来快进来，妈妈今天有心得，有大事，你给妈妈压纸倒墨。”就这样，俏妹整整陪她在办公室折腾了一夜。第二天天亮，俏妹又累又困，坐在一把红木太师椅上歪着脑袋睡着了，赵光晋又听见有人轻轻敲门，打开门，发现是副总古鸿文。“小古，打电话叫马苏容、程雨兰、老革命几个来，你别走。”司机刘兵跟着古鸿文走了进来，赵光晋又交待刘兵，“刘兵，常俊来了没有？你给外面挂个牌子，就坐在门口看着。”刘兵便给赵光晋办公室门外挂了“董事长有要事，请勿打扰”的牌子，然后坐在门口的沙发上喝茶。赵光晋叫的人一个个来了，她让大家一张一张看她题写的工业园的名字，评说那一个个名字和那一张张字的好坏。几个人你看我，我看你，共同看着赵光晋，一齐说“好好好”，就这样说着说着，不觉天色又一点一点暗下来。

门叭嗒一声开了，啪地又关住了，是醒来的俏妹甩门走了。

大家纷纷低声问道：俏是咋了？

赵光晋兴致正浓：“俏就是那德性，一会儿就来了，咱还是说字！”

俏妹去了卫生间，用凉水扑噜扑噜洗了半天脸，从墙上镜子里看着脸上的水珠突噜突噜往下滚，眼里的泪花就不断迸出来。伺候妈妈写了一夜字，清晨她才发现妈妈手机上有张亮叔叔三个短信，知道出差三个月的爸爸已经回来了。她便给爸爸发了这样一个短信，“爸爸，妈妈疯了，一晚上都在写毛笔字，写的都是她那个梦的名字！”她认为爸爸很快会来到面前，但直到现在爸爸连个短信都没回，她不知道爸爸妈妈今天是咋啦？但她不敢走，她得盯住妈妈。从小她就是这个角色，尽管妈妈在她小时候“丢”了她好多次，但她不能“丢”了妈妈。她还知道妈妈身体不好，非常非常地糟糕。但是，她阻挡不了妈妈的神经质。没办法，她又给张亮叔叔发了短信，但是，张亮叔叔也一直不回，她简直担心极了，但她不能走。

其实，张亮不是不回短信，而是他已经没了手机。接宋英民时，他不仅拿上了自己的风衣，怕宋英民下了飞机后冷，他还带着一万块钱，想晚上好好请数月疲惫不堪的大哥吃顿饭，喝点好酒，洗个好澡，做点按摩，但是，送回宋英民后他发现他的钱包和手机都不见了。钱包里不仅有钱，而且有他的身份证、银行卡和护照等重要证件，手机上则有他全部的联系对象。他立刻驱车返回机场，但是，他在“银海 24 小时”找了半天也没找见失物，便与那酒店经理理论起服务、管理的问题，及对这件事的责任、赔偿问题，他还叫来机场派出所的警察，而俏妹在卫生间看到他短信的时候，他正与他们吵架。

“先生，您别急，咱这是机场 24 小时服务的酒店，用餐的人都是飞机来飞机去的人，不会有人偷，也不会有人捡到拿走，我们酒店的服务员也不会这样做，都是按五星级标准训练的，不会出现这种情况。先生您能不能再找一找，看你的钱包和手机是否滑在车里或别的地方，实在找不见，我们一定照价赔偿，咱们酒店也是山西的一个国际窗口……”

酒店经理说到这里，一向嘴拙从不愿意给人难堪的张亮实在忍不住了，便拍案而起：

“你们知道我那钱包和手机有多么重要吗？我告诉你们，这不是钱的问题，绝对不是钱的问题，我要我的东西，在你们这里丢的东西你们就要负责！”

而当俏妹抓住赵光晋的胳膊，拉着脸盯住她嘴里就一个字“回”，赵光晋这才意识到她已忘记女儿很久。女儿说，“你看你眼圈都是黑的！”而她却看到女儿俏妹的眼圈是红的，红的像两颗熟透的桃子。女儿俏妹看着身旁的古鸿文、马苏容、程雨兰、老革命和常俊，看着看着泪珠就滚出眼眶，“叔叔阿姨，我妈一天一夜都在这里写字，福喜园，合和园，福喜合和园！”几人啊地一阵惊叫，纷纷说，这哪能行，赵总你别写了，俏，赶快扶你妈回家，工作是重要，身体更重要，身体才是革命的本钱！几人说着，用手扶住赵光晋推她赶快回家。也许是写毛笔字写晕了，脑子迷糊了，赵光晋嘴里喃喃地说着，“不写了？不写就不写了。”她说着竟顺从地让女儿拉着、让几人推着往办公室外走去，她这种顺从确实少见。她被刘兵送回北大街南边新开南巷双合成宿舍大院，让女儿扶上三楼自己家里，那两个可爱的狗儿阿龙和阿虎便久违般地缠上她的双腿，保姆小慧也把饭做好扣在餐厅的餐桌上，站在餐厅门口眼巴巴地等她一家人吃饭，并且告诉她“叔叔”（宋英民）已经睡了一天，应当睡好了。而她，一走进家门就天旋地转、头重脚轻地突然来了睡意，她便对保姆小慧摆着手说，“你们吃吧，我睡一会儿。”她东倒西歪地走进卧室，床上一个睡得死猪般的男人吓了她一跳。“谁？”她惊悸地大喝一声，揉眼一看，见是丈夫宋英民。

城市已经睡得很沉，只能听到远处传来隐隐的火车的声音、街上汽车的声音、狗叫的声音，以及天上飞机的声音，但是，宋英民还没醒。赵光晋便打开卧室所有的灯，床头灯、地灯、壁灯、天花板上的节能灯、墙角墙边的霓虹灯，希望这各色强光把宋英民弄醒，而宋英民就是不醒。

“英民，你起来，我知道你睡了一天了，不要再装了！”

她摇晃着宋英民的肩头，见他还是一动不动地挺在床上，便想，他肯定是因为几个月出差东西南北辛苦奔波，而她不仅没派人接他，回来一天也没打个照面，因此生气呢。

“英民，你听我说，我不是不接你，也不是没派人接你，你就没告诉我嘛！”

宋英民脸上似乎动了一下，但人仍没动静。

“英民你听我说，我昨天到今天干了一件大事，简直太棒了，你起来听我说，你起来呀！”

赵光晋用双手推起宋英民的身体。

“英民，你听我说呀，世界上怕就怕认真二字，我现在成了书法家了，从昨天到今天我写了一办公室的字……”

宋英民呼地坐了起来。

“福喜园，合和园，福喜合和园，福喜双合园！”

宋英民呼嗵又睡下了，双手垫在头下，竟打起呼噜。他无疑是装的，目的就是不想理自己的老婆。上午张亮把他送回来后，他心里有事，在床上刚躺下就起身来到双合成，按以往的习惯便楼上楼下一转，董事长办公室、财务室、人力资源部、企划部、总经理办公室、生产部、采供部、物流部、市场部、门店部坐了坐，从包里给大家发了点小礼品，了解了公司几个月的情况和中秋业绩，一切都很满意，但是，多次会上赵光晋提到工业园所受到的专家的奚落让他窝火。他不知道老婆赵光晋总是花着钱请那些天上一句地上一句的不靠谱的专家干啥哩，而且正如她所说，“花着钱，求着人，损着面子伤着心”，这不是自找罪受？而且对企业无益！但是，他更恼火的是公司下的那个把创办工业园提上战略日程的文件，他在自己办公室看到桌上有这样一份文件，捧着一字一字读了无数遍，读得双手哆嗦起来，这才把文件扔到桌上，甩门回家睡觉。他确实困得要死，但他没睡着，他是睡在床上等他的老婆，那个已经能呼风唤雨的赵光晋。他得问问她：你有今天容易嘛，双合成是你的，可你要做这件事也得和我商量一下吧，宋英民在双合成只是个打工的，但是在家里不是打工的吧，你总不能一点都不顾及这个人的存在！这会儿，这话已经憋到他的嘴边。

“喂，英民，你是咋啦？你别装了，赶快起来，你听我说。”

赵光晋倒了杯热茶端过来放到宋英民头侧的床头柜上，又拿了盒烟和一个打火机，抽出一支烟，沙沙地拨着打火机的轮儿。

“英民，我知道你劳苦功高，委屈也多，你起来，你可爱的贤妻已经给你沏了热茶，现在给你点烟，起来咱好好说说，单位有好多事要给你说。”

赵光晋沙沙地拨着打火机的轮儿，火苗腾地冒了起来，她含住烟将烟点着，倒过来把烟塞到宋英民唇间。宋英民睁开眼，冷冷地看着她，从唇间抽出烟，在床头柜的烟缸里一拧，扔了进去，双手撑住床，把身体往后推了推，让上身靠在床靠背上，目光罩住赵光晋的脸。

“我的辛苦这会儿也不想给你说，也不想让你表扬，公司的事、中秋的事你也别说，我啥都知道，啥都别说，我只问你，你下了个文件？真要建工业园？”

赵光晋说：“是。”

宋英民说：“钱在哪里？”

赵光晋说：“还不知道。”

宋英民说：“地呢？得有地吧？”

赵光晋说：“找领导。”

宋英民说：“你觉得自己的人物就大得不行了？双合成真的就是山西名企，谁都听你的？你知道工业园咋弄哩？得多少地？多少钱？谁策划？谁规划？谁搞建设？谁搞后期？谁装修？你以为建工业园就像你搞老字号那么容易？”

赵光晋瞪起眼睛：“英民你这是什么意思？”

宋英民嗵嗵地拍着床：“你知道得多少钱？双合成现在有多少钱？够不够打地基？那也得先有地呀，我的赵总！今年中秋是很成功，但是，退了员工集资款，给了员工利息，打掉所有的成本，还剩多少？还有搬迁装修总部的费用哩，把那点可怜的利润赌到这里还有没有了？双合成后面的日子还过不过？赵总呀，伟大的赵总，你从工人当到经理，由小店经理当成公司董事长和总经理，又当了红人名人，你就会干这事，从来都不懂得算账！”宋英民继续嗵嗵地拍着床。

赵光晋也嗵嗵地拍床：“谁说我不算账？八五年、八六年、八七年那几年，我哪年不算账？不算账双合成能扭亏为盈？员工能说双合成有花不完的钱？”

宋英民挺起身指着赵光晋：“你那时候的账太简单了，一个小学生都会算，你现在会算？成本呀、销售呀、利润呀、亏损额呀，乱七八糟所见之处哪儿不是钱？你能弄清哪儿是出哪儿是进？哪是咱的钱哪儿是别人的钱？你以为双合成有个办公大楼、几个加工厂、几十个门店，每天热热闹闹几百成千人在那儿忙碌，就是富翁，就成了银行了？就说这进料，你知道得进多少品种？到哪儿进？钱花在哪儿？一年得花多少钱……”

赵光晋更响地拍床：“喂喂喂，英民，你是一家之主，但在双合成你是给我打工的，不要以为自己做了几年采供就什么都懂，你说的那些事你懂？你也不懂，而且，作为老板根本不需要懂这些，就是想懂，哪是那么容易就能懂的……”

“等等，等等！”宋英民用手掌挡住赵光晋，“你是说我是打工的，不懂得老板怎么当是吧？好，我不说了，老板一个人说吧！”

宋英民呼嗵一声躺下，双手垫着头，闭住眼睛。

“喂，英民，你听我说！”

赵光晋恼火地摇晃着宋英民突然挺直的身体。

俏妹含着泪站在他们门外，保姆小慧跟在她后面。

“喂，喂——英民，你听我说呀！”

赵光晋嘶喊起来。

俏妹抬起手正要敲门，门突然被有力地从里面拉开，她看见爸爸已穿好衣服，夹着公文包匆匆往外走去，而妈妈拎着个枕头追上来，追着追着，把枕头投到爸爸背上。

“宋英民，你走吧，再不要回来！”

宋英民头也不回地说：“我就住在办公室，明天就出差搞我的采购，省得人烦我，上班让人当孙子训，回到家里让人往死的掐！”

俏妹双臂一张拦住妈妈，突然暴喝："小慧，拉住我爸爸！"

赵光晋猛地抱住女儿，母女俩颤成一团。

俏妹哽咽着说："小慧，快打电话叫张亮叔叔！"

14

这个晚上

14
这个晚上

这个晚上，赵光晋拎包下了楼，开车奔出院子，在街上东拐西拐地疯开了半天，将车停在一个高层建筑门口浓密的树荫下，然后打通了新西兰儿子的电话。

“峭，我今天又把你爸骂了半天，我跑到街上了，他肯定是气得在屋里转圈哩，就是苦了你妹妹了，你妹保证是叫上柳兵开着她的小红车拉着她到处找我哩。”从手机上，她听到儿子那边不少人正用英语说话，她想，也许是儿子课余时间正在打工上班。“妈，你知道这边是什么时候？我正忙着哩，你能不能简明扼要地说快点，不要影响我工作，你的电话简直是对我的骚扰，在这边上班可不像在中国可以随便聊天。”她说，“这不是聊天，是很重要的谈话，我要听你怎么说。”峭说，“你让我说什么？说你和爸爸谁对？”她说，“说这干什么？我和你爸爸的官司还需要你断？就说那件事，将来一定和你有关系，你是儿子，要知道问题的严重。”看着树上纷纷飘落的树叶，赵光晋已感受到了冬的气氛，但是她还穿着短裤T恤，并且开着车窗，使夜里的寒气伴着树叶沙沙飘落的声音涌进车里。“妈，咱那边现在是什么时候？”“深夜。”峭拉了个长腔，“妈——，大半夜的你这是干啥，骂完人还要跑出去搅得四邻不安。”她说，“除了咱家人我没有惊动别人，柳兵也没叫，就我自己开车出来的，晚上我有要人要拜访。”峭沉默一下说，“那你老骂我爸干啥呀？我爸为了你退了休帮你干哩，天南海北地跑采供多辛苦，你为什么老骂他？”她生气地说，“他不支持我！”峭说，“你还是说你那个工业园吧？像梦一样没影的事，你老说啥？你和爸爸说了啥我也不在场不知道，但爸爸肯定是为了你好，肯定是问你钱的事，钱从哪里来呀？如果爸爸这样说，我觉得提醒的是对的……”赵光晋真生气了，“什么人生什么儿子，什么儿子像什么爹，我不和你说了！”赵光晋扣了电话，任儿子峭一次次将电话打来，她就是不接。

赵光晋在街边那排大树的浓荫下慢慢开车，看街上有没有女儿那辆小红车的影子，看了半天发现没有，这才猛踩油门将车开到大街上。开了十几分钟，赵光晋通过街边建筑认出她已经来到省政府所在地府东街，就稳住油门一路狂奔往西开去。她要将车开到汾河东侧省委领导的一个住宅大院汾东公寓，要拜访这个晚上的第一个要人，已离职多年赋闲在家的一位老省委书记。

老书记姓李，离任后省委已换了好多任书记，但他恋旧，始终坚持不搬往省委给他安排的新居，而是安逸地住在他住了几十年的旧院的小楼里。当警卫看清来人是赵光晋，便笑着给她敬礼，接着一摁电钮把她放进去。老书记一楼的客厅里，老书记与老伴似乎正等她似的相互倚坐在正位的长沙发上，吃着一左一右两个西装革履的秘书分别递给他们的用牙签扎住的新疆哈密瓜，眼睛却盯着门口。赵光晋一坐下来便谈起正事。“李书记，我给你发的短信秘书给你念了吧？”李书记吃着哈密瓜说，“念了念了，你喝茶吃瓜。”赵光晋发现那宽大的茶几四周整整齐齐摆着好多份哈密瓜，每份哈密瓜旁还放着一个精致透亮的没倒茶水的漂亮茶杯，显然是时刻准备招待客人的，而茶几中间还摆放着许多漂亮的瓜果盘和几壶茶、几盒烟，赵光晋便礼貌地拿起一根牙签扎了块哈密瓜，却不吃。“我想听听老书记的意见。”说到这里，赵光晋脸红了。“想从老书记这里吸取点精神力量。”李书记手一摆不让秘书再给他递哈密瓜，低着头沉默了一会儿说，“好事情，九七年我在十五大上接见你们的时候，就发现你能干大事。”李书记看了一会儿身边的老伴，又正回脸，将目光落在眼前的茶几上。“老字号是中国国粹，但是时代变了，它也得现代化，于国于民这都是好事。你还有什么事？”赵光晋赶紧站起来，右手还捏着那块哈密瓜。“没了没了，老书记有这句话就行了。”但是，她还不走，李书记抬起头，“还想说点什么？”赵光晋急忙说，“是的是的，”接着又改口道，“没有没有，老书记有那句话就行了。”李书记看着她说，“我觉得是好事，但是你不要指望我给他们说，困难要自己克服。”赵光晋说，“没问题没问题，困难的确很多，首先就没一个人同意，连我家宋英民都不同意。”她立刻又说，“当然他不算正式双合成人……”李书记低头轻轻一笑，抬起头又看着她，“小赵呀，毛主席领导人民闹革命的时候，有几个人同意？人民都是看现实看效果哩，尽管共产党是人民的党，但人民的意见有时候能听，有时候不能听，得哄着来，关键是自己要把握好目标。”李书记说着又笑了，“你逼得我非要把一辈子的绝招说给你，就算传授个徒弟吧！”八十多岁的老书记说到这里，嘴里发出朗朗的笑声，但只笑了几声，就摊着双手做出了让赵光晋走的动作。赵光晋高兴得心都要跳出来，“谢谢老书记，谢谢老书记，谢谢谢谢！”赵光晋一口吃掉那块哈密瓜，兴冲冲地往门口走去，走到门口，李书记在身后又交代说，“最好按规矩一级一级打报告，先立了项，让它成为一件事。”赵光晋回过头作揖道谢，“谢谢谢谢，谢谢老书记指点！”

赵光晋开车一出汾东公寓，就给丈夫宋英民打通电话，“英民，你还气着？是气得睡觉哩还是在地上转哩？还是一个人喝闷酒哩？要喝不要一个人喝，让俏陪你喝。我给你打电话是想再气你一下，我要告诉你，我刚从老书记家里出来，他对我的想法大力支持，说这是于国于民功德无量的大事，让我往上打报告，而你是咋说的？人不一样眼界就不一样。我还想告诉你，我马上还要见一趟市长，有了好消息再告诉你。拜拜！”没等宋英民应声，她就挂了电话，然后拨通儿子的电话，“峭，妈妈告诉你一个天大的好消息，我刚从老书记家里出来，老人家特别支持妈妈的想法……”赵光晋说得正起劲，儿子峭在那边长长地“哎呀呀”一声说，“我可敬可爱的妈妈，你还让不让我上班了？你是把双合成搞好了，却要让你儿子被人家开除了？妈妈呀，你这人真幼稚，人家老书记那么大的官，又不在台上了，鼓励你几句你就当真了？妈妈你还是谨慎一点好，不管干啥多与和自己血肉相连的人商量商量，给我打电话没用，我是新西兰人，不干涉中国内政，拜拜！”看着手机，听着手机嘟嘟地响，赵光晋正愣着，一个骑摩托的交警追上来，招手把她叫到路边。赵光晋打开车窗，交警啪地敬个礼，让出示驾照。她从车上找了半天，突然想起什么似的对交警一笑说，“警察叔叔对不起，我没有驾照。”交警皱起眉头很疑惑地看着她，她接着补充说，“我从来就没有驾照！”年轻交警立起双眉，“没有驾照？没有驾照还这样气粗？看你这样子也不像这种人，可是……”交警想了一想，盯着她突然喝道，“下车！”她刚下车，交警便冲过来抓住车钥匙一拧熄了火，并拔了钥匙。赵光晋这才知道遇到了麻烦，一急，灵机一动，“小交警叔叔，是市长约我谈事的，要不我打通电话让市长和你说两句？”她说着打通晚上她要找的第二个要人市长。“是市长吗？我是赵光晋，收到我的短信了吗？收到了，正在等我！市长你在哪儿？迎泽宾馆……”她与市长还没说完，那交警已变得非常客气与紧张，“你就是双合成赵光晋？对不起对不起，赵总，我不与市长说话了，你走吧，晚上迎泽大街上车又多又猛，开车时可不敢打电话！”那交警说着骑上摩托车突一声奔了。

晚上十点多，迎泽宾馆。赵光晋正在西楼大厅东张西望地等待市长秘书，一个漂亮得她真想抱住亲一口的服务员来到跟前问，“您是赵光晋赵总吗？请跟我来。”赵光晋跟着服务员上了电梯，来到十八楼一个总统套，戴着宽边眼镜的市长正在里面的小会客室等她。市长欠了一下身子让赵光晋坐在对面，“赵总……”赵光晋赶紧打招呼，“市长……”市长纠正说，“副市长副市长！”赵光晋说，“市长！”赵光晋说着自嘲地笑了，“市长说过多少遍了，叫惯了一下改不过口，其实，下边人称呼党政副职官员就没人说那个副字。”市长盯着赵光晋，“要是我们副字辈上边那个正字辈听见了呢？哈哈哈哈——”市长正笑着，突然直奔主题，“赵总，我当秘书伺候领导的时候你就说想建个大工厂，现在准备好了？”赵光晋说，“市长，你到了市里一直管咱们这个口，我们的情况你都知道，说准备好了就算准备好了，说没有准备好现在还只是个想法，就想让市长大人帮助落地哩。”市长夹着烟的大手一挥，“太原市原来的几十家老字号没有几家了，谁希望双合成塌了？正好我想抓个老字号现代化转型的典型，材料报上来几家，也都参观过了，都是假的，希望你弄成真的。”赵光晋说，“我们一定弄真的，要弄成能与北京稻香村和好利来媲美的工业园，而且我刚才刚刚见了领导……”市长笑成弥勒佛，似乎已经知道了她刚见过老书记似的，“有钱了？”赵光晋心里一喜，觉得没准老书记已经给市长打了电话，想到这里便觉得心里更有底，便想着如何回答市长“有钱了”这句问话。她嘴唇嚅动着正想着应当怎么说，市长又是大手一挥，“赵总呀，大姐，你只要不问我要钱，什么我都支持。”赵光晋激动地站起来，“市长说的是真的？”市长也站起来伸过手，“一握为证！”赵光晋双手握住市长的大手连连说，“谢谢市长，谢谢市长，那……那我们打个报告？”市长晃着她的手说，“按程序来。”赵光晋激动得脸有点红，抓住市长的手不放，“谢谢市长，谢谢市长！”市长另一只手做着让赵光晋离开的动作，赵光晋仍握住市长另一只手，侧着身子走到门口，又回过头说，“看人家大市长住的这房间！”市长说，“与国外一家投资商谈项目，正在大厅里喝茶，你来了短信，这是人家登记的房间，我要是老住这样的房间就是不想干了！”赵光晋突然想起什么，问道，“那个漂亮服务员怎么会认识我？”市长说，“我告诉她穿着红短裤花T恤的那个女人就是山西大名人赵光晋，这还认不出你！”市长又解释道，“我理应亲自接你，一是上边正谈项目，二是我一出现在楼里就会被缠住，说话的批条的签字就没完没了，这哪敢出去？后来想让秘书接你吧，但我的秘书谁不认识？一看见秘书就知道我在这里，觉得还是不妥。这就……希望赵总理解。”赵光晋握着市长的手说，“谢谢市长，谢谢市长，与外商谈判的百忙中能见我，就是给我面子，就是对双合成的关心，谢谢谢谢！”

坐上车，刚把车发动着，赵光晋就忍不住又给丈夫宋英民了打通电话，“英民，我再告诉你一个好消息，我在迎泽宾馆刚见了市长，他也是大力支持，让我赶快打个报告，你好好想想自己的思想吧！”她又打通儿子的电话，“峭，你别嫌麻烦，妈妈再告诉你一个好消息，我刚见了市长，市长也同意了，大力支持……”赵光晋把车开上迎泽大街，拐进解放南路向南开去，她要立刻见到南城区区长，问问在城市南边开发区批地的问题。她觉得应当把工业园建在南边。南边南边，就是南方，中国的南方，世界各国的南方，都是发展最快的地方，她在心里早就迷上“南方”，坚信“南方”一定有一块适合双合成建设工业园的风水宝地。南城区区长她见得更顺，是在一家酒店门口见的。“赵总呀，能得到你这大名人的召见真是三生有幸，赵总你说，需要效劳你尽管吭声！”喝得面色通红的区长握住赵光晋的手不放，赵光晋便把想法说了一遍，讲了与老书记和市长见面的情况，区长朗朗大笑，“市长是老书记的秘书，我是市长的秘书，我们都是你的秘书……”赵光晋说，“不敢不敢。”区长接着说，“都说通了你怕啥的？但我这官小，只能给你找块地批块地，地的事我包了。”赵光晋眼睛一亮，“真的？”区长说，“君子一言，驷马难追！”赵光晋又是“谢谢谢谢”。

想见的人都见了，赵光晋脑子里又冒出更多的想见的人，但她最想见的人其实是丈夫宋英民、女儿俏和儿子峭，但是，她觉得只能给他们打个电话。她想了想，又怕电话上说话说得收不住，就先给一家三个人发了个短信，短信只有四个字，“大喜大喜！”便开车去找脑子里突然冒出的一个人小俞。她在灯火辉煌的城市里把车开到她到过几十次、成百次的一个院里，上了那个楼，敲开那个门，谁知开门的竟是张亮，两人同时一惊。“张亮，怎么是你？”“光晋，你咋来了？”正值秋末冬初，看见张亮穿着这季节里人们最常穿的牛仔裤和浅灰色长袖T恤，而且穿着皮鞋，赵光晋问道，“出去有事？”张亮一笑说，“整装待发，随时听候老板召唤。”接着说，“光晋，你是不是以为我是从别人家出来开门的，现在意识到这是我家了？你今天是咋啦？”赵光晋瞪大眼睛，“是呀，我是找……”说到这里，她眼珠一转，真的回到现实世界中，便哈哈大笑说，“咋跑到你家来了？有意思有意思，张亮快走，咱到小俞那儿去，今天有喜，天大的喜事！”张亮想也没想，低头匆匆进了书房背出挎包，带上门就走，突然想起什么又打开门，拉着赵光晋来到他的书房，坐到电脑桌前就用鼠标点亮电脑屏，然后飞快地一页一页点过。赵光晋吃惊地看到成百个五颜六色、形状各异的设计图，而且图案下写着“佛饼”“五爷饼”“老点心”“中国红”“中国心”等好听的名字。张亮拉着赵光晋就走，赵光晋不解地问道，“张亮，你让我看的都是些啥？”张亮一边往楼下走一边说，“我没事干就在家里设计，感觉你们哪一种产品的包装有问题我就设计几个样子，还有不少设计现在双合成还没有那些产品，本来就想找你让你看看，正好晚上你来了。”赵光晋惊喜地问，“你那些都是给我设计的？”张亮说，“是呀，在山西我不给你设计还会给谁设计？我可不像有些人，谁给钱就给谁干，实际上都是一个稿子抄来抄去，变个花样，都是骗钱哩。”俩人走下楼梯，赵光晋高兴地拍着张亮的肩头说，“张亮真是有心，什么时候都想着双合成，钱也不说就设计了那么多，许老师说得真对，说你是双合成的骨血级人物！”张亮说，“许老师那人还行，但他说得过了。我就是有这个兴趣，没事就在家里琢磨。设计的各种产品和包装多啦，还设计了不少酒的品名、商标和包装，1600块钱就注册了。我都卖了十几个了，一个卖10万左右不等，但是，给你们设计的我不要钱。”路灯下，张亮看着赵光晋笑了，露出两排雪白的牙齿。“我还有一个关于海口的大策划大设计，我想把海口策划成中国爱情岛，设计也全部做出来了，给海口市委市政府也汇报过多次，他们的兴趣也很大。现在关键是怎么招商，你要是有兴趣，哪一天我给你一套方案，也可以参与一下。可以在爱情岛上再搞个双合成，产品就叫中国情侣饼，产品系列和样式，品名、商标和包装我都设计好了，有空你审查审查。”赵光晋又拍着张亮的肩头说，“我有这么多铁杆朋友，还愁干不成大事？不过，你说到这里我就得给你道个歉，我本来是找小俞的，却糊糊涂涂迷迷瞪瞪跑到你家来了。”张亮说，“这只能说明你还是和我亲，潜意识中只有张亮。”

俩人上了车，赵光晋脑子中又冒出去年双合成被赶走后给双合成找下落脚之地的房地产老板胡小风这个名字，便立刻对张亮说，“赶快给胡小风打个电话，让他也到小俞那儿去，让他快点！”

零时已过，城市渐渐安静下来，长治路90号臣功印刷公司总经理俞进生办公室却热闹起来。

俞进生三十几不到四十岁，却显得老练持重，他一刻不停地忙他的功夫茶，伺候大家说话。赵光晋一杯接一杯地喝，越喝越渴，就从包里取出她一晚上都没顾上取出的玻璃罐头瓶做的大水杯，使劲拧开盖猛喝起来。胡小风说，“你们看赵总那杯子里泡的啥？就和海底世界似的，赵总你快别喝了，俞总这么好的茶，你喝个那！”赵光晋喝痛快了，开始说话，“一晚上都没机会喝水，但事情办利索了，心情好了，反倒饿了。”胡小风便说，“那咱找个有夜宵的酒店我请大家……”赵光晋手一摆，“快别去那些地方，我自己有饭。”赵光晋从包里掏出一个黑得像煤块一样的黑馒头，有滋有味地啃起来。胡小风和俞进生俩人看后都皱起眉头咧开嘴，张亮则无动于衷，胡小风看着张亮，“张亮兄，你说赵总是做食品的，就吃个那，你好像看了还能受得了？”张亮嘴唇张起来轻轻地抖着，“那是车间专门给光晋做的治糖尿病的馒头，我吃过几口，觉得……”张亮把后边的话咽回去，胡小风接住张亮的话往下说，“觉得很好吃？”张亮嘴唇不抖了，“吃了觉得也没事。”几人大笑起来，赵光晋笑得连嘴里的黑馒头都喷了出来。

喝足吃饱之后，赵光晋给三人讲了晚上见老书记、市长和南城区区长的情况。“好事吧？”三人惊喜地你看我我看你，不约而同地连连说道，“当然是好事，天大的好事！”胡小风一对浓眉一皱，眼皮往下一耷拉想了一会儿，抬眼看着大家深有感触地说，“我是搞地产的，有点体会，我发现在中国办这些事，只要领导同意就算成了，下边就说钱吧！”赵光晋瞟着胡小风和俞进生默默地笑了，胡小风盯住赵光晋，“看你笑的，有钱了？就你今年中秋挣那点钱还能建工业园？是不是有不少存货？”赵光晋仍看着他俩笑，张亮点透了赵光晋的心思，“胡总俞总，赵总身边坐着你俩这财大气粗的朋友，她还发愁钱？”赵光晋咧开嘴笑出声来，眼睛仍幽幽地看着胡小风和俞进生，只是不说话。

“我倒是想说点别的。”俞进生忙茶道不误说话，“干事的人都是有个想法有人支持说干就干，哪有那么多废话！可赵总就是喜欢专家，让人家分析判断得心里很不舒服，还付着钱，这是图甚哩？到头来事还不是自己跑成的？当然现在刚开始，还不叫成，我是说这个道理。”胡小风接过来说，“说到这里我就想说两句，赵总，你请的那些眼镜我不是没见过，也经常坐在旁边听几句，看有没有那种提……提……”张亮提醒道，“醍醐灌顶。”胡小风说，“对，看有没有醍醐灌顶的作用，听了好多次，真是不敢恭维。”张亮轻轻地说，“都是棒槌！”俞进生用茶夹给三人又夹过三杯茶，“都是些卖片汤的，戴副眼镜说着大话，别人干事，他们评说，好像啥事都懂，其实啥都不懂，我就不知道现在这企业家都喜欢请这些人是啥意思，赵总？”俞进生笑嘻嘻地看着赵光晋，赵光晋仍笑着，但眨着眼睛似乎在琢磨什么。胡小风便说，“赵总，我个人的体会是，现在在社会上做事……”赵光晋突然打断胡小风的话，“你们发现了没有，胡总从来都是说做事，就没说过做企业！”胡小风说，“做啥企业哩？咱那还叫企业？我是说现在做事，就像毛爷爷当年领导老百姓干革命，需要的是那些肯出钱出力、甘愿卖命的人，需要的不是那种说大话使小钱，甚至还想靠说话挣钱的人……”赵光晋看住张亮，“就像张亮这种人？”胡小风眼一瞪，“我和进生就不算了？我俩也凑合。”

俞进生继续给大家倒茶，说道，“我是觉得朋友特别重要。甚是朋友？我觉得就是坚定地支持朋友的想法，到关键时候能挺身而出。当然，谁都得赚钱，但这是人和人之间的另一种关系，咱不说它。我这人脾气好，也经常听那些文人知识分子讲什么人生，他们认为朋友就是要不客气地给朋友提意见，批评得越狠越好，这好像也对，但只对在道理上，在现实中行不通，要是不相信，咱现在分析分析批判批判赵总的工业园，看这朋友还能不能做？”几人轻轻一笑表示认同，俞进生受到鼓励似的提高了嗓门，“多一个朋友多一条路，事都是靠朋友帮忙干出来的，可是，一个奇怪的现象是，赵总一个朋友都没有，可想干的事都干成了，这才是奇怪了！”赵光晋不服地看着俞进生，“你们不是我的朋友？”俞进生说，“我们是你的朋友，但你心中就没有朋友，连你自己都没有，连你家里人也没有，你心中只有你们双合成那些靠你吃饭的人！”茶桌旁突然变得很宁静，赵光晋双手抱在胸前，靠在椅子背上一副洗耳恭听的样子，嘴角撇起一抹笑意。“俞总你接着说。”这突然变得很正规的气氛反而使俞进生忘了词儿，他抓耳挠腮地红了脸，“你们这样看我我倒不会说了，总之吧，我是觉得……觉得……”俞进生看着赵光晋提高了嗓门，“赵总你身上好像有一股劲，总是在吸引一些人成为愿意帮你干事的朋友，但是你自己心里……”俞进生低头摆着手，“不知道该怎么说，反正你干事不按常规出牌，想啥就干啥，也不算账。要是我们是这样，早都栽了，可是……不说了不说了！”

俞进生又补充道："至于说你的工业园，我和胡总没问题，就是钱吧，我们不敢说能满足你建一个工业园的需要，但一定尽力。"

赵光晋眼睛一亮："我也不是靠你们的钱，只在关键时周转一下。"

胡小风拉着长调说："赵总你放心吧，朋友的思想工作不用做，其实你们双合成的人也不用过多地考虑他们怎么想，毛主席干革命时和谁商量过？他老人家说人民创造历史，他真是这样想的？那就是让人民高兴哩，让人民为他卖命哩！"

赵光晋啪啪拍起手："胡总，你这话怎么说的和老书记一模一样？"

张亮也拍着手不紧不慢地说："英雄所见略同呗！"

轻轻地有人敲门，俞进生刚站起来准备开门，门外三个人便推门进来，一个是宋英民，一个是俏妹，一个是柳兵。俏妹把爸爸搀到茶桌跟前让他坐下，自己仍站在那儿泪汪汪地盯着妈妈，一句话不说。宋英民喝了几杯茶，点着烟，恼火地看着赵光晋，"你不能这样整你的老头儿和女儿吧？还一直给儿子打电话，让儿子上不成班，还以为你是咋啦！你短信上说'大喜大喜'，有啥好事咋把你整得像疯子一样？"这时，柳兵把赵光晋的糖尿病必服药款款地用几个小盒端过来捧到赵光晋面前，交给她后，在她耳边告诉她赶快把针打了，就悄悄离开了，站在门外边等着。听了柳兵的话，赵光晋赶紧撩起衣服，把缠在腰上的那个叫泵的仪器上一个按钮一按，然后仰头吃药。"危险危险，这一天没吃没喝还没有晕倒！"胡小风、俞进生、张亮三人一下变得有点紧张，纷纷检讨自己粗心大意，没注意赵总的糖尿病问题，然后，三人你一段他一段地把"赵总"晚上的大喜事说了一遍，宋英民长长叹了口气，低下了头。

赵光晋忘记了晚上与宋英民吵过架似的高兴地问他："英民，是好事吧？"

宋英民说："好事，天大的好事！"

赵光晋又问："你高兴吧？"

宋英民说："高兴高兴，你是盼望我不高兴哩还是咋哩，老问！"

赵光晋更加高兴："我咋看你板着脸！"

宋英民抬起头："那我笑一下。"他嘴一咧。

几人大笑。

赵光晋笑着对大家说："宋英民笑比哭还难看！"

俏妹开口了："妈妈，你还笑哩，你把我、我爸和刘兵叔叔都急死了，我们整整找了你几个小时！"俏妹眼里的泪水终于滚落下来，但滚到腮帮上就散开了，使她那张委屈、紧张、担惊受怕的脸，变成泪花花的一片。

这个晚上，如果说赵光晋每次说完话离开领导时，心里还充斥着与宋英民争个谁对谁错的强烈情绪，但此刻她已经完全忘记了俩人的争执，更准确地说，她已经不在乎那个争执了，因为她得到了支持，心里有底，心情敞亮，情绪饱满。但是，回到北大街新开南巷双合成住宅大院之后，双合成那些人又使她心里添堵。先是她看见一楼有一家灯亮着，走过去趴在窗上一看，是双合成元老、九十多岁的张佐成家，她看见张佐成正如他儿孙们所说的那样，正坐在床上，眼睛木木地盯着窗外，似乎在等待着什么。也许是等双合成有什么好消息，也许是等某个节日的到来他又能到双合成看看，也许就是等她赵光晋！她双眼立刻酸热，忍不住用指关节咣咣地敲起窗上的玻璃，并喊着，"张师傅，我是赵光晋，想进去看看你！张师傅，我是赵光晋，想进去看看你！"像木乃伊一样坐在床上的张佐成立刻活了，他竟然站起来，对着屋里喊，"赵总来了，赶快开门，赶快开门——"她进去扶住老人坐在沙发上，老人的儿子、儿媳、孙子、孙女围了过来。她给老人讲了她晚上的故事，老人听完要挣扎着站起来，一只手还指着他的房间颤巍巍地说，"枕头——枕头——"老人的老儿子便说，"我爸攒了一辈子的钱都在枕头下压着，他肯定是要捐款哩。"她赶紧把老人轻轻按到沙发上说，"老爷子，我建工业园不要你们的钱，只是想给双合成多挣点钱，让大家都过上更好的日子，让每个人都老有所养！"张佐成全身哆嗦起来，突然全身变得很硬，充满了力气。老人用最大的力气挣脱她的手，想跪，赵光晋扶住老人听老人说话，“谢谢赵总，谢谢谢谢，我代表……双合成……老人……谢谢……”赵光晋抹着泪眼走到院里，发现另一家的灯也亮着，也是双合成一个老人的家，她便敲门走进去。这老人一见赵光晋，就举起双臂高呼“赵光晋万岁！”赵光晋赶紧说，“我万岁不了，得喊共产党万岁！”老人便一遍一遍喊道，“共产党万岁！共产党万岁！”直到赵光晋走出老人的家，仍听到老人在家里呼喊。然后，她激动地给平时什么话都能说的几个老职工打电话，让他们立刻到古鸿文家里来。当程雨兰、老革命……仍住在双合成兼并的享堂食品店的享堂宿舍的马苏容……等十几个人全部赶到，站在古鸿文家门口看着她敲古鸿文的门，古鸿文家里仍是宁宁静静。又等了半天，里面传来古鸿文懒洋洋的脚步声和懒洋洋的声音，“谁呀？我正睡觉哩！”赵光晋恼火地脱口而出，“睡个屁，赶快起来，把茶水给大家准备好！”一听是老板，古鸿文赶紧打开门，那张脸上已完全失去了睡意。赵光晋坐在古鸿文客厅的沙发上，看着一屋子坐着和站着的员工，给大家讲了晚上的故事，然后她看着大家，等每个人发言。但是，她只看到大家你看我我看你的麻木场面，却没看到谁很激动，更没有听到谁激动的发言。“这才奇怪了，激动的都是双合成没有能力工作甚至没有能力活着的人，在岗上的反而一个个都是这球式，咱走！”她分别拉了宋英民和俏妹一把，噔噔地出了门，噔噔地走上楼梯。

这一夜，赵光晋没有睡着，古鸿文家那十几个双合成要人也没睡着，他们大眼瞪小眼都在那儿坐着。

15

女人的心

15

女人的心

2005年退休时，马苏容48岁。又是两年过去了，已是知天命之年，但是，想起退休时的情景她还颇为伤感。作为一个女人，她已有个不小的年龄，按社会上的说法就叫“过气”的年龄，但是，她觉得自己还年轻，还能工作。作为一名有点职务的特殊员工，她觉得自己与双合成人不同，因为她永远记着自己是1991年被双合成兼并的太原享堂食品商场的成员，更难以忘怀的是，那时她是享堂食品商场的党支部书记、副经理和工会主席，正经是个领导。但是，命运把她安排到赵光晋手下干了15年，她好不容易熬到了双合成有了一个崭新的环境，心里正澎湃着再好好干一场的热情，可退休的年龄到了，她的“家园”又要丢失了，她觉得太遗憾了，但是，她抗拒不了国家政策。同时，她还改不了这样的习惯：当每天清晨天刚蒙蒙亮，当街市上响起晨起的人声，她就习惯性地起床、洗脸、刷牙，然后久久地站在卫生间大镜子前端详自己。她整着衣领、衣扣、衣角，抻着衣襟，拨拉着头上的每根头发，以不使自己的面容和身上有任何不得劲的地方。她要上班，要给所有上司和下级留下良好的印象。

马苏容退休了，但是，她又来了，没有任何商量，赵光晋便让她继续担任双合成党支部副书记，分管行政接待和太原市以外的娄烦、太谷几个县区加工厂的工作，她点头“嗯”了一声便走马上任了，赵光晋也没再叮嘱什么。这便是她俩的关系。

中国的文字和民间语言中，有很多描绘女人心的精彩话语，比如说女人的心是天上的云，比如说女人的心是河里的水，比如说女人的心是男人的家、男人的镜子，比如说女人的心是人生的灯……但在现实中，谁都抓不住女人的心，甚至女人自己都不知道自己的心到底在哪里。接触了马苏容之后，就能深刻地体会到这一点。当然，还有一个说法是，最毒莫过妇人心，不过，这话是在特殊场合下讲的，充满了攻击性，在这部纪实文学中，我们不思考它也罢。

马苏容做任何事都非常谨慎，她从来的想法都是，既要把事情办了，还不想留后遗症，实在能力不及，她就会把尽到心作为目标，求的是内心无憾。所以，那天晚上他们十几个在古鸿文家坐着木然不语，惹得赵光晋大为光火，她心里就特别不安。她等啊等，等了两年，终于等到这样一个诉说当年内心不安的机会。这一天，她碰见了程雨兰，那地方只有她俩人，都没有工作着急着要做，都一副安闲的样子。俩人碰面的具体地方她已经忘记，但她清楚地记住了俩人的谈话。

马苏容：“雨兰，你还记不记得前年那个晚上在小古家？”

程雨兰：“咋不记得，一想起来就揪心。”

马苏容：“你怎么看？”

程雨兰：“那天晚上大家确实都有点没怎么睡醒，但是赵总肯定很不高兴。”

马苏容：“这两年赵总没怎么找咱们！”

程雨兰：“工业园那事也许暂时放下了，也许快弄成了，赵总这人干事很不好说。”

马苏容一笑，等程雨兰继续往下说。

程雨兰：“我也经常想那天晚上的事，你说人家老板为了咱东奔西跑好不容易弄回点好消息，可谁都不说话，好像人家老板胡说哩，也会让老板感觉到大家都不相信她能干成，这谁能舒服！”

马苏容还笑着。

程雨兰：“其实都是好心，赵总为了大家是好心，大家担心她也是好心，关键是要互相理解。不过，我觉得赵总这些年有些变化，你看她过去干啥事和谁说过？不都干成了？这些年一遇事就和人商量，这就商量出不高兴了，要是当年遇事也和人商量，没准也是这结果。想干啥干就行了，商量啥哩，老百姓懂个啥！”

马苏容：“雨兰，我是这样看的，我觉得老板要干啥，她想得比谁都周到，一旦决定要干，就是方方面面都想清楚了，咱这当助手、当部下、当员工的一定要大力支持，否则老板会很伤心。”

程雨兰：“就跟着她疯子一样激动？”

马苏容一笑：“激动经常也是一种力量，干大事时特别需要这种力量。”

程雨兰：“你的意思就是说，赵总不高兴就是因为双合成人都不激动？”

马苏容：“也许是吧，老板与下边人商量事，有时候不一定是想听大家真的怎么想，而是感觉一种态度……”

程雨兰：“老马呀老马，你咋也成了哲学家了！”

马苏容：“不敢当。”

程雨兰：“你这思想不错，怪不得赵总让你管党支部哩，你应该好好做做双合成人的思想工作！”

马苏容：“还不能直接这样说，再是老百姓，不少人也都自己有点看法，把大家都说成跟着老板喊口号的愚民，谁会高兴？员工不高兴也不是好事。”

程雨兰：“那你就换个方式，马书记还没有这本事！”

马苏容又一笑：“我还真不行，我在双合成这身份……”

看见马苏容咽下后面的话，程雨兰醒悟过来了：“老马呀老马，你这人真鬼，你是让我说哩吧？让我扮演这个黑脸？”

马苏容点点头：“是红脸，你在双合成人心目中德高望重。主要是与年龄大的或有重要职务的人说，你影响他们，让他们影响大家，咱在私底下都把这些工作做好，赵总会很高兴的。但是还不能……”

程雨兰：“不能让赵总知道吧？老马，你这人有经验，不亏是马书记……”

马苏容：“副书记！”

程雨兰左手抓过马苏容一只手，用右手拍着：“知道了知道了，马副书记给我的高帽子也戴了，道理我也清楚了，这事我就承包了，放心！”

来双合成十几年了，马苏容记得这是她与程雨兰说话说得最多的一次。而关于说话的时间、地点及具体场合，她的一种记忆是，一次赵总带他们十几人到深圳接受企业高管培训，她与程雨兰作为双合成两个分管生产的要人，因事提前返回，她便在回来的飞机上与程雨兰说了这段话。她的第二个记忆是，一次赵总在一个门店召开关于产品的现场会，会散之后她与程雨兰同时出来站在街边等公交，因为夜已深了，俩人的心都特别闲静，她便与程雨兰站在站台上说了这番话，同时看着稀稀拉拉的人登上公交，看着一辆辆空荡荡的公交车从面前驶过。她还有很多关于这次谈话的记忆，但不敢肯定哪一个记忆是确切的，于是她觉得自己老了。

人老了，就特别能回忆事，但总是忘记事情发生的时间、地点和场合。但是，1991年双合成兼并享堂食品商场的情形，马苏容却记得清清楚楚，至今仍历历在目。

上世纪八十年代末、九十年代初，是中国改革开放“沧海横流，方显出英雄本色”的年代，也是初见成效的年代，而在这个时期，赵光晋已经是太原市的弄潮儿。在她上任之初那几年间，她带给双合成的变化主要体现在这几方面：一是每年给双合成带来几十万元的利润，使双合成扭亏为盈，解决了职工工资待遇问题和安心上班问题，使社会上流传起“双合成有花不完的钱”这个说法；二是壮大了职工队伍，使双合成由她接手时的56人变成八十年代末的200人；三是推掉原来的旧院、旧房、旧楼，在原址上盖起一栋三层——集办公、生产、销售为一体的——砖混小楼，使双合成这个老字号有了个样子，前面双合成与和平剧院的纠纷讲的就是这个故事。而在此期间，太原市与双合成性质相同的糖业烟酒公司下面的二十几个老字号食品店和普通食品店，却频频陷入困境，管理、生产、销售疲软，职工发不了工资闹事，对这些店是停是关就成为公司领导头疼的大事。而赵光晋在市里、局里和公司的三级会议上，从一级一级的简报和文件里，包括从报纸、电视两种媒体上，已经感受到这种形势，但是，她没有意识到这种形势和她有什么关系。除此之外，她从其他商店一些职工的变化上也感受到老字号的普遍不景气。有一段时间，她经常看见一个谢顶的似曾相识的年轻人在街上神经病似的东游西串，很想上去打个招呼，但到了跟前却忘记那人叫什么名字，便头一扭躲了过去。但是，那个人似乎总吸引着她。一天，她终于想起了那人的名字，便喊道，“赵如柏！”赵如柏吓得刚一站住，看见是她，脸便红了。“大经理，在街上我一直躲你，看来是躲不过去了。”赵光晋奇怪地问，“你躲我干什么？我已经成了双合成人了，没人再整我了，你们也不用怕和我说话被别人看见，为什么要躲我？我又不是老虎。”赵如柏突然一脸的难堪，“大经理呀，你真不知道？咱副食品市场已经不行了，东西卖不了，职工工资发不了，很多人都走啦，我也是没办法，到处给人修修管道和电器，不挣点钱一家人咋活哩？”赵光晋明白了，赶紧说，“对不起对不起，我真不知道，不是要往你痛处戳，你赶快忙吧，有事到双合成找我。”赵光晋说罢急忙离开，以便不让赵如柏继续难堪，但她心头却留下阴影，她焦虑起她曾工作了13年的单位和那些与她要好的老姐妹们。这种事一旦接触上，就接踵而来，在公司好几次会议上，公司领导通报了那些快倒闭的食品店的情况之后，都笑着问她是否愿意接手，她不好意思地看着那些快倒闭的食品店的经理们说，“一个双合成就够我干了，我哪有那么大的本事！”这事就这样过去了，她认为公司领导只是说说而已。但是，下面这个事情她躲不过去了，因为，公司领导给29个食品店经理开完会后，专门把她留了下来，要与她正经商谈让她接手五一路东侧享堂街享堂食品商场的问题。

赵光晋瞪着眼睛：“不是开玩笑？”

公司经理说：“不是！”

赵光晋继续问：“真的不是开玩笑？”

公司经理说：“真的不是！”

于是，标志双合成在经营和发展上扩张状态的第一个故事发生了：赵光晋一份份拿过公司领导们堆在她面前的享堂街享堂食品商场的资料看起来，她越看头越大，比当年看到双合成的资料时心里还麻烦。她了解到：享堂食品商场创建于1958年中国大跃进时期，按说也有点历史，但不是老字号。建国几十年来，商场确实给享堂地区居民带来过很多生活上的方便，可不知道为什么自从建立它就一直破破烂烂，经营上一直都不景气，所以，很多人说那个地方有问题，但是当时中国开放的程度还很有限，没人敢把风水先生叫去看看。而进入1991年，享堂食品商场已经惨得令人心寒。按说，商场占地面积不小，1200平米，还是栋二层楼，经营面积便翻一倍，但经营上一直负债，每年总亏损20多万元，所以才没钱伺候这栋比双合成那栋小楼大得多的二层楼。资料上说：到了春天，40多个营业员只能看见窗外飞来飞去的柳絮，就是看不见顾客进来，搞得大家心里就像飞进柳絮那般烦乱；而夏天，毒辣的太阳晒得商场宛若蒸笼，商场里外都是嗡嗡的苍蝇，别说周围居民不进来买东西，就是营业员在里边也待不住；而秋天落叶缤纷，天灰蒙蒙的，显得商场里的商品都是旧的，一点儿引不起人们购物的欲望；冬天，商场外的大街小巷里总是走着缩着脑袋回家寻找温暖的人，而商场的营业员则伸着手、烤着火、聊着天，使营业员不像营业员，居民们大部分都成不了商场的顾客。上班的目的就是等待下班，这就是当时那四十来个营业员的状态。更可怜的是，这么大一个商场，竟买不起糊窗户纸——看来商场不经营文具纸张——就只好用报纸把窗糊住。而 1958 年盖的这栋二层楼本来就像碉堡，窗户很小，用报纸把窗一糊商场就更黑了，憋得营业员每天都要十几次地走到外边胸脯一起一伏地呼吸空气。

“这就是享堂商场？”

看到这里，赵光晋连去考察的勇气都没了，但是她扛不过公司领导们期待的眼神。

“赵经理，我们真是求你帮帮忙！”

公司经理、副经理们纷纷给赵光晋作揖。

赵光晋只好在公司领导们陪同下，骑车来到五一路东侧享堂街享堂食品商场。

听说她是公司派来考察并准备接手享堂食品商场的人，商场里柜台后那些满面愁容的营业员的表情登时活泛起来，一个个从柜台后小跑着出来，抢着握住赵光晋的手。“你就是双合成赵经理，还这么年轻！”营业员们一说话，眼圈就都红了，看来那话不是恭维，而是从心里说出来的，赵光晋心里一动。“我们享堂商场和这几十个职工就靠你了，只要能给我们发工资，怎么干都行！”一双双手热得发烫，一双双眼睛湿红明亮。赵光晋心里酸了。她在一个营业员搬来的圆凳上坐下来，继续听他们像诉苦一样聊享堂的事，听着听着，就忍不住与他们聊起天来。她觉得有一团火在胸中燃烧。就这时，一个优雅的女人远远地伸着手走来，当她握住那只手，那女人说，“我叫马苏容，是这儿的支部书记、副经理和工会主席，我们搞得不好，需要赵经理解救，咱享堂人要求也不高，只要发了工资就行！”赵光晋已经难受得想哭。马苏容说着也坐在营业员搬来的一个圆凳上，长长叹口气说，“坐在这里真是委屈赵经理了。我们一直上的行政班，就这还没事干。不过，咱太糖（太原糖业烟酒公司）系统几十个单位都是这样，就是你们双合成搞得活，外边传说有花不完的钱。”马苏容说着揉起眼睛，“我也不算商店拿事的领导，但总是有责任的……”看见泪水从马苏容指缝渗出来，赵光晋立即掏出手绢递过去，等马苏容擦去眼泪，她才抓住马苏容的手。“小马，”根据年龄的判断，赵光晋直呼马苏容“小马”。“一个单位搞不好的原因很多，你也不要自责，以后咱们就共同努力吧。咱们都是女人，心都是软的，我既然来了，看到了这一切，就不能坐视不理。我也是个女人，本事不大，有多少本事就使多少本事吧，起码不会让享堂四十来个职工没有饭吃！”赵光晋越说眼圈越红，但等到骑车离开享堂商场，她才流下眼泪。

赵光晋是性情中人，激动起来往往义薄云天，但是，她没想到她说了那句话，就等于接手了享堂食品商场。考察结束后，有一天她去公司与公司领导进一步商谈接手享堂食品商场的问题，公司经理说，“你在享堂都说了以后要共同努力，有多少本事使多少本事，绝对不会让享堂人没饭吃，咱还商量什么？”赵光晋手按住脑门想着，“我是说过那话，可是……那是……”她犹豫了一会儿，一拍桌子说，“接就接，它还能比双合成难干！”说着她起身就走，经理把她按回座位。“光晋，赵经理，这就干啦？总得有个合同吧？公司得把双方领导叫到一起，与公司共同履行个手续才行，你这人真是，除了干……”经理把“啥都不懂”四个字咽了下去，递给赵光晋一篇记者写的稿子。“稿子都写好了？”赵光晋看着经理问。经理作着揖说，“早写晚写都得写，媒体总要报道吧，这也是赵经理你的成绩嘛！”赵光晋迟疑半天，从经理脸上收回目光，看起稿子。

这篇稿子便于1991年9月7日上了《太原日报》头版：

今年4月，享堂食品商场被我市省级先进企业双合成食品店接收后，双合成以企业自筹资金为主，先后投资20余万元对该商场进行了改造。改造后改名为双合成食品店享堂商场，不仅营业场所比原来扩大400平米，经营品种也比原来增加近千种，日营业额由原来每天不足千元猛增加到平均万元，为享堂地区居民提供了方便，开业5天就形成居民排队购物的局面。由于该商场从营业面积到经营品种都超过了接收它的双合成，因此人们说，小河养大鱼，国营企业搞活了。

其实，报道上所讲的故事，在赵光晋看那个记者的手稿时赵光晋什么还没做，不过，那个记者很聪明，在关键的地方都留下空格，当赵光晋真的兼并了享堂食品商场，他在那空格里将数字一填，稿子在报上就登了，这才使他抢了新闻的先机。

赵光晋就这样兼并了享堂食品商场，她感觉到她纯粹是被“绑架”到改革兼并这辆“战车”上的，但是，既然做了，她就立志担当，她就这样使双合成从此迈开了企业发展的另一种步伐。“双合成”和“享堂”的故事于是开始了，“赵光晋”与“马苏容”两个女人的故事也拉开序幕。

回到那篇报道上：当时《太原日报》报道双合成在享堂食品商场投资20万，其实远远不止这个数字。但赵光晋是个算大账不算小账的人，她接手享堂食品商场后，经过反复察看，便安排了整治环境的工作：把那栋二层楼从上到下、从里到外全部装修一新；把所有地板都换成水磨石地板；把所有门窗改大，一律换成铝合金门窗；把原来的旧货架、旧设备全部处理掉，换成新的；把早已废弃的食品加工部重新整修，并增加了打浆机、速冻机等崭新的设备……这项工作做完，工程队一报账，竟然超过了200万，我的天呀！赵光晋的头登时雷劈般地蒙了，但是，只那么一小会儿，她就拍着桌子对新上任的财会主任肖姗说，“200万就200万，双合成现在没有这么多钱，可咱还挣不了这么多钱？不过，姗姗，我不让你们财务上为难，这个窟窿我想办法来补，咱现在能付多少先付多少，其他欠款我来说这个话，总之，咱不能在享堂这个事上丢脸，不能让享堂人失望！但是，”赵光晋双手抓住肖姗两个肩头，“这事不能说，不能让双合成发生恐慌！”赵光晋说着一屁股坐在刚给她买来的沙发上，肖姗凑过来低声说，“经理，你为了那个享堂真的拼命了？”赵光晋轻声喝道，“不是那个享堂，是咱们享堂！”肖姗赶紧低声改口道，“你为了咱享堂真的要拼命？”赵光晋看着窗外的夜色，很久很久，喃喃地说道，“也是为享堂，也是为咱自己，”她停顿了一会儿说，“是为咱自己那颗心！”

赵光晋又开始借钱……而接下来的事使她伤透了心。有一天，享堂食品商场派人给她送来商场资产评估表，连扔掉的东西也算上了，数字很高，使她非常恼火。“你们的东西值这么多钱？那些烂东西白给我们都不要，我接手享堂是公司的信任，是一份心，况且我们已经投了那么多钱，你们还好意思报这么多？你们报这么高是想干啥？送这个烂表表又是想干啥？想多占股份？咱们不是股份制，是双合成兼并了享堂！”由于愤怒，赵光晋眼里迸出两颗泪珠。“我们对你们连心连命都投进来了，你们还斤斤计较，这让人太寒心了！”赵光晋把那资产评估表扔到来人面前，但来人一句话也不说，还在笑。来人正是马苏容，赵光晋起初见面非常喜欢的一个人。“小马你也说句话！”赵光晋几乎吼道。但是，马苏容仍不吭声，仍那样笑着，最后说了一句话，“赵经理，你是为了你的人，我也是为了享堂的人，要是我自己的事，我什么都不会说。”赵光晋吼着吼着没劲了，就盯住马苏容的脸，盯着盯着，耳边嗡嗡地响起马苏容“我也是为了享堂人，要是我自己的事，我什么都不说”这句话。

好多天，赵光晋的脸色都变不过来，她觉得脸上像涂了层糨糊一样，很僵。而为了生存，享堂食品商场里也不乏与她套近乎的人。一次她出现在享堂食品商场，商场一位领导就溜到她身边，没完没了地很激愤地骂前任一把手，什么难听的话都能骂出来，赵光晋只好耐心地听着。但是她听着听着忍不住了，“你在我面前一直骂前任一把手是什么意思？是讨我的好？还是推卸自己的责任？双合成兼并享堂是上级的安排，工作的需要，两家不是敌人，而是一家人，你根本不需要这么做。你以为在兼并者面前骂了被兼并者的一把手，我对你印象就好了？恰恰相反，恰恰我觉得你的人品有问题，在任何单位，在新领导面前骂旧领导，都是人品问题。”赵光晋的性格是不开口则已，但一训起人就没个完，她的训斥声吸引了商场所有营业员的目光。“你作为商场上届领导班子成员之一，我让你继续干就是一种态度。但是，你不从新领导对你的态度中吸取正面的东西，却把你们原来的不良风气带了过来，你自己的言行就说明了你们原来的班子为什么不团结，商场为什么搞不好，你还想把现在的新享堂搞黄了？我今天也给你交个底，我最反感说小话的人，但更反感爱听小话和传播小话的人，我认为他们都是小人，任何单位的不团结，团队没有凝聚力，都是这些人造成的。我今天还要告诉你一句话，双合成之所以搞得好，不是本事大，而是大家心齐，都在为共同的日子操心。我还想告诉你一句话，出于我的性格，我今天抡起棍子就会打你，但是，咱两家刚走到一起，我不能这么做！”

赵光晋越说越激动，喊道：

“不要光站在那儿听，通知楼上的全都下来，咱开个现场会！”

当享堂食品商场四十来个职工，及新增补的二十来个职工，一共六十来人，全部来到一楼商场安静地站好，赵光晋开始了她的讲话：

“享堂的兄弟姐妹们，大家老实说，站在我面前心里舒服不舒服？”

大部分人低下头，也有几个人稀稀拉拉地说“舒服舒服”、“加盟双合成是享堂的福气”、“跟着赵总干我们心里特别高兴”，赵光晋等大家说完，一笑，迅速拉下脸：

“舒服个屁，让人兼并了还舒服？日本人占领了咱们国家，站在台上给咱们讲话，咱能舒服？一听就是假的，是让我高兴的，但听了我不高兴！”

赵光晋扫视着大家，想着一个经理应该说的那种话：

“我当然不是日本人，咱们都是中国人，现在是一家人。我刚才只是举个例子，意思是想让大家记住商场倒闭、被人兼并的耻辱和伤心，要把它变成动力。但在场的双合成人也不要得意，因为咱们企业搞得好，才兼并了享堂，如果咱们把企业搞坏了，别人就要兼并咱们。我想提醒大家注意的是，这个咱们已经变了，它不是原来的双合成，而是双合成和享堂食品商场这个共同体，咱们现在是一家人，如果让人兼并，就是咱们共同被人兼并，大家答应不答应？”

“不答应——”

赵光晋接着说：

“这就好。但是，咱们得清楚，一个单位是怎样垮的，怎么样倒闭的，请大家高声回答，是怎样倒闭的？”

“说小话——！不团结——！”

“好，非常好！”赵光晋看着大家，右手的食指稍微一拐，指着刚才在她面前骂享堂原来一把手的那位享堂食品商场的领导，“所以，这个人不能用。一个人是好是坏作用都不大，怕的是带起一种风气。我是个女人，本来心肠很软，但是，为了咱大家共同的家园，为了大家共同的日子，手段必须硬。我希望以后都以此人为戒，以企业为家，以工作为业，多看光明的东西，多说别人好话。咱一个心眼，互相鼓励，把企业办得红红火火，谁都不担心发不了工资，又能多拿奖金，搞得再好了，咱盖个大工厂，既有钱又有面子，没人担心企业垮台，子子孙孙都能在这里上班，这种安心就是福气，我们何乐而不为，大家说是不是？”

“是——”

赵光晋最后强调：“但是，我也不想一棒子把人打死，如果表现好了，下岗的还能继续上岗。还有，双合成人对原享堂人绝对不能有丝毫的轻视，否则，罪加一等。以后都是双合成人，不要你们享堂呀我们双合成呀这样说话，这里就是双合成享堂加工厂，谁说错了就处理谁，毫不客气，一视同仁！”

赵光晋举起双拳：“同心协力——”

大家举着双拳跟着喊道：“同心协力——”

赵光晋又举起双拳："发展企业——"

大家又举起双拳："发展企业——"

赵光晋："双合成福——"

大家："双合成福——"

赵光晋："双合成喜——"

大家："双合成喜——"

赵光晋："双合成功——"

大家："双合成功——"

赵光晋："双合成……"

赵光晋扑哧笑了，她想不到词儿了。

会议一散，刚任命的享堂食品加工厂厂长程雨兰走了过来，拉住赵光晋的手，声音小小的怯怯的，但喜出望外地说，"经理，你是越来越会当经理了，你看你刚才说的那话，又激动人心，又对，好像还是个纪律，说得人热血沸腾的，你是咋学的？"赵光晋看着不远处面色沉静的马苏容，小声说，"我说过我是人来疯，看见人多，心里就涌上那么多话，都是心里的话，没有胡编。"程雨兰说，"咱双合成一下多了这么多人，又多了这么大一块地方，我都不习惯……"赵光晋说，"看你那点气色，要是将来咱建了大工厂，你可咋呀！"马苏容站了起来，笑容在她脸上慢慢绽开。赵光晋压低声音，"雨兰，小马这人有点原则，从来没说过他们一把手的坏话，她现在给你当副手，你要和她好好相处。"程雨兰说，"经理你放心，在我心目中谁都是好同志，我别的本事没有，帮你把大家的心弄到一块还有点办法。"马苏容来了，赵光晋和程雨兰都伸去双手。

赵光晋是机器手和机器人，经过几年时间，她把双合成人也训练成了和她一样的人，但是，双合成享堂加工厂这四十来个职工却极不适应。过去，他们在国企中一直上行政班，按时上班按时下班，尽管遇到节假日也会加班，但也就加两个小时左右，还领加班费，但一加盟双合成，过去的习惯就彻底打破了。每天至少得工作12个小时，遇到节假日，便是白天黑夜连轴转，更可怕的是，有时候还几天几夜不让睡觉，而且没人给准备工作餐，这哪是人干的事？简直是不让人活了！就说1991年中秋前包月饼吧，经常是从早上七点干到第二天八点，中间根本没有休息时间。大家累得头晕眼花腰酸腿疼，觉得身体哪儿都不是自己的，身子稍一动就咯巴巴响，好像立刻要散架似的。旧享堂食品商场的人就一边包月饼一边骂，觉得这和资本家似的，把人当牲口使，夹个尾巴就是驴。原双合成的人便接上火说，光你们累哩，难道我们是站在旁边当监工哩？我们为啥不叫苦，这是跟经理锻炼出来的，你们叫苦连天那是国营企业养成的坏毛病，一点不适应大干快上。旧享堂人便说，那也得有个过程吧，不能一下子都成了机器人！原双合成人便说，我们什么时候有过过程？我们就没有埋怨过。再说，经理对大家是一视同仁的，她也跟着大家一起干，你们还有啥说的。然后就是食堂吃饭上发生了矛盾。一到开饭时，原双合成人都拿着碗打饭去了，但旧享堂人却仍噘着嘴在那儿干活，等原双合成人吃完饭回来，旧享堂人便叨叨起来，说还是不一视同仁，为什么就没人叫我们吃饭！原双合成人便说，现在都是一家人了，谁叫谁哩，是你们自己不去，自己把自己当外人，心就没有进入双合成，这只能怨你们自己。这时，赵光晋端着饭碗来了，她笑嘻嘻地吃着，对大家说，“谁吃谁饱，谁不吃谁饿，赶快拿碗打饭去，厨师在那儿等着哩。”赵光晋这样一说，旧享堂人心里登时有了一家人的情绪，但考虑到面子，虽然都拿上碗，却还是迟迟不去打饭。程雨兰便说，“还不快去打饭？这饭里有经理的血汗哩，咱们在这儿包月饼，经理就在里面帮厨……”程雨兰还没说完，旧享堂人突然一齐扑哧一笑，就相跟着一齐打饭去了。吃了饭，程雨兰踅到赵光晋身边看着她笑，大家也都踅过来看着赵光晋。赵光晋愣了一会儿，明白了意图，便笑着穿上工衣，戴上工帽，开始和面、拌馅、擀皮、包馅，一双手在案板上将面团玩得像花似的。“别光看，快干快干！”赵光晋一边说一边干，“雨兰，我就知道你那鬼心思，又想让我表演哩，不过我现在就剩下表演的本事了，慢慢不行了，咱双合成摊子大了，以后得注意培养新人，得大机器生产，走现代化的道路，靠劳模这点本事不行！”旧享堂人慢慢全部围在了赵光晋身边，看着她手上的动作，渐渐跟着包起月饼。赵光晋讲起她的故事和笑话……享堂车间笑声一片。

但是，一个人始终融不到这个大集体里，她就是马苏容。她在食品企业也算奉献了自己的青春，只是苦于自己是政工干部出身，尽管也学过做食品的技术，但那只是过去干部与工人实行“三同”（同吃同住同劳动）时，做做样子而已，她知道自己是食品外行，从来没有体会过劳动的快乐。还有，过去享堂按国企管理，好干，但从双合成兼并了享堂食品商场之后，从上到下都以技艺为本的风气，使她觉得自己用处不大，她时时处处都能感受到一种别扭，她觉得自己应该走了。越是这种情绪，她就越是时刻想到享堂食品商场被人兼并这件事，结果却是，她的下属都一天比一天高兴地留下来了，而她感觉到自己应该走了，她伤感地落下眼泪。但是，她不想给这个新企业和新经理赵光晋添麻烦，便悄悄地跑调动。一天，她终于拿到太原师专的商调函，就来到柳巷 76 号双合成总部，低着头站在赵光晋面前。

“小马，你真的要走？”

赵光晋坐在经理桌后，一字一字地看着马苏容的商调函，问道。

“我待在双合成没用，挺不得劲的。”

马苏容瞟了一眼赵光晋，又低下头。

“你到一个大学有什么用？一个做食品的……”

赵光晋仍看着商调函，戴上眼镜。

“就干行政事务这块呗，跑个腿啥的……”

马苏容流下眼泪。

赵光晋半天不吭声，突然，马苏容听到赵光晋深情的唤她：

“小马——”

赵光晋嘴唇哆嗦着，摘下眼镜，眼圈里似有红丝：

“你能不能不走？咱双合成要是发展大了，需要的人很多，不光是做技术的，搞政治思想工作和管理的人也许更重要，你再看看行吧？要是觉得双合成实在搞不成样子，你再……”

马苏容打断了赵光晋的话：

“经理你别说了，我不走了！”

马苏容两只手伸过去。

赵光晋把那商调函递了过来。

“小马，我一直记着你送享堂商场评估表的那个情景，尤其想着你说的那句话……”

马苏容赶紧打断赵光晋的话：

“经理，你比我大几岁，就算小妹不懂事瞎说哩……”

赵光晋干脆地说：

“不！我恰恰因为这句话要留你，我想，只要你感觉到双合成能把你当成自己人，你也会那样对双合成的，包括对我赵光晋！”

马苏容睫毛上抖动着的两滴泪刷地滚落下来：

“经理是这样想的，我还以为……经理，我不走了，就是在双合成扫地，我都永远不走了！”

两个女人的心终于融在了一起，因为，她们都感受到了对方那颗真诚的心。

16

光荣与梦想

光晋的家

HOME

人们有个心理习惯，总是以十年作为“年代”计时，所以，每过十年，人们便会本能地觉得社会发生很多本质的变化，而这种心理恰恰成为推动人类社会前进的一种动力。果不然，跨入二十世纪九十年代后，双合成就发生了两件大事，第一件事是前边写到的双合成与和平剧院的建房纠纷，第二件事是上一章写到的双合成兼并享堂食品商场。但是，这两件事只是个起点，因为，它们只为赵光晋的光荣与梦想奠定了基础。

记得在《信念的力量》这部书里，把赵光晋 1985 年上任到 2005 年双合成第四次搬迁这 20 年，划分为三个阶段：第一个阶段是从她上任到 1990 年，作者把它称之为劳模创业时期；第二个阶段是 1991 年到 1996 年，作者把它称之为劳模成名时期；第三个阶段是 1997 年她当党的十五大代表到 2005 年，作者把它称之为劳模的改革时期，即她由劳模向企业家的转型时期，直接叫作企业家时期也未尝不可。但是，现在看来，另一种划分方式也许更加准确，这就是把赵光晋上任至今这 30 年，以 1997 年为界断开，把前面的 12 年称之为劳模阶段或劳模时期，把以后的 16 年直到将来，都称之为企业家阶段或时期。至于说到名人问题，她在两个时期都是。我还是从她的劳模时期讲起吧。

中国有句老话是，家有梧桐树，不愁凤凰来。赵光晋 1991 年推掉旧院盖办公楼时只花了 20 万元——按现在的情况，这只是装修一个普通住宅的费用——但是，当这栋三层办公小楼代替了原来的那个被人看不起的破烂院子，柳巷 76 号便翻了身，它在利润上便以每年 10 多万元、20 多万元、30 多万元、40 多万元、50 多万元这样的速度增长，渐渐地，双合成账上就有了几百万元的资金，这与赵光晋刚接手时账上只有 1000 元的流动资金及十几万元外债的状态相比，真是个令人振奋的数字和气象。尤其是市糖业烟酒公司下面的几十个老字号和食品店均频频陷入困境，都把大部分房子租出去收租资，给职工补充点生活费，而使原来的商店纷纷变成街边一间房大小的小饭店，而这时双合成原址上突然矗立了一栋自筹资金盖起的办公楼，这个现象不能不使赵光晋和双合成成为传说，甚至成为传奇。更关键的是，有了办公楼后，赵光晋才有条件给双合成真实地成立所需要的部门，比如党支部、经理办公室、综合办公室、人事科、财务科、行政科、采供科、生产科、销售科、门店科、企划科，甚至还有市场部和工会，部门里还设有正职和副职，还配备了办公人员，这便使双合成食品店像了一个企业，一个公司。为此，同系统那几十个老字号和食品店的人就盯上了双合成，有事没事都过来看看，看着看着就产生了想调入双合成的想法，双合成的进人高峰由此掀起。而随着双合成的名声越来越好，越来越大，除了食品系统的职工想调进双合成外，社会上很多从事食品工作和对做食品企业有兴趣的人，包括一些大中专学生，也都盯上了双合成，因为它能按时发工资，又能拿到奖金，看发展势头，很多年之内都不会倒闭。

现在要讲到一个非常重要的故事——

当了几年经理，赵光晋终于有了办公室——她的办公室，就是我采访她时她经常让我坐着等她的那个地方，也是她在与和平剧院的“战斗”中盖起的那栋小楼上的最好的一个房间，同时，也是在宝地地产风波中消失的那栋小楼上被大吊车撞塌的那个房间。现在需要在记忆中让她的办公室复原：她的办公室是个套间，里间那片不规则的小三角地带便是她办公的地方，外面是个三间大的会议室。里间不仅搁一张老板板台，一个皮椅，而且还放着一套三件套的沙发，就放在板台对面。已经四十岁了，她第一次有了办公室和办公桌，还有了她羡慕已久、却从来没有机缘坐上去的沙发。她发现自己坐在办公桌后或坐在沙发上与客人谈话，特别像个经理，那时她就心里发誓，将来有钱了一定要盖个大工厂，当个大老板，让部下和职工跟着她光彩，跟着她享福。她的办公室使她感觉到双合成今非昔比了，因为她在她办公室见到了过去她根本没机会结识的尊贵客人，特别是新闻界的无冕之王纷至沓来，渐渐都成为她和双合成的朋友，这给双合成的发展增加了一种势力。于是，她永远记住了他们的名字，他们是：《山西日报》资深领导人并《山西商报》总编辑赵修身，《山西工人报》著名记者和摄影师陈生、太原电视台著名节目主持人和记者李建国、赵欣、赵剑云……等等她在笔记本上记下了他们的名字、职务、电话和地址，她有一种习惯，就是一直计算着这支扶持她和双合成的特别团队的人数，他们由上世纪九十年代的几十人变成了本世纪的几百人，而且，他们还给她介绍了很多文化界、文学界、艺术界、学术界、教育界的朋友，从而共同组成了双合成最初的策划团队。她总是把他们称作贵人，当贵人来了，她便把大家请到外边的会议室像模像样地开会，请大家给她提宝贵意见，给双合成出谋划策。而在这支热情的由媒体人和文化人组成的团队里，一个总是默不作声的人最终成为她的第一个谋师，双合成第一个专家，他就是山西大学艺术系毕业的张亮。那时候，张亮总是背着沉重的挎包，那里面不仅装着他绘画和搞设计所需要的笔和纸，而且装着相关的书籍和资料，还装着他平时胡思乱想中画出来或设计出来的许多作品，他在人们谈到相关话题时，便会立刻把它们拿了出来。

“张亮，你老是不说话！”

赵光晋最喜欢与张亮面对面地坐在外边的会议桌上说话。

“我嘴笨，就是爱想。”

张亮温和地笑着。

“你的单位到底是哪里？”

“双合成！”

俩人一起笑了。

“你基本上天天来，可是，总是与我们职工坐在一起一声不吭，你就不会像人家记者那样采访采访大家？你啥都不知道咋给我们策划和设计哩？”

“我听他们说话，读他们的心。”

俩人又一起笑了。

赵光晋觉得，她与张亮待在一起特别轻松，张亮说，他也是这种感觉。

赵光晋说：“你设计的福喜两个字、喜鹊和红工装啥时候能用？”

张亮说：“我再看看，一旦使用就不能改了。”

赵光晋说：“那你加把劲，不一定要来，在家里就行。”

张亮说：“噢。”

赵光晋说：“你不是双合成人，有事来，没事就别来了，来了也是说完事就可以走。”

张亮说：“噢。”

张亮觉得，他与赵光晋在一起特别亲切，赵光晋说，她也是把他当家人一样看待。

双合成蒸蒸日上，赵光晋的荣誉接踵而来，她发现社会真是变了：过去，全国各行各业鼓励大家好好工作靠的是政治思想教育，靠这种教育激发出来的爱国爱岗的红色理想，而改革开放后职能部门多了，就靠国家颁发的荣誉和由此激发出来的对国家、社会和对职工的责任感。赵光晋进而思考到：在二十世纪八十年代那几年，她是因为使双合成扭亏为盈，解决了56个职工的吃饭问题，才获得了太原市劳模和太原市特级劳模等不少荣誉，使她由一个糕点工、一个小食品店经理，一跃成为一个经常被媒体报道的家喻户晓的知名人士；而进入二十世纪九十年代，她是因为盖办公楼改变了双合成形象，兼并享堂食品商场又提升了双合成的社会地位，才又使她荣获了多项荣誉。她发现，除了荣获荣誉的感觉没变之外，国家关于荣誉的标准一直在变。她终于发现“文化”成为她的拦路虎，因为，国家及省市相关机构寄来的各种通知及需要填写的表格、需要上报的材料越来越多……她就与党支部书记郭俊莹商量，把马苏容提拔为党支部副书记，让这个心思很细、会接待人、会说话、责任心很强的享堂人分管党务和行政接待，同时处理一级级上级单位寄来的通知、报表和上报材料。但是，马苏容也不是文化人呀，不过，小马心细，遇到困难会想办法，就让小马先这样干着吧。为了把这份工作做得圆满，她还给马苏容配备了一个能说会道、会写会画的机灵小姑娘当助手，谁能想到，马苏容竟然把这份文人才能干好的工作干得那样好！

赵光晋的荣誉又来了，而且荣誉越来越大，级别越来越高：1991年，她第二次荣获“太原市特级劳动模范”光荣称号；1992年，她第三次荣获“太原市特级劳动模范”称号，同年又荣获“山西省劳动模范”光荣称号和全国“五一”劳动奖章；1993年，她第四次荣获“太原市特级劳动模范”称号，同年荣获“山西优秀企业家”、“全国优秀女企业家”、全国“巾帼建功标兵”光荣称号，而在这一年，双合成也荣获了国家贸易部授予的“中华老字号”重要称号；1994年，她第五次荣获“太原市特级劳动模范”称号，同年又荣获全国“三八红旗手”、“全国先进女职工”光荣称号……伴随着荣誉越多越高，她被通知参加会议的次数和级别也跟着提升。她不仅频频出现在太原市糖业烟酒系统的会议上，而且频频出现在太原市、山西省和国家级的大会厅和大会堂里，还经常被指定站在主席台上发言，赢得一阵又一阵掌声。她每一次出去开会，身边的职工都把她送出去很远，然后就回去上班，心里咚咚地等她回来。而当她一踏进柳巷76号，从窗户上不时观望她的职工便一拥而出，围在她身边问东问西，她会绘声绘色地把会议上所有的细节都告诉大家。然后，她就跟着职工的人流——或者说，她带着这支职工的人流——向她三楼的办公室走去，这时候，她最欣慰的是看到了双合成每个人脸上都洋溢着从来没有的自豪。她会被职工脸上的自豪感动得流下眼泪。“我不是为我而流泪的，而是为了你们！”她用食指指点着大家的脸，“现在我脑子还是晕的，咱谁也没找，就是让小马填了填那些表……”她的目光瞟着站在职工人群后头微笑着看她的马苏容……她还看见一个人，张亮，他正趴在会议桌一角，旁若无人地修改他给双合成设计的“福喜”两个标识字，及那两个喜鹊和红工装的图案。她高兴地大喊一声，“张亮！”张亮一惊站起来，应道，“到！”她还看到赵修身、陈生……连这些大记者们也在等她，她看到他们手上拿着笔和本，正往她跟前挤。她感受到了文化的力量，感受到了文人对她的扶持。

社会上开始流传这样一句话：赵光晋成了国家名人了，跟着国家干了！

如果一个人仅仅获得了本系统颁发的“先进工作者”的荣誉及市一级颁发的“劳动模范”的荣誉，很多人会不以为然，不太在意，甚至会贬损那只是对“劳动者”的鼓励，会说那荣誉就像上学时老师发的奖状一样不值钱；但是，当荣誉升级为国家“五一”劳动奖章、“全国优秀企业家”、“全国三八红旗手”这个级别，不在乎的人就会大大减少，在乎的人就会大大增多。果然，不久，双合成门店和办公楼里就出现了一些奇怪的人，他们看上去都是很有文化、很体面的人，但是，他们问这问那，语气阴阳怪气，似乎暗藏某种阴谋。而当他们所问的职工着急着上班，客气地结束了他们的问话之后，这些人便一步三回头地走了，嘴上还絮絮叨叨地说：这双合成，出了个劳模，做点心的都牛逼起来了！职工们便给赵光晋汇报了这种现象，赵光晋并没有在意，谁知，她的厄运跟着就来了。赵光晋这才意识到那些人是为了某种目的前来踩点的，是为了搜集她的罪状，更为了在双合成培植一些整她的内线。

突然有一天，无数封匿名信寄到管理双合成及给赵光晋颁发荣誉证书的省市机关，包括国家相关机关，同时寄到省市及中央纪律检查委员会。市委市政府便有人告诉赵光晋，说很多人到处告她，告了她8条贪污腐败的罪状。开始她不信，还给大家辟谣，“这怎么可能？我在双合成的工作是省市领导认可的，也给我颁发了那么多荣誉，而且所有荣誉都是从下至上评出来的，怎么可能有人对我有成见？不可能，这绝对是谣传。”但是，这消息终于传到了双合成，不少部下和职工就担心地对赵光晋说，“经理，人家说这话的人说，都看了告状信了，说很多部门都有。”党支部书记郭俊莹一下紧张了，劝她，“经理，你还是小心点，咱们内部的工作该做的也得做，以防上边调查起来有人胡说！”赵光晋心里就开始七上八下，但是，她突然来了气，“做什么工作？我有什么问题？不仅我不能做职工的工作，你作为书记也不能做，咱不理他们，他们愿意干啥干啥！”其实，赵光晋还是不太相信真的有人告她，认为即使真有人告她，也不会像传说的有那么多人告她，于是，她心里在七上八下的同时，还是有点坦然。但是，当雪片似的匿名信整整告了她八个月之后，她不得不承认真是有人在精心策划“倒赵”。而这个幕后人是谁呢？她最关心这个问题。一天上午，她带着会计肖姗和企划部、生产部、销售部几个部门主任，包括张亮，骑着自行车到工商局注册了几款张亮设计的食品商标——名字和图案，又到派出所询问了一批职工“农转非”的户口应该怎么办，然后到《山西日报》和《太原日报》看了几篇报道双合成的稿件清样，这才骑车回到单位。她看到会议桌旁整整齐齐坐着几个戴着眼镜的男女干部，马苏容正招呼他们喝茶，陪他们说话。看见她风尘仆仆地回来，他们很客气地站起来向她打招呼，并掏出工作证亮明身份，说明了来意。他们是市委市政府派来的联合调查组，他们要求她全力以赴配合市委纪检委调查，尽量早一点使她的案件真相大白。

联合调查组的负责人说：“赵经理，你是名人，也是党员，希望你理解、支持、相信组织，如果自己没问题，你就应该坦然面对。”

赵光晋不能接受地反问：“调查我什么？我有什么问题？你们就不能让我看看告状信？”

那负责人笑着摇头：“我们还是按组织程序和纪律来吧！”

赵光晋的头嗡嗡地响起来，眼前冒金星：“这……这总不是？”

那负责人又摇摇头：“这只是普通调查，还没有到那一步，你照常当你的经理，该怎么工作就怎么工作，就是这事要配合。”

赵光晋明白了：“明白了，我对谁什么都不问，什么都不说！”

但是，这一调查起来就没完没了，在那些日子里，赵光晋觉得她这经理当得真是别扭。有时候，她觉得自己还是双合成的一把手，但时常又觉得自己只是一个待组织处理的有问题的干部，甚至她还感觉到部下和职工看她的眼神都变了。于是，安排了工作后，她便低头匆匆而去，尽量避免不与任何部下和职工进行眼睛的对视。

渐渐地，一种说法传来了，说是糖业烟酒公司经理整她，她记住了这个她并不熟悉的公司经理的名字，并且相信，即使不是他整她，而那个整她的人肯定有一天会跳出来。她心里涌上一种似曾相识的激情。时髦的赵光晋又出现在太原这个城市：她又穿上了色彩鲜艳的衣服，戴上了看上去好看其实不值钱的耳环，骑上了款式更新潮的自行车，而且，捋掉了头上“锅刷子”上的皮筋，在美容店烫了个菜花头。

我们的家乡

在希望的田野上

赵光晋又是一路大唱。

好些天，人们不见了赵光晋的踪影。这一天，柳巷 76 号门前破天荒地停了一辆锃明瓦亮的黑色轿车。职工们拥过来看新奇，看见车驾驶座上走下来一个时髦女郎，她竟然是他们的经理赵光晋。她看着几天不见面的职工，笑着拍着车顶，“新的，你们看车的前头后头，还没车牌。”职工们瞪着眼睛张着嘴，似乎都要发出“哇”的声音，但是，谁也没有发出这种声音。“咱的。”赵光晋仍拍着车顶，“咱不是我，是咱双合成，咱双合成的车，我和姗姗刚买的，我不让她给你们说。”职工们终于一齐“哇”了出来，赵光晋笑了。“日本原装进口本田，我已经问了，目前这是太原市最好的一辆车。人家查我哩，我总得给人家找个罪证吧，不然什么都查不到，那有多失落！这些年，大家辛辛苦苦挣了不少钱，也得有个车了吧，我给姗姗说了，让她和老革命一起再给咱们买几辆货车，以后咱送货就不用王克俭的三轮了，咱双合成也得机械化现代化。”赵光晋眼圈红了，但还笑着，笑中还有几份得意。“我马上还要到公司开个会，有人整咱哩，咱更得有个人样，我要开着车参加他那个会，以后哪儿的会我都开车去。”职工们终于理解了赵光晋的心境，一齐嚷嚷道：经理你不要理他们，他们都查了这么长时间了，什么都查不出来，经理你肯定没事！赵光晋看着大家，眼睛里滑下泪水，“非常感谢大家对我的信任和担心，但是，有一句话我终始没说，今天就说一下：社会上有些人出于阴暗心理到处告我，他们是见双合成搞好了、我红了心里不舒服，但是，告状信告我的好多事外人是不可能知道的，这是谁说的？我没有任何证据证明是谁说的，就是知道了也不会对大家怎么样，只是觉得，赵光晋为了双合成……”赵光晋说不下去了，就赶紧上车，甩下一句话，“你们手搭胸脯想想吧”，就开车去五一路糖业烟酒公司开会去了。

奇怪的是，这段时间公司的会还特别多，每次会议上公司领导和干部都是全部参加，公司下面 29 个商店的经理也都在场，可是，会上公司经理们说的话却是些没油淡水的寡话，似乎就是为了开会而开会。而每次都是大家到齐了，坐开了，“公司经理”才姗姗而来，有时候就迟到一个小时。所以，当公司经理夹着公文包抬头挺胸地走向他大经理的位置，赵光晋就立刻发言，“我是赵光晋，我觉得做任何工作领导一定要以身作则，这样才能带动大家。比如开会，主题是什么一定事先定好，不能啥事都没有就把各商店经理都叫到公司，这是耽误大家的时间，误国误民误经营，光这种无聊的会议就能把下面的商店搞垮。而且，既然开会就要守时，说几点到就几点到，不能是大家都到了，等了一个小时都等不着主要领导，我看毛主席都没有这么大的派头。现在是改革开放，是经济时代，时间就是金钱，就是效益，浪费大家的时间就是犯罪！”赵光晋故意说出“犯罪”这两个字，“公司经理”坐下后也不依不饶地接住话说，“是赵经理？我叫……，糖业烟酒公司的经理，你是大名人公务繁忙，可能不认识我，我自己通报一下。近朱者赤，近墨者黑，你们双合成职工现在都很了不起，派头不小……”赵光晋站起来指住“公司经理”，“我明白了，到我们单位贼一样转来转去的人就是你，至少有你！”“公司经理”尽量坦然地一笑，“领导视察暗访怎么能是贼呢？谁是贼还不一定哩，你的事查得怎么样？”赵光晋坐下来给自己点了一支烟，抽了一口，从烟雾中看着“公司经理”，“查得很好，最后总得查出点什么吧，就你的话，查出谁还不一定呢！”“公司经理”的目光从面前几十个经理脸上瞟过去，斜眼看着赵光晋，“买了个车？本田进口？到底是名企，财大气粗！”赵光晋冷笑道，“大经理想不想坐坐？坐上去直接把我送到公安局法院，我就不回来了，车就是你的！”赵光晋又抽了口烟，“查了一年多，什么都查不出来，查我的人多伤心，显得你们领导多么无能，我买车就是给你们领导提供个证据，再见！”赵光晋挎上坤包走了，走到会议室门口又回头看着“公司经理”，对大家摆了摆手。

“挑衅，简直是挑衅！”

赵光晋正下楼梯，听到身后“公司经理”气急败坏的声音。

正在这期间，市二商局给赵光晋在解放路糖业烟酒系统住宅区分了一套 40 平米两室一厅的住房。当时，双合成几个元老级职工——党支部书记郭俊莹、享堂工厂厂长程雨兰、行政部主任老革命陈锐、采购张玲，包括享堂工厂副厂长、双合成党支部副书记马苏容等人，正在赵光晋办公室安慰她，义愤填膺地骂那些“坏人”。赵光晋满脸的疑惑，“都快把我整到监狱里了还给我分房？”大家说，这说明局里和公司还是把你当好干部对待的，经理你肯定没事，有些人是嫉妒你成名了，怕把他们的位子抢了，才臭你哩。赵光晋觉得大家说得有理，“我咋从来没有这样想过？这些年参加的会多，认识了不少政界人，也听说了不少事，说有一种整人的办法就是胡告，尽管最后什么也查不出来，但是误了你提拔的时间，人从此也臭了，没人再用了，这些王八蛋对我是不是就是这想法？”说到这里，赵光晋突然很兴奋，话题立刻转到别的上面，“咱还是说这房子，我问一下，你们的住房都怎么样？”大家便各自说自己的住房情况，听到程雨兰还与公婆挤在一起，赵光晋立刻说，“不说了，解放路的房子就给雨兰了，也算是对老功臣的一种奖励吧！”赵光晋叮地把房门钥匙扔到程雨兰面前。“雨兰你别客气，我现在住着英民他父母一套空房，就算有房子吧，这套房就归你了。他妈的，我还想给双合成盖个家属院哩！”赵光晋激情一上来突然想到这一点，便立刻看到一个辉煌目标似的拍起桌子，“对，给双合成盖个家属院，他们整咱们，咱就要越活越好，让他们看看！”

赵光晋就是这样的人，想到啥就干啥。好多天里，她又消失了。她已经有了车！她开着原装进口日本本田轿车在太原大街小巷和各机关、事业单位、企业里疯跑！她发现了一个机会：她听湖滨饭店经理说他们要在小东门给职工盖宿舍，就立刻叫出那经理，请他在他们湖滨饭店吃了一顿，举着酒杯说了她的想法，即，想两家合盖宿舍楼，双合成只出钱拿房，而工程和资金管理全部归湖滨饭店。太原市食品餐饮两个单位的两个经理双掌一击，合作的事就定了下来。但是，回到双合成开会号召集资的时候，赵光晋遇到障碍，很多职工怕房子还没盖成赵光晋就下台了，使辛辛苦苦攒的几万块钱打了水漂。赵光晋当下陷入无穷无尽的伤感。“每人集资三万，确实是不小的数字，当然，这和一套房子相比算得了什么？但是，大家有所担心，我也无话可说，反正我是为了大家好，觉得你们住得那么远上班不方便，好多人还借房、租房住，不像过日子的样子，也有一定的经济负担。不过，大家都看着办吧，不怕的就交钱，怕的就算了，反正，”赵光晋突然一拍桌子，“这房子我是盖定了，即使没一个人集资我都要盖，我借钱盖总可以吧？盖成了我就卖，会给双合成挣不少钱……”赵光晋话说到这里，郭俊莹、程雨兰、老革命、张玲、肖姗、李保这些双合成老人们立刻喊道：经理为了咱们都豁出去了，咱们为什么还不敢？经理不会下台，不会下台的！这些人正你一言我一语地嚷嚷着，一百多个职工突然喊起口号：经理绝对不会下台，我们坚决支持经理盖房！经理绝不会下台，我们坚决支持经理盖房！就这样，四十多人每人交了三万元，双合成与湖滨饭店合资盖职工宿舍的项目启动了。

没想到，两家合资给职工盖宿舍的事发生了戏剧性变化：一年后，小东门那两栋宿舍楼盖成了，还建了院墙，但是，湖滨饭店有了别的考虑，房子不要了，赵光晋高兴得跳了起来。“这房子就是咱们的了！”赵光晋带着书记郭俊莹、会计肖姗、行政主任陈锐及程雨兰等人，在两栋楼里上上下下地察看着，一套套看着房子。“要是咱们一家盖，还真没有那么多钱，这就等于湖滨饭店帮咱盖了宿舍楼，而且，他们把钱已经付给工程队了，咱一下还不了他们，他们也不能逼咱，这太好了太好了，咱双合成有房子了！”赵光晋已经四十多岁，但是，她拍着手在那房子里跳着叫着，就像个孩子。而赶来看房子的那些没有集资的双合成职工却阴了脸，因为崭新的院子和崭新的楼房使他们心动，但是他们没有集资，又不好意思提出补交集资款的要求。他们被交了集资款的同事们一句接一句地挖苦着，“这怨谁？就怨你们心眼小，心眼偏，把自己弄住了吧，就等着看别人住新房子吧，就得红眼病吧，眼睛就是红得流出血也没机会了！”这时，赵光晋却掐着手指头算着什么，嘴里还喃喃有词儿，“两栋楼，七层，200 平米、94 平米、84 平米、74 平米、64 平米……”她说着拍手跳起来，“够了够了，都能住上了，上班的正式职工都能住上了，没集资的赶快补交集资款！”赵光晋说罢低头就走，一副回单位要把这个好消息告诉更多人的架势。赵光晋从那些没集资的职工面前走过，那些人立刻低下头，赵光晋听到他们的叹息声回头看了过去。赵光晋嘴角撇过一丝笑意，什么也没说，低头扭身走了。到了楼下，赵光晋上了车。“快上快上！”赵光晋叫着大家，等车里实在挤不下人了她才将车发动起来。开车回双合成的路上，赵光晋一句话没说，眼圈湿漉漉的。

赵光晋办公室里挤满了双合成职工，大家看着她坐在办公桌后面低着头，听她说了这样半句话：“别人整我我倒不怕……”大家纷纷低下头。

为了双合成，几十年来，赵光晋受过太多的委屈，而且，这委屈不仅仅来自外边。但是，心里藏不住米粒大一点东西的能说会道的赵光晋，却从来没有说过这些，她将它们都咽到了肚里，似乎什么都没发生过一样。

双合成又出名了。在老字号接连倒闭的那个年代，双合成在经营上不仅一年跨上一个台阶，而且给职工盖了宿舍，这在当时可不是小事。但是，当媒体把赵光晋这一历史功绩宣传得沸沸扬扬的时候，赵光晋的处境却没有什么变化。市委那个联合调查组仍在继续调查落实赵光晋那八条罪状，相关的机关和机构，主管机关市二商局和主管公司糖业烟酒公司，也没有放弃配合联合调查组的工作。赵光晋还是经常被叫去接受询问。就在这种形势下，1995 年到了，在这新的一年里赵光晋又会有什么样的命运呢?

这年一开春，所有媒体上都出现了本年度 9 月 4 日在北京举办第四次世界妇女大会的消息和宣传性文章，社会各界妇女精英便迅速行动起来：上边拉关系，下面笼络人，以此为不久将来的世妇会代表参选做着准备。而赵光晋对此没有上心，一是她觉得自己还达不到参加世界级会议的份上，二是她觉得自己正被审查，劳模还不知道能不能保住呢，哪有工夫想这更大的事！但是，事情就怪了，这年五一节前市商业系统一评选，她不仅又高票被评上“太原市特级劳动模范”，而且还被评上了“全国劳动模范”，要到首都北京人民大会堂参加颁奖典礼。在此之前，她已经当了多年的“太原市劳动模范”、“太原市特级劳动模范”、“山西省劳动模范”，已经是老劳模了，但是，全国劳模这个国家级劳动者荣誉她还没获上，于是她又有点兴奋，同时糊涂自己正挨整为什么会荣获这个重要称号。她就这样糊里糊涂、晕晕乎乎跟着山西省全国劳模代表团来到北京，来到人民大会堂，参加了这个全国劳模代表和 7000 名全国各界代表参加的中国劳动者盛会。使她高兴的是，她在会上不仅近距离接触了山西代表团团长、省委书记胡富国，而且认识了她仰慕已久的申纪兰和郭凤莲，及全国许多大人物，并且与他们在天安门很多景点手拉手照了相。一方面，她要近距离感受这些大人物的风采，感受人家为党、为国家、为人民做贡献的精神情怀，另一方面，她要宣传双合成和双合成产品。所以，一到休会期间，尤其是晚上，她就怀着忐忑而兴奋的心情，到各个房间拜访会议代表，让大家品尝双合成产品，给大家介绍双合成情况，希望大家批评指导，同时，她时刻用笔在本上记下每个代表的意见，用照相机拍下她与他们谈话的情形。在这个过程中，她经常拜访的是申纪兰和郭凤莲，她请教她们很多问题，聆听她们的故事。她像小学生一样坐在她们面前：她觉得申纪兰是个很和蔼的老大姐，脸上的道道皱纹就像老人一生为之奉献的西沟的道道沟壑，一双比男人的手还大且有力的手上充满了力量。她最佩服的是，申纪兰解放以来一直是全国人大代表和全国劳模，而这样一个国宝级人物却从来不要共产党给的官。申纪兰在最红的时候，曾经担任过十年山西省妇联主席，但是，申纪兰却没在省妇联那个大办公室里待过一天，而是一直待在西沟，领导西沟人建设家乡，并且把十年的工资和在西沟全部的劳动分红都用于西沟建设，主要用于在山上种树，这使赵光晋感悟到，申纪兰的理想就是把西沟建设成世界上最美丽的绿色家园。而郭凤莲不语自威，由于大寨党支部书记陈永贵——“文革”期间曾火箭般地蹿上国务院副总理的位置——“文革”后被当作“四人帮”干将得到处理——郭凤莲作为陈永贵手下铁姑娘战斗队队长，在“文革”后受到牵连。但是，郭凤莲很有气节，压力再大，从来都没有骂过任何关心大寨和提携她进步的人，没有为了洗脱自己而否定大寨精神。郭凤莲几乎是用了十年左右的时间，才在一级级的政治审查中过了关，得到了平反，并且又被委以重任。但是，郭凤莲婉言谢绝了国家、省、阳泉市和昔阳县所有的任命，只选择了大寨——那个生她养她、一阵子被政治捧到天上、一阵子又被政治打入地狱——这个不幸的村庄。赵光晋感觉到，郭凤莲真是英雄，是条“好汉”。赵光晋更佩服郭凤莲的是，郭凤莲担任大寨党支部书记后，除了继续坚持大寨精神外，还能与时俱进，竟然把大寨变成一个农业产业公司，使大寨核桃露等产品名扬天下，使大寨富了，使大寨又一次红了。而让赵光晋感动的是，每次谈话时，两位大人物都叫她“妹子”：申纪兰是那么和气，郭凤莲是那么安详。赵光晋记得最清楚的是：申纪兰总是拍着她的腿或肩膀对她说：我和凤莲都是没文化的农村妇女，没有党的培养我们不可能来到这个地方开会，所以要记住党的恩，党心里想啥我们就要做啥，我们永远不会离开西沟和大寨的，要把家乡搞好，把乡亲们像爹娘一样养着，使家乡人世世代代都享受幸福，世世代代都说共产党好。赵光晋觉得她们的话听上去太带劲了，简直就是她心底的最强音。她觉得自己遇到了知音，找到了偶像。她笑得嘎嘎的听申纪兰说话，看郭凤莲赞同地频频点头，但是，激动的热泪不断糊住她的目光，她必须一次一次把眼泪擦掉才能看清两个偶像的脸。她觉得自己不晕了，清醒了，她在心里激动地说，“做女人就要做这样的女人！”

赵光晋回到太原，心中有了红色女人的偶像，她认为申纪兰、郭凤莲这样的女人，才是那种有母性慈悲情怀和家园责任心的大女人。她还认为，中国除了需要有那些英雄的男人开天辟地之外，还需要有这些英雄的女人建设生活。媒体开始大力宣传他们这些全国劳模的事迹，但是，那个联合调查组审查赵光晋的工作仍没停止。到了八月份，全国及省市妇联关于参加世妇会的通知和评选代表的表格发下来了，由于刚评上全国劳模，赵光晋对参选世妇会代表产生了几分希望，但是，她还是觉得这个会议的级别太高，怕万一选不上自讨没趣，就安排党支部书记郭俊英和副书记马苏容，把那通知和表格搁着，不要太当成回事。谁知，赵光晋当上世妇会代表的消息突然传成一片，赵光晋惶恐地一打听，省妇联最后确定的出席北京第四届世界妇女代表大会代表中真有她的名字。就这样，她又晕晕乎乎地跟着山西世妇会代表团来到北京，而在会议期间，她又认识并近距离接触了山西其他一些要人和名人，当然都是女人：她们便是，代表团团长、山西省副省长王昕，山西省妇女联合会主席曹馨仪，山西省省政府秘书长智玉莲，当然，还有申纪兰和郭凤莲。这一次会议上，申纪兰和郭凤莲都坐在离赵光晋不远的地方，大家共同聆听中国和世界那些妇女界领袖人物的讲话。用餐时，申纪兰和郭凤莲经常与赵光晋同桌，她看着她们，听她们与全国各地代表尽情地说话，她想象着她们故事之外的故事。她又与她们手拉手照了相，还与中国妇女界许多更大的人物——中国妇女界领袖、全国妇联主席陈慕华，著名歌唱家王昆、马玉涛、才旦卓玛，身残志坚的女才子张海迪……一起聊天照相。这期间，她觉得自己就像一个山里来的女孩，就像一个渴望知识和见识的学生，见谁都亲切，见啥都新奇，她用笔记本和照相机留下了与她们相处的一切。

赵光晋从这个更高级别的世界盛会上又返回太原，这次回来的情形大不相同，她觉得自己真的一跃成为世界级人物似的，尽管记者的采访应接不暇，亲朋好友的拜访络绎不绝，职工们的探望一批接一批，但她已经不像原来那样局促不安。而且，她看到，很多人探望她时的姿态和看她的眼神，已经有了那种不敢接近她的感觉。尤其使她记忆深刻的是，当她在双合成一出现，很多人便呼的一声躲在路边或门边，明明近在咫尺，却似乎是站在很遥远的地方瞟她，叽叽咕咕地对她指指点点，脸上还洋溢着终于见到真人的那种对明星的惊羡。“都过来吧！”她便把他们叫到身边或她办公室里。她觉得自己还是自己，没觉得有什么变化，唯一的感觉是晕晕乎乎，似乎所发生所面对的一切都如梦如幻，真假难辨——渐渐地，她便习惯了。

而清查赵光晋那八条罪状的工作还在继续，由于越来越没有结果，联合调查组的成员一个个表现出烦躁的情绪。只有一个人是安静的，她就是赵光晋。后来有人说，“赵总，这就是人物了，因为你有了大人物的心。”

17

命运交响之1997

由于赵光晋在社会这个大舞台上传奇般地迅猛走红，加之媒体的大力宣传推动和文人出谋划策，双合成发展到 1997 年突然发生了翻天覆地的变化，因为双合成出现了名人效应。

几十年来，尽管赵光晋一直说是双合成培养了她，但当时确实是双合成跟着赵光晋出了大名，名气大到超出山西所有老字号甚至超越山西整个食品企业的程度，使双合成成为一个有名人坐镇、党和国家支持的名企，这样一来，就使很多并不熟悉双合成，或很少吃工业食品的人，出于想见赵光晋一面的心理，就在逛街或购物时转到柳巷双合成门店里，然后，他们自然就从双合成门店的墙壁上，看到了赵光晋创业和荣获诸多荣誉的巨幅照片，以及放大的并镶进镜框的媒体报道的文章，还会看到墙上赵光晋那一条条激动人心的格言。由于对赵光晋的敬佩，双合成便在人们心中留下了深刻的印象：原来对双合成印象不深的，印象会突然加深，原来对双合成有不好印象的，会突然改变看法。而与此同时，张亮在门店环境和职工形象上所做的策划和设计，也给顾客和前来探访的市民带来新鲜感和心灵的感动。比如，他在门店门楣上设计的由两只喜鹊和“福喜人间寻，情缘双合成”一句话组合起来的双合成标识，他给职工设计的胸前、肩上、领口带有黄道的红色工装，就使人们感受到双合成成长和发展的新气象。加上在众多媒体人和文人策划下，双合成产品都在货架上归了类，很多产品都起了诗情画意的名字，包装也焕然一新，有了专业设计的内涵，有了与北京稻香村、上海杏花楼等全国著名食品企业的产品包装媲美的水准，所以，人们对双合成的看法突然从“太糖”系统其他几十家食品店的印象中脱颖而出，而认为双合成成为一个有高人指点、有想法有策划有目标、有大师坐镇的时髦商店，也就是说，有了点全国范儿。于是，前来探访的市民就成了双合成顾客，这便使双合成的客源突然与日俱增。

赵光晋没想到，双合成市场这把火竟这样燃烧起来了，它不仅点亮了双合成近期的发展前景，而且点亮了双合成人长远的梦想，但是，很快就给双合成带来了几个“紧张”：第一是门店太少，顾客太多，产品短缺供不应求，这是销售环节上的紧张; 第二是工厂设备不足，设施陈旧，这就造成生产环节上的紧张；第三是职工太少，普遍没有文化和专业技能，这是人才环节上的紧张。于是，在城市选择适当的位置开店，派人在全国到处采购先进设备，选拔和招聘人才，就成为这个时期的特点——顾客和市场就这样推进了双合成内部革新——于是，发展到 1997 年，双合成便成为这样一个规模：年销售额达 1756 万元——是 1985 年赵光晋接手双合成时的 21 倍——年利润则是 1985 年赵光晋接手双合成时的 15 倍，而且有了一支 130 人（专业人士和大中学生占 30%）的职工团队，还创建了 3 个专业产品加工厂和 10 个门店，使工商注册的双合成食品店事实上已经成为一家产销合一的“公司”。但是，双合成职工还亲切地把赵光晋叫作“经理”，而赵光晋、双合成文件和简报、包括媒体，还把双合成职工称呼为国企时期的“职工”。“经理”与“职工”这两个词说明，双合成还是旧的，但是，双合成人正迈向崭新的公司旅途。

其实，一直以来，赵光晋心目中的那个职工家园，就是个公司，只不过她说不清楚而已。公司是什么？那时候她不知道。她印象中的公司只是个管理机构，就像管理太原市食品单位的“太糖”——太原市二商局糖业烟酒公司一样。她在工作中、会议上和私下也经常听人们说到公司，听记者、文人和企划专家也经常说起公司，但是，她根本没想到请教大家到底什么是公司，也没人主动给她讲过。直到今天她才知道，那时候，公司对于谁都是陌生的，因为它本来就是个舶来品。

但是，命运注定赵光晋要带领她的职工们走向公司化的道路，尽管它是艰辛与苦涩的，其中有彷徨和担心，有怀疑和猜忌，有嫉妒有仇怨有纷争，还有阴谋诡计和刀光剑影，甚至有双合成人的百年家园将毁于一旦的惊悚时刻——

现在让我们回到1996年夏天，这个夏天赵光晋就做过这样一次演习，当过一次英雄。这一天，赵光晋在柳巷无意碰见了她工作了13年的钟楼街副食品市场的前任经理陈智贤，陈经理像遇到知音和救星似的把她拦到街边的柳树下，死死抓住她的手不放，含着泪给她讲了钟楼街副食品市场的悲惨故事。那是1985年，赵光晋从副食品市场调到双合成，1986年陈智贤就接任副食品市场经理。陈智贤比赵光晋大二十几岁，但是，俩人是脚前脚后被任命为经理，在职务上属于同一茬人。“光晋你也知道，副食品市场是全国十大副食品市场之一，创建70多年来一直是太原和山西副食品行业繁荣与否的标志，建国30多年来一直是国家标兵单位，经常受到国家十部委的联合表彰。可是，我干的那五年没干好呀，总共完成了7711万元的销售额，为国家上缴了255万元的税金，上缴了187万元的利润，这就够惭愧的了。可是，1991年我60岁了，不得不退，就换了个年轻人当经理，谁知这人干了5年1个月零17天，却把副食品毁了。副食品整个营业大厅全部承包给一个人，这人又转租给许多个体户，不卖食品卖开了服装。这人每年只给副食品交几十万元的承包费，副食品用这点钱给咱那 562 个职工发生活费，而这人每年竟收 300 多万元租金。个人富了，一个国企，一个 70 多年的老字号垮了，这就是改革开放？现在副食品的亏损已经超过 1000 万，欠了别人 600 多万元的外债。省内外媒体就报道了副食品的情况，他们竟猪八戒倒打一耙反而状告媒体，正打官司哩，还要让媒体赔钱，这世道真是没公理了。光晋呀，你说这弄的是啥事？你也是副食品市场出去的，就不能为咱单位想想办法？”60 多岁的陈经理说得老泪纵横，本来对自己原单位没好气的赵光晋心动了，眼睛热了。

接着，陈智贤老人痛心地说到钟楼街、柳巷、桥头街上老鼠窟、老香村、认一力、清和元等十几家老字号的惨败景况，“他们也都很惨，也都租出去了，都是在街边留一两间房开个小饭店，靠可怜的租金和饭店可怜的收入给职工补贴点生活费，打发叫花子似的，只是他们没有咱副食品大，市里暂时管不到他们。”赵光晋吃惊地瞪大眼睛，“老陈，你说的这些我都不知道！”陈智贤说，“我知道你忙，陷到双合成的事里顾不上关心这些，但是你得给咱副食品想想办法。这些年你搞得好，都说双合成有花不完的钱，你也当了市里特级劳模、山西省劳模和全国劳模，在市政协还当了委员和常委，还当了省人大代表，认识的领导也多，就不能给咱副食品呼吁呼吁？”赵光晋紧紧地握了握陈智贤的手，摇着头走了，但是，她没有回双合成，而是转了市中心这三条街，看了看那十几家在街边开小饭店的老字号，热血在她血管里奔涌起来。

也许是时代的需要，也许是民心所向、众望所归吧，省城太原对赵光晋的呼声又起，纷纷传说对老字号只有她才有回天之力，于是，赵光晋又一次被推上时代的舞台。1996 年夏，太原市委市政府为了解决钟楼街副食品市场的问题，以市委组织部、市财贸工委、市财委、市二商局等部门的名义，在迎泽大街南宫联合举行了“双推双选”——组织推荐，职工推选，组织选拔，职工选举——活动，经过为时半个月的紧张工作，在 3 名候选人中，赵光晋以副食品市场参会的 320 名职工中的 302 票的绝对优势，当选为钟楼街副食品市场经理。

“国有商店如何经营？随着市场经济的进程，经营主体多元化现象的出现，国有商店这个主渠道还要不要发挥？有人认为国有商店过时了，没什么作用了。有些领导使国有商店甘拜下风当了市场配角，把商店承包给个人，尤其是国家大商场出租柜台，挂的是国有的牌子，摆的是个人货摊，而且不顾原来的经营方向，认为什么赚钱卖什么，想卖什么卖什么。这样一来，看上去市场热热闹闹，实际上商品根本不足，这才带来假冒伪劣商品盛行，物价涨幅疯狂，管理混乱，失去调控，败坏政府和国企形象，使国企萎缩的现象。而作为一名商业战线的老职工，我有责任挺身而出，为规范商品、平抑货价、振兴国企带个好头。我知道面前将有流动资金的短缺、外债累累、经营方式和方向没有着落、人才严重匮乏的重重困难，但是，双合成愿意做振兴太原副食品市场这个省市标志性商业企业的坚强后盾。我赵光晋认为，一个国企，甚至任何一种规范的企业，它的出路和成功的关键就是领导，一个把企业当作国家和社会的一部分，当作职工家园的有责任心、有情怀的领导，一定是企业的福气，请党和人民、领导和副食品全体职工拭目以待，我赵光晋一定不负重望！”

这便是赵光晋当时的竞职演说。此时她已当了全国劳模，参加了第四次世界妇女大会，她学了不少新词，有了很高的境界和思想文化水平，但谁也没想到她竟抛出了那样精彩的“国企论”，她的言辞和真诚情感彻底折服了“双推双选”的会场，成功地当选为太原市副食品市场经理。而参会的省市领导及举办这个会议的那几家部门的领导，都持久地为她鼓掌，并在她热情洋溢地讲完之后，激动地与她握手。

会后，赵光晋立刻就走马上任了，她万没想到这个铁板钉钉的上任也有困难。首先是，过去整她或嫉妒她的副食品市场的领导和同事感觉到别扭，然后是，双合成人感觉到自己被抛弃似的，当她一回到单位就围到她的身边，心里似有千言万语似的看着她，就是不说话。为了解除大家的思想负担，她说，“你们就不想想，我是从副食品出来的，真能回去？但是，兄弟单位有困难咱不能坐视不理，不仅我要管，你们每个人都要像对待咱双合成一样对待副食品的事，咱做企业做人不能小气，不能看着别人倒闭了幸灾乐祸。想想当年日本人占领中国，谁有好日子过？幸福从来是大家的事，你给我一个幸福，我给你一个幸福，每个人就是两个幸福，这就是双合成。你问我要一个幸福，我问你要一个幸福，结果就是谁都没有幸福。”听着赵光晋充满哲理的大白话，提心吊胆的职工们突然热血奔涌，纷纷表示，一定跟着她把副食品市场重新搞起来。赵光晋笑了，“那时候我就辞了那个经理，咱还一起做咱们的双合成！”大家为她这个让大家放心的许诺热烈地鼓起掌来。

同时，赵光晋又在大会上向副食品市场 560 个职工表示，她的使命是恢复副食品的元气，使这个省市标志性商业企业和老字号走向正轨，具体的目标就是解决那 1000 万元的亏空，还掉那 600 万元的外债。听了这话，不管当时有人说她财大气粗也好，说她当了名人胆壮了也好，真实的情况是，她确实在一步步实施着行动。

首先，她经过反复打听，通过很多人的推荐，找到了一个据说能使企业起死回生的人当了执行经理；然后，她清理了副食品市场里一切不合理的个体租赁，把整个商场变成一个超市；接着，她把训练出来的很多双合成骨干派来，带着副食品市场那些老职工工作，同时把双合成产品摆进副食品市场的超市里，以副食品市场的牌子往外出售。她还把双合成所有成功的销售经验和绝招都引进过来，使副食品市场在中国所有传统节日里，都有了当年双合成创业初期的热闹的销售气氛。

谁知……她放弃了副食品市场……而其中原因她从来不想提起……一次，她在街上看见了副食品市场老经理陈智贤，感慨地说，“算了算了，就算赵光晋没本事弄不住人吧，看来赵光晋还是不行！”她离开了副食品市场，并且永远记住了那 560 个职工留恋和失望的目光。她与双合成在副食品市场投入了太多的心血、精力、资金和产品，但是，没有最终解决副食品市场的困难，每每想到这里，她都惭愧地流下眼泪。

1997 年，赵光晋对太原副食品市场的“解救”仍在继续，但是，她突然接连不断地遭遇“死亡”，使她心里雪上加霜，痛不欲生。

先是春节刚过，2 月 19 日邓小平去世。作为中国共产党打天下的最后一位领导人，中国改革开放的总设计师，邓小平的去世，无疑是全中国人最痛心最纠结的一件事，因为它使中国人一下子又有一种没着没落、中国命运难测的不安；而让中国人感到遗憾的是，这位最关心中国命运和香港回归的世纪伟人，却在香港回归之前安然仙逝。全中国人民多么希望他能看一眼香港回归中国的情景，但是他去了。在这期间，赵光晋与全中国每个人都有着相同的心情，唯一不同的是，她担心国家政策会发生变化，使她“解救”太原副食品市场的半拉子工程进行不下去。

接着是妈妈的去世。妈妈是正常死亡，是老死的，但是，这个“正常”比“不正常”更“不正常”。春节初五刚过，妈妈就有点不对劲，总是想把儿女叫到跟前说话。但是，双合成和副食品市场两边的汤圆销售很火，生产却跟不上，赵光晋便整天待在享堂加工厂里，与程雨兰几人研究对策，监督生产，根本没有时间回到妈妈身边。正月十五是中国人圆满结束春节团圆的极点，可是，赵光晋自从当了经理就没再过过正月十五，而这年这个正月十五副食品市场一个职工家煤气中毒死了三个人，她必须料理此事，更没有时间待在妈妈身边。接着市人大会议召开了，她作为市人大代表和常委必须参加，而且还想在会上给副食品市场做个提案。不过，她在心里一直惦记着妈妈，经常在心里对自己说，“人大会结束后一定好好陪陪妈妈，好好照顾老人家几天，再问问妈妈副食品市场的事情该怎么办！”但是，人大会结束后她妈妈却不省人事了，已经不认识她了。她哭天抢地喊道，“妈妈妈妈，我是晋，我回来看你来了，我还有很多话想和你说！”妈妈就这时咽气了。妈妈临死前没有看上她一眼，没听到妈妈最后的遗言，这是她终生的遗憾和痛苦，而使她更痛苦的是，她没让妈妈在临死前看她一眼。

赵光晋沉浸在失去母亲的痛苦之中，一个重要的日子使她心里产生一种激动，这便是七一建党节的到来。她感谢这个伟大的日子使她踏上火红的人生旅程，而这一年这个日子里还将发生一件举世瞩目的重大事件，即香港回归。明天就是七一，她告诫自己不能悲伤，不能痛苦，必须高兴，而且，要带领双合成 200 多名职工一起高兴，与全市 300 万人一起庆贺香港回归祖国怀抱。但是，她不能不想起邓小平，想起妈妈……她强忍心中悲痛，下了一道道命令，要求包括她在内的双合成人全部穿上红工装到车间加班。经过整整一夜的设计和制作，第二天旭日东升的时候，那个象征中华民族 1997 年命运和中华民族大团圆的、由 1997 个小蛋糕组合起来的大蛋糕终于做出来了，她便安排在下午上班高峰时期将这大蛋糕运到迎泽大街青年路口的湖滨广场，在铺着红缎子的巨大木案上将蛋糕摆好。一个个拖着写有“热烈庆贺香港回到祖国母亲怀抱”字样红条幅的红气球飘向天空，上班的人们纷纷涌到这个直径为 2 米的大蛋糕跟前，照相的、摄像的、捧着画板画画的……不到一个小时，湖滨广场那个大蛋糕周围就围了 10 万多人，大家欢呼雀跃，庆贺香港回归，从而使这个大蛋糕列入世界吉尼斯纪录。

但是，庆贺香港回归的热情还没退去，却有消息传来，说她提拔不久的双合成党支部书记二青和丈夫昨夜被杀。她赶紧叫来双合成几个高层要人，立刻驱车赶到青年路二青家里，她看到二青满家里到处飞溅着污血，两口子的尸体已被公安局拉走。需要交代的是，二青就是前边写到的那个双合成最不爱说话、最漂亮的女人，赵光晋经过多年考验，发现二青脑子聪明，品质优秀，上进心极强，就让她接替了郭俊莹当了党支部书记，从此与郭俊莹、程雨兰、马苏容、老革命、肖姗等人一起，成为与她商量大事的知己。她不仅愿意与二青讨论工作，而且愿意一起诉说女人的心里话。她发现二青从来都是笑眯眯地听着，很少插言，但是，她从二青的目光里能听懂二青心底的声音，她觉得有一天二青完全有能力接她的班。而且，二青从来不说别人坏话，不结识社会上乱七八糟的人，不参与社会上乱七八糟的事，对任何人都是以诚相待，以德报怨。二青在单位根本没有任何不好的传言，在社会上没有任何仇人。但是，二青为什么被人杀了呢？而且杀人者竟然把二青的丈夫也杀了！她突然想到了自己：如果杀人者认为双合成的书记就是双合成的一把手……她浑身打了个冷战，脱口恸哭："二青，我的妹子，你跟着赵光晋还没享福就死了，赵光晋对不起你呀！"跟她一起来的郭俊莹、程雨兰、马苏容、老革命、肖姗……赶紧扑过去。这时，扑进来一个男孩，"干妈——"那男孩扑到她身上就哭，就喊她"干妈"，那男孩的手哆嗦着，那男孩便是二青的儿子，从此成了她的干儿。

赵光晋与派出所民警、双合成几个高层领导、死者家属一起，来到置放二青夫妇尸体的医院太平房，商量如何调查这个案件，如何抓捕凶手和元凶。就在处理这案子期间，市委组织部发来通知，告知赵光晋她光荣地当选为党的十五大代表。"这简直是添乱！"她脱口而出说出这句话，当她反应过来党的十五大是怎么回事，就啪啪地抽自己的耳光。二青夫妇的尸体只能暂时搁在医院太平房的冰柜里，而赵光晋跟着省委书记胡富国和省长孙文盛率领的党的十五大代表团来到了北京。山西代表团这几十个人，都是山西各界顶尖级的要人和精英，而代表中仍然有她心目中的偶像申纪兰和郭凤莲。党的十五大全国代表 2048 人，会期 7 天，会议地址是北京人民大会堂，可见这是我党最高级别的会议。"这是我党最高级别的会议，尤其是这次十五大，更有特别的意义，它要讨论中国改革开放下一步的思路，讨论中国向现代化纵深发展的诸多问题，所以，咱们这代表团，每个代表肩上都负有全省 3000 万人民和全省数万党员的重托，大家要以党和人民的信任作为自豪，要以与党和国家领导人一起议政感到光荣。大家要带着发展山西、改变山西的伟大情怀参加这次会议，要认真听，认真记，然后把大会精神带回山西，带到你们各自的部门、单位和地区，要借十五大东风带领山西人民把山西发展得更好，紧紧地跟上党和全国的步伐，要走到前头！"当胡富国书记在山西十五大代表团预备会上挥着拳头讲完话后，赵光晋这才豁然开朗，意识到自己身在何处，参加的将是什么样的会议，于是，她时刻用意识尽量将邓小平、妈妈和二青夫妇死亡的阴云从脑际拂去。

北京，人民大会堂会议大厅，来自全国各地的十五大代表端端正正、安安静静地坐着，等待着最庄严的时刻。当党和国家领导人江泽民、李鹏……排成一行，拍着手由侧门缓缓走向主席台，会议大厅登时发出雷鸣般的掌声。这时，坐在胡富国书记后边和太原市另两位代表纪馨芳、秦红军旁边的赵光晋，感觉到自己体内的血液燃烧起来。李鹏用洪亮的声音宣布党的十五次代表大会开幕，并宣布奏《国歌》，全体代表呼的一声站了起来。在庄严雄壮的《国歌》声中，赵光晋突然想起双合成1985 年以来每天清晨坚持唱的三首歌，第一首是《没有共产党就没有新中国》，第二首就是《国歌》……她突然意识到自己真的成了党的人，她热泪盈眶。

有一天晚上，山西代表团各地代表互相拜访，太原市市委书记纪馨芳带着秦红军来到赵光晋房间，三人正商量如何安排拜访山西党代表的次序，门口又进来一群人，是申纪兰和郭凤莲搀着一个老人进来了，他们身后还跟着十几个人，赵光晋没想到这老人就是德高望重的省委老书记李立功。纪馨芳书记把李立功书记安排在主座上，其他人都站着听李书记说话。李立功书记看着赵光晋说，“你就是赵光晋？双合成搞得不错呀，平时在报纸上和电视上都看到了，很多同志说，经常吃你们的东西，过年过节也有人给我送，产品不错不错，十五大后要有新思路，要好上加好呀！”体形消瘦、面容清癯、目光清澈的李立功书记似乎很喜欢赵光晋，他将目光投向申纪兰和郭凤莲，微笑着看了她们几秒钟后，又转向赵光晋：“她们也跟我说了你，说双合成那个赵光晋不错，能吃苦，很能干，关心职工，对顾客诚信，你得好好向她们学习呀，都是你的前辈。”申纪兰和郭凤莲一同说，“都是女同志，我们也得向光晋学习，谁都有长处，都有优点。”然后，李立功书记被人护送着走了，走到门口又回头对赵光晋说，“要继续努力，不要骄傲，有困难就找各级领导，也可以到省委找我。”赵光晋就这样认识了李立功，从此心里特别踏实。

就这样，赵光晋在悲喜交集中走向了荣誉巅峰。这一年中，她或者从大喜陷入大悲，或者由大悲走向大喜，或者由新生陷入死亡，或者由死亡走向新生，或者由新生走向新生，或者由死亡再一次陷入死亡，总之是，生死喜悲同在，形影不离。1997 年对于赵光晋来说，简直太混乱太复杂了，而且，每发生的一件事所激发出来的东西，都是她思想和情感的极限，她不知道哪个更能象征她的命运，不知道该如何面对这个魔鬼般的 1997 年带给她的一切。

而一件更大的事又在等着她，她是否能挺过这一关？

从首都北京回到太原，全省 38 名十五大代表立刻感受到全省媒体的狂热追踪，并卷入对党的十五大精神和个人事迹宣讲热潮之中。这时，这一年中那些死亡阴影又像乌云般袭上赵光晋的心头。高兴与悲痛，兴奋与郁闷，狂热与纠结，都是真实的，赵光晋突然觉得自己缺少一种强大的精神力量，无法再控制自己的心灵，无法消解内心那两种强烈到极限的思想和情绪的较劲和对抗，她简直要疯了。于是，百忙之中，她经常带上再一次上任的党支部书记郭俊莹、党支部副书记马苏容、财务部主任肖姗、双合成加工厂总厂长程雨兰、行政部主任老革命陈锐……一次，几人来到医院太平房，赵光晋一看到冰柜里二青夫妇那已被冻成冰坨子的尸体，便焦急地问起分管督办这个案件的双合成保卫科长李青，公安那边把案子查得怎么样，一听还是没影，她就忍不住骂道，“他妈的什么办案水平？书记省长就应当把他们全部撤了！”她一边骂，一边捂住双眼离开太平房，因为，她突然感觉到头部所有的神经都绞在了一起，她看到太平房一片血光，感觉到自己第一次看到二青夫妇尸首时，嘴里发出的那摄魂夺魄的尖叫又涌到了嘴边……她必须迅速撤离这个死亡之地。

而中国却在重生，山西也在重生。十五大后，省委把省城太原确定为企改试点。一个会议上，市委书记纪馨芳和市长曹中厚来到赵光晋身边问她：你作为全市三个十五大代表之一，一个享受全国最高荣誉的劳模和企业家，如果全市要大力推行企业股份制改革，你怎么办？赵光晋斩钉截铁地回答，“我肯定带头，为全市国企做出典范！”不几天，即1997 年 11 月 5 日，《太原日报》便公布了省城太原市首批改制企业名单：工交系统 23 家，财贸系统 23 家，农林系统 1 家，城建系统 1 家——而财贸系统 23 家中，赫然写着“太原市双合成食品店”的名字。这是十五大后全国范围的一次改革，也是市委市政府的信任，同时，也是省委、市委对赵光晋的考验和期待。而且，为了抓好典型带动其他，市委经研究，专门派市长曹中厚到双合成蹲点，赵光晋便觉得这次改革一定会非常顺利。但是，她没想到，她的改革热情却遭遇到 215 个职工——在岗 146 人，离退休 60 人——的强烈阻击。当时对双合成的评估统计是：本年度，双合成年产值已达到 1100 万元，比赵光晋接手时的 10 万元翻了 110 倍；年销售总额达到 1957 万元，比赵光晋接手时的 80 万翻了 25 倍；年利润达到 219 万元，比赵光晋接手时超过了无法计算的倍数。而双合成在岗职工达 146 人，比赵光晋接手时翻了将近 3 倍；总资产达 1351 万元，比赵光晋接手翻了百倍以上。这无疑是赵光晋的功劳，但是，职工大会上市财委要员公布了这些数字后，并没有激起全体职工对这次股份制改革和对赵光晋的信任：大家的反应是没有任何反应。这是赵光晋第一次在职工大会上遭遇冷场，当她看到职工们一张张紧张的脸上闪着一双双怀疑的眼睛，心里非常恼火，但是，她必须耐心地给大家讲解：“邓小平是中国改革开放的总设计师，尽管他老人家离我们而去，但是他的思想和路线我们必须执行。党的十五大就是让全党全国人民继续贯彻邓小平路线，在一代又一代领导人的领导下，把国家现代化推行到 21 世纪，直到更远的未来。所以，企业股份制改革完全是为了企业的发展，为了激励大家大干快干、发展企业的热情，是为了调动积极性，发挥职工主人翁的作用……”她还没说完，很多职工就嚷嚷起来，“实行股份制，是不是就是国家不要我们了，就把双合成变成私营企业了？”这话一说，更多的职工跟着吵吵起来，“那我们以后靠谁？工资发不了怎么办？退休了谁管？老了谁养？”职工们吵着嚷着呼啦啦地站起来，“不能改，我们还要当国企！”“不能改！”“不能改！”赵光晋也站了起来，但是，她对群情激愤的这个场面无可奈何。

赵光晋来到市委书记纪馨芳和市长曹中厚办公室，低着头，一直摇头摆手。而书记和市长两人的态度竟惊人的一样，他们爽朗地笑着，在办公室走来走去，手指着她说，“光晋呀光晋，当年的那个劲到哪里去了？这点困难还能吓住你？我们还指望你给全市带个好头哩，我们相信你会有办法的！”书记和市长说，还有人等着谈话，也是改制企业的经理来诉苦的，她只好悻悻离开。

回到办公室，赵光晋在邓小平像前鞠了三个躬，点了炷香，然后，开着日本原装进口本田来到市西北方向的天龙山墓地，在妈妈墓前跪了半天，也磕了三个头，点了一束香。接着她开车回到市里，来到医院太平房，盯着二青夫妇的尸体站了半天，中午才回到家里。丈夫宋英民正系着围裙做饭，看见她回来高兴地起哄说，“哎呀，太阳从西边出来了，老婆今天咋想起来要回家里吃饭？”她一头扎在床上哇地哭了。这一年，他们的儿子峭十七岁，正在读高中，女儿俏十四岁，正在读初中。兄妹俩人一前一后回到家里，看到爸爸妈妈史无前例的亲热的样子，都愣在那儿。一对看到爸爸就看不到妈妈、看到妈妈就看不到爸爸的兄妹，被爸爸妈妈亲热的样子吓住了，连躲避都忘了。兄妹俩就这样听到了妈妈最艰难的故事和爸爸妈妈最隐密的心灵生活。爸爸说，“是国家要改革，又不是你要改，你哭啥哩？”妈妈说，“我没想到他们不听我的话，就没人信我！”爸爸说，“也不能这么说，国企要改成什么股份制，大家都担心铁饭碗没了，这是遇到了要命的事了，还不让职工们有个态度？”妈妈说，“我也不是被改了？平时听我的，遇到要命的事就不听我的了？就不信我了？”爸爸说，“也不一定，工作得慢慢做，你现在是十五大代表，得给人家政府撑住！”妈妈摇着头又哇地哭了，“我知道了，双合成还不是我的，到了关键的时候他们都不相信我！”

这一天中午，从来都是粗茶淡饭打发肚子就上班的赵光晋，竟在柳巷一侧桥头街认一力大酒店请了一次客。说起来，认一力也是全国著名老字号，但同太原其他老字号一样，它也是将饭店的大部分地方都租了出去，就只剩下街边两间房，让几个没能力调走的老头儿、老太太在那儿开了个小饭店，但还叫“认一力大酒店”。由于都在市中心这三条街上工作，赵光晋认识他们，当她一走进饭店，告诉他们“今天你们这饭店就不要接待客人了，我全包了”，那些老头老太太便围了过来。“赵经理这么大的经理，这么大的名人，还到我们这小店里吃饭？”赵光晋说，“不要糟蹋自己，我还记得你们认一力的饺子，你们的酒店没了，饺子还没有？”那些老头老太太纷纷说，“有有有，还有菜和酒。”赵光晋又问，“你们认一力改革不改革？”那些老头老太太抢着说，“改哩改哩，饭店没了，这次听说是闹什么股份制，让人入股分红，国家就不管了，就把我们改到了这里。”老头老太太说到这里，纷纷叹气，赵光晋心里一沉。这时，她突然想到一个老人，一个忘年之交，便打通电话，那老人竟一下叫出她的名字，“光晋！”老人就是李立功老书记。她简单把双合成股份制改革的情况及职工的怀疑、对立讲了一遍，李立功老书记轻轻地呵呵地笑着说，“共产党的事哪有那么好干？只要耐心，讲清利害，职工们肯定会支持的，光晋我相信你有办法！”李书记挂了电话。她拿着手机正回味李立功书记所说的每个字，十二点到了，郭俊莹、程雨兰、老革命陈锐、财会主任肖姗、采购张玲等十几个双合成要人或老职工就来了，代表享堂食品商场的马苏容也来了，一共二十来个人，坐满了认一力那间小门面所有的小桌。

已进入冬季，二十来个穿着薄毛衣和薄棉衣的人把小饭店挤得满满当当，但是，没有一个人摘下头上的帽子和脖上的围巾，而赵光晋还穿着单衣单裤，花格格上衣，大红的裤子，再配上一颗烫的菜花头，似乎很有精神的样子。她举起酒杯站起来，一开口便流下泪。“你们都是我的兄弟姐妹,都是我的亲人,我现在才知道,双合成不是我的,而是大家的,是你们的。双合成 150 多个人听谁的话？听你们的话，你们说啥他们就说啥，你们做啥他们就做啥。为什么？因为你们就是他们，而我在大家心目中是共产党派来的经理,我是外人。”赵光晋停了片刻接着说。“但是,我在双合成这 12 年干的事你们都看到了，我什么时候、哪一件事把自己当外人看了？我真是把双合成当成自己家了……”二十来个人赶紧端起赵光晋早都倒好的老汾酒站了起来，纷纷说，经理，我们相信你和我们是一条心，咱先喝了这酒再说。赵光晋打开话匣子，“你们相信我？我求求大家，能不能再信我一次。这次股份制改革不是我要改的，是市委市政府要改的，是十五大要改的，我也在改革之列，没准这一改我就和你们一样了，就成了普通工人了。但是，我觉得这样能更大地激发职工的活力,人人入股,谁都是企业主人,责任心就强,双合成就能干得更好,咱的大工厂就有希望了。我知道，双合成表面是听我的，但都是看你们怎么做，我求求大家在下面好好做做职工的思想工作，就算帮我一把，否则这事……”赵光晋搁下酒杯，接连不断地给二十来个人作揖。站在对面的程雨兰冲过来,抓住赵光晋的手,“经理呀经理,你是折煞我们哩！”程雨兰也是满面泪水，“经理,我们不是不听你的,不是不听党和政府的,只是对这股份制不懂，在国企里待惯了怕丢了铁饭碗，这才有各种想法和说法，绝对不是对着你来的。经理，你要是真的觉得这事行，我们就再听你一次，兄弟姐妹们，”程雨兰对着二十来个站在那儿端着酒杯的人喊道，“我们再信经理一次好不好？”大家连喊“好好好”，程雨兰便把赵光晋的酒杯端起来递给她，大家一起与赵光晋碰了杯，仰头喝了。只一杯酒，赵光晋便喝得脸色通红，“谢谢谢谢，我真是谢谢大家了！”赵光晋流着泪，又开始给大家作揖。

经过一个月艰苦的思想工作，双合成第 157 个人终于同意了股份制改革的方案。1997 年 11 月 19 日上午，柳巷 76 号双合成门前彩旗飞扬，锣鼓喧天，一派喜庆的气氛。赵光晋身后排队站着双合成157个职工，她与大家都急切地看着表，等待着省市领导的到来。当手表的秒针准确地指向9时，柳巷南头开来一行锃光瓦亮的轿车。省委书记胡富国、副省长兼太原市市委书记纪馨芳、市长曹中厚、副市长蔡中祜、副书记曹文龙、主管财贸的副市长杨季春、副市长姬和平，以及省市相关部门领导人，排着队，向双合成157名职工招手，缓缓走向双合成那栋三层小楼。双合成股份制改革大会正式开始，会上全体职工无一例外地全部报名入股，而赵光晋以股份投入的绝对优势及12年来在职工中的威信，全票当选为“太原市双合成食品有限公司”董事长和总经理。市委书记纪馨芳激动地讲道，“希望双合成食品有限公司在党的十五大代表赵光晋带领下，能为国企和老字号的股份制改革走出一条成功的路子……”市长曹中厚进一步补充道，“股份制改革的目的主要是调动职工积极性，通过体制的变化彻底改变职工的地位和心态，一扫国企在职工思想上的陋习。但是，根据双合成现状，建议赵光晋坚持走低成本扩张的路子，不要冲动，不要使职工在我们的失败中怀疑党的改革……”而省委书记胡富国压轴的讲话更加激动人心，“光晋呀，燕赵儿女如今在光照三晋。光晋同志，成了吧？我听很多同志说过前一段光晋同志很发愁，这不成了？话只要说到老百姓心里，事只要做到职工心里，人民就会支持的，这就是我党的优良传统。双合成是老字号，在历史上很有名，光晋同志这12年把双合成搞得名气更大了，希望光晋同志和全体双合成职工，要借十五大的东风，把双合成搞得更好，名气搞得更大，要把双合成的名气和产品传到全中国，传到全世界。所有的股东们都站起来，请我们为赵光晋的当选鼓掌，为双合成股份制改革的成功鼓掌，为双合成的未来鼓掌！”

赵光晋办公室外面那个小会议室里，响起急风暴雨般的掌声，似乎要把楼顶掀起似的。赵光晋突然捂住脸……因为她想到邓小平，想到妈妈，想到医院太平房冰柜里二青两口子的尸体，她多么希望他们能看到眼前这个情景啊。

18

南方来了个年轻人

18
南方来了个年轻人

成立股份公司后，按照工商部门专家们的指导，双合成领导和职工之间从此改变了称呼，赵光晋把职工叫成“员工”，职工则把赵光晋叫成“赵总”，而对双合成的称呼改为“公司”。但是，赵光晋和员工还有一个共同的身份，这就是股东。赵光晋便经常笑着对员工说，“这是法律规定的，我们的身份是平等的，都是老板。”

“公司”给双合成人带来了全新的感觉，但是，公司该怎么经营呢？双合成员工不知道，赵光晋也是一头雾水，于是就把张亮这些专家请来讲课。而不喜欢说话的张亮每次都是带来几个朋友，他只让他们讲，自己却坐在旁边听着。在一次培训课上，赵光晋猛地抓住张亮的胳膊，问道，“哎，张亮，我咋觉得咱俩好像半辈子都没见了？”张亮说，“我觉得也是。”赵光晋说，“我印象是……对，去年一年咱都没见过，你去哪儿了？咋不来？去年双合成发生了那么多事，你就不关心？”张亮笑了，“其实我来了，每次你都是忙得没看见我，我就走了。”张亮脸一侧看着赵光晋，“你也没找我，手机一响我就赶紧看，哪一次都不是你。”赵光晋笑着挠头，“这……这……真是，我遇到那么多麻烦事，还真是没想到你。”张亮停顿片刻说，“遇到啥事找啥人，这也是对的。”赵光晋继续挠着头，想着这几年她究竟忘记谁了。而张亮一侧，其他专家们目光瞟过来笑着，他们都戴着眼镜，一条腿压着另一条腿，特别自信的样子。他们中，一个是著名企业培训专家，太原大学教授杨文星。另一个留着分头，笑时像弥勒佛，不笑像思想家，也是一所大学教授，著名企业培训专家，据说还是演说家，姓黄。第三位专家是太原师专教授，戴副高度近视镜，据说是集培训、策划和平面设计能力于一身的全能大师，他年龄最大，叫晁连生。几个专家看着赵光晋和张亮，笑着说：赵总像如来佛一样，想找谁就找谁，把专家指挥于股掌之中。赵光晋一下变得很不好意思，“可我这人文化水平低，你们讲了那么多，董事会呀、监事会呀、决策呀、执行呀、管理呀、营销呀，我还是不知道公司应该怎么办。”专家们看着她，把目光转到郭俊莹、程雨兰、老革命陈锐、马苏容等十几个双合成高管或要人脸上，轮着心平气和地解释道：由老字号到公司，由国企到现代化股份制公司，确实需要个过程，慢慢来吧，不着急。赵光晋却急了，“慢慢来倒是可以，可是，我这 157 个员工等着吃饭哩！”专家们又纷纷说：共同努力，共同努力！

作为工人出身的赵光晋，对专家讲的公司制度总是理解不清，但却牢牢记住了专家们对食品知识和食品技能的强调，于是，开始带人到北京、上海这些大城市参观学习，学习类似北京稻香村、上海杏花楼这样一些全国著名老字号、著名食品企业的经验。就在这个过程中，她在上海遇到一个奇人。那是在上海食品界安排的一次宴会上，主客十几人已经坐齐，酒菜已经上好，但是还有个空位，主人就侧着头等着，似乎还有更重要的人物要来。在大家等到极限，一个个抓耳挠腮的时候，一个高大的五十岁左右的汉子挽着袖子昂首挺胸地来了。“对不起对不起，来晚了来晚了，哎呀呀，忙呀，放屁都没有时间！”这人没等主人招呼便坐在主人身边那个空位上，拍着正与赵光晋私语的主人的肩头，看着赵光晋一行生人，滔滔不绝地讲起他市场营销的丰功伟绩。“忙呀，简直忙得屁股朝天。卖食品卖了二十多年了，乖乖，除了上海，还有台湾那边，香港那边，新加坡那边，哪边我敢拒绝，敢说个不字？庆幸老天爷没让老林给上海人丢脸，都摆平了，销售上都是几个亿地噌噌地往上蹿。好了，不说了，喝酒喝酒！”来人姓林，看来就是上海食品界同行们所说的那个享誉上海外企界的著名职业经理人林先生。林先生说着反客为主，端起倒上黄酒的小酒杯站了起来。“感谢咱上海的朋友，也感谢山西食品界的朋友，都给老林这么大的面子，我老林能参加上海人宴请山西朋友的宴会，真是三生有幸，三生有幸啊！”林先生看着赵光晋，“我先喝了！”倒上黄酒的杯子不大，应该说是小而精致，但是，林先生喝酒的动作很有气势，似乎是海量。桌上十来个人便跟着把酒喝了。从这杯酒开始，林先生的嘴就没停，似乎在场的所有安静、细致、温和、矫情的上海人中，就他一个人是英雄好汉。在整个酒场上，他一直唱着主角，他说到哪里，那些上海同行就跟着说到哪里，话语中一直充斥着对林先生的恭维之词，看来林先生在上海滩真算号人物，属于那种走到哪儿都能掌控局面的老江湖。

赵光晋静静地听他们说话，她最庆幸的是，在他们的对话中，她听到了林先生的传奇人生。林先生当兵出身，像美国电影演员史泰龙演的《第一滴血》中的蓝博那样，是战场上的中国特种兵。在林先生当兵的那个年代，招特种兵条件非常严格，要求个子必须 1 米 84 以上，体重绝对不能低于 65 公斤，视力必须在 2.0 以上，文化程度不能低于初中，还必须有很好的家庭出身，是根红苗壮的革命青年。当兵期间的训练就更加严酷，经常用军用飞机空降到西双版纳原始森林神龙架，只让带两天的水和压缩饼干，却要求 7 天后才能出来，如果没有超常的胆量、灵活的头脑和绝境中的生存能力，空降后的头一天就可能成为毒蛇猛兽的腹中之物，或者掉入悬崖或陷阱摔成肉饼。但是，林先生无数次经过了这重重考验，因此他作为最优秀的中国军人，被选拔参加了抗美援越战争。一次，他的腿被炮弹炸伤，在炮火中硬硬爬了好几天才爬回阵地，使鲜血染红了越南大地。林先生战功显赫，按他的说法是“为党和国家立下不朽战功”，获得了无数枚金光灿灿的军功章，因此在军界成为红人。接着“文革”开始了，据说林先生被选入林彪麾下，由于战功显赫，人又长得帅，便被林彪选为准“驸马”，如果林彪不是因为着急篡权摔死在蒙古温都尔汗，林先生没准就真成了林副统帅的乘龙快婿了。而与林彪家族的这段关系，后来终于成为林先生政治上的“污点”，他上进的道路从此断了，无奈地离开部队，从此销声匿迹。当“文革”结束，中国进入改革开放时代，林先生才敢在社会上露面，政治前途没了，他便一头扎进商海。林先生凭借部队训练出来的吃苦精神、反应能力和闯劲，终于闯出了一片天地，成为上海一带和香港、台湾、新加坡等地的营销大师，成为中国最早的一批职业经理人。听到这里，早就心跳加快的赵光晋战战兢兢递给林先生一个名片，给林先生简洁地介绍了双合成的情况，然后作揖欢迎林先生一定到太原去，俩人好好谈谈。赵光晋激动地回到太原，她没想到的是，刚一回来，林先生就出现在她面前。

“办公司很简单，一个是产品，一个是市场。产品上有你还有问题？卖的问题就交给我了，我一定要把双合成的产品卖遍全中国，卖到全世界！”林先生咚咚地拍着宽厚的胸脯，就像用一把铁锤锤打着一座大山。赵光晋惊喜万状地伸过手去。赵光晋的手被太原人誉为机器手，但是，当她的双手被林先生那双军人的大手握在手心，她登时感觉到自己的手完全是一双女人的小巧而柔软的手。“赵总，我是冲着你来的，作为一个在战场上九死一生的军人，我看到你身上有一种男人一样的英雄气概。上海、台湾、香港那几家外企的工作我已经辞了，这次我来就没打算回去，就打算把后半生扔在中国北方的双合成！”林先生越说眼圈越红，赵光晋眼圈也迸出眼泪。就这样，林先生当了双合成改制为股份制公司后的第一任常务副总，一人之下，所有人之上，而且领着双合成最高的工资

5000 元。而这时，赵光晋与员工还按国企标准领着那份规定好的工资：就说赵光晋，她当时的工资也只有几百元。

很快，赵光晋发现：林先生是一个张扬自信、飞扬跋扈的人，很难让人接近，甚至让人反感，但是，林先生确实给双合成立下了汗马功劳。林先生有很多本事，多年军人的战斗生活使他有一种捕捉领导意图的本能，所以，他能迅速感知赵光晋的所思所想，并且能用军人的简洁语言把它简明扼要地说到员工心里。林先生的第二个本事是能熬夜、能早起，他总是在每天清晨太阳还没出来之时就双手叉腰站在双合成门口等大家上班，当公司总部的几十个人在公司门口列队站好，他就挥舞起他的两只大手指挥大家唱歌。他的声音很大，总是发出仿佛在一个封闭大厅里唱歌时的嗡嗡的声音，他一个人的声音完全可以压过几十个人的声音。歌一唱完，他总忘不了对赵光晋说那几句话，“赵总，有我在，你以后早上就不要来这么早了，当老板整天累的，在家里多睡一会儿，养养精神，有我在什么事都出不了。”然后，他就把员工留在原地训话，把晚上想好的今天的工作逐条安排一遍。他的第三个本事是体力充沛，整天在公司和几个工厂之间开车训话——他从上海带来了自己的轿车——不论在公司还是到了工厂或门店，他一去，就大手一挥让员工整整齐齐列队站好，首先问大家有什么问题，然后他一个个解答，然后他就热情洋溢地讲话。他讲话从来很短，但是特别有作用。他比赵光晋更喜欢呼口号：“紧跟赵总，双合必成！”“紧跟赵总，困难是虫！”“紧跟赵总，市场必赢！”“紧跟赵总，一片光明！”但是，他从来不喊那些与党和国家相关的大话，他说他只认赵光晋一个人。他就凭这种军人风格的江湖粗话，真的把双合成人激动得热血沸腾，于是，双合成也冒出了不少销售上的拼命三郎。按他的说法就是，“必须不要脸地卖东西！”他这种思想，真的给双合成的产品销售带来突飞猛进的变化，常常是当天就能体现出效果。他的第四个本事是像热爱生命一样热爱销售，而且，除了生产，他只认销售这项工作。所以，他虽然当着双合成常务副总，其实只重视销售。“公司有啥办的？工厂把产品做好，咱们把它卖了，财务上把钱一收账一记，这不就完了，没那么复杂，哪像那些眼镜们说得那么玄！”看他那劲头，他几乎是想把双合成157人全部训练成销售骨干。他还真的这样做了，除了销售部几十个专业销售人员外，他给其他岗位上每个人都安排了销售任务。“我当常务副总就是以销售为本！”他这样疯狂地实施着他的企业战略。他的第五个本事是开店，刚一上任，他就对赵光晋说，“一个店太少了，要有十几个店，几十个店，几百个店，一个店就是一个双合成，几百个店要卖多少东西！”给员工训完话，他便开车到处跑，察看哪条街、哪个街口、哪个社区更适合开店，然后就把这个消息告诉赵光晋。赵光晋越来越相信他，就立刻开车去了他让去的地方。他的第六个本事……

但是，林先生唯一没本事读书学习，所以，对赵光晋请来的那些专家不屑一顾，一看到专家们来了，他就冷笑着对身边的员工们说，“赵总的眼镜们又来了！”但是，他懂得纪律，并且总是带头遵守制度。作为双合成常务副总，他从来没有误过一次专家们的培训，只不过，他的眼睛总是盯着窗外，听到大家都以为精彩的地方，听到大家激动得拍起手来，他便冷冷地一笑，笑得专家们毛骨悚然。有时候，林先生还会在纸片片上写着什么，专家们便对这个来自上海的常务副总谦虚地说，“这个地方不用记……”他便一笑，因为，他在纸片上写的是突然想到的一些工作安排。

林先生当了一年常务副总，双合成发生了很大变化。首先是整体团队“乖”了很多，似乎都很怕他，然后是销售额逐月提升。作为一个女人，赵光晋从来都是粗茶淡饭了事，很少进饭店，但这段时间却高兴得每天都想请林先生吃饭，而林先生手一挥只一个字，“不！”接下来会说，“作为常务副总，不能与老板同甘苦共命运，这算什么常务副总，而现在这点困难比起我们当年在原始森林里的训练，比起战场上生死鏖战，算得了什么！”他指着身边，“我就喜欢这里！”安排了工作，林先生总是坐在三楼雕堡似的小食堂外小平台上的一把旧藤椅上，听着屁股下的藤椅在他巨大身躯下发出咯吱吱的声音，与厨师和吃饭的员工说话，讲他当兵的故事，打仗的故事，被选入林彪部队的故事，以及他在商海的销售奇迹。于是，赵光晋只能在这里见到他，表扬他，感谢他，然后共谋双合成的大事和辉煌的未来，而俩人说着说着，经常便呱呱地击掌。“这儿成了林总的办公室了，真对不起！”赵光晋还没有给林先生找到办公室，林先生恰恰还不要。林先生指着旁边一间低矮的三合板搭起的本来是存放杂物的小屋说，“有这就行，这比战场上的指挥部强多了！”林先生就在那儿住着，不管刮风下雨，那间小屋被恶劣的天气整得多么惨，林先生从没有怨言。一个四十多岁的北方女人和一个五十多岁的上海男人，就在三层楼楼顶简陋的食堂外的小平台上相向而坐，互相拍着对方的膝盖促膝相谈。“林总，你来了几个月了，我一直想问个问题，一直不好意思问。”“什么问题？”“嫂子呢？嫂子还上班不上班？”“身体不好，早就退了。”赵光晋瞪大眼睛，“你咋不早说，应该把嫂子接过来。”“那可不行，”林先生也瞪起眼睛，“双合成成立公司后正在起步，工作那么多，我哪有时间照顾她！”赵光晋说，“中国人常说，少年夫妻老来伴，一个男人年龄大了身边没个女人，是很可怜的。”林先生笑了，“那你老公宋先生一定很可怜了！”赵光晋眼珠一转，反应过来了林先生的意思，跟着笑了，“是，我就是最不称职的老婆！”林先生盯着赵光晋想了想说，“这么多年我一直在外面干，老婆在家里也习惯了，她肯定舍不得她那个温馨的小窝。”赵光晋拍着林先生的膝盖，“家又不是房子，对于男人来说，女人在哪里哪里就是家，我得看看双合成还有没有房子，得给你找一套，就是让人腾也得给你腾一套房子。”平时看上去胸中只有男儿大事的林先生，这时声音突然低了软了，并且犹犹豫豫，“赵总，我看这事……就算了吧！”林先生抬起头看天，“这一二十年我跑了很多地方，在很多外企供过职，待遇都很好，但是……没人说过这事。赵总，”林先生很感激地看着赵光晋，

"我看还是算了吧，不要给企业添麻烦了，双合成条件也很艰苦，再说现在也不是国企了，我出来就是个打工的，你用不着管这些事……"赵光晋说，"不！"接着又说，"咱不是国企？市委市政府搞的股份制改革，就说明还是国企……"林先生嘴里"不不不"地摇着头，赵光晋思考着他的意思说，"就算不是国企，也还是国家的吧？这就得管大家的生活，否则，谁会安心为企业卖命？林总，这事你就不要管了，我来安排。"赵光晋说着提包噔噔地走了，她要落实一下双合成宿舍楼里还有没有空房。她就是这人，想到啥就立刻干啥，这个性格还真与林先生相似。"谢谢，谢谢赵总！"看着赵光晋的背景，林先生连连道谢。

但是，看不惯林先生的人越来越多，这些人基本都是双合成的老员工。好像商量好似的，老员工总是轮换着在赵光晋面前说林先生的坏话，每遇到这种情形，赵光晋就特别恼火。"人家远远地从上海跑来帮咱们搞企业，你们怎么这么多说法，这是什么心态！"大家则嚷嚷着，"看他咋咋呼呼那球势劲，看着就窝火！"赵光晋便盯着面前的郭俊莹、程雨兰、老革命陈锐……一个个问他们对林先生的印象，他们就你看我我看你，最后把目光落在快言快语的程雨兰脸上。程雨兰想一想说，"这又闹住我了，得罪人的话老是让我来说。说就说吧，赵总，"程雨兰看着赵光晋，"说真话还是说假话？"赵光晋说，"当然要说真话。"程雨兰说，"我们认为，他本事是有，人却挺讨厌的，就是这。"赵光晋又问，"是我们还是我？"程雨兰一怔说，"我们，也包括我。"赵光晋"唉"一声说，"你们这些人呀！"便忙别的去了。遇到合适的机会，赵光晋还会向专家们征求对林先生的印象，专家们的回答也是一致的，都哈哈一笑说，"那是个宝。"听了这话赵光晋总是跟着一笑，但是，黄东升教授的话却引起她的注意。"你们还别说，毛主席打天下靠的就是这种人，这才是能成大事的人。咱们这号人都是些门客，人家需要的时候用用，得罪了就把咱打成右派了，更惨的就像秦始皇那时候，就让人给埋了！"赵光晋听了哈哈大笑，心里却波澜起伏。

不过，有一点是可以肯定的，年轻人都喜欢林先生，特别容易受到他那种激情的感染，尤其是在他高高地举起手臂呼口号的时候……

糟糕的是，1998 年春天，双合成又来了个南方人，他是个年轻人，从此成了林先生的克星。当时，他肩背小山般一个大包，双手提着鼓囊囊的小包，收不住脚步似的，扎着头闯进柳巷 76 号双合成办公小楼。他像个外星人似的一层层楼、一间间办公室地打听赵光晋在哪里办公，当他突然出现在赵光晋面前时，人们才发现他竟是那么高。“我叫古鸿文，古代的古，鸿雁的鸿，文化的文。”他穿一身西装，说一口南方普通话，等介绍了自己，他才把满身的行李放在脚下，又从挎包掏出一沓证件，双手捧着恭恭敬敬递到赵光晋面前。“我是镇江人，上海轻工食品学院毕业的，到这里是求职的，这是我全部的证件，请赵总过目。”赵光晋盯着古鸿文，“你怎么知道我姓赵？怎么知道我就是赵总？”古鸿文仍捧着他的证件，“我在楼里问的，他们说你在这里办公，我一看就猜到你是赵总，还知道你叫赵光晋，来之前我查过报纸，看了你们太原好几年的报纸。”赵光晋笑了，接过古鸿文手里的证件，但没看，还盯着这个有意思的年轻人。“你知道不知道我们公司是干什么的？”古鸿文端端正正地站着，“知道，是做食品的，你是月饼王。”赵光晋嘴里重复着“月饼王”，古鸿文接着说，“我就是学食品的，所以要到你们这儿求职。”赵光晋又问，“你是大学生，我们这里可是下苦的！”古鸿文两手并拢，“我知道。我在学校上学的时候就经常实习，我下过车间，什么都会做。大学生是国家的栋梁之材，但是我愿意从最基层做起，只求奉献，不求回报！”赵光晋越听越觉得这年轻人挺逗，“你说的这话是不是事先写好背下来的？”古鸿文双腿一并，头一扬，腰板一挺说，“是，我背的很多，因为我不善言辞，我怕说错了。”赵光晋哈哈大笑，就这一瞬间，她发现这个西装革履的叫古鸿文的年轻人竟是那样帅。“你是镇江的？”“是！”“又是个南方人！你有多高？”“一米八四！”“又是一米八四！你们南方有那么多著名的食品企业，你为什么要到我们这偏远落后的太原来？”“因为这里有我一个同学，我很喜欢她，我要和她结婚！”赵光晋心里一震，脸凑过来，“她也是太原的？”古鸿文说，“是！”“她是你的对象？”古鸿文说，“目前还不知道。”“她知道你来吗？”古鸿文说，“不知道。”赵光晋瞪大眼睛，“那你就敢到我们这儿上班？万一她不想做你的对象怎么办？”古鸿文坚定地说，“不会的。精诚所致，金石为开，我相信她会成为我的妻子，我一定要娶到她！”赵光晋看着站在办公室里乐滋滋地瞅着古鸿文的几个部下和客人，一拍桌子说，“好，你现在就上班！”古鸿文高高的身躯一哆嗦，“赵总吓了我一跳，我还以为要打我哩。”然后，他弯腰拎起他的大包小包，看着赵光晋，“赵总，还有个不情之请，你看能不能先随便找个地方把我这些东西放一放，下了班我就出去找地方住下，我带着钱，能租得起房子。”赵光晋揉着被古鸿文的爱情故事感动得发红的眼睛，笑着交代站在门边的马苏容把古鸿文带到楼顶林先生那间小屋里，让他在那里先住下。“小古你先凑合几天吧，那儿也住着一个南方人！”赵光晋对着古鸿文的背影喊，古鸿文回应道，“谢谢赵总，谢谢关照！”

古鸿文当下就要了一件红工衣套在西服外边，但是，因为工衣太小，使他的形象看上去很滑稽，他走到哪儿，都惹起一片笑声。尽管双合成有了两个南方人，但看上去古鸿文与林先生完全是两种人。首先，古鸿文的脾气很好，见到任何人都要介绍自己是新来的，是江苏镇江人，叫古鸿文，请大家“多多关照”。而恰恰因为这个，他的具体部门和具体工作好多天都没有得到安排，好像是他刚来就被人遗忘似的，使他经常站在一个地方摊着手不知道该做什么，这又惹起一场场哄笑，而笑得最厉害的就是他的南方老乡林先生。不过，古鸿文终于自己给自己找到了事做，因为他找到了笤帚、扫帚、拖把和抹布。他像精心策划过一般，先给各办公室、会议室、仓库、作坊、洗澡堂、食堂、楼道、墙根和墙脚用喷壶——不知他从哪儿找了把浇花的喷壶——喷上水雾，然后用笤帚按住地一下一下轻轻地扫着地上的浮土，他扫地时旁若无人，专注至极，而且纤尘不扬。他感觉到赵光晋和很多人都站在那儿看他扫地，还听赵光晋说，“你们看这个南方后生小古，好像上大学专门学的扫地，扫得那么专业，就和我爸爸我妈妈教我们扫地的扫法一样。”他便抬头说“过奖过奖”，接着又专注地扫地。接着，他提着清洗拖把的水桶，提到一处先把那地方拖干净，在桶里洗了拖把，拧干之后再拖另外一个地方。这时，他又听到赵光晋在不远处对人说，“你们看人家南方小古，就懂得用手把拖布拧干，人家小古就舍得自己的那双手。你们看小古拖地的办法，就像我爸爸我妈妈教我们的一样，也像我妈妈缝衣服，一块一块地缝，拼接起来就是一件漂亮的衣裳。”古鸿文又是“过奖过奖”，接着专注地继续他的工作。他端着脸盆，脸盆里漂着好几块抹布，他轮换着用干净的抹布擦门、擦桌子、擦椅子凳子柜子、擦窗。擦一小会儿，他就在脸盆里洗抹布，等脸盆的水刚出现浑浊的颜色，他就把脸盆的水倒进洗澡堂，然后接上新水再洗一遍抹布，接着擦洗他该擦洗的东西。尤其他擦窗的时候吸引了更多的人观望，因为他个子高，臂长，根本用不着攀上窗台，就能擦到里外高处的窗格子和玻璃，观望的人就纷纷说，“个子高还是好处多，根本不用站到窗台上，窗台既踩不脏，还不怕不小心掉到楼下。”古鸿文又是“过奖过奖”。还有一个重要细节是，古鸿文不知道从哪里找来了一大包塑料套，打扫卫生时就把那塑料套套在脚上，这使他走过的地方留不下脚上的污泥。经过一个礼拜的辛苦，古鸿文把双合成公司总部那栋小楼打扫擦洗得像新的一样，就像一个楚楚动人的待嫁的姑娘。而这时，很多人受到他的感染，就跟着一起打扫卫生，他又听到赵光晋的声音，“不用不用，都不用干，让小古一个人干吧！”他就也说，“不用不用，我一个人就行了！”他不急不躁，不愠不火，总是笑眯眯的样子。

打扫一阵子卫生，想休息一下的时候，或下班后（一般是晚上，甚至是深夜）办公楼空无一人的时候，古鸿文便坐在赵光晋办公室外边的会议室里，读书写字。他读的都是很厚的书，什么《中国企业批判》呀，《团队精神》呀，《人人都能成功》呀，不知道他从哪儿买来了这些根本没听过名字的书。他读书时一直做着笔记，用的笔记本也是很大很厚，像书一样。经常是，他正在读书，赵光晋便喊来公司中层以上的干部，说要让专家给大家做培训，古鸿文拿起他的书和笔记本就走，这时赵光晋就留住他。“小古，你也听听吧！”他感激地对赵光晋点着头坐下，目光躲躲闪闪地瞟着已经坐在他身边的专家们，和坐在他对面的双合成中层以上的干部。他总是这时听到他的南方老乡林先生的大呼小叫，“赵总呀，这是中层以上干部培训，小古算什么？”坐在专家们正对面的赵光晋没有抬头，“也坐下来听听吧，大学生嘛，一个科班毕业的大学生到咱们这地方来，这不是给了咱们面子！”赵光晋盯着每个人。有一天，赵光晋鼻梁上多了副眼镜，所以盯着大家的表情就特别滑稽，因为，她总是一抬头，接着额头往下一扎，那眼镜就从鼻梁上往下滑一点，使她的眼睛在眼镜框上瞪起来。“当个中层干部还不容易？”赵光晋的目光从眼镜框上拐到小古的脸上，“小古，你敢不敢当企划部主任？”古鸿文双手并拢呼地站了起来，“敢，谢谢赵总栽培！”赵光晋接着又问，“你知道不知道企划主任是干什么的？”古鸿文说，“知道，主要任务是领导企划人员把企业的策划、设计和培训教育工作做好，为企业的管理和发展提供一种文化支持。这也是个生产部门，但是，生产的是企业软实力，它也是个营销部门，营销的是企业形象和品牌……”赵光晋高兴地打断了古鸿文的话，“小古你等一下，你今天能不能以专家的身份给大家讲讲课，也让在场的专家们看看你行不行？”古鸿文又是头一扬胸一挺，“行，我就先讲讲企业的使命和任务！”古鸿文坐下来就讲，竟然激起专家们的阵阵掌声，双合成十几个中层以上的干部也跟着拍起手来。林先生则拉下脸，把脸扭向一边，不断撸着袖子。

古鸿文不仅有了部门，而且有了职务，但是，他没办公室，手下也没一个人。于是，不论上班下班，他就一直在赵光晋办公室外边的会议室待着，坐在那儿看书做笔记，看得累了，就问赵光晋要一些公司的资料和媒体发表过的宣传双合成的文章，一页一页地看，一边看一边在他的大厚本上做着笔记。这一天，古鸿文清闲的工作与他告别了，因为赵光晋带进一男一女两个年轻人，把他们交给古鸿文。“小古，这两个人就交给你了，这是我从其他部门和车间里挑选的，他们也上过学，一问还是大专毕业，你要好好培养。”说着，赵光晋让那两个年轻人“快拿去”，那两个年轻人便出了门，一会儿就抱来很多尘封的资料和食品盒，在会议桌上堆得山一般高。但是，古鸿文不仅没嫌烦，而是捧起那些食品盒专注地看起来。他似乎忘了身边的人，一个个看起那些食品盒。他一会儿点头，一会儿摇头，一会儿眼睛往前一凑，一会儿脸往后一拉，那眼神生动多变。赵光晋眨着眼睛说，“你们看小古，咋和我一样，那么痴迷食品盒，好像看见了自己的情人！”古鸿文没接赵光晋的话茬，看着看着，突然抬起头看着赵光晋，恳求般地笑了，“赵总，还有个不情之请，您能不能把咱们那些专家的名单给我，我以后想多联系联系他们，想请教请教。”赵光晋高兴地赶紧说，“可以可以呀，咱们请专家就是给咱们讲课指导，能主动联系人家当然是好事！”赵光晋说着，回头看见了走进来的林先生、郭俊莹、马苏容、肖姗等人，就说，“你看你看，你们看人家小古，刚来就懂得从专家那儿吸取智慧，用专家们的话讲，这就是借脑吧？你们看看咱们的人，谁都没有想到过这一点，都是傻乎乎地坐在那儿听课哩，听了些啥谁知道？连个笔记都不做！”古鸿文刚说了句“赵总过奖”，林先生嗡嗡的声音便在会议室响起来，“企业还得自己干，不要太迷信那些戴眼镜的，不要迷信书本，毛主席早都写过文章，就是反对本本主义。”赵光晋不理林先生，笑嘻嘻地把会议桌上小山似的资料报刊和食品盒全部推到古鸿文面前。“小古，这就交给你了。”古鸿文环顾了一下会议室，又恳求地对着赵光晋笑了，“赵总呀，还有个不情之请，能不能找些柜子，最好是书架，靠着会议室四面墙摆好，把这些资料和食品盒放上，第一是展览，第二是方便随时取下来研究。”赵光晋脱口道，“可以可以！”然后对郭俊莹、马苏容、肖姗说，“你们三个快去快去，看库房里还有没有柜子，没有就赶快到家具商场买十几个书架。”林先生再也听不下去了，撸着袖子走出会议室，很不高兴地叨叨着，“公司会议室倒成了他的办公室了，真他妈的不可思议！”

这天晚上，已是深夜三点，古鸿文还躺在行军床上哗哗地看书，在另一张行军床上翻来覆去睡不着的林先生终于忍无可忍：“小古呀，你让不让林总睡了？”古鸿文没抬头，“林总你睡你睡，我再看一会儿。”林先生呼地坐起来，咚咚地捶着山一样的胸脯，“再是铁打的汉子也是人，你开着灯我怎么睡？林总五十多了，哪像你30岁的小后生！”古鸿文手指头夹在书里合住书，眨着眼睛看着林先生，看了半天突然醒过了神，眼一睁，不好意思地说，“噢，灯？我没想到这个问题。”古鸿文不好意思地笑红了脸，“可能是学生当惯了，在宿舍里每天就这样看书，对不起对不起！”古鸿文说着起身来到外边楼顶的小平台上，坐在林先生平时坐的那把破藤椅上，拉亮旁边墙上的灯，又看起书来。但是，他身下藤椅咯吱咯吱的声音又把林先生招惹出来。“小古，椅子还响，响得比灯照人还难受！”林先生说罢退回小屋，几秒后又拉开门走了出来。“小古，你不要太自私了，也要顾及别人！”接着指着古鸿文，“那是我平时坐的椅子，你不要咯吱咯吱地给我坐坏了！”林先生退回去又走了出来，“小古啊，咱都是南方人，作为过来人我提醒你，做企业可没有那么容易，不是上几年学、读几本书就能行的，关键是产品要卖出去！”古鸿文抬起头看了林先生一眼，又低头看起书来，再不理林先生的大呼小叫。

又是一天深夜，古鸿文正在小平台上冷得哆哆嗦嗦地看书，突然觉得有人给他背上披了件大衣，一抬头，看见是老板赵光晋。

“赵总呀，这么晚了你还没回去？”

赵光晋看着古鸿文和林先生住的那间三合板搭起的临时小屋，竖起食指嘘了一声说，“小声点，我在向你学习，也在办公室看了几个小时书，你说的那些书我让肖姗都买了，看了确实挺开思路，就是好多地方看不懂。”

古鸿文小声说：“赵总要是看得起，以后咱们经常讨论讨论。”

昏黄的灯光下，赵光晋的眼睛显得特别明亮：“那当然好，但不能光给我讲，得和专家配合起来，给双合成人讲，大家都懂了才行。”

古鸿文说：“那是当然，那是当然……”

赵光晋说：“我来是说别的，今天先告你一个好消息，可能咱宿舍楼里还能腾出两套房子，我想把林总和你都安排一下，你们大老远从南方来，总不能让你们老住这个。”赵光晋指了指旁边的小屋，“可是，你太原那个对象呢？成了没有？来了几个月了咋不听你说了？”

“这是自己的事，咋好意思惊扰赵总。”古鸿文说着从膝上那本大书里抽出一个大红本，递给赵光晋，脸上绽开笑容。

赵光晋一看，是结婚证，惊喜地瞪圆眼睛，张大了嘴。

接下来她听古鸿文说了这样一段话：“我应聘时已经与她领证了，但当时之所以那样说，原因有三：一是要让赵总觉得太原有我的未来，我是安心的；二是不想给赵总添麻烦，怕说已结婚您认为我会要房子，反而不利于应聘；三是……而今天让您看结婚证是实在憋不住了，我不能对老总说谎！”

这是个深秋之夜，赵光晋披在古鸿文身上的大衣，是她丈夫宋英民的。赵光晋张大的嘴终于嚅动起来：“小古，不能领个证就算结婚了，在咱北方，举行仪式才算真的结婚，这个事由咱企业来办，我要让双合成的媳妇都感觉到双合成的温暖！”听到这话，古鸿文脸一哆嗦，感动得抓住赵光晋的手，膝盖上那本厚书啪地掉在地上。

19

白日梦

光晋的家园

HOME

19
白日梦

是谁赋予时间如此伟大的意义？是生命。当时间的指针指到十年、百年和千年这些瞬间，时间的意义总是突然爆炸般地作用于人类，似乎在这一瞬间每个人都会产生一种顿悟，要不对以往有了痛彻的反省，要不对以后有了清醒的设定，于是，这些瞬间便灿烂起来，成为人类历史最闪亮的刻度：不是伟大的终点，就是伟大的起点。

21 世纪到了，全人类都在思考过去的和未来的，但热血澎湃之后发现，逝者如斯夫，只有未来才属于我们。不仅英雄，即使那些懒汉和懦夫，也有这般动人的气概。但是有人说，千年之禧就是全人类的一场白日梦，还有人说现代化就是人类的一场白日梦，使人们惊讶的是，这白日梦还确实成就了人类很多伟大的理想。

比如赵光晋，她就是在这世纪之交突然成长为新人。她嘴里突然出现了人类呀、世界呀、国家呀、民族呀这样一些宏大的词汇，出现了企业精神、团队精神、公司、跨国公司、董事会、董事会主席、总裁、首席执行官、职业经理人、人力资源、管理成本、发展模式、利润指数、利润黑洞、观念和理念、品牌、学习型企业、人性化管理、狼性团队、烘焙业等这样一套全新概念，然后，她有了现代化老板的派头和气质。

1997 年，双合成没有实行股份制改革以前那 12 年间，赵光晋虽说也叫经理，其实就是个前店后厂的小国企食品老字号的小店长或小厂长，也就是旧社会那种老字号里的“掌柜的”。而改为股份制公司之后，赵光晋尽管被选为董事长和总经理，但一下子还摆不脱旧体制的阴影，甚至摆不脱旧社会老字号那种阴魂的牵绊，是新世纪的到来使她明白了这一切。

此时，赵光晋手下已经有了数员大将：第一员大将是林先生，作为公司常务副总，他不仅把全公司“唬”得安安静静、有秩有序，而且用军人的方式每天训练着营销团队，发展着经销队伍，并不断开店，使双合成的市场飞速地向省内外延伸。第二员大将是古鸿文，他是双合成第一个食品学院科班毕业的大学生，一个酷爱读书并醉心于食品事业的年轻专家，虽说他只是企划部主任，但是，他不仅一揽公司全部的战略策划、形象设计和品牌传播工作，而且负责与张亮这些专家打交道，更大范围地发挥了专家的作用，还不断发展着新的专家，而忙完这些，他就沉迷于产品、品名和产品包装的研究创意之中，这给赵光晋又带来一个“放心”。第三员大将是程雨兰，作为赵光晋的姐妹和与她同期在太原食品行业起步的食品技艺大拿，程雨兰管理着工厂和产品，这是她最放心的一块，可以说她十天半月不打一个电话，都不担心生产问题。她还有第四员大将，她就是善解人意又知人善用的马苏容；双合成兼并享堂食品商场之后，马苏容曾为享堂的利益请命，很长时间与她和双合成人保持着冷战状态，接着又不断请调，但是，当她用真心把马苏容留下来之后，马苏容从此变成对她最忠心的干将；1997 年双合成股份制改革后，党支部书记郭俊莹因年龄和身体的原因辞去书记职务，赵光晋便暂时接替了党支部书记的职务，而作为党支部副书记，马苏容便名正言顺地成为她的助手；马苏容不仅能把党务工作搞得井井有条，把董事长和总经理的接待工作做得人人满意，而且始终保持普通员工心态，工作上任何人有邀请，她都会立刻到场，并且能用娓娓道来的办法帮赵光晋和很多人解决很多工作关系上的难题和企业的突发事件，从而成为双合成的“热门人物”。她的第五员干将是陈锐，号称老革命的老混混，他是被她的人品和损招整服的，从此成为她和双合成的铁杆“保镖”，只要他说了话，双合成那些赖皮就没人敢捣乱，只要提到他的名字，社会上那些企图骚扰双合成的赖皮便撒腿就跑。她的第六员干将是知恩图报、有心有意的，为了她和双合成时刻准备挺身而出的拼命三郎李保，他与陈锐都是双合成的好汉，当陈锐当双合成行政主任的时候，他还是个司机，其实俩人都是双合成的“保安”，他们的任务就是为她和双合成保驾护航。她的第七员大将就是丈夫宋英民……

2001 年春季的一天，宋英民风风火火地来到赵光晋办公室，她以为家里发生了什么大事，赶紧从椅子上站起来，宋英民抬起双手往下一压。“赶快坐下，像个老板的样子。”她屁股虚虚地挨住椅子，心情更加紧张：“咋啦？出啥事了？”宋英民说，“我提前退休了，手续都办了。”她呼地站起来，“你犯什么神经，是不是胡说哩！”宋英民又抬起双手往下按着，“是犯神经了，我要来双合成竞岗。”她眨着眼睛，“你……”宋英民强调说，“我不和你开玩笑，我退休就是要来竞岗，最苦最累没人干的事给我就行，我可不希望哪天早上起来发现我老婆就像我妈那样老！”她听着扭过头，从左侧墙上那面小镜子里看自己，看到半头白发，突然明白了丈夫的苦心，心一酸扭回头，泪汪汪地看着宋英民，她发现宋英民也揉着眼睛。结婚二十来年，在她心目中宋英民是个爱与她斗嘴的丈夫，但是宋英民这一天的行为使她感觉到，他原来竟是这样疼她爱她的人。她让宋英民在沙发上坐下让她想想，她捂住脸……

尽管对专家不满，但是，直到今天赵光晋都承认，要不是专家们在课堂上和私底下那些很刺激她的话，她和双合成就走不出老字号那种意识和太原这个城市。在专家影响下，赵光晋最初带大家出去参观学习的时候，花旅差费时简直心疼得心头滴血，即使坐最慢的火车和公交，住几块钱的小旅馆，吃碗面或一个馒头，她都要掐着手指头一个人一个人地计算一共花了多少钱。“姗姗，咱今天一共花了多少钱？”肖姗便报一个数，她立刻会吃惊地瞪大眼睛，“就那么多，这不行，以后不能出来了！”但是，她还是想到全国那些著名食品企业看看，就像她带去的员工们说，“经理是参观出瘾了！”就这样，十几年来，她每年都要无数次地带大家出去参观学习，不仅多次参观了中国烘焙业比较发达的北京、上海、天津、广州这些城市的食品企业，而且参观了台湾、香港的食品企业，还远赴日本、新加坡、德国、法国、美国等十几个国家，参观了许多世界上很著名的食品企业，并花钱请那里的专家给大家讲课。她带员工参观的是这些国内外著名食品企业的规模、环境、设施和生产设备，学习的是人家的管理办法和生产技艺，而每次参观完一家，她就拉着脸对大家说，“不参观还好，参观一家就丧失点信心，咱基本上还是手工作坊，看人家那环境、那车间、那设备，锃光瓦亮的一粒尘土都没有……”她坐在那几块钱的旅馆的床上拉着脸。“不行，我今天还得去一趟！”第二天一早她又来到那些企业，等夕阳一点点地落下，大家等她都等得急了眼，她才高高兴兴地回来，告诉大家：“我已经谈妥了，他们的专家要到太原给咱们认真做培训，咱们一回去他们就到，现在大家就走，不能落在人家洋专家的后头。”就这样，她把全国各大城市及台湾、香港、新加坡、欧美很多食品专家请到太原，一住就是半个月一个月，甚至半年，让洋专家手把手地教双合成人闻所未闻的食品技术:1989 年，她请来天津著名“起士林食品公司”刘师傅，给双合成全体员工讲西点做法，主要讲黄油饼、蛋挞、椰子排等十几种西点做法。1994 年，她又把上海最著名的中点师傅陈师傅请来讲他的中点绝活，他的绝活主要是造型和调色，教的产品主要是苔菜麻花和小刺猬这些吸引妇女儿童的产品。而 1997 年至 1999 年，她又反复请来广州一些著名西点大师，给双合成员工讲广式月饼的制作技术，其技术的要点是皮料必须用糖浆，而糖浆必须提前一个月做好，否则，和面时糖和面就会粘在手上。而且，她靠使人无法拒绝的真诚及死缠硬磨的办法，硬是把广式月饼糖与面 2 ： 8 和 1 ： 9 的绝密比例从大师那儿“逼”出来，从此使双合成做出了足以以假乱真的皮像纸一样薄的广式月饼。她还请到了广州另两个大师阿李和阿苏，让他们教会了双合成员工做面包、椰蓉酥、鸦子酥等产品。2000 年，她又请来台湾烘焙大师林师傅前来传授老婆饼技艺和不用面粉做月饼的技术，同年又请来日本的烘焙大师。总之，21 世纪之前，她在参观学习期间，请来的食品专家和烘焙大师至少不下 100 人，使双合成员工在技术上越学越多，结果是，越学越觉得不能干，因为工厂太小，设备太差，根本做不出来。

“这就是老字号的差距，我们要是想有专家们所说的那种跨越式发展，就必须告别老字号的手工时代，要向食品大工业进军！”

一次次大会小会上，赵光晋举起拳头。

对先进设备的考察和购进就这样开始了，从 1997 年开始，双合成就不惜重金，先后购回了卧式和立式打蛋机、日本雷恩包馅机、电烤炉、隧道链条炉、柴油烤炉、平转和立转烤炉、成型机、打饼机、食品包装机等一系列先进设备，使双合成一步一步跨入工业化时代，生产效率跟着发生了魔术般的变化。而在购进设备方面，最富于革命意义的就是 1996 年购进食品包装机。赵光晋名气大了，参加的会议和认识的人多了，许多先进设备的购买引进都缘于这些场合得到的信息。尽管她已经给双合成买回了打蛋机、包馅机、各种烤炉等一系列先进设备，大大地解放了人力，生产效率得到了很大提高，但是，因为当时太原市食品行业还是纸包装——手工纸质包装——所以，这些先进设备派不上用场。因为，手工纸包装不仅慢得要命，跟不上生产，而且包装的产品不好看，不卫生，除了在自己门店销售外，大部分只好用三轮车送到街边私人小店里去销售，而无法打进超市。

一次偶然的聚会中，赵光晋听说太原市新建南路乳品厂新进了一台牛奶袋包装机，包装的速度很快，比人工包装要快十几倍、几十倍，她就立刻叫上工厂厂长程雨兰去考察，俩人接连去了十几趟，终于学会了使用。她就打听这包装机的产地，终于打听到这类包装机的产地是山东青岛。她这人听风就是雨，立刻派程雨兰手下最机灵的年轻机械维修师董纯带人赶往青岛考察学习。她要求他们不仅要学会使用这包装机，而且必须拆下来重新装上。

当董纯几人在青岛把那种食品包装机“玩”得像修理拆装自行车那样熟练，她在电话里便命令他们，“现在就交钱买机器！”一台价值28万元的食品包装机就这样来到双合成。食品包装机迅速淘汰了手工纸质包装，但是，让赵光晋和全体双合成人更兴奋的是，包装机出来的塑料包装上还能印上双合成的产地、品名、用料、食品方法和保质期这些内容，这样的话，产品就能放进大商场和超市，产品就有了与北京、上海等地的食品同样的卫生程度、保质能力和卖相，就有了竞争力。而出现的新问题是，很多人担心塑料包装不透气，使产品坏了，于是大家就开始做实验，把包装机里出来的塑料包装产品放到温度极高的锅炉房里，有的产品甚至包了四五层，看它们在高温下如何变化。结果是，在科学规定的时间里产品仍然那样鲜美，形象完好，大家就放心了。接着又出现了问题，即几天后塑料包装的产品就坏了，这是什么问题？赵光晋又与大家一起观察研究，发现是塑料包装漏了气。她就与大家一起研究，解决塑料包装如何不漏气的问题，办法很简单，就是给塑料包装袋打气，如果按照压力要求塑料袋没爆，就说明包装袋是过关的，否则就退包装袋。她和员工用这笨办法完善了包装机的功能，从而使包装机在这个中秋节创造了奇迹。这时，双合成已有300多名员工，但是，十几个是公司管理人员，几十个是销售团队，在车间24小时轮班的生产工人就剩下几十个。如果按照双合成原来每天每人包30斤月饼的速度，中秋前这两个月总共最多只能包十几万斤月饼，即使按赵光晋这个“机器手”每天包 80 斤月饼这个极限要求大家，这两个月也只能包几十万斤月饼。在赵光晋领导双合成这些年，双合成月饼年年都达到着极限：1985 年双合成生产 12 万斤月饼，大家认为是极限；1986 年生产 18 万斤月饼，大家认为是极限；1987 年生产 26 万斤月饼，大家又认为是极限……而 1995 年竟生产了 40 万斤月饼，大家认为这一定是空前绝后的最高峰，根本不可能再超越了。尽管 1996 年双合成已购进很多先进设备，但是，由于“手工纸质包装”这个技术瓶颈，因此，无人相信这些现代化设备能打破 1995 年双合成的生产神话。但是，现实是，1996 年中秋双合成还就生产了 100 万斤月饼，原因很简单，就因为购进了食品包装机，从而救了打蛋机、包馅机、成型机和烤炉等现代设备的“驾”。

“机器还得机器救哩，有了这就得有那！”

那些日子里，赵光晋穿着工衣每天在车间忙碌，嘴里叨叨的一直就是这句话。一个让她更高兴的消息传来了，说双合成柳巷门店让顾客挤塌了，柜台上的玻璃也挤碎了，铝合金柜台全挤成歪的。

“经理经理，你咋一点都不急，还笑哩！”厂长程雨兰跑过来抓住她的手，急得满头大汗，“门店出了那么大的事，你还在这儿笑哩，你赶快走吧，厂里这边有我！”

赵光晋看着程雨兰还在笑，笑着笑着笑出眼泪：“我咋不笑？顾客把双合成全挤塌了才好哩，这说明咱的产品顾客喜欢，说明咱能生产出来！”赵光晋说着举起程雨兰的手呼喊起来，“今年中秋的月饼上了 100 万了！今年中秋的月饼上了 100 万了！”

一个食品包装机就能产生这样大的作用，使一个企业迈上一个新的台阶，赵光晋没有道理不相信现代化。

1999 年，赵光晋又抓到一个信息，一咬牙就花了 54 万元从日本买回一台雷恩机，即自动包馅机，这对双合成生产效益的提高又起到了革命性的作用。雷恩机有两个缸，一个缸放面，一个缸放馅，它是当时国际上最先进的包馅机，完全是电脑控制。说起来它只是包馅机，其实，只要按比例把各种料放进去，从和面、和馅、成型到烘烤的全部过程它都能完成，并且一分钟能生产45到60个产品。在劳动效率的提高上它更神奇：比如做4000斤产品，在手工时代，需要15个人干12个小时，而用了雷恩机后，只需要6个人上一个班（4小时）就能完成，而这6个人在这4个小时中也只是照看机器。所以，雷恩机与食品包装机结合起来，便使双合成的生产真正出现了现代化的速度。“看来这先进机器是个系列，缺一不可！”这就是赵光晋的体会。

但是，双合成人一个个被淘汰了，首先淘汰的就是搞了一辈子采购，为双合成立下汗马功劳的张玲。买那些先进设备的时候，张玲已经退居到采购的边缘，现在张玲年龄又大了，跑不动了，加之是女人，不适合在现代市场上的大规模采购交易的酒席上应酬，对全新的产品所需要的配料和设备也不懂了，说明书也看不明白，所以张玲闲下了。但是，赵光晋死活找不到爱干这个苦差事的人，一年又一年过去了……她的丈夫宋英民终于来了。

“好，你就做采供，小马——小马——”听到赵光晋的呼唤，马苏容噔噔地跑来，“小马，这是宋英民，我家老头儿，你给他办个手续，就让他在咱采供部当个采购。”马苏容说“是”，用眼睛邀请宋英民，俩人一前一后到人事部办理应聘手续去了。

……北京301医院，赵光晋想到这里，欣慰地抚着胸脯，一个女人大叫一声说“赵总你别动”，扑过来，紧紧抓住她的手，摁住她手腕上的针头。扑过来的女人就是张玲，“赵总，你正输着液，手上扎着针头，还敢动来动去？你是想啥哩，老是动来动去？”张玲急了，口不择言地责怪起赵光晋。赵光晋这才想起，她正躺在北京协和医院的病床上，她想起一听说她在北京住了院，无事可做的张玲就赶紧坐火车赶到北京，这一陪就是一个多月。

“张玲，你来双合成比我还早，咱是老姐妹，想起宋英民接替你这事，我心里总是不得劲。”

“赵总，你不要这样想，我每天也很忙，总有事干，看见啥该干就干啥，总不能白领双合成的工资。”

“张玲，企业发展了，实现了工业化现代化，好多人就跟不上了，你作为元老，要带头想通，给大家做个典范，没准还会有更多的人……没准哪一天我也得……”

“赵总，我懂，咱不是不想干，是不会干了，赵总，我懂。”

“这就好。我病成这样子，可是实在躺不住，看着窗外的太阳都能做出梦来，梦的都是双合成这样的事。”

“赵总，你出来学习来了，单位的事就别想了，咱双合成靠你哩，你可不敢躺倒了！”

两个女人四目相对，一会儿又接着说话。

赵光晋最大的变化，就是脱开了生产和销售琐事，经常带员工全国各地到处学习。她要实现专家要求的团队“充电”这个人才战略，所以一听说哪儿有高水平的培训班，就立刻带人坐飞机赶去。她是个心疼钱的人，但是，为了赶时间，她在飞机和培训上花了大把大把的钱。在飞机上她经常对大家说，“咱花这个钱是为了买双合成的未来，这钱花得值得吧？”大家齐说，“值得值得！”过一会儿她又说起这话，大家就又齐声道，“赵总还是心疼双合成的血汗钱！”但是，慢慢地她听课上了瘾，与日俱增的高额培训费花出去的时候，她心里就失去了疼痛的感觉，开始沉醉于培训课堂上那些大师们的思想、观念和智慧。她开始了飞机和课堂人生，带领员工在北京听了企业文化大师的课，在上海听了企业管理大师余世维的课，在广州听了品牌创意大师杨达天的课，在深圳听了成功学大师陈安之的课，在武汉听了行动成功学大师李践的课，在上海听了企业基业常青研究大师的课，在深圳听了全国最著名的企业培训机构汇才公司的课，在广州听了团队精神大师“自动自发”这门课……每年她带领员工至少要听十个以上大师的企业培训课，在她的印象中，所有大师都有滔滔不绝的口才，讲课方式都是那样鲜活。

一次在上海，一个大师让几百个学员以不同的方式从他面前走过，当学员们抓耳挠腮以正步走、单腿跳、双腿跳、一瘸一拐地走、倒着走、双手撑地走、翻着跟头走等几百种方式从大师面前走过，大师突然大笑一声，用洪亮的声音对几百个学员喊道："正常人走路为什么相同，因为思维上有了定势。但是，我可爱的学员每个人都完成了自己的答卷，如果按这种思维做企业，做自己心仪的事业，还有什么困难不能克服，还有什么困境不能突围！"听到这里，几百个学员的掌声登时汇成海洋，而赵光晋拍着手突然想起自己经常说的那句话，"没办法的时候就最有办法。"她胸中的激情突然像遭遇狂风的大火砰一声燃烧起来，她把手拍得通红透亮。

还有一次在深圳，大师让回答不上问题的学员和犯了错误的学员做俯卧撑，要求必须做 50 个，否则这门课不让结业。而且规定，这对在一旁观看的学员也是一种考核。有些男学员看见女学员做俯卧撑做得很累，就主动替代，大师便要求他们必须做够 100 个。等这个游戏全部结束，大师才站在讲台上给大家揭开谜底："为什么要让大家趴在地上做这些不雅的动作？就是为了让你们出丑。为什么要让你们出丑？就是因为你们犯了错误。为什么犯了错误就要让你们出丑？就是要焕发你们做人和做企业人的荣誉感。为什么要让回答不上问题和犯了错误的人一起出丑？就是想告诉大家，做不好工作和犯错误同样都是犯错误，而且是更大的错误。为什么要更严厉地处罚帮助女士们做俯卧撑的男士？第一是想告诉大家，在做事业上、做企业上、做市场上，弱者是不能同情的，同情就是害了他们，同时要告诉大家，错误是不能代替的，因为代替是一种原谅，是对错误的认可，而原谅和认可错误就是更大的错误，就是犯罪！"大师说到这里，赵光晋又想起双合成老革命跟班的装死时她整他的办法，想着想着就哈哈大笑起来，并第一个拍手，带起满堂雷鸣般的掌声。

中国改革开放了，社会上大师的课程越来越名目繁多，大师在课堂上的游戏也是成百种、上千种，简直出其不意，而赵光晋从中发现的是，这些大师们在很多思维和心理上与她有很多相似之处，只不过，她的知识少、文化低、见识少、水平低，总结不出那套而已。想到这里，她兴奋起来，再一次对双合成的前程充满信心。一次，一个学员在课堂上悄悄告了她一个信息，说东北有个大师叫马大姐，更神，不用见面，不需要知道任何信息，就知道所求者的一切。赵光晋立即问了马大姐的电话，以去厕所为名，给马大姐打通电话。神奇的是，她刚“喂”了一声，马大姐便说了一串话：“你姓赵，祖籍应当是河北这一带的，但你生长在太原，现在是个老板吧。你现在在上海，给我打电话不是问事的，你是怀疑我马大姐，出于好奇打电话试探一下吧，不过，不怕不怕，没事。”她听了这段话当下就服了，“马大姐，不是不是……”马大姐轻轻一笑说，“赵老板，你爱听课，因为你心里充满了不解和恐惧，你找不到你的心，再见，有事可以给我打电话，就叫我马大姐。”马大姐挂了电话，赵光晋脸色煞白。

一眨眼，时光就流淌到 2007 年，但是千年之禧的激情似乎还激荡在中国很多梦想者心中。这不，中国北京突然又出现了一个名气和学费同样蜚声海内外的梦想大师，赵光晋这次赴京就是听他的课来的，但是，她正在课上做一个跳跳蹦蹦的游戏，便一头栽倒了。她被送到协和医院，一查是糖尿病，已患病多年了。

“张玲，按医生的说法，我得糖尿病应该十几年了，我记得我四十多岁的时候头发就开始白了，眼睛就开始花了，就有了现在这症状，但是你回去不要说。”

“赵总你放心，我不会说的，你以后悠着点，别太累了！”

“我知道，你来我能让你一直待着是相信你……”

“我知道知道，赵总这样信任我……”

两个女人说得泪眼涟涟。

“张玲，出了院我想在北京染个发，让自己精精干干、年年轻轻地回去。”

“那我也染一下，回去让我家老头儿也高兴高兴。”

在301医院养病期间，除了与张玲说话，赵光晋经常突然会陷入沉思。那时她总是依在被子上，看着窗外的树梢，一副失神的样子。有一天上午，她正盯着窗外树枝上两只跳来跳去的叽叽喳喳的小鸟，蓦然觉得刺目的阳光暗淡下来，她恍恍惚惚进入一个梦中。

她觉得自己变成一个四十多岁的干瘦精干的男人，他穿着灰色的系着裤腿的宽大的裤子和深蓝色长袍，戴一顶黑色圆帽，带着十几个同样打扮的后生，行走在一片树木之间。她看见这些树的树皮黄中带白，闪着滑溜的光泽，树身端直，树冠像仕女头顶巍峨的发髻，且交错在一起，还看见那婀娜的枝条和嫩黄的手掌大的树叶间斜斜地穿过束束阳光，使这片百十亩大的园林呈现出斑驳迷离的景象。她还看到了树丛中那一栋栋纵横排列着的方方正正的巨大楼房的底部，于是她想象着楼房的高度。同时，她看到有十几人、几十人、成百人，举着小红旗，或西装革履，或穿着花花绿绿的休闲服，他们个头不一、肤色不一、胖瘦不一、语言不一，但是他们都像旅游参观团，他们像河流般涌向一个地方。她就带着她的人跟着他们走进一栋栋楼房。

阳光神奇地变换着色彩，她跟着人流穿过一个铅灰色狭窄的通道，进门时，两边那些一言不发的穿着白大褂、戴着白圆帽、白口罩和透明如蝉翼的手套的漂亮姑娘们，便让每个人换上与她们同样的穿戴，然后让大家走过一个喷雾的地方，走着走着，面前出现一个宽敞的高达十数米左右的通道。一身白衣的漂亮姑娘开始给大家讲起这一栋栋楼房里那一个车间（原来是个工业园）里的情况，但是，她听不见她们的声音，只能看见她们恰到好处的手势和口罩上方两只黑亮而灵动的眼睛，及脸颊边精致而透明的耳朵，和暴露在参观者目光中两段白皙的胳膊、纤细的十指。她还看到，通道两侧是玻璃墙，透过玻璃墙可以清晰地看到下面寥廓的一个个车间——有些是做中点的，有些是做西点的，有些是做面包的，有些是做月饼的……车间的分工很细，绝不像人们想象的那么粗糙……还有专门做馅的，专门和面的，专门做皮料的……而在食品工业行业（她渐渐想起这是一次参观，好像她参观的是北京稻香村）……这几道全世界的食品企业都必须遵循的工艺环节，在这里却划分出更多的特别专业的车间，使人眼花缭乱：一个个辽阔的数千平米、甚至上万平米的车间，鳞次栉比的一排排大小不一、形状各异，有的几米、有的几十米、上百米、几百米的锃光瓦亮的机器，一条条飞速运动的传送各种食品的传送带，在机器旁走来走去，穿着白大褂、戴着白口罩和白圆帽，分辨不清性别和年龄的工人。一切都是无声的，根本看不见做食品的模具和案板，以及面缸、油缸这些东西。

一个非男非女的声音不知从何处隐隐传来："赵光晋，欢迎来到北京稻香村，这儿每天都要生产十几吨、数十吨产品，它面对全国三十来个省和数百、数千个城市，还是供不应求，提货得提前一周排队。而你们那几个几百平米、上千平米的车间太小了，买的那些机器设备也太小了，真正发挥作用的大机器你们车间里一个都放不下，你仅仅是比过去的小作坊前进了一步，仅仅是个大作坊！"这隐隐的声音正好击中赵光晋心中的软区。这隐隐的声音她似曾听过，但她又听不出是谁的声音。赵光晋正在想到底是谁在说话，是谁给她心里添堵，面前的参观通道、两边的车间、一个个参观团，及参观者正行走于其中的栋栋楼房，霎时消失了，而她和他们又出现在另一个陌生的食品工业园里。

比起百亩左右的北京稻香村，这个工业园要大得多，看上去有五六百亩，或上千亩。建设风格也迥然不同，它更像一个有异域风格的中国江南现代园林，像一个休闲、旅游、玩乐、拍照的自然景区，有山、有水、有树林，有桥、有亭、有楼台，有花、有草，有无数别有情趣的情人椅和奇异美石，还有无数蛇形的石子路和淙淙小溪。这时，那些惊艳妖媚，口中随时吐出各国语言的解说员，一个个秀色可餐的年轻姑娘们，见大家眼神多疑，就笑着对大家说："园林里那一栋栋姿态各异的别墅形建筑，便是我们办公的地方和车间，而每栋楼的一层是我们工业园内部的食品店，我们在全国已经有几千家食品店，欢迎大家对好利来的环境、工作、服务和食品进行指导！”十几个参观团，一两千号人，个个翘首远眺，用目光寻找通向那栋栋“别墅楼”的蜿蜒路径，一个忙碌在树丛间的年轻人吸引了大家的目光。他穿一身大学生爱穿的短裤和T恤，看上去最多三十岁出头。他身上挂满照相机，一会儿蹲下，一会儿弯腰，一会儿躺下，一会儿仰卧，一会儿单腿站立像飞的样子，换着照相机旁若无人地正在拍工业林园的景色。给大家解说工业园的姑娘们，便将目光投向不远处那个忙着拍照的年轻人，以崇拜的口吻说，“这就是我们的老板，他唯一的兴趣就是拍照，每年都要去全世界最著名的地方拍片子。他是十年前在重庆为给他妈妈买生日蛋糕受了气，才发誓为妈妈做世界上最好吃的点心、面包和蛋糕，这就开创了好利来，现在好利来已经上市，是全国食品企业中唯一上市的企业，欢迎诸位中外专家来沈阳为好利来总部传经送宝！”赵光晋正被好利来年轻的老板孝敬母亲的故事所打动，这个迷宫般的似乎一个月也参观不完的工业园，又从眼前消失了，然后，面前出现一个没有任何绿化，没有任何树木花草，长方形的，看上去只有几十亩大的一个干巴巴的工厂。

这工厂里全是水泥地，中间孤零零的只矗立着一栋四四方方的看上去不高且没有窗户看不出楼层的楼，它看上去像一个地上的墓穴，或研究秘密武器、高科技化工产品的地方，非常瘆人，会使人联想到日本人在东北的731部队。但是，这个企业就是公司遍布全世界的日本一家食品集团在中国北京的食品配料生产企业，它的名字叫“京日”。而“京日”两个字小得可怜，就可怜地写在立在大门外的那个小牌牌上，但是，它就是日本这家食品集团的京日集团的世界总部。走进大楼之后，那气象突然非凡起来，首先是，看不见一个人，只有一尘不染、色调单一、色泽温润、却色感不一的一条条通道，一扇扇紧闭、没写办公室名字的似乎里面没人的办公室，还有一个白白净净看不出年龄的老头儿，和一个同样白净也看不出年龄的年轻人。那老头儿像老妇人一样点头哈腰地笑着，一直跟着大家，每到一个地方，就让大家换上地上若隐若现的色框里不同方向搁着的拖鞋，然后让大家按相反的方向把自己的鞋放好，然后就做个手势给大家指明参观的道路，然后就屁颠儿屁颠儿地跟在大家后面小跑，以准备下一步给大家指路。而那个年轻人则跟在老头儿后头，笑着，一句话不说。京日大楼里也只有一条参观通道，它上下左右拐着，使大家可以一目了然地看到所有的车间。楼房的布局简单得多，但是，它的细节却不断激起参观者提问题的欲望。比如，所到之处没有任何人看到一个管道，有人就问，“请问你们的管道呢？”那老头儿弯腰点头笑眯眯地说，“都在地下。”大家又问，“那管道坏了怎么修呀，总不能把楼板挖起来一节一节检查吧？”那老头儿说，“我们就不修。”大家便群起质疑，“不修？”那老头儿一笑说，“**建工厂时我们就没想让它坏**，我们买的是世界上最好的材料，用最好的技术安装，至少能使用一百年，就没想让它坏，这样算下来成本低一百倍都不止。”老头儿仍是点头哈腰，一副感谢光临指导的样子。参观的人群哇的一声，一个个哑然失色。

这时，老头儿恰到好处地右手往前一伸，“女士们先生们，我们这条参观通道其实也是谈判通道，我们的想法是，带大家走到头，就想使所有的参观者成为我们的客户，彼此的合作基本就确定了80%，然后在一楼会议室稍稍沟通一下就签合同，我们有这样的信心，请大家看看我们的选料车间。”似乎走了很长时间，似乎又只走了一小会儿，一个没有任何窗户、高大宽阔的车间，出现在一两千人眼皮底下，大家呼的一声趴在玻璃墙往下看。下面的车间里空无一人，只有机器，每台机器都很大，像山一样矗立在车间里。那老头儿挤在人群里，抬起头笑着，看着比他高很多的中外参观者说，“献丑献丑，我们所有的车间都没人，也没有窗户。”老头儿看见参观者纷纷皱起眉头，思考了一会儿说，“**我们工厂没有树木花草，按照食品企业的要求，食品工厂就不应该栽种树**

木花草，因为这要生虫子生蛾子。”老头儿又说，“但是，这也不能彻底杜绝虫子和蛾子，这些小生命闻到香甜的气味就会从远处飞来，所以车间不能有窗户。”老头儿的声音很小，语气很温馨，但大家都能听见。听到这里，有人忍不住问道，“那车间的通风会不会受影响？在里面工作的工人又憋又闷又热，那怎么受得了？”老头儿手往下边车间一指，“里面没人，机器不怕憋闷冷热，还不懂得问老板要加班费和奖金。”老头儿笑了，又右手往前一伸。

大家走到一个巨大的天井旁，一两千人挤着扶住天井边的栏杆，看着下边一台长龙般的机器。这是一个选料车间，机器在无声的转动中，经过几十道工序，最后把各色豆子传送到一个宽阔的传送带上，然后，速度突然慢得惊人，使参观者清晰地看到了传送带上的一粒粒各色的豆子，那各色豆子就像经过训练似的整整齐齐组成一个个军团，然后缓缓涌到它们各自的去处。老头儿对大家说，“到了最后这一关，豆子不仅能自然分类，而且，每种豆子根据大小不同，还会进入不同的地方，可以说最后的选料不会有任何杂物，不会有任何一粒不合格的豆子，我们的机器就不认那些杂物和不合格的豆子，对其他食品配料也是同样的功能。”

这时，一直跟着那老头儿的赵光晋终于问了一句话，“老先生，你们这些机器哪儿有？得多少钱？”还没等老头儿回答，她又问道，“请问老先生，我问的这些你知道不知道？请问你是……在京日看门哩？接待？解说员？”老头儿给赵光晋作了个揖，低着头说，“鄙人八十多了，是京日集团董事长。”老头儿说着，抬头把跟在他身后的年轻人揪到前头，对赵光晋说，“这是犬子，京日集团的总经理。”赵光晋本来应该尴尬，但是，她被面前这一对父子的干净、白皙、气色和礼貌惊呆了：她早就发现了他们的特别，但当她真正了解了他们的身份和关系之后，她才被震撼了，她呆在那儿。这时，这对父子反而吃惊地瞪着她和她身边十几个奇怪的人，看着那一副副打扮问，“你们……是拍电影的？”

赵光晋一惊，立刻从头到脚打量和摸索起自己的周身：黑色平底圆口布鞋，系着裤腿的宽大的灰色长裤，深蓝色的长褂，黑色的上头有红絮絮的圆帽……她正惊奇旧社会老字号的穿着怎么出现在自己身上，面前的情景又消失了，却出现一片一望无际的长着玉米的绿油油的庄稼地。

赵光晋走进玉米地里，抬头望着天上环绕着飞来飞去的两只喜鹊，她看见它们一会儿飞进玉米地里不见了，一会儿又飞出来，一会儿又沿玉米的梢头飞向远方，一会儿又直飞天空，从而使她循着两只喜鹊飞去的方向，看到了天上隆隆地飞来飞去的几架飞机……

“我看到喜鹊了，看到张亮的喜鹊了！”

赵光晋拍着床铺兴奋地叫道，吓了张玲一跳。但是，她顾不上理会张玲了，而是立刻给东北马大姐打通了电话，绘声绘色地讲述了她的白日梦。她听见马大姐慢悠悠的声音从遥远的地方传来，“光晋，你有喜事了，你一定要找到那块天上飞着两只喜鹊和飞机的玉米地，那是你和你们双合成的福地，你的工业园必须建在那儿，只要找到那块地，你就能建工业园，大姐祝贺你！”赵光晋在似梦非梦中拍着床铺继续叫道，“那我是像好利来那样要几百亩、一千亩，还是像稻香村那样要一百亩，还是像京日那样要几十亩？”马大姐呵呵一笑说，“你不能像任何人，只能做你自己，要多少亩地你自己看吧，但是亩数里一定要有个 2，你好好参一参 2 的意思吧！还有，”马大姐停顿了一下说，“现在是 2007 年，2009 这个数字对你是很重要的，你要抓住这个年头，再见。”赵光晋激动地喊道，“马大姐马大姐，我给你打了好几年电话，什么时候才能有幸见到你？”电话那边传来嘟嘟的声音。

赵光晋双手抱着手机抬起头，吃惊地看见张亮、黄东升、杨文星、晁连生，四人背着大包正站在病房。她不解地问道，“你们怎么来了？这总不是也是梦吧？”张亮几人纷纷道，“不是梦，我们听说你病了就一起来了，双合成很多人都要来看你，不少人开着车正在路上。”此刻，赵光晋根本没心思问候他们和感谢他们，她拔掉手腕上的针头，呼地站到地下说，“张玲，赶快叫柳兵，咱们现在就回，都一块儿跟我找地去，看太原哪块地里长着玉米，上边还飞着张亮的喜鹊和飞机！”

赵光晋拎起自己鼓囊囊的大包。

“走啊走啊，都愣着干什么？”

赵光晋走过去拍着张亮、黄东升、杨文星和晁连生的肩膀。

“走啊！”

赵光晋拎着她的大包往电梯处走，边走边说：“奇怪了，刚才我明明是做了半天梦，可怎么感觉像真的一样，似乎我带着人真的在那几家工业园走来走去，走了无数遍，就这会儿两条腿还沉甸甸的像灌了铅似的。”

接着她又回头对大家说：

“不过，我确实参观过那几家食品工业园，全国著名的食品工业园都参观过，不止一次两次三次。日有所思，夜有所梦，可我刚才做的是白日梦，这真是奇怪！”

20

喜鹊

很长时间里赵光晋都忘了唱歌，而这次她坐着刘兵的车回太原却是一路大唱。她将《父老乡亲》唱了一遍又一遍，将《白发亲娘》也唱了一遍又一遍，唱得最多的却是《在希望的田野上》。

回到太原后，赵光晋本来想立刻看地，但是，突然有一种强烈的冲动想看看几个工厂。“柳兵，先到享堂！”柳兵开车穿过车流如潮的迎泽大街和五一路，向右拐进小东门享堂居民区，赵光晋心头奇怪地涌上淡淡的不安。果不然，下了车只见张亮一个人背着大挎包走来。赵光晋眉毛一拧，“他们呢？”张亮看着别处，微张的嘴闪了一会儿说，“不管他们，毛病还都挺多，谁离不了谁？咱们上去吧。”赵光晋便想，黄东升、杨文星、晁连生三人，肯定是因为什么不高兴才走的。张亮已经走进双合成享堂工厂，正站在楼梯口等她，她犹豫了一下，也走了进去。

享堂区是太原北边一个国有企业住宅区，双合成享堂工厂正好矗立在这个居民区中间。它是一个长方形的、占地1000平米左右、南北走向的砖混二层楼，一层是仓库和一个门店，二层是厂房，根据双合成的食品分类，共有四个车间。赵光晋一上楼就直奔左侧那个最大的车间而去，她想看看双合成那些机器正怎么动转。正好，程雨兰正站在中间那个大案板前对十几个工人说着什么，当看见她沉着脸噔噔地走来，程雨兰就赶紧走到她身边，也是脸一沉，眨着眼睛问道："赵总你咋回来了？听说在北京病了，我已经派人看你去了，你咋回来了？"赵光晋继续往案板跟前走，目光扫着车间里的机器。"打电话让他们赶紧回来，我在北京学习，可能是累了，在医院输了几天液，没事。赶快问一下单位都是谁去了，让他们赶快回来。"然后，她让程雨兰打电话通知古鸿文、肖姗、马苏容几人赶快过来，就再不吭声了。她的目光来回扫着车间里的机器和车间每个角落。

程雨兰蹑手蹑脚地走到一旁的张亮跟前，与他悄悄说起话来。

程雨兰："你惹了赵总？"

张亮："没有。"

程雨兰："那是谁惹了赵总？"

张亮："没有。"

程雨兰："那赵总是咋哩？有啥事了？"

张亮："应该没啥事，可能是一路坐车坐累了。"

赵光晋确实没啥不高兴的，应该说她很高兴。但是，这会儿她真的有点不高兴。她心里知道，这肯定不是因为那三个专家回到太原后不辞而别，那是因为什么呢？她不知道，她也不想知道这是因为什么。她只是想尽量把思绪推回从北京返回太原的途中，推进高速路上不断闪过的一片片金黄的麦田和大片大片绿油油的庄稼地里。她脑际仍回响着她的歌声，但心里却想，目前正是乡下农民割麦子的季节，而对于双合成来说，这就意味着"中秋"又要到了。中国北方的农村一年是四个季节，而双合成一年似乎就为中秋而活着，她来到双合成已经 20 多年了，还没有改变双合成这"一年一季"的命运。看来，这真是个命运。她说过，

“命是天注定的，运是人创造的。”这话她都说了二十多年了，双合成还是靠中秋吃饭，这不能不使她心情黯淡。

没到半个小时，古鸿文、肖姗、马苏容三人就来了。平时，赵光晋一见古鸿文就有话，但这会儿她问的却是程雨兰：

“你还能不能记得咱们当年的事？”

“能。”

“真能？”

“当年咱就56个人，一个没窗户的车间，一个快塌的门店，一个像碉堡一样的土烤炉，账上只有1000块钱，还欠人家十几万元的外债，一年就靠月饼活着。”

“一年能做多少月饼？”

“3万斤左右。”

“能卖多少？”

“经常连这3万还卖不了。”

“兼并享堂的事还记得不记得？”

“记得。”

“真的记得？”

“记忆最深刻的是一下多了几十个人，享堂这儿的地方大，上下两层，2000多平米，感觉到一下鸟枪换炮了，人多气粗了！”

“当时和咱现在比呢？”

“那差得太远了，现在咱是机器……”

“你作为双合成总厂厂长，能说清这些机器吗？”

“能。咱双合成加工厂现在一共5个加工点，XX台现代化设备，享堂总厂这边XX台，城北新城那边X台，娄烦、太谷那几个地方主要生产元宵、汤圆和粽子，基本还是手工，这就不说了。主要是享堂这边，安装着80%的设备，承担着80%的生产任务……”

“设备的功能呢？”

“主要设备是雷恩机和食品包装机……”

程雨兰如数家珍地把双合成设备的功能及提高生产效率的比例说了一遍，赵光晋突然大喝一声：

“小古！”

古鸿文立刻应道：“到！”

赵光晋抬脚朝他屁股踢去。

古鸿文自嘲地对大家一笑说：“赵总对我总是恨铁不成钢！”然后他胸脯一挺，脸上恢复了正经的表情。“正好赵总和大家都在这里，我就把公司的情况通报一下，所有的数字都以前半年的统计为准。企业主权这块：双合成 1997 年实行了股份制改革，脱离了市二商局下属的太原市糖业烟酒公司，成为民营企业，归财委管理，十几年来资产和人事置换不清。企业规模这块：现有股份制公司总部 1 个，设管理部门 XX 个，下属工厂 1 个，工厂下属加工点有太原新城、太原娄烦、晋中太谷等 4 个，公司直属门店现 XX 个；这个规模在本市食品行业中排名第二，在全省也排名第二，在全国排名 XX；在本市老字号中也是排名第二，而在山西中小型企业中的排名无法做出统计。企业资产这块：现有公司总部大楼 3 层（请注意，不是 1 栋），使用面积 XX 平米；双合成柳巷原址（现柳巷铜锣湾商业区）置换门面经营面积 XX 平米，尚未兑现；工厂 1 个，使用面积 2000 平米，工厂下属加工点 4 个，都属租用性质；还有公司直属门店 XX 个，均属租用性质，总共经营面积 XX 平米；产权上，除了公司总部、享堂工厂和柳巷未兑现投入使用的置换门店 3 处之外，均属租用，但是，公司 3 处财产产权手续还不完全；除此之外，公司能归入产权计算的还有生产设备 XX 个，各类车辆 XX 辆，总资产初步评估 XX 亿人民币。人员这块：现公司在册人员 XX 名，其中在岗人员 XX 名，在岗招聘人员 XX 名，离退休人员 XX 名，加上元宵节、端午节、中秋节、春节这几个中国传统大节期间招聘的季节工，最多的时候人员可达到 1200 人左右；在人员规模上，我们公司应当属于本省市同行业中的大型企业，但是其他规模还远远不够。生产这块：现在主要的生产基地是享堂工厂，其他 4 个加工点主要是应对除中秋节之外的其他中国传统节日，而且还用手工方法生产那些中国的传统食品，生产量不大，80%的产品还出自享堂的机器生产；现全年生产量可达 XX 万斤，按太原市 300 多万人口和全省 3000 多万人口作市场需求评估，同时把全省那些没有竞争力的 XX 家小型食品企业加进去计算，我们这个生产量只能达到总需求的 XX%，这远远满足不了市场需求。产品这块：现总共生产产品 XX 类 XX 种，其中主要是中秋月饼；而月饼有 XX 类 XX 种，占产品总量 XX%，却承担着产品销售总盈利 XX%的责任。销售这块：必须按 2006 年年底的统计说事，现全年总销量 XX 万斤，其中月饼销售量达 XX 万斤，占总销量 XX%；全年销售总额 XX 万元，其中月饼销售额 XX 万元，占总销售额 XX%；而 XX 个门店的销售占总销售 XX%，外围 XX 个经销商团队的销售占总销售 XX%，双合成所有内部员工的企事业单位团购销售占总销售 XX%；这其中，XX 是最大的一块，XX 是一种补充，而 XX 个门店的销售，基本任务是应对公司全年的基本费用，实现的是公司归零的目标。财务这块：公司全年过账的流水资金是 XX 个亿，总投资是 XX 万元，总销售毛利是 XX 万元，总利润是 XX 万元；事业很大，利润可怜，而且公司这些年在发展中还有 XX 万元的欠款。暂时汇报到这里。”

古鸿文终于说完了。赵光晋皱着眉头拍着脑袋说，“晕了，晕了！”她看着前后左右的程雨兰、马苏容、肖姗等十几个人，发现她们也愁苦不堪地看着她，她就问道，“你们听懂了吗？”大家摇摇头。她又问，“记住了吗？”大家又摇摇头。她眼睛一瞪又问，“你们能说清这些事吗？”大家继续摇头。她提高了嗓门，“比起咱们那会儿怎么样？”大家忍不住纷纷开口，“数字太复杂了，太大了，听得人头都炸了！”她又盯着肖姗，“你是财务部经理，还是公司主管财务的副总，这些数字你都知道吗？”肖姗立刻回答道，“我当然知道，但是，”肖姗的脸突然微微泛红，羞涩地一笑说，“我可没有古总的记性好，不拿笔记本肯定说不清。”赵光晋突然躁动不安地在地上来回走起来，“怪不得人家念书的人要领导咱哩，人家就脑子清楚，啥都知道，咱们这号人就知道干活。”赵光晋刚说到这里，古鸿文便说“过奖过奖”，她便抬头瞟了古鸿文一眼，又看着大家。“咱不行就不行，还说人家专家们光会说、不会干、说得多、干得少，这个……这个……确实有点问题。”赵光晋又看向古鸿文，嘴角掠过一丝既无奈又责备又欣赏的笑意，她像朋友一样拍着古鸿文的肩膀说，“小古呀小古，你什么都说得很好，双合成人干活好像就是专门让你总结的，但是你说着说着就多说一个词儿，你不说那个词儿就能憋死？”古鸿文便自责地说，“请赵总指教，请赵总指教……”大家便轻轻地笑起来。赵光晋与古鸿文说话经常就是这样的结果，它甚至成为双合成一个人文“景点”。赵光晋“唉”了一声，低头思谋着什么扭头就走，走了两步又回过头来，似乎很恼火地盯住古鸿文，“小古呀小古，听你长篇大论地讲了半天，我都忘了我今天到享堂是干啥来了，你说我是干啥来了？我现在要干啥去？你把我脑子全都搅乱了！”古鸿文正要说他的所猜所想，赵光晋又扭过头要走，这次是真的走了。

没走几步，赵光晋又停下匆匆的脚步，因为面前站着的一大片穿着工衣、戴着工帽和口罩的员工挡住了她的去路。她站住看着他们，通过眼睛她大致能判断出哪个是男哪个是女，却看不清他们的年龄，叫不出他们的名字。

一个中等个头的员工摘下口罩，她一眼认出他是双合成老寿星张佐臣的重孙子，惊喜地指着他：“张胜，你在哪个车间？你老爷爷身体最近怎么样？”

二十来岁的张胜弯腰给赵光晋鞠了三个躬，抬头说：“我在车间上班，程阿姨对我可好了。按照程阿姨的规定，大家必须安安心心地工作，你们领导在这儿说话，按说我不应该来，可我老爷爷一定让我替他看看你，问候一下，平时根本见不到你，这就……就……”

看见张佐臣的重孙子急红了脸，赵光晋赶紧说：“没事没事，谢谢你老爷爷，你回去问他好，告他我有空就看他去，但是你以后不要叫程阿姨，按咱公司规定要叫厂长。”

张胜紧张得额头一下冒出汗：“赵总我记住了，我上班去了。”

张胜扭头走去。

又一个中等个头，看上去很干瘦的员工摘下口罩，赵光晋一眼认出他是骑了一辈子三轮车的老员工王成俭的儿子小王。这次她还没来得及说话，小王就扑嗵一声跪在地上磕了三个响头，然后站起来流着泪。“赵总，我也是想了再三才来见你一下，我是代表我爸我妈我老婆我儿子给你磕头的，我爸在双合成骑了一辈子三轮，是单位地位最低的人。”小王眼圈的泪水流到脸上，“没有赵总，我们这样的家庭……都是农村人……怎么能……能进城……还能……全……全家在……在双合成上班……我们两口子还都当上班组长……还……还管人哩……”小王说得上气不接下气，“根本不可能，不……不可能……”

赵光晋心一酸，眼一热。“小王你别说这话，你爸是双合成的功臣，我是感谢他，心疼你们……”说到这里，她心里一揪一颤，很强烈地疼了一下，便赶紧走过去把小王推走。“咱是一家人，感谢的话就不要说了，你上班吧，工作干好就是对我和双合成的感谢，回去问你爸妈好，就说我有空一定看望他们！”

由于平时见不到赵光晋，这时她招到双合成的老领导、老同事、老员工的子弟都过来感谢她，这使她感受到一种温暖。其实，二十多年来，赵光晋最怕与这些子弟们说这些话，但是，她却难以摆脱这种场合，因为她心里装着他们的爷爷奶奶或爸爸妈妈，她没法拒绝他们的感谢，不能伤他们的心，尤其不能伤他们上辈人的面子，不能像对待普通员工那样对待他们。这时她会感动，如果有机会见到他们的上辈人，她更会感动，她心里会充满一种力量，还会突然清醒很多问题。比如此刻，送走十几个双合成的后代之后，她就突然清醒了今天来双合成享堂总厂是干什么，而且她找到了自己兴冲冲地从北京赶回来突然心情郁闷的原因：

她要找到她在白日梦中梦到的那块天上飞着喜鹊的玉米地，要完成她的新世纪之梦，要创建工业园，但是，这意味着她即将把辛辛苦苦创建的员工们正依赖的双合成家园毁掉；同时，当梦想实现之后，在那个真正的现代化的大工业企业里，很多员工都意味着失业，尤其是没文化没本事的双合成后代……她不想看到这个前景，但是，她抵抗不了那个全新的双合成家园之梦对她的吸引。于是，她突然想起几年前东北马大姐在电话上说她“你内心有个恐惧”……这会儿，已经有一百多名员工赶到这个车间，围在她身边，说是看她，但一个个眼神里都有着相似的不安，她从这眼神里感觉到他们似乎看到了她心里的什么东西，并听到员工对她感恩戴德的话里有弦外之音。她的心能听到这一切，觉得他们似乎要用这声音提醒她些什么，阻止她些什么，又企图挽留她些什么。想着想着，她突然清晰地看到了那个恐惧：几十年来，她为双合成每招一个人都会看到这样一种情景，他们或者由农民一下变成城市人，或者在贫穷潦倒中突然端起双合成的饭碗，或者……他们本来都是埋头吃苦的命，但是由于她的帮助，却穿上了工衣守护机器，从此就像国家干部一样干净轻松，从此脸上洋溢着幸福感，而这所有的幸福都会集聚在她的心里。但是，这种幸福感当然不是她内心的那个“恐惧”，她此刻感觉到，她那个“恐惧”恰恰是她心中的那个白日梦。因为，她在白日梦中看到她一手缔造的这个幸福家园已经落伍了，不，是早就落伍了，甚至从缔造的那天起——与中国和世界那些先进的食品企业相比——它就还是个作坊！她的幸福感在她的白日梦中消失了，而且，她眼前这些对她感恩戴德的幸福员工，即将在她的白日梦中失去他们的幸福家园，他们似乎也看到了这一点。她的目光打量着他们的一张张脸，然后，这一张张脸成为一个个背影：他们走了，这会儿要去上班，未来却要下岗。

又是一个穿着雪白工衣、戴着雪白工帽和雪白口罩的员工来了，他有力地摆动着双臂咚咚地走来，他是双合成的拼命三郎李保，一个她心目中山西和太原最优秀的司机。

“李保，你怎么来了？”

“我过来装货要给内蒙送去，听说你来了我就来了。”

李保走到跟前，摘下口罩。

“赵总，给你汇报个事，我发现很多经销商串货，还说双合成坏话，你说是打还是不打？”

“这事你和你们领导说。”

李保已经四十出头，但是，他那虎虎势势的生猛架势，使二十来岁的后生看了还会心生怵意。

“老革命已经老了，像个娘们儿，干啥都怕，真看不上他。赵总，我等你电话，我天黑必须赶到内蒙，晚上还要赶回来，明天一早就要到河北。”

李保说着就走了，走到车间门口回头扔过一句话：

“赵总，我就是看看你，平时总是没机会，见谅！”

李保走了，赵光晋拎着她的大包，扎着头也咚咚地走了，几乎是追着李保的身影走的。她头也不回地也甩过来一句话：

“张亮——，肖姗——，你们也走——！”

然后又甩过一句话：

“小古你赶快回公司去，派车把马苏容送到娄烦或太谷，其他人各就各位。”

赵光晋要看地去，寻找她白日梦中那块飞着喜鹊的玉米地。她坐上了刘兵的车——回到太原，刘兵就把那辆新买的韩国华泰特拉卡换成那辆快报废的日本本田——她心有所想，嘴有所说：“这块玉米地上空飞着喜鹊，它不是双合成的墓地，是双合成人的福地，连马大姐都说了，它是赵光晋和双合成的一块福地。”

其实，她更想把心底一个秘密对车上几个亲信和盘托出。自从接手双合成，她所有的工作都是公开的，都是轰轰烈烈的，都是被媒体反复报道，被社会广为流传，被人们反复评论的大事件，但是，对于建“大工厂”（后来专家们说叫工业园）所需要的土地，她却总是一个人悄悄寻找。她感谢 21 世纪到来的这个千年之禧，因为它使她在内心确定了创建工业园的目标，她决定把创建工业园作为向新世纪敬献的一份厚礼。但是，马大姐在电话上说她的那个“恐惧”，又常常惊扰她的情绪。她决定先一个人在太原市周边看看再说。她从 2000 年起就开始寻找土地，已经找了 6 年了，陪伴她的一直就是司机刘兵一个人。就这，她谈事的时候还要让柳兵在路边等着，让跟着她吃不好、睡不好、抽不成烟的小伙子，站在路边抽几支烟，所以，柳兵也不知道她的秘密。她把太原市周边每寸土地都看遍了：最初，她看上了太原市西南方向有山有水的 XX 区，XX 区委对面确实有大片闲置的土地，区委书记和区长也同意给批 100 亩，但是，当地农民强烈坚持双合成必须每年给每个农民发白面，她不得不放弃 XX。在太原市发改委主任张丁山帮助下，她又在太原市尖草坪东北处的中北大学边上看上一块地，那儿远离城市，也有山有水，还有个全国招生的大学，真是一片净土，但是，它是农业用地，不能用于工业园建设。然后，有领导和高人悄悄告诉她太原市正往南边发展，建议她在南边找地，她便来到小店区。小店区区委书记兼小店开发区主任，是个四十多岁的青年干部，听了她这个大名人创建工业园的想法，就立刻带她来到上市公司亚宝药业集团门口，指着对面预留的 70 亩好地说：“这块地我们之所以一直留着，是以备不时之需，但现在这地就是你的了，赵大姐从各个方面都有这个资格。”可是，她嫌这块地太小了，多次考察全国著名食品企业或烘焙企业之后，她脑子中关于工业园用地的底线是 100 亩。而且，那黄金地段的地价也太贵了，每亩 18 万元，70 亩就是 1260 万，双合成哪有这么多钱！然后，她来到晋中市榆次区，跑了好多次确实看到一块不错的地，交通也方便，但是太远了，她的员工都在太原上班，根本去不了那儿，就是买接送车接送员工，每天也赶得太紧，她不想把员工的精力都耗在路上。这就是 21 世纪赵光晋的秘密。

2007 年这个阳光火一般烤着大地的下午，赵光晋思来想去，终于憋不住了，就像开玩笑一般，把她七年的秘密全部讲给了车里的肖姗、张亮和柳兵听。“肖姗，张亮，”她没说柳兵的名字，“这些年我其实也干了不少的事，尽管地还没有落实，但是我脑子里有了方向，必须在太原市南边找地。”她又不好意思地讲了她在北京的那个白日梦，“我梦中的那块地的上空飞着喜鹊，张亮，就和你设计的那两个喜鹊一模一样，大师说那儿是我和双合成的福地。”坐在副驾驶座上的赵光晋回过头，眼睛幽幽地看了张亮和肖姗很久，一笑，微红着脸压低声音说，“这些年我还认识了一个马大姐，通过马大姐还认识了两个大姐，都是东北的，她们真的很神，说啥啥准！”张亮看着身边的肖姗只笑不语，肖姗瞟着赵光晋和张亮，肩头一哆嗦，“赵总，张老师，你们俩都这样看着我，看得我浑身起鸡皮疙瘩！”张亮一笑开了口，“赵总能把她心里的秘密说出来，这就说明她心里拿定了主意，原来一直不说肯定是……”赵光晋抢过话说，“对对对，八字没有一撇我哪能说，说得满城风雨，万一没有那个地……”赵光晋笑着咽下后面的话，肖姗跟着笑了。“赵总，这可不像你一贯的风格，你从来都是说干就干，而且想干的都干成了，可是这一次……”赵光晋像朋友一样看着张亮和肖姗，吐露了自己的心声，“中国人经常说江湖越老胆子越小，我也不知道我是不是胆子小了，但是在工业园这个事上，我只是经常在一些场合试探性地征求一些人的意见，就是不敢给人正经说，一张嘴心里就咚咚地跳，到了嘴边的话就落下去了，我不知道这是为什么。”说着，她又想起马大姐说她的那个“恐惧”，不由得打了个哆嗦，皱起眉头又想着那个“恐惧”到底是什么，看是不是她在享堂工厂想到的那些。

“也许是这个事太大了，不得不理性起来。”

张亮的手指轻轻地敲击着膝上的大包。

刘兵开着破旧的本田在太榆公路上往南飞奔，公路边一片片新开发的住宅小区、正开发着的住宅小区、已经建成或正在建设中的省市行政机关的办公楼群、事业单位的办公楼群、公司企业的办公生产楼群、学校医院的办公楼群一闪而过，道道天蓝色的地产建设的隔板立在公路两边，使太榆公路形成一个蓝色通道，几人兴奋得叫起来。

先是柳兵："都说太原和晋中要同城化，要搞大太原，我看快了，很快这一带就会很繁华，咱们选择这地方真的不错！"

赵光晋高兴地问道："柳兵你说的是真的？那平时在会上我说工业园你们咋都不说话？"

肖姗提高嗓门："我们是觉得人微言轻，啥都不敢说，主要是脑子没想清，刘兵肯定更不敢说。"

赵光晋说："这哪是企业的主人？说错了怕啥？那就重说，主要是要说，一句话错了，哪句话都能错？一个人错了，大家都能错？主要是还没有当家作主的意识。"

张亮也开口了："这个难了，赵总，你这样强势这样有主见，手下的人哪一辈子能有了当家作主的思想习惯？大家都是靠你哩，你说咋干就咋干，可不是反对你……"

赵光晋高兴地打断了张亮的话："张亮你这句话说得有道理，是靠，不是反对，这句话说得好。我突然也想到了，21 世纪这七八年，我自己也有秘密，内心也有恐惧，有不敢说的话，不敢说的事，员工就更有了，也许我比从前多虑了。"

赵光晋接着又兴奋地说道："咱双合成私下经常议论人家专家，说人家说大话泼凉水，大概这个看法也有问题。"

"不过，"张亮说，"看咋说哩……"

赵光晋回头目光逼住张亮："你不要把话咽了，往下说往下说！"

"赵总，"肖姗看着赵光晋，"我的体会是，张老师说的话我爱听，也能听懂，那些专家嘛……"肖姗笑着摇摇头。

柳兵将旧本田开进 108 国道。

张亮屁股在座上欠起来，挺直脖颈望着远方公路的两边："赵总，要是能在这一片找块地那简直太好了，108 国道直通常家庄园，是中外游客参观晋商大院的必经之路，在这片晋商腹地找块地那真是福地！”

……一个月后的一天，柳兵又拉着赵光晋几人奔上 108 国道，他望着公路的两边，突然兴奋地叫起来：“赵总，喜鹊，喜鹊，你们看那片玉米地，上头飞的全是喜鹊！”

赵光晋拍着手叫起来：“我也看到了看到了，柳兵，就往那儿开！”她手指住左前方那一大片一人多高的绿油油的玉米地。

这是 108 国道东边一条笔直而安静的小公路，它躺在玉米地一侧，像一条幽静的小街。赵光晋、张亮、肖姗、柳兵下了车，站在小公路边一个土堆上，望着面前一望无际、海洋般轻轻波动的玉米地，不约而同地齐声喊道，“噢——噢——噢——”玉米地上空，十几只喜鹊受惊之后腾空而起，随之，玉米地里又呼呼啦啦飞出几十只喜鹊。

“张亮的喜鹊，张亮的喜鹊，我看到喜鹊了，看到喜鹊了！”

赵光晋拍着手跳起来，阳光下，她的脸膛和双臂闪闪发光。她跳着跳着拨通一个电话，又拨通一个电话……“我找到了有喜鹊的地了，我真的看到喜鹊了，真的看到了，它们正在天上飞，天上还有飞机！”张亮、肖姗、柳兵不知道她的电话是打给谁的，但是几人的目光快乐地交汇在一起，似乎都在用眼睛说：赵总这一通电话一定是打给她心里最敬重的人。

“走，咱现在就找晋中市委市政府去！”

赵光晋手指南方，往车跟前走去，但她的目光仍依依不舍地停留在身后飞着喜鹊的玉米地里。

我们的家乡

在希望的田野上

赵光晋放声大唱，广阔而绿油油的田野和高远的蓝天，使她的歌声变得尖细而飘渺。

赵光晋看上的是晋中市开发区的地。因为是赵光晋要地，晋中开发区招商局便网开一面，顺利地签署了购地协议，购地 200 亩，每亩 9 万元，但要求半年内把购地款交清，否则视为违约，解除协议，不予退款。

赵光晋梦想成真，双合成有地了。返回太原途中，赵光晋激动得让肖姗给公司高层分别打电话，让他们都在会馆里等着，同时让张亮通知专家们来双合成会馆等待汇报。不到半小时，她就兴冲冲地出现在会馆，她双手捧着那份购地协议哗啦啦地抖着，激动地给大家讲了这许多年她找地的过程及这次签署协议的情况。“太棒了太棒了，赵光晋终于梦想成真了，双合成终于有地了！”她的车轱辘话一连说了几个小时，当回到办公室，还在说这种话，抬头一看却发现面前只剩肖姗一人，又一看，见张亮背着鼓囊囊的大包也站在她办公室门口，一副要走的样子，她觉得奇怪。

“古鸿文他们呢？专家呢？”

“可能走了。”

“正经话还没说呢！”

“可能都有事吧，大概都走了。”

21

两个女人

光晋的家

HOME

21
两个女人

赵光晋往窗外一望，看见了满城的街灯和满天的星星。

赵光晋沮丧和恼火的还不是几次会议都出现这般情形，而是晋中开发区考察之后的结果。那天中午，她让肖姗在北大街东港海逸这个高档酒店定好一桌宴席，打算会议上再沟通一次之后，便把晋中开发区的领导和专家们请去美餐一顿——这已经是第四次或第五次盛情邀请了，她认为这次相关领导和专家能给她面子，但是，会越开她越感到不妙。

因为，晋中开发区主任，晋中开发区招商局局长及带来的专家一行，都自觉地坐在会议桌另一边，都低着头且不断轻轻地摇着头，似乎抱歉地不好意思地看着她，想说什么，又不说出来，只是低头翻阅着她与肖姗准备了好几夜的双合成资产、规模、生产、销售、利税报表。难道报表有什么问题？资产 1 个亿、员工 1000 人、公司总部 1 个、工厂 5 个、门店 30 个、年销售 9000 万、年利税 1000 万，都是真的，比双合成当年翻了几百倍，难道有什么问题？莫非是他们考察后觉得与现实不符？

晋中考察团只是在公司、工厂、门店转了转，就能计算出一套数字？谁有这样好的脑子！她想着她与肖姗几天几夜弄出的那个数字报表，对天发誓坚持的是实事求是的原则，绝对没有任何虚报。那到底是为什么？晋中开发区招商局局长终于代表考察团谈了他们的意见，“赵总，你是山西名人，双合成是山西名企，中国响当当的老字号，但是……”招商局局长摇着头，赵光晋心里七上八下，紧张地插话道，“局长你说，说什么都没事，材料上有什么问题我们立刻修补。”招商局局长摇头说，“不是材料问题。我们肯定愿意与名人名企合作，但是，咱晋中开发区除了承担政府扶持企业的责任之外，更多的还是市场行为，是为了给晋中市招商引资，是为了效益，可是，你们的资产、规模、销售和利税太小了，一年只有1000万的利税，这才能给我们财政交多少钱呀，我们给你们200亩地可不是就为了这一点点利益。说实话，到我们开发区投资开发的都是几十亿几百亿的巨型企业，咱双合成……”

晋中开发区考察团一行没吃饭就走了。“赵总，这顿饭不好吃呀！”开发区主任上车时握住赵光晋的手留下这句话。赵光晋就这样看着她和双合成的福星走了，她的眼前和心里登时一片黑暗。

赵光晋被肖姗和古鸿文扶回三楼办公室，双合成参加会议的高层干部一个也没走，都跟了上来。赵光晋被扶到一把红木太师椅上坐下，看了古鸿文一眼，问道，“这回你没走？”古鸿文正给她沏茶，回答道，“这我哪能走！”赵光晋失神地望着窗外，一声不吭。时间就这样一分一秒地过去了……夕阳已经染红了她办公室每个角落。“英民呢？”她问道。肖姗抬头看着一侧的古鸿文，古鸿文答道，“还在出差。”她又不吭声了。突然，她声音很低但语气很坚定地说，“姗姗留下，其他人都出去。”她身边又剩下肖姗一个人了，她苦笑着看着窗外，“你是双合成的财政大臣，姗姗，你要知道我此刻对你的心情。”她头一抬，“我知道你也是个女人，也是……”说着她眼眶里突然射出两道剑一般的光芒，“姗姗，你现在给胡小风和俞进生打电话，告诉他们，立刻来，就说我就是等到明天也要等到他们！”

就这样，赵光晋在她办公室里，与太原今格房地产公司董事长和总经理胡小风、山西臣功印刷包装有限公司总经理俞进生以及肖姗和古鸿文几个双合成高层干部——她也不知道她为什么没有叫程雨兰、马苏容、老革命这些亲信——很沉闷地坐了几天几夜，她让肖姗一遍一遍地给大家汇报着她买地的事，听大家给她出点子。然后，就产生了如下这样一个会议。

这个会不是在双合成会馆里开的，也不是在某个高星级酒店里开的，而是举行在胡小风邀请并安排的一个酒席上。酒店也不是什么大酒店，而是一个小巷里特别有名的晋菜馆。对于参会的人，赵光晋并没有特别的交代，而是，胡小风和肖姗提到一个人她只要点头，这人就是酒席上的客人，如果她头不动，仍失神地望着一个地方，那就是她不想请的。这就造成胡小风的酒席上形成这样一个格局：晋中开发区参加的是开发区主任和招商局局长，双合成这边有赵光晋、肖姗、古鸿文及专门打电话从外地叫回来的宋英民，赵光晋的朋友有胡小风和俞进生，专家们就张亮，哦，对了，还有我，一共就十个人。酒席的程序干净利落，气氛非常悲壮。一开始，胡小风就满满地倒了一茶杯青花瓷汾酒站了起来，使了个眼色让俞进生起来作陪。胡小风看着晋中开发区两位领导，“咱这酒喝在太原，喝在省城，但求的却是晋中。按说我应该安排个大酒店，但是今天就想在这里请。我胡小风和两位领导也不算熟，可今天还就想让两位领导给个面子。赵光晋想在你们晋中买地盖工业园，仅从这个项目上讲，说实话，你们还是算了，她一分钱没有，别说 200 亩地她每年能给你们交多少利税，她就根本买不回来。但是，赵总有我和俞总两个朋友，今格地产你们知道吧，臣功印刷你们也知道吧，我们是她的后盾，我们合作建那个工业园总可以吧？你们有空可以考察考察我们的企业。总之，这事要办，我和俞总现在喝了这杯酒，两位领导随便。”胡小风和俞进生仰头喝了茶杯中的青花瓷，每人一口气足足喝了四两。晋中开发区主任和招商局局长就站起来也要喝光杯中的酒，宋英民赶紧按住两人的胳膊，让两位领导随意。宋英民起身开始给每个人倒酒，用小盅与每个人三盅三盅地碰杯，碰到每个人跟前都是“谢谢光临，谢谢支持”。宋英民喝了一圈喝得满脸通红，但是，他似乎要一直喝下去。这时，肖姗也起身给大家倒酒敬酒，她竟也一口一盅地喝着，喝得胖乎乎的脸上黑中带红，连手背也变成了红的，人却越喝越精神，只是双眼周围布满了困倦的神色，走起路来有点东倒西歪。古鸿文则像个客人似的，谁与他碰一杯他就一碰。张亮则笑着，永远是那盅酒，永远喝不完。大家开始敬酒应酒，场面显得有点乱，但办事的气氛却越来越好，因为，晋中开发区主任和招商局长对每个人都这样回答：“赵总的事就是我们的事，双合成的事就是晋中的事，就是山西的事，这个事大家放心！”而这期间，我一直盯着每个人的眼睛，我看见每个人的眼睛都越喝越明亮，而赵光晋却一直耷拉着眼皮，用手中的矿泉水瓶磕着膝盖，从始至终，她一句话也没说。

饭吃完了，当大家把晋中开发区两位领导送到饭店门口他们的车上，昏暗的路灯下，我看见赵光晋伸出手拉住古鸿文和肖姗，将目光投到我的脸上。我一想，赵光晋一定是有话要说，就跟着古鸿文、肖姗上了赵光晋的旧本田，又回到北大街 5 号三楼赵光晋办公室。我看到的场面是令人心酸的：赵光晋坐在她经常坐的那把红木太师椅上，面无表情地直勾勾地盯着对面那把太师椅上坐着的古鸿文，她盯了很长时间，甚至有半个小时或一个小时，却说了一句话：“小古你回吧，我再坐一会儿。”古鸿文一步三回头地走了，肖姗坐在了古鸿文那个座上，眼睛一眨不眨地盯着赵光晋，脸上的困倦之色越来越重，于是不断摇着脑袋使自己尽量清醒起来。这时，赵光晋捂住脸突然说：

“姗姗，这段时间你跟着我跑得累的，我想说几句话。”

肖姗揉着眼睛说：“赵总你说，我当小女娃娃的时候就跟着你干到现在，你五十多岁了都不累，我肯定不累。”

赵光晋还是捂着脸："姗姗，这次我真是没想到，真的没想到！"

肖姗宽慰着赵光晋："赵总，不管事情有什么曲折，但总是办了，你就不要想这事了，做企业嘛，哪个老板都很难……"

"不是！"赵光晋捂着脸很有力地摇头，"我不是说这，我是说这个事。原来我总以为赵光晋很了不起，双合成很了不起，可是，人家就看不起咱们，我真是第一次碰到了这茬。那天的会上，我真的想说……想说……共产党都看得起我赵光晋和双合成，让我当全国劳模、十五大代表和世妇会代表，你们一个晋中开发区……可咱求人家哩，我不敢说……姗姗，真是把我气死了！"赵光晋突然捶胸顿足，仰起头闭住眼。

我吓得站起来走到赵光晋跟前，不知道该干什么。

肖姗过来跪在地上伏在赵光晋膝上，两个女人突然抱头哭成一团。

赵光晋的手机响起来，我拿起一看，是宋英民的号码。

没人理我，我急得手足无措。

"姗……姗姗……关键是，人家一说……我和……和咱一比，咱真的不行，和……和人家一……一比，咱还是当年那个小老字号的地位……你赵光晋牛……牛什么，你不……不行！"

是赵光晋的声音。

"咱俩好几夜弄了那……那份评估表，我还想着要唬……唬他们一下，结果是……赵光晋不行，双合成不行呀！"

还是赵光晋的声音。

两个女人越哭越厉害，赵光晋哭着用双拳捶着肖姗的背，肖姗哭着用双拳捶着赵光晋的腿。

"赵总，我是你最信任的会计，我就是见证，咱二十多年来在数字上翻了几百倍，他们谁有这么快的速度？赵总你不要伤心，咱算咱的账！"

是肖姗的声音。

而这时我想的是，赵光晋为什么要把我请到她最隐秘的情景中？她是为了让我见证什么，还是说，我已经成为她的知音，还是说，她将对我要有什么话说？

两个女人哭不出声了，便同时扶着对方直起腰来。这时，赵光晋看见了我，很吃惊地盯着我问道：“你？你怎么在这儿？没有回去？”

我离开了她们。

晋中开发区的工作做通了，2006年也将购地协议签了，但真正的困难这才刚刚开始，即按协议必须于2007年3月之前交付1600万元购地款，否则，协议作废，地就会卖给别人，预付金还不退。但是，钱从哪儿来？赵光晋和肖姗俩人大眼瞪小眼，无计可施。赵光晋在双合成当了二十多年领导，开始叫经理，现在叫赵总，媒体上宣传和社会上流传的她的那些故事，都是她与员工一起轰轰烈烈创业的故事，可是在经济问题上，其实一直是她与肖姗俩人操心。她俩一大一小、一老一少两个女人，总是一起绞尽脑汁地算计和解决双合成资金问题，其实，这是双合成更艰苦、更玩命的一部历史，应该是一部秘史，而肖姗就是在这部秘史中由一个十几岁的女孩成长为一个四十来岁的女人。于是，赵光晋当然喜欢肖姗，虽然说肖姗有一张永远的娃娃脸，但是肖姗既体谅她又讲原则，否则就成不了双合成的管家。正因为如此，赵光晋对肖姗经常也非常恼火，因为肖姗一根筋地太讲原则，经常连她的发票都不给报销，不管跟前有人没人就把发票退回办公桌上，然后双手搭在腹前弥勒佛一样笑着等着训话。“姗姗！”“赵总你说！”“制度是我主持制定的，当然是越严越好。后来咱也请了专家们帮咱们制定一些制度，那也是在咱们的基础上定的呀，定了就是要执行，这是对的。但是，”赵光晋瞟着站在那儿找她的客人，苦笑着看着肖姗，“双合成很多人都骂你铁公鸡，但我是支持你的，你为双合成省钱我为啥不支持？但是，你不能连我签字的发票、和我的票都不给报销吧！赵总来到双合成，走的每一步，干的每件事，你都知道，我去哪儿经常带的人是程雨兰、马苏容和你，带你还带得最多，你说赵总除了睡觉，每天哪一分哪一秒不是干双合成的事？赵总是吃了喝了嫖了还是赌了？累得得了个糖尿病啥也不能吃，就吃块黑馒头，喝口矿泉水，招待费都是很简单的，咋就不符合财务制度了？你弄得赵总颜面全失！”肖姗弯腰点头，“赵总是双合成一支笔，你的票当然能报，我的意思主要是说票要贴规矩，票上也要写对，否则财务上走不通，上边一审计就是问题，根本过不去。”赵光晋拿着退回来的票，手抖着，“你要是这样说我就没办法了，那算了，我自己出了这钱吧，算了，你走吧。”肖姗说了句“谢谢赵总”，鞠个躬退了出去。赵光晋看着找她的客人或朋友，抬头一看肖姗没了，就瞪着眼吃惊而恼火地说，“你看你看，还真的走了！”赵光晋把票扔到办公桌上摇着头。肖姗更绝的是：双合成在专家们意见影响下，逐年改变着从上到下发放工资奖金福利的标准，于是，有一年双合成常务副总林先生就提出，把双合成领导和员工的工资大调一次，按市场上老板工资的普遍行情，公司便决定把赵光晋的工资调到每月 30000 元，但是，大家的工资肖姗就是迟迟不发，使很多人有意见。赵光晋便把肖姗叫到办公室问道，“姗姗，你不发工资是对大家的工资有意见，还是对我的工资有意见？”肖姗双手搭在腹前，弯腰微笑着站着，“我坚决支持调资方案，但是，从国家工资标准上我找不到咱们这次的标准，我正在想办法，发是一定要发，我只是在想办法。”赵光晋拿着铅笔在办公桌上叮叮地击着，“姗姗，咱的改革在哪个环节上都是一路绿灯，可是，一到你这儿就成了红灯，你到底是帮我还是卡我？”肖姗笑着说，“改革是双合成的大事，我作为财务部主任，其实就是个会计，大的方面管不了，但是对财务这块得负起责任，这是赵总经常教导我的。”赵光晋睫毛一掀，半天说不出话，看了肖姗半天只好说，“唉，你倒是把我说住了，算了算了，你想哪天发就哪天发吧，把大家的工资全部捐献给双合成的生产销售也行，你们都说我是机器人，我怕啥！”肖姗又退出去了。肖姗还有比这更绝的，这便是，在一些会上或一些谈事的场合，或接受记者采访的场合，赵光晋经常正兴奋地讲着双合成的巨大变化，说到一些惊人的数字，然后会本能地呼唤肖姗进行补充，以使她的谈话更有说服力。而这时，肖姗总是先笑着看她半天，然后又小心翼翼地看着她，说出一个最关键的数字，使在场的人吃惊地盯着赵光晋，以为她刚才说的一切都是胡说。“姗姗呀姗姗，”会一散，或谈话一结束，或采访一结束，赵光晋就叫过肖姗说，“你真是双合成的铁算盘、审计局、检察院、纪检委，我真是服了你了！”赵光晋提着她鼓囊囊的提包噔噔地去了，肖姗赶紧追上去喊道，“赵总，我说的都是真的！”肖姗就是这样一个人，让赵光晋既恼火又离不开。而现在，她必须依靠这个跟着她长大的女人，因为双合成经济上的道道只有肖姗一个人知道，而且，她也只想和肖姗一个人说这种事。关于双合成的事，什么都可以公开，但她只留下这个秘密，必须保住这个秘密：否则，她担心双合成人心会乱。

赵光晋领导双合成二十年来，社会上一般人最佩服的是，双合成在发展中每次遇到重大投资，赵光晋从来都是动员员工集资，根本不找银行。但是，在购地这个问题上，肖姗否决了赵光晋动员员工集资的设想。“赵总，你想想现在是几月份了？”赵光晋把肖姗拉进一个茶馆密谋资金运作，几个月来忙着买地，她早忘记了目下是何年何月何日。“我忘了，不知道现在是几月份。”肖姗意味深长地笑了，“7月。”赵光晋瞥着肖姗，“7月咋了？”肖姗斩钉截铁地说出两个字，“中秋！”赵光晋眼珠一转，一拍大腿说，“对了对了，中秋，为了买地我竟然忘了这最大的事，这可忘出大事了。”她就赶紧给古鸿文打电话。“小古，中秋的事早就应该开始了，我现在忙着地，中秋的安排你千万不敢忽视，安排不好我拿你是问！”古鸿文拉着长音汇报道，“赵总你放心，我早都安排好了，正在一步一步做，你就放心吧。”肖姗等赵光晋说完，压低声音瞟着周围说，“这些年咱每年中秋都要从员工那儿集资 1000 万元左右，双合成说起来有五六百人，但都是些没钱的人，集这么多钱已经很费劲了，很多人每年都是借的，现在市场需求上去了，产量得提高，集 1000 万肯定不够。”赵光晋一下子紧张地盯住肖姗，“那得多少钱？”肖姗从包里取出一个大笔记本，翻开盯住其中一页说道，“至少得 2000 万，这可不是小数！”赵光晋脱口而出，“我的妈呀，这咋办哩？”肖姗合住笔记本，脸往赵光晋面前一凑，看着周围是否有人听她说话，尽量把声音压低，“先不说这事，先说地，人家晋中开发区让赶快交钱哩，这没几天了，不交钱地就没了。你找了七八年才找到这块地，人家也是看上你的名气才要价便宜，要是这块地没了，再找就不知道是哪年的事了，价格没准还要翻上一倍或几倍。万一领导换了，人家再不买名人的账，要是再上来个对头……”肖姗说到这里觉得不能再说了，因为已经看到赵光晋瞪大眼、张大嘴，脸色由黑黄变成微红，由微红又变成惨白。肖姗就又翻开笔记本，用笔在本上写了两个大字“银行”，又在字上画了个大圈，将本反转过来递给赵光晋。

肖姗小心翼翼地说：“赵总，这次你就别顾全国劳模、十五大代表、世妇代表的面子了，咱得办事！”

赵光晋偏过头，看着窗外——街边的垂柳，街上的车流和太阳晒得眯着眼睛行走的路人——她面部一颤：“我真的一直觉得找银行挺丢人，咱靠自己都坚持了二十多年了，莫非这次……”她眨着眼睛看着肖姗，有一抹阴云罩上她的眼部。

但是，银行的路子双合成恰恰走不通。统一思想后，赵光晋与肖姗让刘兵开车拉着，立刻开始找关系，她凭借名气和多年在社会上积累的关系，很快就找到省市所有银行的行长和贷款经理，但是，结果让她非常沮丧。农业银行和农业发展银行这两个国家大银行，主要是扶持农业事业，对食品企业、中小企业和老字号没有扶持任务。工商银行主要是支持钢铁、煤炭、地产这些大型项目，也没有扶持食品企业、中小企业和老字号的任务。而兴业银行、光大银行、华夏银行、浦发银行、商业银行这些股份制市场性银行，倒是有扶持双合成这类企业的任务，解决的也是企业流动资金的问题，但是，需要用不动产抵押，而双合成经每家银行考察之后，都得出这样的结论——虽然双合成有办公大楼、5 个工厂、30个门店，但都没有土地证，不是证没办下来，就是租用的，没有任何一处房产有抵押资格。而从法律上讲，双合成就等于没有任何不动产，根本没有贷款资格。“总不能再找胡小风和俞进生吧？”赵光晋难为情地看着肖姗说，“即使咱好意思找，他们也没有能力了，人家帮咱们把地弄回来就够意思了，姗姗你说是吧？”肖姗说，“是。”

赵光晋又想了一天，终于想出一个绝招，便分别找了那几家银行的行长和贷款经理。“我以我赵光晋的名气和双合成的品牌做抵押……”银行领导们都是轰的一声大笑，赵光晋红着脸继续努力，“你们别笑别笑，不行了我再找一些省市领导说说话，签个字都行……”银行领导们笑得前俯后仰，赵光晋也笑了，但仍不死心。“各位领导别笑，我给诸位领导说件事。说实话，我们双合成这二十年来根本就没动过银行，一直靠的是员工集资，这说明我们有实力，有还贷能力……”一个像朋友那样跟着赵光晋跑了半个月贷款，并做了半个月贷款报表的年轻人终于不笑了，他是兴业银行贷款部经理，他很严肃地看着赵光晋，“赵总，我代表我们银行说几句话。通过半个月无数次谈话我可算彻底清楚了，在金融这方面你纯粹是个外行，我真不知道你是怎么搞企业的，而且还搞得这么好。我给你讲几个问题：首先说省市领导，银行都是说钱，是硬对硬，不是政界，领导一表态就能当模范当官，它需要实实在在的资产抵押，否则谁说话都不行，没有任何一家银行敢干这样的事。再说你的员工集资，你以为那是你们的精神，是企业的一种能力，但是对银行来说，没有贷款记录就是没有银行信誉，这在全世界都是一样的。赵总，你讲的这些理由恰恰是银行不给你贷款的理由……”赵光晋突然拉下脸，“算了算了，小肖，”刚才说话的人叫肖剑，“按你的说法，我赵光晋就该退出企业界了，我们双合成就该关门了。人家贷几个亿几十个亿都那么容易，我贷一两千万买地咋就这么难？是你们从心里根本就不关心我赵光晋和双合成这个老字号，不支持省市知名企业，还是我的钱没有送到？你们说个实话。”

赵光晋的话谁能回答？

赵光晋气呼呼站起来要走。

“姗姗，银行的神仙太大了，求人不如求己，咱走！”

肖姗给银行领导们作着揖，笑着解释道：“我们领导心里急了，说啥都不要在意，改天我请大家，给领导们赔罪。”然后就小跑着追上赵光晋。

这样的事几乎天天发生，但是，第二天赵光晋还会干，因为她需要钱，不，是需要地。不管是白天结束了这种令人沮丧的谈判，还是深夜结束了这种谈判，赵光晋都不想回公司，更不想回家，她会来到另一个茶馆，像蜡人似的往沙发上一靠，整个人就软了。她把手机抱在胸前，好像抱着一个救命的神仙。她特别想给人打电话，但是不知道该给谁打。她这时想到的人，恰恰是她认为遇到麻烦事最不应当求助的人，和平时最不喜欢、甚至很反感的人。她想给十几年来全国那些给她讲过课的教授和大师们打电话请求对策，但是，又怕教授和大师们笑话。她想给双合成的专家们打电话请求对策，也怕他们跌出什么凉话，给她心里雪上加霜，使她更加难受。想着想着，她又想到从未谋面的东北马大姐，还有林大姐，但是……她没给她们打电话，她觉得这些问题太世俗，怕影响大姐们的心境，断了她与大姐们心灵上的缘分。她想啊想，实在想不起任何人了，就想起妈妈，想起躺在床上的爸爸，想起丈夫宋英民，想起在国外读书的儿子峭，想起了在双合成跟着她干、时刻为她提心吊胆的女儿俏……但是，这会儿她面前只有肖姗，她抖动的身体使肖姗感受到她内心是那么的痛苦和无助。肖姗怕茶馆其他客人笑话，便装作给她拍背，强忍住憋在嘴里的哭声对她说，“赵总你别急，咱们一定会有办法的，一定会有的！”她便把嘴巴对住肖姗的耳朵，用最低最低的声音哽咽着说，“姗姗，这……这么大……一个企业，这么大的事，就咱两个女人……唔——唔——”

正是盛夏。没人知道她们是谁。

又是一天，赵光晋和肖姗几乎同时给对方打着电话，但是对方都占线。当两人终于等到电话接通，才知道彼此的想法是一样的。她们便约在一个最偏僻的从来没去过的茶馆见面，当看到对方那一对黑眼窝，俩人同时笑了。“赵总你晚上也没睡？”“你也没睡？”接着，俩人同时拿出自己的东西。当赵光晋与肖姗都把自己家的房产证和所有存折放在茶几上，两个女人对视着无声地流下眼泪。但是，她们的目光穿过迷蒙的泪雾，笑着看着对方。“这也是没办法的办法。”赵光晋从包里拿出一张纸，她在上面写满了名字。“姗姗，靠咱两家的房产证和存折解决不了大问题，我现在要办的事是给朋友们打电话，谁有多少钱出多少钱，除了买地用钱，还有中秋集资。你的任务是给双合成老员工和有职务的人打电话，也要给估计有办法的人打电话，看谁有能力借点钱，但是你不要说是我说的。社会上的关系你就不要管了，我就坐在这里打它几天电话，估计会有些效果。你现在就走，或者再要个包间，咱们分别打电话，不能让他们听见咱俩在一起。”听了赵光晋的话，肖姗一笑，也从包里拿出一张纸，上面也写满了名字。“赵总，我要找的人也早就写好了，但是不完全是咱双合成的，也有社会上一些朋友，包括我家的亲朋好友。”肖姗说着，从身后拎过一个沉甸甸的黑色塑料袋往茶几上一放，“赵总，这是200万，我家老头儿问他朋友借的，条子都没打，他朋友说相信赵光晋和双合成……”肖姗没等说完，捂住脸就哇地哭了。赵光晋立刻放下手机，打开黑色塑料袋，当成捆成捆的人民币出现在她眼前，她举起双拳发疯地喊道，“双合成有地了！双合成有地了！”两个女人抱成一团。

22

无冕之王（一）

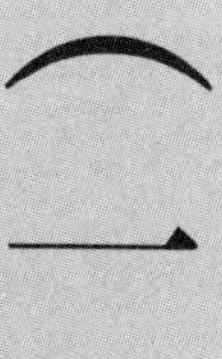

2007年7月3日，在晋中开发区要求按购地协议规定付款的最后期限，赵光晋凑齐了150亩购地款1600万，打到晋中开发区账上，然后她让柳兵开着那辆排场的墨绿色韩国华泰特拉卡奔赴太原以南晋中开发区。由于土地紧张，晋中开发区这一天以150亩与双合成最终成交，且余款退还。尽管少了几十亩，但这与双合成柳巷76号那一亩大的院子相比，简直是天壤之别。

美中不足的是，150亩地里没有那个“2”，从晋中赶往太原的路上，赵光晋心里纠结着对肖姗一直叨叨这个问题。

“姗姗，地咱有了，可就是没2！”

肖姗想着想着想出了“2”来：

“赵总，有2，75乘2等于150，这就是2。对了，合同上写着土地使用方有20%的公摊面积，这就是30亩，咱实际使用土地是120亩，这就是2，赵总，咱真有2！”

赵光晋拍着手高兴起来：

“对对对，120 里有 2，有 2 就太好了。公摊比例是对任何企业的，咱没吃亏，120 亩里有 2，这太好了，我现在打电话告一下马大姐。”

购地的成功和喜悦，一下使赵光晋忘却她数年为土地孤军奋战的苦涩，却给对建工业园抱怀疑或批评态度的人带来尴尬。不过，这种尴尬在客观上却起到了推动这一年中秋集资的作用。有地之后，北大街 5 号双合成公司总部三楼会馆忙开了，赵光晋安排分管文化、教育、宣传、企划的副总常俊，通知相关领导、专家、媒体老总和记者、同行的老总、投资企业的老总、朋友及双合成中高层干部，一个接一个地开会，畅想和研讨工业园的策划、规划、建设诸多问题，而会馆正对面的财务部，却流水般地涌来为双合成中秋用款集资的双合成员工，及赵光晋社会各界的朋友。从 1985 年以来，双合成每年中秋前两个月都是内部集资的关键时期，但是，哪一年都没有这一年集资的热情高，不论是集资的人数还是每个人集资的数量，都超越了往年数倍，而且在集资时间上也出现了无法控制的趋势。集资已经开始十多天了，集资款基本够了，但集资的人仍然络绎不绝，这倒使肖姗发愁了。“赵总，往年咱只需要集 1000 万左右，但今年都集来 4000 万了，要是早知道这，买地时咱俩就不用那样折腾了。”肖姗把赵光晋从会馆拉出来，拉到楼道悄悄说，赵光晋嘴角掠过一道不易被人理解的笑意。“有时候不好意思就是一种力量，集吧，集多少算多少，中秋用不了咱还可以用这钱建设工业园，或者退还必须着急退还的款项，就让每个人都好好表现表现吧，让大家在表现中好好想一想。”这期间，赵光晋一边参加会馆关于工业园的策划会，一边招呼集资。经常是正开会，一看见一群一群人进来集资，她就会给参会的专家打个招呼，就来到对面的财务室。当有人将装款的信封和塑料袋放到肖姗办公桌上，她就在一旁给集资人鞠躬。“谢谢大家，谢谢支持双合成！”这一鞠躬就没完没了，自然就忘了会馆里正开会的人，这时便出现另外一个情景：在会馆开会的相关领导、专家、媒体老总和记者、同行、朋友……便陆续赶到财务室，给肖姗报上自己的名字和集资款项，赵光晋便像对待其他集资人一样给他们鞠躬。“谢谢大家，谢谢支持双合成！”从会馆过来集资的领导和专家们，便与赵光晋开起玩笑，“赵总，你这是请我们开会哩，还是损我们哩，还是逼我们集资哩？”赵光晋快乐地一笑说，“我知道，你们的集资款早就准备好了，那还是早点交到财务上，不要吊我赵光晋的胃口。”参会的领导和专家们便一齐笑嘻嘻地嚷道，“赵总，赵光晋，真有办法！”赵光晋看着他们离去（去会馆）的背影，也开着玩笑，“我有什么办法？公司全部的资产手续都不全，你们没人帮我办，银行又不理我们，我们不靠员工和朋友，双合成不就塌了！”接着，她又开始给源源不断涌进来的集资人鞠躬。

说实话，双合成每年员工集资的情景都很动人，但是，最能触动人心灵的还是赶来集资的、早就不能上班的老员工和穷员工。这一年中秋集资期间，双合成最老的员工、在双合成最后一个掌柜程步云手下当过伙计的张佐成还活着，双合成被逼搬到北大街5号只两年，他就老得不能再老了，除了赵光晋，真的谁也不认识了。那一天，他让儿孙们架着，双脚几乎是虚着走到双合成三楼财务室的，他眼睛惊恐地盯着前方，似乎时刻担心面前的人不是他要找的赵光晋，而是要抢走他怀里紧紧抱着的钱袋的抢劫犯。他怀里抱着一个装满零钱的塑料袋，唯恐被人抢了。当他终于看到赵光晋在那儿给人鞠躬，他的双脚就虚虚地着急地往前踩着——像在河里踩水似的——他就这样很费劲地来到赵光晋面前，双唇颤动着，把怀里又虚又鼓的塑料袋推到赵光晋怀里。赵光晋抬眼，“张师傅你还认识我？你这么大岁数了就不用集资了，咱双合成会养着你们的！”张佐成脸上的表情立刻很紧张，眼睛瞪得很大，嘴唇也颤得更厉害，但是，他没有力气摇头，也没有力气说话，他急得眼睛直勾勾地盯着赵光晋。赵光晋瞬间读懂了老人的心思。“张师傅，你别急，钱我收下，你的一块钱就顶一万块！”张佐成竟给赵光晋鞠了个躬，用眼神逼着儿女们赶快把他搀走。张佐成被儿孙们搀出财务室，离开了财务室所有人的目光，但是，赵光晋面对着老人离去的方向，仍深深弯着 90 度的腰。过了一会儿，双合成那个浮胖多年的老人也被儿孙们抬来了，她与张佐成一样抱着她的集资款，也是唯恐被人抢去。后来，大家这样反思：双合成这些老人们集资时，动作和神情之所以都一模一样，他们除了怕坏人把他们的集资款抢去，也怕他们的儿孙把他们的钱夺走。看来，为了保住他们的钱，以在中秋时期为双合成集资，他们在一整年间一定与儿孙之间发生过漫长的“战争”。果然，他们中有些儿女走时透露了这个情形，他们说，他们的爸爸妈妈或爷爷奶奶，知道双合成每年中秋都要集资，所以双合成每年返回的本钱和利息根本就不动，就一直压在他们的枕头下，就等着中秋呢。加上他们平时的工资，他们的钱竟越来越多，但是从来不花，就等着双合成的集资呢。还有一天，一个来双合成工作没几年的小伙子拿来几万块钱，赵光晋和大家一眼看见小伙子脸上有几道血痕。赵光晋躬鞠了一半便抬起头来，“媳妇抠的？”小伙子说，“是。”赵光晋问，“媳妇不同意？”小伙子说，“不是不同意，是她想攒钱买房子。”赵光晋又问，“怕钱在双合成打水漂？”小伙子说，“是，她抠我，我把她打了一顿。”赵光晋双眼一瞪，那小伙子也双眼一瞪，“赵总你别瞪，我大学毕业几年都没找到工作，是你收留了我，还给我办了全部的手续，我就不能光考虑我自己。没有这份工作我就娶不上她，她父母就不同意，这次我绝对不听她的，我相信她在医院的病床上会想清这个问题。”小伙子双手把几万块钱捧着递到赵光晋面前，“赵总，你一定收下我这钱，你不收我就不走，单位所有人都砸锅卖铁集资哩，我要是不集资算个什么东西！”这小伙子如此有情有意，看上去从来不会哭，简直活脱脱一个李保。有一天，李保也来了，他仍然是两手黑油，就把装着集资款的塑料袋夹在腋下。看上去他仍是有急事，所以，阔步走到肖姗办公桌前，胳膊往起一抬把集资款投到桌上，便噔噔地走了，走到门口才回头对赵光晋说，“赵总，我还是去内蒙送货，那就是我全家的钱，让姗姗数数记上就行了，那我就走了。”李保抬起一只油手给赵光晋敬了个礼，赵光晋感动地一笑，看着李保消失在大家目光中。

每年夏季和秋季，是双合成记者最多的时候，不论是公司总部，还是工厂和门店里，总是川流不息地走动着戴着眼镜、拿着相机和笔记本的人，使双合成员工弄不清他们到底是记者还是顾客，或者是热衷研究企业和食品的大学老师及专家。时间长了，双合成员工就一律热情接待，问啥答啥，而那些中年以上的来访者，一定是大牌记者或相关专家，没准还是赵光晋的朋友，双合成员工对他们就有了对家人一样的接待。比如《山西工人报》老牌记者陈生……就是双合成的老朋友，员工们除了回答他们的问题，还会拉呱一些旧事。而这一天，陈生是来给双合成集资的，他拿的钱不少，但是他觉得自己来晚了。当双脚踏上北大街5号双合成总部的楼梯，他眼圈就羞愧得红了。他在心里给赵光晋准备了很多解释的话，当走到三楼财务室，看见赵光晋正给集资者鞠躬的时候，他决定什么都不说了，决定放下钱就行。就这时，他看到了张佐臣、那个浮胖的老太太、那个小伙子及李保集资的情景，他流下眼泪：他不是愧疚，而是感动。他知道自己这次应该写篇什么样的文章。陈生与赵光晋同龄，在赵光晋当年参加太原市首届糕点技术比武的时候，作为《山西工人报》记者，他就开始追踪她的新闻，可以说，几十年来，他写尽了赵光晋的精彩人生和双合成改革发展的大事，他的几百篇报道组合起来，就是一部赵光晋带领员工的创业史和双合成赵光晋时代的历史。就这，他每次来到双合成，都会遇到深深打动他的事情。“赵总。”身材敦实、肤色白嫩的陈生，挤进集资人群中放下自己的集资款，正要对赵光晋诉说他内心的感动，赵光晋正给鞠躬的那个精干老头吸引了他的目光。“赵老，是你！”他面前这个正给赵光晋回礼的集资人也姓赵，叫赵修身，已经七十多岁了，是《山西日报》资深记者和老领导，退休后又被聘到《山西商报》担任总编，而赵老这二十多年给赵光晋和双合成写了一百篇文章。“赵老，你是咱山西新闻界元老，是我心中的偶像，我陈生在新闻界能有今天，都是向你们学的，今天我就想请教一下，赵总，你看这集资的场面……”陈生讲了他的感受，说他回去立刻就想写一篇关于双合成集资的报道。“赵老，赵总和双合成的事，山西就数咱俩写得最多，好多事咱反复写了好多遍，比如员工集资这事，我至少就写过十几次，你也写了不少，可这次应该从哪个角度写？不写吧，我心里感动得不行，写吧，我又找不到新的角度，请赵老给指点指点。”赵修身搓了搓脸看着陈生，“陈生，你今年的感动和以往一样不一样？”陈生说，“不一样。”赵修身说，“哪儿不一样？”陈生看了赵光晋一眼，脸霎时红了。“往年我总是从赵总与员工爱企如家这个角度写这个事，可是我今年是别的感觉。”陈生不好意思地看着赵光晋，“你买地的事我知道，我的态度稍有点迟疑，没赶上买地集资这个机会，我知道赵总你伤心哩。我今年的感觉是，赵总只要有双合成这些人，就啥事都能办成，即使各种手续再不健全，国家银行没法支持，但是赵总只要有双合成这些人……”陈生眼里涌出泪水，他摘下眼镜擦掉眼泪，看着赵光晋说，“赵总，咱都几十年的关系了，我也算双合成人，至少是双合成的荣誉员工！”赵光晋面部一颤说“谢谢谢谢”，就给陈生鞠躬。这时，又有十几个长期报道赵光晋和双合成的记者走了进来，一看都是来集资的，但是，每个人都带着采访任务，这是后来才知道的。

不管记者们对赵光晋和双合成怎么样，赵光晋对待媒体人和专家的态度从来都很客气。这天晚上，赵光晋便把前来集资的十几个记者和开会的十几个专家安排在一起，请大家吃饭，就在这个饭桌上，一个惊人的消息一下就使大家举起酒杯愣在那儿——这个惊人的消息是，国内一家著名刊物的首席记者洪刚（化名）来到太原，而他的任务是寻找非物质文化遗产继承人，据说他已经在全国跑了十几个大城市，而太原此行是他重要的一站。在座的记者们说，他接受的是一个国家的写作任务，是要写一本关于非物质文化遗产继承人的长篇纪实，在出版之前将在全国一些重要媒体首先连载。

赵光晋盯住饭桌上的记者们，突然一言不发。

记者们纷纷嚷起来：洪刚要是写了谁，这个人肯定就红了！

专家们端着酒杯纷纷从专家桌边踅过来：这小子是个腕，你们新闻界这些朋友要想办法接触一下这个人，让他好好写写赵总。

赵光晋抬眼又盯住走过来的专家们，仍不吭声。

这天晚上，很晚很晚的时候，赵光晋给我打了个电话，问我认识不认识洪刚，我说，认识。不一会儿，她就风风火火地来到我家，而我正与住在迎泽宾馆的洪刚通着电话。那几年，我在我们报刊社院里租着一个朋友的房子做工作室，在赵光晋概念中，我家就是这套四室一厅的房子。我指着我办公桌前的一片藤椅让她随便坐，继续与洪刚通话。准确地说，是我听他说话：老同学呀，老哥今天又喝多了，就像憋了一泡尿不去厕所不行，我就想和人说说话，你还是过来吧，咱俩继续喝点，好好聊聊。唉，人生无常也有常，你说咱们分配的时候都羡慕我找了个漂亮对象，谁料到这妞子听说我在艺术系有相好，就挺着大肚子到咱系里去了。好事变坏事了吧，老哥被发配到新疆。现在咱们都知道新疆地盘大，一派异域风情，姑娘长得妖艳，但分配时知道个球！当时把老哥吓的，真是绝望了，想了无数种死法都没敢死，还不是报到上班去了。这是坏事吧，正是这个绝望把老哥逼成了，老哥在新疆社科院一头扎进中国民俗研究中，分配到那儿的大学生很少，老哥就成了宝了，想去哪儿去哪儿，都给报销，老哥跑遍了全国，这才出了那几本书，坏事又变成好事。现在，老哥连人都成了新疆样儿，满头银丝，礼帽一扣，拐杖一拄，大烟斗一端，一看就是个大学者，谁见了都叫爷爷。我操，真是水土养人啊，岂止是养，简直是改变。你也知道老同学骨子里喜欢的是文学，更喜欢戏剧，但是，研究了民俗文化之后，喜欢静了，就去了南方那所大学，一去就是教授，又是十几年。可是，老哥觉得搞研究太死，就给期刊上写文章,通过呈现中国真实的历史和现实表达我的研究思想。嘿，全国的杂志都看上了，这儿要调去当主编，那儿要调去当主编，当得多了，怕学校知道就用笔名。这几年，在这家人物周刊上不需要偷偷摸摸了，就把真名往刊物上一打，但是记者洪刚还是假的，可是，全国人都知道洪刚，不知道我是谁，这把老哥气的。记者算个屁，全国人都知道记者洪刚，没人知道我这个主编，奶奶的。老同学，主编又算啥，主编与教授相比又算个屁，可是，除了我的学生，有谁知道我还是大名鼎鼎的教授？连学校的同事和学术圈一些朋友都以为我辞职了，下海办杂志了，还传说给我多少股份，说我发大财了，养了几房小蜜，真他妈的，咱这中国人呀！不过，这事也好，帮我传播了名声，这儿当评委，那儿当评委，我还真看上一件事，这就是国家非物质文化遗产，我就答应当了专家，我觉得这事靠谱，与我的研究有关。这几年，我是借着这个事到处采风的，我想写一部纪实文学，再做理论。国家也给我拨了经费……哎，对了，咱山西有没有朋友想评国家非物质文化遗产，我可以给说说。说了这半天我终于想起来了，我是想让你过来一起说说我这纪实文学的事，到底怎么写，我也跑了十几个城市了，中国乡镇至少也跑了一百多个地儿，你来球吧，晚上你喝的又不多。过来啊，我等你。洪刚关了电话，我也关了电话。我看见赵光晋盯着我的脸。

赵光晋笑着：“女的？”

我说：“洪刚。”

赵光晋：“真的？”

我说：“这些年，女人我就只认识你。”

赵光晋眼睛笑着，明显不相信我：“你们这些人嗨！”

我说：“我和洪刚都待了几天了，晚上还在一起喝的酒，他现在还让我过去。”

赵光晋又是一笑：“吹哩吧？”

看来，赵光晋认为洪刚的人物很大，不是我这等人轻易能认识的，即使认识也是认识而已，不可能那么熟悉。

我来了劲，站了起来：“那咱现在就走，我让你认识认识洪刚！”

赵光晋站了起来，立刻又坐下来，作着手势让我也坐下来。“我晚上招待了咱那些记者和专家，听说了这个人，都把他说得很神。”她抓住一瓶矿泉水敲打着自己的膝盖，突然一脸的正经。“我也不是说想让人家给咱干什么，想结识这个人到底想干啥我现在还没想出来，就是有这种想法，你看……咱现在见人家合适不合适？”她的目光里充满着征询，也充满了急迫。

尽管她这样说，其实就是想见洪刚。认识赵光晋的初期，我对她这一点其实是有看法的，但随着接触的深入，我对她这一点就转为佩服，因为她这样做全部为的是双合成：一旦她感觉到哪个人对双合成有用，或者可能有用，就立刻想结识他；如果关系搭建得顺利，她就与他们成为朋友，如果搭建得不顺利，她会一直搭建下去，哪怕八年十年，她绝不会放弃结识那人的目标，直到最终与那人成为朋友或师徒。而我佩服她的原因主要不是因为她在这个事上的矢志不移，而是因为她为了双合成，甘愿在这矢志不移中丧失自己很多做人的感觉，她本来是个很要脸、很自尊的人呀！于是我经常在心里感叹，一个人能为一个单位或一个群体操心操到这种程度，她还有什么事干不成！而近几年我又发现，赵光晋已经把为了双合成找人办事变成她全部的生活，她内心已经没了“私”，如果说有，这“私”就是把双合成搞好，她真是把双合成的事当成了自己的家事，为此她已经得了魔怔。后来又发现，她做任何事，都是这样磨成的。

深夜拜访洪刚之后，赵光晋便给洪刚安排了几天的参观，不管再忙，这几天她都一直陪着洪则，我当然是时时处处死陪。但是，洪刚不喜欢开会，所以，每次参观完赵光晋就把相关人员都叫到酒桌上，继续给洪刚汇报，同时听洪刚说话。使赵光晋不安的是，不论是双合成高层领导，还是双合成生产、销售、企划、财务、文化教育方面的经理，或者双合成外围的专家团队，大家在汇报时，洪刚从来不说一句话，只是端起酒杯不断邀请大家喝酒。我的看法是，洪刚是憋坏了想喝酒，而赵光晋的看法是，“洪老师是不是不高兴？还是看不上咱企业？”我说，“你等着吧，他肯定要发飙。”果不然，这天中午双合成的铁杆记者们与洪刚见面时，洪刚就发飙了。这天上午，赵光晋和我陪洪刚（还有肖姗）参观了她刚买的地，一回到迎泽宾馆，走进那个包了好几天的包间，洪刚便一眼看见有十几个山西记者早坐好等他。洪刚一个个打量之后，认出好几个人，立刻与他们拥抱起来，这一抱，就把十几个男女记者抱了个遍。洪刚抱完大家，坐上正位，我与赵光晋顺势坐在他的两侧。“流氓来了，先连喝三杯！”洪刚端起大茶杯倒满酒，咕咚咕咚咕咚三口，一茶杯青花瓷便没了。赵光晋喊服务员“赶快给洪老师倒酒”，但目光瞟着我。我知道她正想着洪刚嘴里“流氓来了”这句话，就笑了，悄声给赵光晋解释道，“现在社会上都把记者叫流氓，我们平时也这样起哄自己。”赵光晋长长地噢了一声，也笑了，她心里一块石头落了地。十几个山西记者跟着喝起来，有几个年轻记者学着洪刚的样子，也是三口便喝完一大茶杯青花瓷，酒桌上的气氛一下热闹起来。洪刚点起他的烟斗，吱儿吱儿地抽着，靠着皮椅对大家说，“看来来的都是赵光晋的铁杆，那就说说赵光晋这个人，想说啥就说啥，不要考虑她在场就不敢说，要是不说真话我可就不写了！”洪刚说罢扭头拍拍赵光晋的肩头，赵光晋几天来总算从洪刚嘴里听到他要写她的话，一下子激动了，就端起酒杯邀我一起与洪刚碰杯，洪刚一指赵光晋身边的古鸿文，“你姓古？双合成副总？一人之下万人之上？你代老总喝了，我和你碰！”作为南方人，古鸿文根本不能喝酒，但是在这种场合他从来没有推托过。古鸿文端起面前的酒杯站起来，包间里突然站起一个高大的人，正准备喝酒的洪刚眼睛一亮，“小伙子长得真帅，赵总真会用人，我喝半杯。”洪刚站起来喝了半杯，但他的半杯就是半茶缸。

这时，七十多岁的赵修身屁股微微往起一抬，让洪刚注意到他后，便又坐下来，声音不大，但一字一板地说道，“我叫赵修身。”洪刚眉头一皱，似乎从大脑的记忆库里搜寻这个名字。“我也搞了一辈子新闻，给光晋也写了不少的文章，从她刚到双合成当经理，到后来当劳模、当省市人大代表和政协委员常委，到当全国劳模、十五大代表、世妇会代表，我都写过。我的体会是，双合成成就了赵光晋，赵光晋又带起了双合成，但是，赵光晋和双合成这个故事是时代导演的，就像‘文革’前那个时代成就了申纪兰，‘文革’成就了郭凤莲，而改革开放成就的是赵光晋。我觉得，我们都得感谢这个时代，尤其赵光晋得感谢这个时代。”赵光晋起身给赵修身作揖，洪刚也点着头，吱儿吱儿抽他的烟斗。赵修身旁边的陈生便接上话，“洪老师，你来了的消息是我一次在饭桌上给赵总透露的，我叫陈生，咱工人报的，也干了一辈子新闻。我是向赵老学习哩，这一学就学成了双合成专家。说实话，关于赵总和双合成的文章，在山西就数我和赵老写得最多了，算了一下，每人都写了几百篇，不同的是，我更关心双合成的产品，我得找个不同于赵老的角度吧。双合成从上世纪八十年代第一次荣获国家大奖，到本世纪初荣获国饼称号，……每年都有好几种或十几种产品出名，我都作过报道。我的感觉是，赵总就喜欢饼，就是个饼命，要不是这，咱山西咱太原那么多食品企业咋都纷纷倒闭转行了，就赵总一个人扛着这面大旗？她扛的是咱晋饼的饼业，是食品老字号的基业，这不是开玩笑哩，真的贡献很大。”洪刚听得有点入神，嘴含住烟斗的烟嘴却不抽，眼睛亮晃晃地盯着陈生。洪刚的表情给了陈生巨大鼓励，所以，他的话尽管说完了，但他的目光并不消停。他兴奋地从饭桌边上寻找着能接他话的人，他的目光终于罩住一颗谢顶的头。

陈生哈哈一笑，“今天是我们新闻界聚会哩，你咋来了？”他指着那谢顶的中年人，对洪刚说，“洪老师，这是彭工，咱山西最著名的食品专家，你让他说说双合成的产品，他最有发言权。”洪刚便把头扭过去，右手作了个请的手势，姓彭的谢顶人眯眯一笑一点头，看着洪刚便滔滔不绝地说起来。“我姓彭，叫彭晋，天津读的大学，学的食品，在山西食品协会供职，担任副会长，食品专家不敢当。我应当称您洪大师。

大师，我今天是专门冲着您来的，今天是你们新闻界的盛会，我有点不速之客的味道。”彭晋眯着小眼，客气地请求理解地对洪刚点了点头，接着说，“刚才赵老和陈生把话题已经带到了要命的地方，而我想说的还是这个饼。太原市政协一位领导，一个著名的民俗学家有一个观点很有意思，他说中国所有的饼都源于尧饼，这个观点很有文化史和文明史的价值。他认为中国饼之所以都是圆的，就是因为尧那个时代生产力低下，面一和用手一拍就成了饼，这当然就是圆的，只是形状不规则而已，我把它叫作中国圆……”洪刚突然激动地站起来指着彭晋说，“对，中国圆！”等洪刚坐下来端起酒自个喝起来，彭晋又接着说，“我现在要说到晋饼。晋饼是中国北方饼的一支，是黄河流域的饼，如果有心，我们会发现中国北方的饼都大同小异，都是那个样子，油呀、面呀、糖呀，再加上五仁、青红丝之类的辅料，吃起来口感都差不多，就看谁的工艺好了。但是，市场经济使全中国都在向广式月饼、南式月饼学习，觉得它们口感时尚卖相好，这样长期下去我们中国饼文化将到哪里去？就没了！其实，广式月饼和南式月饼看上去好看，吃两口还可以，但是太甜太腻，不能当饭吃呀，北方月饼却可以当主食，这就是北方食品的意义。而在北方食品中晋饼是最重要的一支，尧就是山西的呀，为什么我们不弘扬晋饼文化？它的意义仅仅是为一个企业赢得利润吗？不！可是，山西这么多食品企业，有几家还坚持晋饼的思路？都是急于赚钱，走的是经济转型的路子，在这方面还真得表扬赵光晋同志，她坚持了下来，不仅让双合成坚持传统晋式月饼的五大类……”洪刚抢话问道，“哪五大类？”彭晋说，“就是我们从小到大吃的郭杜林月饼、混糖月饼、提江月饼、五仁月饼和笨月饼。”彭晋说得也激动起来，没等洪刚反应过来又接着说，这次却是批评赵光晋，“你干了一件功德无量的大事，但是，你对这个事不重视，否则我今天就不来。”彭晋看见大家都看着他，便把目光从赵光晋脸上转移到整个饭桌上，扫视着大家对洪刚说，“赵总对我们这些所谓的专家，是既需要又见不得，没准觉得专家们说说话就挣钱还有点反感，对没钱没官说话口气还挺大这一点就更反感，总是给我们这种人派点不重要的事让干，干好干坏问也不问，赵总，是吧？”彭晋把目光又投向赵光晋，赵光晋赶紧给洪刚解释道，“彭工说得确实对，我今年主要是让他们几个人给我申报国家非物质文化遗产，而我又买地又应对中秋，没顾上问，对不起对不起！”赵光晋笑着给彭晋作揖，但是，作着作着就停了下来，瞪住彭晋，“光说我不关心，你们弄得怎么样？”彭晋一瞥赵光晋，“省里的非物质文化遗产已经拿到手了，现在正要往国家报。”赵光晋站起来对着彭晋端起酒杯，“谢谢谢谢！”彭晋没站起来，头还偏到一边，“赵总你一点都不激动？我都不想和你喝了！”彭晋说着站起来，端着酒杯与赵光晋一碰，眼睛却看着洪刚，“大师，我来之前，你所有的资料我从网上都看了，现在你应当知道我的目的。”洪刚吱儿吱儿猛抽了几口烟斗站了起来，端起酒杯与赵光晋和彭晋有力地一碰，嘴里说了三个字，“中国圆”，然后一口喝干了服务员给他又倒满的一杯青花瓷。

这天中午，几乎每个人都喝高了。大家在醉意朦胧中听有人说，洪大师好不容易回趟山西，应当好好写写山西的煤老板，还有人叫嚷着应当写写新晋商、河东根祖文化、晋北历史上民族大融合的问题。但是，洪刚已喝出了感觉，他没搭理山西那些记者给他提供的那几个选题，只是频频走过去与每个人碰杯，嘴里一直说着那三个字，“中国圆！”

谁知，大作家、大记者来了，坏事也来了。这天清晨，赵光晋刚上班，副总常俊双手哆嗦着捧着一张报纸递给她，她一看，是篇整版的文章，标题是《中秋调查：双合成月饼来自黑工厂》，记者是“常鸣”，不像真名，而报纸是则省城影响很大的某报。“这才是要我的命哩！”赵光晋说完这话，呼嗵倒地抽搐起来。

23

无冕之王（二）

光晋的家园

HOME

洪刚教授激动地写着他的纪实文学《中国圆》：

她是一个年龄和长相没有优势的女人，但是，浑身散发着旺盛的生命力，洋溢着不可抗拒的热情和希望。不过，我临行前，她正奇怪地陷入一个八卦新闻的陷阱，她布满沧桑的面容上满是不解和沮丧。但是，让我敬佩和感动的是，她依然安排了我与她师傅们的见面。那是她老字号最大的一个厂子，据说是上世纪末兼并的，我们会面之处就是那个车间，那中间有块巨大的案板。当她让手下——一群红工衣上套着白大褂、头上戴着高高的白帽子、脸上戴着白口罩的工人——把那整箱整箱封存起来的月饼模具取出来并清洗干净，把面缸、整袋的白面、成桶的食油和各种配料都准备好，几个八十来岁的老头便被搀着来了。她一个一个地叫着师傅们，利索地给他们套上白大褂，戴上白帽子和白口罩，然后把他们扶到早已准备好的一排椅子上坐下，走到他们跟前，先作了三个揖，又跪下磕头。这时，坐在中间的那个师傅说，“要想做成晋饼五大件，主要是面、油和水的比例，还有手法，你必须按照我们教的做，我们几个师傅的方法也不一样，你得找共同的东西，这就靠悟性了。”中间那个师傅说完，瞟了其他几个师傅一眼，师傅们点点头，她便动了起来。她的员工围了过来，十几个记者踩在凳子上或挤在人群里照相。而我什么也没看清，只见她像上了战场或登上舞台那样，她来回在案板周围走动，两只手把那面、油、水和各种配料玩得花团锦簇，从和面、拌馅、擀皮、包馅到月饼成型，她一气呵成，她的手真像传说中的机器手。人们都盯着她的手。她仿佛只剩下一双手。那是一双充满灵性的手。在整个操作过程中，她的手也会不时伸起来，这时，她的员工就把要的东西及时递到她的手上。只看见她用模具啪啪地把月饼扣在案板上，当她在案板上扣了五排月饼，就拿起刷子在上面刷糖浆，当她将 100 个月饼的糖浆刷完，她嘴里喊出一个字，“烤！”她身后五个员工就分别把郭杜林、提江、混糖、五仁、笨月饼五种月饼用铲子铲到钢托盘里，她这时便闭住眼睛，双手搭在腹前安静地站好。她的师傅们还是一句话不说，而且都闭住眼睛，好像在等待什么。不一会儿，那五个员工从烤炉里铲出已经烤好的月饼，当他们用托盘端着月饼朝案板跟前走来，五种月饼的香味就浓浓地扑来。她与她的师傅们同时睁开眼睛，能看到，她和师傅们眼睛里都闪烁着惊喜的光芒。“温师傅，张师傅……”她摘下口罩叫着每个师傅的名字，“你们闻着行不行？”中间那个师傅又闭住眼睛，指着在跟前站成一排的五个员工端着的月饼托盘说，“这是郭杜林，这是混糖……”赵光晋兴奋地拍起手来，周围她的员工也跟着拍起手来。五个员工按照老师傅的要求，把五盘月饼整整齐齐地在案板上摆好，几个老师傅的眼睛同时睁开了。赵光晋就对她几个师傅说，“师傅到底是师傅，鼻子真好！”她几个师傅仍然没有摘掉口罩，但纷纷说，“是光晋学得好，做的好，鼻子再好也不能把郭杜林闻成混糖，更不可能把广式月饼闻成晋饼。”而我抵抗不住诱惑，禁不住呼哧呼哧地嗅起五种晋式传统经典月饼的香气：那是一种五谷烘烤之后的香气，我只觉得肚里翻江倒海地饿了，真想抓起案板上的月饼大吃一通。这可能就是晋式月饼的特点，它凝聚着中国食品文化，是一种吃的文明，而不仅是一种礼品，我觉得，我应该在中国非遗的专家会上说点什么。这时我吃惊地看到，赵光晋给她的师傅们鞠躬作揖，泪流满面地“谢谢”他们，她的师傅们也站起来给她鞠躬作揖，也是泪流满面地“谢”她，我真不知道他们师徒之间发生过什么。为什么都在感谢呢？都在感恩呢？他们之间到底是谁拯救了谁？还是说，他们共同拯救了中国几千年的一种食品？但是，我不能多想，我得走了，那五种上面布满波浪纹的晋式月饼，每一样我都要拿几块，我要在路上慢慢品尝，但是她——也许我不再见了，不想互相再添麻烦，我只想写下她的故事，画下这个中国圆……一个几千年来中国人一直渴望把它画圆却始终画不圆的圆。这个圆圈里到底圈着什么？

洪刚的《中国圆》正在写作中，某报整版报道双合成月饼出自黑工厂的文章，则铺满了赵光晋和双合成副总们的办公桌，那报上的每个字，都像钉子一样钉着他们的眼睛，像苍蝇一样在他们眼前嗡嗡飞翔。

双合成沉默了，因为它被媒体干蒙了。从赵光晋到她的副手，包括她企业里每个关心企业命运的员工，谁也没想到多少年来一直支持他们的媒体会突然翻脸，而且火力如此恶猛，更没人能想清楚是谁在背后搞鬼，以及如何应对这以后的局面。太原市和山西省已经是一片哗然，很多人都在议论“著名老字号双合成怎么能这样”，人们说着说着就说到赵光晋，“赵光晋那么大的名人还干这事哩！”有人便说，“不动这脑子咋能当名人，奸商奸商，天下的商人都是一样的！”赵光晋的重重光环一下子被浓重的乌云罩住，双合成的信誉一下子跌入谷底。双合成门店的顾客登时少了一大半，不来消费不说，新老顾客还不时成群结队地踅到双合成门店门口，往店里指指点点地张望，这情景才令人窝火。更要命的是，已经签署合同并交了预付款的那几百个经销商怀疑起双合成的月饼，纷纷打电话问到底发生了什么事，接着人就来了，以各种理由想撕毁合同，抽走预付款，甚至要辞去经销商的资格。还有更可怕的事是，为双合成买地和中秋集资的人担心起他们的钱来，纷纷打电话说公司或家里有事，想提走集资款。

这期间，赵光晋却显得空前沉着冷静，脸上甚至经常带着笑容。从看到某报攻击双合成的文章，赵光晋就一直在输液，但没去医院，而是把护士叫到她办公室，在办公桌一旁支个输液架子，每天就在办公室里输液。她不再看报，也不看书，不看送来的报表和文件，而是笑眯眯地看着看望她的部下、员工和朋友，一句话也不说。她领导双合成二十多年，每遇到大事，总是程雨兰、老革命、马苏容这些老亲信守在她身边，给她出点主意，或者安慰她的心情，鼓励她的斗志，但是，这次他们没招了。“赵总，你咋还笑哩？”程雨兰一来就会这样问她，她总是回答道，“那你说我哭？我哭不出来。”程雨兰就说，“那你就能笑出来？”她说，“我只有笑才能不哭。”程雨兰就低头站在一边，站着站着就抹开眼泪，“要是当年我还能帮上你，现在双合成越来越大，弄的是现代化，我真的觉得自己没用了，想起来心里就难过。”俩人这样说话时，如果马苏容在，就会过来拍着程雨兰的背，对赵光晋说，“没文化没本事的人不一定没头脑，还是好好商量商量，看这事咋弄，看到底是谁在弄咱哩，找到对头就好说了。”赵光晋一笑，“反正我是找不到，你们找吧，找见了就把他们的皮扒了。”马苏容也是一笑，“赵总说得那么轻松，好像开玩笑哩。”老革命也时常来看她，“赵总，别看我年龄大了，干他几个人还没问题，要不，这事我来弄……”赵光晋瞟着老革命，“你？你真的是老了，李保早就看不上你了！”老革命不服气地说，“他？”他说了这一个字就没了后话。有一天，几人正说着李保，李保就来了，还是抬腕垂着两只油乎乎的手。“赵总，我感觉是那个眼镜干的，一定是他，我认识他，只要你一声令下，我就把他抓来，先打一顿，然后让他在报上给咱道歉，恢复双合成名誉。”赵光晋没抬眼，“哪个眼镜？”李保说，“就是一个戴眼镜的，像个记者，我肯定能找到他。”赵光晋问，“你咋知道是他干的？”李保突然低头不语，突然又抬起头，“那次我打了他。赵总，我好几次给你说有人在外边说双合成坏话，我那天在咱那个加工点拉货，就看见一个人鬼鬼祟祟地拍照，我问他干什么，他还骂我哩，还骂你了，我就打了他，一拳就把他的眼镜捣得粉碎。”赵光晋抬眼盯住李保，“你能认出他？”李保干脆地回答，“能！”赵光晋也干脆地说，“那你想办法找他，看在哪儿上班哪儿住，但是不能暴露自己，更不能打，你走吧。”赵光晋又恢复了似笑非笑的表情。

赵光晋在办公室输液期间，找她最多的是肖姗。肖姗每次都是咣咣一敲门就推门而入，步履匆匆地走到她面前，告诉她财务室又是一屋子人要提款，问她怎么办。她问都有谁，肖姗说咱的朋友和咱的员工都有。她就说，“那就给他们提吧。”肖姗着急了，“大部分都投进去了，要是提流动资金就没了！”她便说，“不提咋办？”肖姗低下头，焦躁地将手指缠在一起绕来绕去。“嘿，你们这些人呀！”赵光晋让肖姗举着输液架跟她走。她臂上吊着输液管站在财务室门口，对着财务室里和楼道里那些前来提款的人苦苦一笑说，“你们看，我赵光晋已经这样了，给你们说几句话，如果你们还相信赵光晋和双合成，就把钱在这儿放着，我保证中秋后一个月内连本带息全部奉还，双合成几十年来年年集资，还从来没有失信于人。如果大家觉得报上登了臭双合成的文章，双合成不行了，那就把款提走，我赵光晋也理解，绝不会怪罪大家，是朋友不要觉得不好意思，是双合成人也不要怕我给小鞋穿，车走车路，马走马路，我赵光晋没有那么小气。”她目光从每个人脸上滑过，她的朋友都低下头，而双合成人好多就跑了。“不要低头，也不要跑，你们不欠我的，是我欠你们的，我要给大家鞠躬。”她给大家鞠了三个躬。“大不了我和我们老员工再在街边卖饭，年轻员工如果觉得双合成不保险也可以走。”她说着正要回办公室，又回过头，“还有一点想说一下，双合成现在有地，150 亩，如果双合成这次真的过不去，我们卖地卖财产也会还大家的钱和利息，大家要是相信这一点，就先把钱放在这儿。”她的话无疑对稳定集资款起到很大的作用，但是，肖姗还是不断过来告诉她有人来提款，她便问他们的名字，听肖姗说到一个名字她便点一下头。“没有提款的都是什么人？”肖姗落下眼皮，“基本都是咱双合成人，咱的人都是在财务室站一站就走了，提款的人很少。”她听了轻轻一笑，“姗姗呀姗姗，买地时你那劲头哪里去了，看把你吓的，越吓还越胖了，脸都肿了，眼圈也是黑的，走路都走不稳，好像不跑就不会走路似的。”肖姗眼皮一抬又落下去，“我给你当财务经理哩，没钱了你要问我要，我哪能不急。”她一笑说，“没事没事，我早说过只要有咱双合成人，双合成啥事都不是事，你现在把常俊叫过来，你就别进来了。”肖姗刚出去，主管文化宣传行政的副总常俊就像个军人一样站在她面前。“常俊，你给咱当一次叛徒，就像姓林的那种叛徒。”看见常俊疑惧地瞪大眼睛，她压低声音解释道，“不是让你真当，这段时间你要想尽一切办法与食品企业喝酒，可以骂我，也可以骂双合成，关键的时候也可以透露一些不重要的信息。”常俊冰雪聪明，立刻领悟到她的意图，便一声“是”，敬了个礼，扭身要走，她叫回他。“你不准对任何人讲咱今天的谈话。走吧。”

这些日子里，记者、专家、各行各业的朋友也不断来看赵光晋，都是先骂新闻界，然后给她出主意，她却不冷不热地反问大家，“都是提款的吧？不急不急，先坐下来喝水，你们的集资款我早让姗姗安排好了。”这些记者们、专家们、朋友们便纷纷说：赵总呀赵总，多少年的朋友了，我们哪能干那事，我们还做不做人了。但是，很多记者、专家或她的朋友，一边说了这话，还是提走了集资款。当他们走后，赵光晋便流下眼泪。一次，她正在擦眼泪，陈生气呼呼地来了。“赵总，人心隔肚皮，你也不要伤心，像我和赵老这些铁杆朋友永不会干势利的事。他们登了你的文章你也别怕，咱也可以登呀，咱和他们对着干，这反而把双合成炒起来了。赵总，你说，咋弄？”她摇摇头，摆摆手，让陈生速速离去。“我们自己的麻烦自己解决，不麻烦大家。”陈生气呼呼地坐着不走，但她不再说话了。

经历这件事，赵光晋一个人都不敢相信了，尤其是对新闻界和文化界的人。但是，她对一个人充满期待，这个人不是她的丈夫宋英民，而是古鸿文。她也不完全相信古鸿文，但是时刻渴望见到古鸿文。可是，古鸿文总是在最关键的时候不见她的面。这天她等急了，便拔掉输液管，噔噔地下楼来到古鸿文办公室。她手一挥，把坐在古鸿文办公室的十几人打发走，然后闭住门。

"都是干什么的？"

"要钱的。"

"你怎么回答？"

"我不吭声。"

"那你连我也不找？出了这么大的事，你作为副总应该承担什么责任？"

"我没脸见你。"

"为什么？是不想见我还是没脸见我？"

"没脸见，因为是我的责任造成这个后果。"

"你的责任？什么责任？"

"不少记者写文章讹钱，我都拒绝了，我说话有点难听。"

"你敢肯定是这个问题？"

"我感觉是。"

"那你做得对，做得好！"

"可是……因为我还没想出办法，没法见你，我不想做光说不干的人，买地的事你给了我极大的讽刺。"

"我一个人跑地，和姗姗集资买地，你还有意见了？你们都不同意我搞工业园……"

"不同意不等于不干，我现在恨不得一切重来。"

"什么意思？"

“什么意思都没有，我现在有办法了，我要真正当一次副总。”

古鸿文玩着钢笔，看着笔尖，一直说着让赵光晋摸不着头脑的话。赵光晋说“你呀你，你们这些人呀”，就气呼呼地回到办公室。她自己给自己扎上输液的针头，觉得输液管里透明的液体就像眼泪一样流了下来，一直流到她的心里，使她觉得全身透凉。

赵光晋真的不知道该相信谁，该依靠谁，她很想给在外地采购的丈夫宋英民打个电话，但她怕宋英民那一通损，一通挖苦，就放弃了这个念头。她又想起儿子和女儿，可是，他们一个在国外留学，一个正在财务室给人退款。她就又想起妈妈和病床上的爸爸……她突然想起一个人，杨达天……突然又想起一个人，张亮……突然又想起两个人，胡小风和俞进生……她想起来了，这段时间她把他们忘了！但是，他们是否惦记着她的事？如果说没惦记，她不相信，如果说惦记，怎么都不来电话呢？她拿起手机。

半生以来，什么大事都经过，什么场面都见过，什么人都打过交道，但是，到了关键时刻总是这么几个人，再加上双合成那些没本事的老员工……赵光晋想着想着就想哭，但不敢哭出声，怕外边的人听见，她得给双合成人做个样子。

第二天一早，赵光晋吃过小保姆做的早点，就开车到公司唱那三首歌，她奇怪公司门口没有一个人。然后她走进公司大楼，从一楼走上三楼，发现仍是空无一人，只有肖姗和马苏容俩人陪着两个护士在她办公室坐着，等她输液。她有所预感地问肖姗和马苏容，“整个一栋楼怎么就你们俩人？”肖姗和马苏容同时回答，“古总让我们留下照顾你输液。”俩人搀她坐在办公桌后的皮椅上，协助护士给她腕上扎针、系皮管、挂输液袋，她往椅子上一靠，闭住眼睛。“小古他真的……”她惊悸地咽了后面的话，没有把猜测的结果说出来。就在这一瞬间，她觉得全身一热，觉得有一团火从心底燃烧起来。“小古呀小古，这次还算个男人，算个副总，但是……”

赵光晋闭住眼睛，任清凉的液体流进自己的血管，而肖姗和马苏容相向坐在她面前两把红木太师椅上，还是一声不吭。

这种宁静的气氛似乎要爆炸。

现在说古鸿文。几个晚上，古鸿文彻夜没睡，他觉得某报登双合成这篇文章与他拒绝讹诈广告有关，是他惹的祸，于是瞒着赵光晋把公司所有高层领导及各部门领导全部叫到他办公室，安排第二天到某报及主管机关去讨个说法。当旭日东升，太原市大街小巷响起了早起的人声，奔涌着上班的车流，他已率领着双合成几百员工走上大街，浩浩荡荡奔向迎泽大街南边的青年路，直奔某报社和它主管机关大院而去。

古鸿文站在那大院，像军人一样纹丝不动，他看着面前某报社大楼，把两个攥紧的拳头挺在空中，带领员工呼口号：

“抗议诽谤，给个说法！”

“破坏企业，罪不容恕！”

“严惩元凶，还我清誉！”

然后，他从身边一个员工手上接过手提话筒，扭过身体，扯起嗓子对着站成一片的员工们喊道：“从现在开始，一分钟喊一次，一直喊，喊到嗓子哑了为止，开始！”

“抗议诽谤，给个说法！”

“破坏企业，罪不容恕！”

“严惩元凶，还我清誉！”

报社大门缓慢开启，报社社长——一个中年人走出来，站在台阶上把院子每个角落打量了一遍，然后慢慢走到古鸿文跟前，先递给古鸿文一根烟。古鸿文双手一推说，“不会！”那人尴尬地一笑，自己抽起来，抽了几口，表情就开始有点转。“你就是古鸿文古总吧？”古鸿文冷静地回答，“正是在下，你请我吃过几次饭，我们也回请过。”那人说，“我姓……”古鸿文打断他的话，“我知道，社长。”社长一笑，“有事可以商量嘛，你们这样……”社长又浓浓地吐了一口烟，“你们这样不好呀，这是违犯法律的……”古鸿文冷冷一笑，口气和气起来，“我们都是些下苦的工人，你们搞得我们都没饭吃了，我们还怕法律？法律能把这么多工人怎么样？我看是你怕吧！”社长脸一红，仍很转地摇着头，“你们一个小企业还和媒体……”古鸿文打断他的话，“我们是小企业，你们是大媒体，我们是靠下苦吃饭的，你们端着国家的铁饭碗，那你们老找我们拉广告干什么？你请我还不是那意思？你们还派人拿着批评我们的文章让我们看，我们不给钱就给我们登了，这种做法太下作了吧，你们的主管机关和省委宣传部也不一定赞成你们这样做吧！我们有充分的证据证明你们在搞新闻讹诈，到合适的时候我们会把这些交上去的，包括交给公安和法院，我们的律师都请好了，希望社长认清局势。”社长明显被吓住了，狠狠抽了几口烟，尴尬地苦笑着说，“现在这媒体也不能叫铁饭锅了，也很难搞，我们也有几百个人等着吃饭，你看这样，”社长手抖着又递过一支烟……

时间就这样一秒一分地过去了，除了双合成员工喊口号的声音，报社大院似乎很安静，大楼里很少有人走出来。

报社大院像个蒸笼，双合成员工被太阳晒得汗流浃背，浑身冒着蒸汽，但是，他们高呼口号的声音一点也没减弱，很多人的声音已经嘶哑，使整体的喊声有了用铁锹在大锅里翻炒栗子的声音，又难听又恐怖。开始有一群一群的漂亮女记者给双合成员工送矿泉水，但是，双合成员工把矿泉水打落在地上，仍继续喊着口号。派出所警察一队接一队地来了。问了情况之后，不少警察用太原话骂着报社，“人家赵光晋是名人，双合成是著名老字号，你们弄人家干球甚哩？真是没事找事，闹得我们也得站在这儿往死的晒，走是不能走，人还不能抓，这闹球的甚事！”

下午太阳最毒的时候，赵光晋被肖姗和马苏容搀着来了，还跟着律师。几人朝报社大楼走去。

赵光晋几人被带到楼上会议室，被安排坐下。主管书记正在训斥社长。社长被训得满头大汗，赵光晋盯着窗外树梢上跳来跳去的小鸟。

“咱是党的喉舌，国家的媒体，不是你的，不是我的，还能想登啥就登啥？喉舌就是要为党说话，传播主流声音，国家媒体就是要为国家的改革与发展服务，就是要扶持知名企业，你们这倒好，倒抨击起赵光晋和双合成来了。赵光晋是党、政府、社会共同培养的红色企业家和公众人物，你不知道？双合成是国家省市扶植起来的知名老字号，你不知道？你知道不知道你们登了这样的文章会引起什么样的连锁反应？你们是打党的耳光，打国家的耳光，是给党和国家培养扶植的公众人物和明星企业抹黑。你们平时一直嚷嚷着让主管机关给你们放权，我一次一次给你们放宽政策，没想到你给我捅出了这娄子！这么重要的文章你们怎么不送审？你们还有什么不合适的文章，做过什么不合适的事，我们要彻底查一查，行就干，不行就下。另外，我经常听说现在新闻界风气很糟，写了文章就问人家要钱，不给就登报批评，这就是新闻讹诈呀，你们报社有没有这种现象？双合成这篇文章属于不属于这个问题？如果是，你就知道应该怎么办了，你给我报个详细的材料。”

社长满脸淌汗，频频点头，面前的会议桌被他头上甩下来的汗珠打湿一片：“是我的责任，是我的责任，我一定很快查清，严肃处理相关责任人，但是……”

“不要但是！”

书记身旁坐着的那些副书记们也纷纷打断社长的话，训斥得更加严厉，把报社社长训得没有抬头应声的机会。

书记副书记们训了社长半天，书记愧疚地把目光投到赵光晋脸上：“我一眼看出来你就是赵光晋赵总，咱们在省里一些会议上见过，似乎也吃过饭。你看是这样，我们书记副书记们的态度你也看到了，我们对自己的人毫不客气，我相信会还你个公道，但是，赵总你也说两句，咱一直这样，”书记手指着楼外，“是不是也不太好？我们是党政机关，这事一边是报社，一边是你们，山西大名人，著名老字号，你看这……”

赵光晋盯着书记，等他说完，一笑：“书记，咱俩不算熟悉，也不能算不认识。你说让我说话，你说我说啥好？说实话，你们登我们的文章我不知道，这是不是你们媒体商量好的一次倒赵行为，我不得而知，也不想知道。有本事就把我搞倒，这说明我赵光晋不应该是今天这个样子，我也就认了。今天这事我也不知道，我是真不知道，接到你的电话我才知道我们的人包围了你们的院子，我就来了。我被你们那篇文章气得差一点没死了，这些天一直在输液。书记，”赵光晋站了起来，眼睛变得特别明亮，似乎突然明白了什么问题，“你们这篇文章……如果只是臭我，我也就气一气，打电话骂骂新闻单位一些认识的朋友也就算了，而你们这篇文章诋毁的是双合成！”赵光晋手指住社长，看着书记提高了嗓门，“双合成是啥地方？是一个本来谁也看不起的老字号，不是老弱病残，就是没文化没本事的人，离开了那儿谁都没人要，连工作都没有，这些人的单位你们也敢毁他们的老窝？”赵光晋的手开始抖起来，“太原人包括山西人都认为我赵光晋强势，说我让双合成人往东他们不敢往西，我曾经也是这样认为的，但是，如果有人影响了他们的生存会是什么结果？就包括我赵光晋，我要是砸了他们的饭碗他们会怎么样？他们谁的都不会听，他们就会包围你，就会站在那里让你什么都干不成。他们 1000 多人，都是老百姓，还怕武警警察？什么都不怕，党和政府能把他们咋了？就是把赵光晋抓了，他们还会站在这里，你能把他们全部抓了？有一句话叫作水能……”书记抢过话说，“水能载舟，也能覆舟。”赵光晋手抖着仍指着社长，“对，水能载舟，也能覆舟。过去我们一直说记者是无冕之王，现在我觉得他们才是无冕之王，有史以来中国改朝换代闹革命，最后不都落在了这个问题上？我们还没有经验教训？所以书记，第一，我的员工包围你们这事我没策划没领导；第二，我说不了他们的话，你们相信不相信，他们现在根本就不听我的。我现在才明白，到底是双合成人听我的，还是我听他们的，我相信在中国没有任何一个人能有本事把老百姓管教成他的走卒。我们可以把他们培养成自己的人民，但培养不成走卒，人民你得爱他关心他呀，走卒就是你说啥他就干啥，让他死都行。中国改朝换代闹革命，是死了不少老百姓，但那是因为他们心里有个希望，有个期待，如果不是这，他们会为你死？门也没有！所以，书记，解铃还须系铃人，双合成员工撤不撤全靠你们，我保证坐在这里一直陪着你们，也会做他们的工作，不让他们胡闹。”

赵光晋说着，拿起会议桌上一个手提话筒，站到窗前对着窗外喊道：“双合成的兄弟姐妹们，我是赵光晋，我现在正与相关领导协商解决这件事，领导们对双合成和大家都很关心，希望大家按国家政策法律合理地提出要求，和平地解决这个争端，千万不要闹事！”

赵光晋话音刚落，楼下的双合成员工又狂风暴雨般地喊起来：

“诽谤企业，天理不容！”

“惩恶扬善，绝不留情！”

“赵总赵总，绝不做虫！”

赵光晋回身把手提话筒搁在会议桌上，对着大家两手一摊，坐在位置上闭住眼睛。突然她又睁开眼睛，用手指着每个人的脸：“我们的权力再大，地位再高，名气再大，也不是说啥话老百姓都听，尤其是他们的生存受到威胁的时候。但是我庆幸的一点是，我这二十年来带出来的这支队伍，尽管经常也不听我的，甚至遇到一些事他们会软磨蔫抗，但是，他们不会干出危害社会和公共安全的事，他们像军队一样有纪律，而且，没有我最后的话，他们会一直在这里站下去。书记，副书记们，社长——”她的目光终于投到社长的脸上，“我说的这些你相信不相信？我今天突然想清了双合成能发展到今天的原因，这就是，这些人尽管没文化没本事没人要，但是他们有双合成，他们心中有一个共同的目标，他们会为这个目标的实现恪守自己的行为，会为这个目标拼命，包括战胜威胁他们生存的一切力量。想到这里我又想到一个问题，社长，”赵光晋很不屑地瞟着对面的社长，“就说你们办报吧，说实话，也有报社找我承包他们的报社，我都拒绝了，因为我不是干这事的人，我只会做点心。如果真干，哼，尽管我们不会写文章，不会策划呀什么的，但我们会卖报。我听说你们搞发行的都是挣着奖金，吃着大鱼大肉喝着美酒，而我们的人卖产品靠的是辛苦，是自己贴着钱一家一家地跑，经常让人家推出去，他们就再去，总要跑得让你感动为止。我们的工资不高，但是，很多员工每年靠节日销售就能挣十几万、几十万，我们的人保证不吃拿卡要，我们就没有这样的机会。如果是我们这样的人卖报做广告，媒体还能变成这个样子？时时刻刻想着设陷阱套人家的钱，目的没达到就来一篇损的，我们不干这事，也用不着干，我们靠劳动就能赚钱！”赵光晋挥起拳头。

“唉呀，”社长抹着额头上的汗，“赵总真是不客气，不过，这事也真是……其实真的很复杂。”社长瞟赵光晋一眼，对他身旁一个人使了个眼色，那人便从包里取出一厚沓信搁在桌上。

大家一看，竟是举报双合成的信，赵光晋随便翻了几封信，冷静地笑了笑说：“书记，既然有这么多来信揭发双合成有黑工厂，我就啥都不说了，咱们就查下去，如果查到双合成真有黑工厂，我们立刻撤人，给你们带来的恶劣影响和损失，我们全部负责。如果查出我们没有黑工厂，那……”赵光晋低下头，抓起桌上她那瓶矿泉水在膝盖上敲着，敲着敲着抬起头，声音平和地一字一板地说，“双合成现在是一个公司，一个工厂，下面还有四个加工点，市面上有百十个门店，市场铺遍中国北方省市，由于你们这篇文章给我们带来的所有损失你们得负责赔偿。我说的不只是今年，而是长期，包括双合成这个品牌的损失。还有，我们这一千多人要吃饭，还有几百个经销商，这一切你们都要管，不管我们就住在这里。你们可以让警察抓我，让党组织处分我，但是你们抓不走这些员工，我相信。”

赵光晋闭住眼睛再不说话了：她心里已经不再想这件事，却开始想那堆信：她能判断出那些举报信都是真的，但是，是谁写的、为什么要写，就得打个问号。她本来就认为古鸿文拒绝讹诈广告并不是这篇报道的主要根源，现在她更坚信了这一点。那么，背后捣乱的人是谁呢？

楼下又传来双合成员工喊口号的声音：

“诽谤企业，天理不容！”

“惩恶扬善，绝不留情！”

“赵总赵总，绝不做虫！”

赵光晋无声地笑着，她想着双合成所遇到的所有的竞争和纠纷……

“这会开的！”沉默的会议室里，响起书记的声音，“咱这话题说远了说远了，赵总是这，咱先出去吃点饭吧，你正好也病着，吃完饭哪怕再回来也行。”

赵光晋说：“不饿。”然后又说，“楼下我那几百个员工没准饿了，他们在大太阳底下站了一天了，而且一直喊，肯定是又渴又饿，要请你们就请他们吧，我不饿，就在这儿坐着。”

事态的结局大家一定知道了，我就不再赘述。

24

中国大家园

HOME

如果说1997年是赵光晋的多事之年，2008年则是中国的多事之年。如果说1997年彻底改变了赵光晋和双合成员工的命运，2008年则彻底改变了赵光晋的心。因为，这一年所发生的一切，都在全世界证明着中国人面对生命的热情和仁慈，面对灾难的勇敢和无畏，更证明了中国力量，这一年所爆发的中国人文精神，无法不使赵光晋再生一次。这一年，每个中国人都接受了这个教育。

也许是华夏子孙的品格和燕赵儿女的秉性起作用吧，赵光晋在人生和事业上总是走险棋，恰恰因为这一点，她一次次转危为安，这正切合了马克思的辩证法，坏事变成好事。2007年，她由于买地，社会上那些不良竞争者和不良人士便通过媒体发动了对她和双合成的围剿，结局恰恰是为她和双合成做了广告，落下赵光晋和双合成不可战胜的结论。双合成的月饼再一次被顾客抢购，从而使这一年的中秋月饼销售达到空前的业绩，并使全年整体产品销售第一次突破“亿”这个坎。赵光晋就兴奋地举行了一次规模空前的庆典，她在庆典上又对全社会发布了一个令人振奋的消息：双合成工业园一定要于2009年胜利竣工，从此双合成将大踏步地迈进现代化工业时代，而工业园建成的头一年，双合成全年的销售额一定要达到3个亿。

而一个冷酷的现实是，赵光晋在对社会发布这个宏愿大誓之时，双合成那150亩地还是一片荒地——地里的玉米和玉米秆农民已经收割，只有那些喜鹊还在地的上空不断地徘徊，哇哇地叫着。

经过媒体的折腾，赵光晋又多了一次英雄传奇，这使她心性大变。说着说着，大事又来了。2008年8月8日奥运会要在北京举行，与以往一样，社会上又开始嚷嚷这次赵光晋一定会当奥运火炬手，并有人劝她还是找找人更加保险。但是她不知道这个事该怎么运作，更不知道是哪些机构管这些事情。二十多年来，她一直生活与成长在荣誉中，这次她也喜欢这个荣誉，觉得自己名气越大双合成就受益越多。她也不是不想找人运作，而是根本不知道该找谁。社会各界朋友打来了电话，她淡淡地笑着说，“我对天发誓，我也喜欢荣誉，但真的很不好意思。提出要求，现在我脸都红了，心跳得好像叫花子问人要钱似的，还是让社会选择吧，感谢大家的关心，感谢感谢非常感谢！”如众人猜测的那样，2008年3月份赵光晋被通知光荣列入奥运火炬手名单，序号是005。她竟蒙了好半天，突然兴奋得像个孩子似的在她办公室跳起来，“当年我是新长征突击手，带领双合成走向全国，现在我是世界奥运会火炬手，要带领双合成走向世界！”她很相信命运赐给她成功的种种理由，而且她总是把这种种理由当作信念去追求。她说，“我就是要找到一种精神力量，要找到一个台阶，一个目标，为了双合成，我什么都可以干，我不管别人怎么样说！”

就在这时，汶川发生了地震，作为企业家，她便被卷入中国和人类这场最大的灾难之中，扮演了一个“汶川妈妈”的角色，她想起了自己的妈妈。而地震的那一天，她看到了古鸿文的爸爸妈妈——

2008 年 5 月这天上午，她正坐在从深圳飞往太原的飞机上，她对面坐着古鸿文，身边坐着她请回来的一个台湾糕点大师。她与古鸿文又一次谈起去年那场惊心动魄的媒体纠纷。

赵光晋说：“小古，没有去年你的挺身而出，我这次不仅不带你去印度，没准就让你走了。你是平时把我气的，关键的时候还行。”

古鸿文笑着：“我就要把人做在关键的时候。林总是平时哄得你高兴，关键的时候就背叛了，我是平时你觉得是个刺头，但关键的时候就刺向敌人。”

赵光晋笑出声来：“人有文化就会损人，更会吹自己。但是小古，”她拉下脸，“你不要以为我就对你很满意，我最满意的不是你，这次叫了你没叫那几个人，我心里很不舒服。”

古鸿文还笑着：“赵总到印度听佛教智慧咋能不叫我？我就知道会叫我的，我回去能给他们传达呀，我记了好几本呢。”

糕点大师插话道：“你们都信佛吗？是不是俗家弟子？我认识台湾的星云大师和净空法师，经常去他们府上给他们做点心喽！”

古鸿文目光扫着赵光晋和这位糕点大师：“赵总，有白大师加盟，我的一个想法就可能会实现，也许在今年中秋就会实现。现在是这样，传统晋饼这一块，就让雨兰大姐盯着，我想不会有问题。中式点心这一块，也让雨兰大姐盯着，我觉得也不会有问题。粽子、汤圆这些产品没有多少技术含量，市场也比较稳定，按常规做就行了。但是，面包和蛋糕是吸引年轻人和时尚人群的产品，白大师的加盟会推动我们与全国水准和国际水准的对接。我关心的还是月饼：首先是广式月饼、南式月饼要提高口感和品相，尽管这不是双合成的主体产品，但许老师把咱们的产品文化总结为兼容精神，咱这块还得抓好，它是抓时尚人群、团购送礼，是上价位的产品，白大师在这方面得提供思路和技术支持，应该把台湾、日本这些地方的技艺用过来，还得起出很好的名字，到时候把彭工、许老师、杨达天这些专家们叫过来商量商量，更应当叫一些美食家参与谋划。我非常关心晋饼五大件，五大件头牌郭杜林省里的非遗已经过了，听说国家那边有戏，我一直与洪刚洪大师保持着联系，还去北京见过他几次，如果这款月饼今年的国家非遗能过了，今年中秋就有宣传由头，晋式月饼五大件就能跟着热卖，也能带动其他月饼的销售，对常规产品的常规销售也有推动作用。我还特别想推出五台佛饼系列，比如吧，就叫观音饼、五爷饼什么的，名字我还没有想好。”

赵光晋看着窗外小山似的白云，叹了口气，没接古鸿文的话：“小古，去年那些事没有影响咱们的销售，但是我觉得这事还没有过去。他们倒是在媒体和网上道了歉，并登了正面宣传文章，但是对相关人员的处理还没落实，经济赔偿也没有落实。”

古鸿文说：“这个事我来办，不行咱再把他们围了……”

赵光晋摇摇头：“我也不是说就算了，但是，谁都要活呀！他们把咱们逼到那个程度，咱们把他们围了，咱要是把人家逼到那个程度……”赵光晋看着窗外，“这次在印度听了这一个月课，尽管是外国人讲的，但翻译一解释咱也能听懂呀，就是不听翻译，只看大师们的眼神，我都能看出很多东西。我就想啊，每时每刻都在想……”赵光晋又开始摇头，“是算了还是咋的，我真拿不定主意。而且，”赵光晋突然盯住古鸿文，“那件事的最深层，就是那些坏总编坏记者想讹咱们的钱哩？我想没这么简单。小古，咱们有敌人，有对手，但是他们是谁呢？咱们每天把心思用在这里，双合成还发展不发展了？中国人经常说，人在做，天在看，谁干了坏事天知道，谁干了好事，天也会保佑的，所以……”

古鸿文看着赵光晋纠结的样子，一下子吞吞吐吐起来：“那……咋都行吧，你说咋办就咋办，我这块出不了彩，但能保证赵总没事。你想干什么就干什么，只要我古鸿文在，双合成至少可以没事。我真不是那种能让一个事业出彩的人……”

赵光晋久久地盯着古鸿文，扑哧一声笑了：“小古，你的脸怎么是红的？还能看见五个手指头印？”

古鸿文上身一挺，红扑扑的脸左右一摆：“我要把赵总的手印永远留在脸上，这就是等于把赵总的教诲永远铭记在心上！”

赵光晋哈哈大笑，对身边的白大师说：“我们从印度回来又在深圳听了三天汇才的课，老师让我和他做游戏他反应很木讷，我火得左右开弓就是两巴掌，没想到现在还没散哩，哈哈哈哈……”

白大师吓得缩住头，抬眼瞟着赵光晋和古鸿文。

古鸿文眨着眼睛看着赵光晋：“飞机也快到了，我现在要报告赵总一个消息，今天下了飞机我请客，到我家去，都安排好了。”

赵光晋瞪大眼睛：“你请客？小古要请客？这可太珍贵了！”赵光晋扭头对白大师说，“小古是南方镇江人，中国人的人情世故一点都不懂。你看我，”赵光晋从脚下拎起她那个大包，打开后在里面丁零当啷地翻着，“我到任何地方出差都要给大家买点礼物，纱巾呀化妆品呀打火机呀，总是点心意吧！”赵光晋把大包的拉链拉住踢到一边，“可是，小古从来不给人买东西，我说了好多次，说这是与领导、同事和下属沟通的一种方式，他就不理你，说了好多年，那次他从你们台湾回来给我买了一盒方糖，这还需要到台湾买？”赵光晋哈哈大笑着看着古鸿文，“小古你懂得请客了，那这次就得好好请，你都叫了谁了，咱那几个人叫了没有？”

古鸿文头一扎，睫毛抬起：“没有。”

赵光晋双眼一瞪：“就请我？一个老太太和一个小伙子吃饭？”

古鸿文说：“还有两个贵客。”

赵光晋问：“谁？”

古鸿文想了一会儿说：“去了就知道了，我还给杨达天和宋总打了电话。”

赵光晋瞥古鸿文一眼：“你倒是会叫人，两个人都在天上飞哩，谁知道他们飞到哪里去了？你就是知道他们来不了才叫他们，他俩怎么可能因为你一顿饭坐一次飞机，南方人真会干。”

古鸿文瞟着赵光晋和满眼疑惑地看着他与赵光晋的白大师说："我背井离乡来到太原，心里只能想起他们俩人。"

果不然，这天中午，太原市新开南巷双合成大院里，赵光晋在古鸿文家里见到了两位贵客。那是两个老人：老头儿中等个头，一头黑白相间的浓发，两道浓浓的长寿眉，老头儿光洁白皙的脸上洋溢着乐观的笑容；而老太太跟在老头儿后边，个头低一点，显得很富态，一脸与世无争随遇而安的幸福表情。赵光晋一下反应过来他们是古鸿文的爸爸妈妈，就惊喜地啊呀呀一声张开双臂要抱他们。老头儿先啪地来了个军礼，代替他们一家人表明了他们的心意。"赵总好，你一定是赵总！"老头儿首先拥抱了赵光晋，然后抓住她的手高兴地说道，"咱俩是同行，我退休前也是厂长。我儿子古鸿文在你麾下这么多年，我老古来晚了，抱歉抱歉。这次来是儿子特意的安排，我和老伴来就是专门给赵总做一顿饭，我老两口的手艺还是可以的。老伴，这是赵总！"古鸿文爸爸回头看着老伴，古鸿文妈妈双手搭在腹前给赵光晋鞠了个躬。赵光晋这时往餐厅一瞟，看见餐桌上已经摆满正冒着热气的精致的南方风味的菜肴，便忍不住拍着古鸿文爸爸的手说，"叔叔……"古鸿文爸爸赶紧纠正说，"不能叫叔叔，叫叔叔古鸿文就占便宜了，就和你成同辈了，以后就叫大哥大嫂。"赵光晋于是说，"大哥大嫂，你们这顿饭可是值钱了，两位老人坐着飞机这么远跑来专门给我做顿饭，古鸿文抠门不请客这事我就再不说了。大哥大嫂，你们知道这套房子原来是谁住？就是我从上海请来的那个常务副总林总住着，我让小古住在这里是有深意的。"赵光晋对着两位老人意味深长地点着头，"小古干得好干得好，去年就立了一次大功……"赵光晋正说着，古鸿文媳妇从厨房走过来，赵光晋立刻过去抱住她的双肩，"大哥大嫂，你这媳妇也是好媳妇，还是我的老师。她是中国汇才的山西区域经理和总教官，我们这些年在全国听汇才的课都是你媳妇安排的，好，太好了！你家儿子是为了爱情来到双合成的，这就等于是爱给我送来一个得力助手。大哥大嫂，今天看到你们老两口，看到你们一家人，看到你们这顿饭，我才知道小古为什么那么有出息，有爱的人一定孝顺，孝顺的人一定忠诚，好好好，我今天真是太高兴了！”赵光晋说着，又抱了古鸿文的爸爸妈妈和媳妇，而古鸿文一直站在一边一言不发，像个孩子。

“赵总，你就看不见我？”

一个男人从饭桌旁一个座上站起来，走过来张开双臂抱住赵光晋，他竟是赵光晋的丈夫宋英民。

赵光晋更加喜出望外：“咋是你？你咋也回来了？酸不溜秋的还来个拥抱。”

宋英民笑着说：“我是借机会抱抱我的老婆。”

宋英民接着说：“小古给我打电话时我正在广州，听说他爸爸妈妈都来了，我就赶紧坐飞机回来了。”

赵光晋激动地握住宋英民的手：“你这次还不错……”

又传来一个男人的声音：“赵总呀，你还认识不认识我？”

那男人高大的个子，比古鸿文整整大一号，当他张开双臂朝赵光晋走来，赵光晋一惊，就急急地奔过去：“杨达天，在中国我最早的企业文化老师，你咋也来了？这些年怎么不见你？”杨达天款款地抱住赵光晋，轻轻拍拍她的背，“我在上海，接到小古的电话，小兄弟能想起我，再远我也得来呀，何况是与赵总共进午餐！”杨达天说着松开赵光晋，抓住她的双手说，“你现在手下人才济济，我杨达天来干什么？我在上海还见过林先生，他现在没人请，到处找不到工作，躲在家里再不出来了，但这不等于他和山西没有电话来往，没准有些事还使过坏。”

几人说着话，杨达天和宋英民看见了赵光晋身后缩头缩脑的白大师，就把目光投到他的身上。赵光晋也想起白大师，就把他拉过来互相给介绍了一下。白大师给每个人点头，大家也点头回礼。

古鸿文把大家请进座里，赵光晋一看就这些人，脸阴沉下来。

古鸿文坐在上菜口处：“赵总，你是不是想起了……”

赵光晋摆摆手，低头看着桌上的菜。

古鸿文："赵总……要不……"

赵光晋一摆手："算了，他们今天来了也不合适。"

没人知道他俩说的什么。

古鸿文媳妇给大家斟酒，他爸爸一个个地敬酒，古鸿文跟着爸爸陪大家喝酒。古鸿文妈妈坐在他爸爸身边，笑嘻嘻地看着大家喝酒。突然，脚下强烈地一晃，桌上的杯盘叮当一响，大家抱住头一齐惊叫道，"这是怎么了，像脑溢血一样！"

一桌人本能地看向窗外，每个人都看到一个昏黄混浊的世界。然后，大家就拿起手机打电话询问，但所有人的手机都打不通。可是，大家的手机屏幕上都若隐若现地跳出一条短信：中国四川汶川刚发生 8 级强烈地震。

就在那一瞬间，13 亿中国人的情绪全都凝聚在了汶川地震上，而此前每个人的一切，不论是事业还是生活，成功还是幸福，似乎都抛向了心灵的远方。

灾难到了，它给人性找到了舞台，给中国找到了在全世界展示自己国力的机会。

天崩地裂。天塌地陷。江河改道。楼倒屋塌。城市或乡村瞬间变成废墟，一个个生命被掩埋，被砸成肉饼或砸为数段，或被压在山似的废墟里忍受着人间地狱的滋味，数已万计的四川人的家园瞬间消失。几十万人死亡，几百万人受伤，使中国大部分省市及东南亚地区数亿人受到灾难的侵害，正奔向现代化和小康社会的中国，即将召开奥运会的中国，瞬间被拖进灾难与恐怖之中。而对这场灾难，与其说身处灾区的人体验真切，还不如说坐在电视前目睹灾难和抗震救援的人更有感觉：因为，在这种观看中，人们才有机会体会灾难的恐怖和人性的滋味。灾区的悲惨、哀嚎和绝望，人民解放军、党和政府、社会各界、全国各地的志愿者及全世界的救援，全国及全人类的捐款……新闻界竟然成为这次灾难中的语言英雄，他们用最真诚最有力量的语言，激励甚至是指挥着这场人与自然的决战。同时，灾难考验着每个中国人的人性，除了通过各自的方式对灾区人民施以同情和援助之外，每个中国人都对自己的品格、胸怀和能力做着反省，有人侥幸，有人愧疚，有人自责，有人汗颜，有人发现自己灵魂污浊、品行拙劣，有人在全中国、全世界范围的同情心和慈悲精神感召下，在抗震救灾情形感染下，图作新人。灾民对生命的渴望和对救援者的感恩，救援者的舍己忘我，及那些几万、十几万、几十万、几百万、几千万、几个亿的援助，深深牵动着目睹灾难和参与抗震救灾的中国人的心。

在这种情形下，我们的主人翁赵光晋立刻登场了。“英民，在这之前，我真的经常觉得自己了不起，可是你看，”一天她看着电视说，“为了灾区人民，人家都是几十万、几百万、几千万、几个亿地捐，一卡车一卡车地往灾区送物资，甚至用飞机和火车送，可是咱……也流泪了，也捐了，可就那一点……”她有力地抹去脸上又热又凉的泪水，“咱还是不行，还是不行，就是凑合着能让双合成人有碗饭吃。”她抓住发呆地看着电视的宋英民的手，“而且，就是过年过节期间，我都不能让员工们与家人一起看电视，国家出了这么大的事，他们仍得坚守在岗位上，他们真可怜，连中国人最悲惨的事和最温暖的爱心都看不到！”宋英民眼里静静地滑下两行泪水，像两道孤独的小溪。全国人都在汶川地震的悲痛中，……”赵光晋说到这里，宋英民从她手中抽出自己的手，他自己两只手在一起搓起来。“咱这一家人跟着你，是什么都误了，什么都……”宋英民噔噔地上班去了，赵光晋也跟着走了。她决定再也不在家里看电视了，她要与员工一起守在公司。

就在这期间，双合成有了三件天大的喜事：第一件事是，6 月 2 日，赵光晋带领全体员工，邀请省市领导及社会各界代表参加，在晋中开发区那 150 亩土地上举行了隆重的破土动工仪式；第二件事是，6 月 14 日，经国家文化部审定和国务院批准，双合成晋式月饼郭杜林制作技艺被确定为“国家级非物质文化遗产保护项目”，赵光晋被认定为晋式月饼第四代传人；第三件事是，6 月 26 日，在全世界传递半年之久的奥运圣火终于传到太原，而作为太原地区奥运圣火 005 号火炬手，赵光晋穿着红白相间的奥运火炬手的短衣短裤，举着熊熊燃烧的圣火，在晋祠公路上跑完了她人生中最有意义的 55 米。这三件事哪一件都是大事，赵光晋作为其中的主角，脸上总是洋溢着笑容，但是，她心底装着汶川，谁能看到她心底和脚下的沉重？

如果说 1997 年是赵光晋最痛苦的一年，那么，2008 年她太纠结了。这一年她像疯了似的，自从穿上奥运火炬手的服装就没脱过，好像命运交付给她一次永远跑不到头的奔跑，她觉得，即使心里再纠结再麻烦再沉重，但是脸上应该一直保持着发自生命深处的乐观和自豪。她忘记了公司的事，一直在社会上奔走，似乎要找到真正属于她的一件事情，那是一种生命的依托，她有这种预感。这一年，记者们聚集在赵光晋身边，而在这所有的记者中，一个与她同龄的记者最使她感动，他已追踪了她二十多年，他是她的见证人，他就是陈生。这一年，陈生几乎写尽了她做的所有的大事，仅仅她与汶川孩子们的故事，他就洋洋洒洒地写了十几篇——

2008 年 8 月 6 日晚，陈生写于山西大众传媒学校：8 月 7 日上午，赵光晋接来了四川茂县 311 个孩子和 16 名教师。本来，山西团省委已将这些孩子托付到山西大众传媒学校就读，但是该校无力负担这些孩子们的吃饭问题。得知该消息后，在外开会的赵光晋中午没顾上吃饭就赶到大众传媒学校，表达双合成愿意做孩子们生活上的坚实后盾。团省委领导和大众传媒学校的领导非常感激赵光晋，频频赞扬她的大爱情怀。下午 3 时，赵光晋便打电话让她的副手马苏容带领六十多名穿着“祝福奥运祝福汶川”T 恤的双合成员工，前来打扫大众传媒学校早已停业的厨房和餐厅——因为学校管理有问题，很长时间不招生——满是油渍的地砖，满是灰尘的餐具，满是泥土的餐桌餐椅，残缺不全的窗户……黑乎乎油腻腻的厨房、案板、刀具、冰箱冰柜……臭气熏天的厕所……马苏容是赵光晋使用起来最放心最得心应手的人，一遇到脏的苦的累的麻烦的事，赵光晋首先想到的就是她……夜幕降临了，早已废弃的宫殿似的大众传媒学校里，赵光晋、马苏容及六十多名双合成员工仍在灯下忙碌……

2008 年 8 月 8 日晚，陈生写于大众传媒学校：晚上 10 点 40 分汶川 212 名师生坐火车就应到了，但因火车晚点，他们 11 点 40 分才来到太原。 8 月 8 日凌晨 1 时许，在汽车、火车上坐了 48 小时的四川茂县的 212 名师生，终于来到他们的新家山西大众传媒学校，列队欢迎的赵光晋、马苏容及六十多名双合成员工一个个拥抱着他们，把他们带到餐厅……双合成的蛋糕、包子、豆包、绿豆汤、时令小菜，香喷喷地摆满了餐厅里每个餐桌……他们基本都是羌族的孩子，经过地震的惊吓，一个个惊恐地张望着这陌生的环境……赵光晋、马苏容和双合成六十多名员工，便给他们发放印有赵光晋穿着奥运火炬手服装、举着奥运火炬欢笑奔跑照片的纸扇子……她扬起嗓门对着满餐厅的孩子们喊，“我们要用扇子扇掉长途跋涉的燥热，扇掉灾难带给我们的霉气，我们要举着奥运火炬告别灾难，奔向人生的希望和未来！”……好多孩子因为晕车呕吐起来，赵光晋、马苏容及六十多名员工赶紧奔过去给孩子们捶背，端来脸盆……把他们带到厕所或医务室……孩子们的一个老师突然唱起一支羌族的歌……

2008 年 8 月 9 日，陈生写道：四川茂县 212 个小学生的开学典礼正式举行……赵光晋坐在主席台上心潮荡漾……孩子们唱起《感恩的心》……赵光晋为孩子们唱起《人说山西好风光》……孩子们突然喊起“赵妈妈”……孩子们纷纷给赵光晋写信……五年级学生刘强在信中写道，“赵妈妈，你每天都为我们安排了不一样的饭菜，每天都满脸笑容……让我从孤单中走出来，让我坚强了起来……”学生高晓英写道，“赵妈妈，我们长大会体贴你的！”五年级胡熙在信中写道，“刚来这里总是有些害怕，但现在一点都不怕了，因为我们有了赵妈妈！”……赵光晋看着孩子们的一封封信，流泪了……

8月17日晚陈生写道：138顶生日帽，138张笑脸，欢聚在“赵妈妈祝孩子生日快乐”的大幅标语下……212名师生欢聚一堂……“5·12”地震之后，在恶劣的环境中孩子们别说过生日，每天都在余震、泥石流的惊慌中祈盼早早上学，谁还能记起自己的生日呢？……但是，赵光晋想起了……一杯杯橘汁，一盘盘蛋糕，一个个鲜桃……孩子们齐唱羌族的《祝酒歌》……晚饭后，赵光晋又和孩子们来到操场，拉成一个大圆圈，唱着羌族歌，跳起羌族舞……

9月5日陈生写道：……离中秋还有十天，汶川的孩子们已经过上中秋……心灵手巧的张亮策划并设计的“中国小爱神，爱在中秋”的创意派上用场……下午4时，赵光晋、马苏容带领着双合成几十名员工，抱着“中国小爱神，爱在中秋”的月饼来到学校……她抱了这个，抱了那个，一抱就是二百多次……双合成员工跟在后面给孩子们发月饼……两个小时不停地折腾，赵光晋累了，孩子们给赵光晋搬了把椅子……夜幕悄悄降临，天空出现了闪烁的星星……

9月14日中秋节，陈生写道：……双合成月饼早已获得世界基尼斯，这天赵光晋把一个写着“中华大团圆，祝茂县孩子们中秋快乐”的大月饼送到山西大众传媒学校……下午4时40分……早早在操扬上等待赵光晋的孩子们，哗地一下把赵光晋围了个水泄不通，“赵妈妈我想你”的喊声一浪高过一浪。孩子们争着拥抱赵光晋，很多孩子拿着自己叠的纸鹤、写的信、画的画往赵光晋手上塞……赵光晋又是抱了这个抱那个……这天下午，全体双合成员工与孩子们举行了中秋联欢……大家用歌曲、舞蹈和小品歌颂祖国，并跳起羌族的舞蹈……赵光晋拿刀给师生们切月饼，一共切了212份…… 4个小时的联欢会结束了，天上月亮更圆……赵光晋想起孩子们在地震中丧生的家人……想起从来没有一起过过中秋的自己的家人……她流泪了……师生们一齐喊道“赵妈妈”……

12 月 5 日，陈生写道：……阳光普照，却寒气逼人。午时 1 点赵光晋就站在太原火车站广场上，因为 37 名孩子和 3 位老师因病要乘坐 1485 次列车返川，赵光晋心里涌上悲伤，不敢面对这些孩子和老师……她心里涌上说不清的歉疚……趴在车窗上，她给师生们说，“给赵妈妈打电话写信呀！”……那 37 个孩子和孩子般的老师也趴在车窗上说，“赵妈妈您一定要到四川看看我们！”

12 月 7 日，陈生写道：这天上午，四川茂县洼底乡小学校长唐刚一行 4 人，来到太原北大街双合成公司，他们带着茂县县委、县政府和受灾人民的感激之情……把写着“心系灾区，援助羌乡学生，情暖茂县，播撒人间真爱”的锦旗恭恭敬敬地递给赵光晋……赵光晋把他们和 8 个孩子带到家里做客……

12 月 17 日，陈生写道：这天中午 1 时，剩余的孩子和 10 个老师要全部撤离太原，返回他们的家乡四川茂县……这一天终于来到了，而且来得这样快……他们没有在太原读够 3 年或 5 年书，是山西不好吗？是赵光晋对他们不好吗？是双合成对他们关心不够吗？赵光晋这样胡思乱想着，说什么也高兴不起来。但是，她不能让这些个孩子和 10 个老师把她的心里的不悦带到四川，她要让他们带回欢笑……太原火车站广场上，站台上，车厢里，孩子们簇拥着他们的赵妈妈恋恋不舍，但是，他们要回到他们的爸爸妈妈生他们的地方，尽管他们很多都已成为孤儿……但是那是他们的家呀……那个老师又唱起羌族歌曲《祝酒歌》，“清凉凉的扎酒也，哦也咿呀啊勒索勒……”孩子们跟着唱了起来……赵光晋向他们招手，喊着他们的名字，双合成几百名员工也都来了，都喊着他们的名字……列车徐徐开动……几百个孩子的脸从车窗露出来，“赵妈妈我们回去就给你写信！”“赵妈妈一定要到茂县看我们呀！”……赵光晋眼前突然一片漆黑……这就是欢送四川孩子的全部的山西人……他们在太原仅仅待了 4 个月……按原来说的 3 年或 5 年，仅仅是开了个头……

一个晚上，陈生写道：赵光晋仍穿着红白相间的短衣短裤的奥运火炬手服，好多天都是失魂落魄的样子，她嘴里喃喃地念叨着那些孩子古怪的名字……她说，她心里还留着那首羌族的歌……爱唱歌的那个老师叫阿吉，汉名叫郭文花……阿吉看上去也是个孩子，不过是一个大女孩而已……阿吉在茂县当老师，家却在汶川县绵虒镇，离映秀镇只有 20 公里……地震发生后，阿吉顶着烈日，冒着飞石，翻山越岭赶往汶川，整整走了 48 个小时……但是，爸爸、妈妈、哥哥全部压在废墟里……被挖出的爸爸被砸得惨不忍睹，哥哥压断了肋骨，48 天后才找到妈妈的尸体……妈妈不在了，阿吉体会到了孤儿的感觉，所以主动报名来太原，想陪着孩子们在太原待上 3 年或 5 年……阿吉总是闷闷不乐，心情沉重……但看到赵光晋走到跟前，就忍不住眼睛亮了，不由得抱住赵光晋，趴在她肩头哽咽着说，“妈妈，你真和我妈妈一样，真的一样！”赵妈妈就这样叫开了…… 8 月 19 日，赵光晋带着马苏容和几十个员工又去大众传媒学校照料孩子们的生活，看见阿吉孤独地坐在那儿叠元宝，当大家走到跟前，阿吉脸上突然滑下泪水，阿吉说，“今天是我妈妈的百天忌日。”赵光晋赶紧让马苏容派人回公司拿来双合成荣获国家非物文化遗产的月饼郭杜林，还有好多种糕点和许多种水果作为祭品，然后让马苏容和几十个员工都坐下来叠元宝。赵光晋含着泪说，“叠得越多越好，让阿吉妈妈在天堂里宽裕一点！”……11 时许，赵光晋和马苏容带着阿吉，坐上刘兵开的双合成刚买的最高级的美国进口红色福特商务车，装上纸钱、元宝、郭杜林月饼、糕点、西瓜、鲜桃……奔出城市……奔向市郊……阿吉含着泪说，“我妈妈生前很爱喝酒！”赵光晋赶紧下车到商店买了瓶汾酒……尖草坪柴村一片空旷的庄稼地里，赵光晋、马苏容、刘兵和阿吉……把祭品从车里拿出来摆在地里……赵光晋把月饼一块块放好，把糕点一块块摆好，把西瓜嚓嚓地切开，把鲜桃摆成心的形状，把纸钱一张张展开，把元宝堆得像山一样……赵光晋、马苏容、刘兵陪阿吉跪下……赵光晋点着纸钱，阿吉双手捧起燃着火苗的元宝抛向天空。赵光晋忍不住仰天喊道，“大姐，你的女儿阿吉就在我的身边，她受到很多人照顾，你就放心吧！”……叽叽喳喳的鸟叫、蝉鸣此起彼伏，蝴蝶扑闪着艳丽的翅膀……而这段日子，正是双合成迎接中秋的大忙季节，正是北京奥运会隆重举行的日子，但是，赵光晋每天都带人来到大众传媒学校招呼孩子们吃饭……像对阿吉那样祭奠他们天堂里的亲人……祭奠了阿吉的妈妈，赵光晋就托北京的朋友买奥运会门票……8月21日这一天，是阿吉最惊讶的一天，因为这一天赵光晋把她带到北京……赵光晋仍穿着奥运火炬手的服装，阿吉则穿着写有“祝福汶川，祝福奥运”字样的双合成白色T恤，两人头上都系着红绸带……火车里，阿吉唱起羌族的《祝酒歌》，“清凉凉的扎酒也……”赵光晋跟着唱起来，满车厢的旅客都跟着唱起来，唱得一个个泪花花的……公交……出租车……地铁……长安大街……天安门……鸟巢……国家游泳馆水立方……北大奥运乒乓球馆……阿吉既惊喜又惊恐，时时处处抱住赵光晋的胳膊，依在她的肩上，并不时地喃喃地说，“妈妈，阿吉真像在梦里一样，如果我爸爸妈妈哥哥……我那些孩子……”赵光晋摸着阿吉的头，“奥运就是要带给中国人奋进的梦，让我们都忘记了那场噩梦吧……”阿吉跟着亿万观众一起为中国运动员“加油”……4天过去了……赵光晋与阿吉坐着出租车往北京火车站飞奔，但她突然想起来时茂县的余崇丽老师随意说到一个侄子在北京通州一所学校上学，就让司机调头奔向通州……但孩子不在……她就等了一天，第二天又与阿吉一起搭车跑了一百多公里来到通州，费尽千辛万苦找到这所学校，找到了这个孩子。她给孩子留下了双合成非物质文化遗产郭杜林月饼……还留了钱……为了找到这孩子，她的出租车费就花了500元……

这仅是陈生写的文章。后来，记者们采写赵光晋2008年帮助汶川孩子的文章专门出了两本书，里面的故事就更加丰富动人。而且从中还可以看到，2008年这一年中，赵光晋除了忙过一段时间奥运，主要就忙了四川茂县那些孩子，她甚至连她那150亩地都忘了。她多亏有古鸿文，是他招呼着双合成的生产和销售，准备着工业园建设的筹备工作，并且以双合成晋饼郭杜林月饼荣获国家非物质文化遗产为由头，以强大的新闻宣传掀起了这一年月饼销售的高潮，又创造了有史以来最高的销售业绩。这时候，双合成领导班子明显已变成“赵与古”的基本结构，而提起这事，古鸿文便只是笑着说，“赵总的名气越来越大了，她主要忙中国大家庭的事，我就代替她管双合成这个小家。”说到这里，从来不谈国家和社会大话题的古鸿文，也忍不住说道，“这一年，不仅我们赵总疯了，我看全国很多人都疯了，要不是有这么多疯子，国家出这么多大事，就不可能干得那么漂亮，真是在世界上给中国人长脸了，世界上没有任何一个国家出了这么多大事，还能处理得那么妥当，真是让国人激奋！”

这一天，赵光晋又接到洪刚一个短信，他祝贺双合成郭杜林月饼荣获国家非物质文化遗产保护项目。当她关了手机，一股暖流涌上心头，因为她想到一个问题：洪刚经常发短信恭贺双合成出现了这样那样的好事，而他是怎么知道她和双合成情况的？她的结论是，一个人心里只要有另一个人，那你的什么事他都可能知道。她双手在胸前作了个揖，对关心她和双合成的朋友们，深深地祝福着。

25

美丽的绿园

光晋的

HOME

晋中市开发区与太原双合成的合同规定：双合成于2007年在晋中开发区购150亩土地建工业园，要求必须于2008年6月破土动工，2009年8月竣工并投入生产，否则，土地收回，资金不退。但是，2008年，赵光晋的心思和精力都投放在那么多国家大事上，工业园的事就搁置了，那150亩地便一直在那儿晾着。2008年5月中旬，晋中开发区主任和招商局局长突然频繁地打来电话，赵光晋一看合同，发现已是5月，是合同上要求项目启动的最后的日期，她一下子急了，便于6月2日把山西省、太原市、晋中市、晋中开发区领导及社会各界相关人士，包括省城各大媒体记者，请到她那150亩土地上，匆匆举行了工业园项目的启动仪式。她与各级领导讲话。她手持铁锹在土地中央为项目奠基。66门礼炮对着天空轰隆隆地鸣放，鞭炮急风暴雨般地响彻起来，一千多员工的掌声经久不息。

太原市与晋中市交界处，108国道一侧那片默默无闻的土地，一下子热闹起来，从此有了一个令人关注的名字，“双合成工业园”，土地上空那一群群喜鹊在礼炮、鞭炮和掌声中，呱呱地飞到湛蓝高远的天空里，只一会儿又成群结队地飞回来，成为人们关于双合成工业园吉祥的记忆。

尽管谁都知道这只是应急的仪式，但是，由于加上双合成员工，参加工业园项目启动仪式的共有上千人，这个仪式还是给大家带来激动和激励。大家都将目光从土地上移向天空，追踪喜鹊的影子，然后又将目光洒向周边更广阔的土地上。大家看到，尽管周边仍有大片大片长着庄稼或尚未被购买的土地，但是，很多地方已经矗立起现代化企业楼群，凭感觉，再有三五年时间，这里必将繁华起来，而且寸土寸金，成为太原和晋中同城化之后的大太原的前沿地带。于是，参加双合成工业园项目启动奠基仪式的领导和要人，纷纷拉住赵光晋的手，夸奖她的深谋远虑。

而这一天，一个瘦弱的男人一直在那150亩土地上奔忙，他一会儿手托着画板画着项目启动仪式的动人情景，一会儿把画板装进背上的大挎包里，从脖子上摘下炮筒似的照相机，抢拍一些生动瞬间。他不是任何媒体的记者，也不是双合成工作人员，他就是张亮。张亮无疑是这个项目启动仪式上最繁忙的人。尽管他像个影子，但是他似乎推动着赵光晋的思想、情绪和行动。他们俩人形影不离的样子，使人们感觉到，很难说是赵光晋带动了张亮这个影子，还是张亮这个影子推动着赵光晋。没有任何人能听到他俩的谈话，但他俩却一直在沟通交流。“张亮，双合成就姗姗没来，我心里很不舒服。”“光晋，你别担心，姗姗是跟着你跑累了，医院一查没事，自然就上班了。”“可是都半年多了……”“我觉得没事，不行就到北京检查检查。”作为双合成副总、财务部经理，肖姗2007年底就走不动了，身体奇怪地浮肿起来，没法再跟着赵光晋随时为她提供服务，赵光晋便劝她休息。但是，这一天看不到肖姗，赵光晋还是颇为遗憾担心。

这一年，赵光晋真的很感谢她的部下和员工，她从他们身上发现了她多少年来都没发现的优点。就说古鸿文，他作为双合成第一副总，事实就是常务副总，他清楚 2008 年也许是老板赵光晋最忙的一年，于是，在没有请示赵光晋的情况下，他每天一上班就主动要求听取各部门的汇报，并像赵光晋那样对他们发布指令；而忙完这些事，他就来到会馆看那些产品的盒子，想象新产品的名字、产品的内外包装及产品卖相，然后在笔记本上记下所思所想。排名在古鸿文之后的副总宋英民，因为身份特殊，还是不想介入双合成的管理事务，仍是坐着飞机在天上飞来飞去，希望把采供工作做得尽善尽美；而对于老婆赵光晋所做的一切，他只保持与古鸿文的沟通，希望通过古鸿文转达他的一些意见；但是，他不清楚，古鸿文从来没有做过他两口子的传话筒。随着年轻人的不断被提拔，程雨兰的职务越来越少越虚，渐渐就什么都没了；但是，她仍是生产上的大拿，而且权威越来越高，权力越来越大，似乎生产上的事自然就是她说了算；她的想法很简单，就是待在工厂守住工人，别让出事，以让赵光晋能放心地在社会上为双合成办大事；单位不通知她开会无所谓，不叫她开会也许更好。老革命陈锐由管理行政转为只管理双合成车队，因为送货问题总是由销售与生产上协商解决，最后由古鸿文拍板安排，陈锐就只剩下一件事，与送货归来的司机们聊天；但是，他把站在路边与司机们抽几根烟的事很当回事，他总是拍着年轻司机的脑袋，开着荤味的玩笑，他要这样凝聚人心，鼓励大家向他老革命和李保学习。马苏容作为双合成党支部副书记，整天奔波于太原之外的娄烦、太谷几个食品加工点，从而保证那几个加工点秩序井然，生产正常；她不会开车，也很少让双合成派车送她，总是乘着公交来来去去，就显得特别忙；但是，她的样子和表情总显得那么悠闲，不急不躁，也不给领导汇报工作，当领导们问起这一点，她就说，“领导安排我看着那儿，就是让我解决问题的，为领导分忧，如果大小事都给领导汇报，领导要我干啥？不汇报就是没事。”而事实上，马苏容分管的那几个加工点还真的从来不出事；于是她成为双合成的劳模，继赵光晋之后，她成为双合成人必须学习的第二个模范，按照赵光晋的说法，马苏容就是那种“自动自发”的代表，就是《把信送给加西亚》这本书中的那个送信的人。李保在双合成是个人物，首先是谁都怕他，但他从来不欺负任何一个人，而想欺负赵光晋和双合成的人都不敢听到他的名字；他已经有了老革命陈锐当年的威名，但是，他对当官不感兴趣，一直坚持在全国没明没夜地开车送货，从而不断创造开车修车的传奇。作为赵光晋的司机，柳兵不是赵光晋的影子，而是她的化身，她在哪儿，他必定在哪儿，他在哪儿，她一定在哪儿；他像一个战士，总是挺直腰板和双臂稳把方向盘，把赵光晋带到她最渴望去的地方，然后为双合成人及双合成的朋友带回让人激动的思想或消息；除了开车，他另一个任务就是照顾赵光晋的身体和生活，十几年来，他工作上没出过任何纰漏，于是，说起柳兵，赵光晋总是心怀歉疚地说，“真是有点亏柳兵了，柳兵干的是司机、秘书和保镖的活，但只领司机的工资，只享受一个身份的待遇，比起柳兵，双合成很多人都应当脸红。”

还有很多这样的人：有的死了，有的嫁了走了，有的娶了媳妇跟着走了，有的调走了，有的跳槽了……这些人赵光晋都不愿意提起，这是因为他们的离开，会使她伤心。但是，她心里记着他们，她只是在一个人的时候才想想他们。

双合成的专家们当然越来越多，但是，专家会渐渐减少了，专家的工作慢慢转换为为双合成做一些文化项目，也使专家从中赚一些钱。赵光晋感到失落的是，分析批判她的专家少了，都开始表扬她是个很讲义气的人，表扬双合成是个诚信企业，而她听着听着，听出了话里的功利和不真诚，心里就像针扎似的疼痛。她会感叹道，“唉，都是因为这个钱！”由于新专家新朋友的介入，旧专家和旧朋友就慢慢远离了赵光晋和双合成，但是，偶有电话，专家和朋友们说话的口气反而比以前亲热了很多，这使赵光晋开始思考，到底什么是近，什么是远。她越想越糊涂，但是有一点她想清了，这就是，双合成到了什么时候就需要什么样的专家和朋友，而这些专家和朋友的介入，又反过来影响着双合成普遍的人际关系和做人风尚。她发现，这都是她的团队。

尽管举行了隆重的工业园项目启动仪式，但赵光晋很快就发现，她的“工业园”仍像客人一样待在双合成事业的边缘，因为，与它真正有关系的事实上只有三个人，他们就是赵光晋、张亮和她的小叔子——双合成工业园项目经理，太原理工大土木建筑系毕业后，在他原单位管了几十年基建的土建专家宋卫民——宋英民的亲弟弟。他们三人每天都在太原和晋中之间开车跑来跑去，饿了就把车停在路边某小饭馆门口，进去要点小菜小酒坐着，你看我我看你，谁都不吃。

赵光晋问宋卫民：“卫民，上顿饭咱是什么时候吃的？”

宋卫民低头抽着烟：“忘了，跟着你跑糊涂了。”

赵光晋又问：“你饿不饿？”

宋卫民说：“咋不饿？饿得肚子咕咕响，前胸贴着后背。”

赵光晋说：“那你咋不早说？”

宋卫民说：“老板不饿我们就不能饿，饿死了都要跑。”

看到嫂叔俩人谈事拌嘴，张亮笑了：“赵总，”一有人他就叫“赵总”，“咱光跑不行，得有人给咱盖房，卫民，你是土建专家，管了一辈子这事，赵总让你管这块，施工单位你想好了没有？”

宋卫民瞟着赵光晋，看见嫂子不急不躁，似乎还在笑，心里的气就不打一处来，但是，他不敢对嫂子发泄，就看着张亮：“张亮，事情没那么简单，得先规划，然后设计，这才能施工，都得找人。肯定是先规划，可人家按什么规划，咱得有个想法吧，咱的想法是啥？总不能说就想盖个工业园吧！”

赵光晋劈头盖脸扔过去一句话：“意思是这些事都是我的？那我要你干啥？你是工业园项目经理还是我是？”

宋卫民低下头：“那你也得有个想法，连我都不知道你的想法是啥……”

赵光晋打断了宋卫民的话："是啥？地都买了还不知道想法是啥？是要盖大学还是要盖医院？"

宋卫民："我不是这意思……"

赵光晋："那你是啥意思？"

宋卫民红了脸，不吭声了。

张亮看着赵光晋和宋卫民："赵总，我觉得宋总说得对，盖工业园不是个小事，每个环节都是个专业，是个程序，需要专业团队来做，光拍脑门不行，就像你过去这几十年……"

赵光晋笑着，似乎并不认为他们说的事有多么严重："张亮，你的意思是双合成有今天是我拍着脑门干的？这说明拍能拍成事，工业园咱拍不就行了？地都拍回来了房子还拍不成！"

张亮抿嘴摇头。宋卫民起身踱起步来，点一根烟抽几口就扔在地上用脚一拧，然后又抽出一支。

赵光晋闭住眼睛，蓦地想起两个人。

赵光晋两个电话，胡小风和俞进生便很快开车来了。宋卫民和张亮像遇见救星似的面有喜色，赵光晋乐得放声笑了。"又要开始收拾我了！"赵光晋看着胡小风和俞进生，两个比她小十岁左右的小兄弟，两个成功的企业家。胡小风一坐下就说，"赵总，你和卫民、张亮开着车跑一百年都不行，你得有想法，得有给你干活的人哩，可不是有几个戴眼镜的专家就行，规划、设计、施工都是工程，它需要团队，一般的水平还不行。主要是得有钱，没钱谁给你干？你现在有多少钱？你集那点钱能对付了买地和中秋月饼，还能盖工业园？连一圈墙都砌不起来。别说你，连我这个混混、老江湖头都大。但是咱说清，"胡小风看着身边的俞进生，却是对赵光晋说话，"地我是给你弄回来了，工业园的事我可不管了，我就不相信大名鼎鼎的赵光晋只认识我们这两个人。"俞进生知道胡小风的意思，就立刻表态，"赵总，工业园的事我想想办法，不管我用什么办法，我帮你弄成就行。我觉得得找到咱们信任的建筑公司，咱要和他们一起谈，光咱自己谈不顶事。但是，在这之前你得先有个策划，得有个文字性的东西。”张亮立刻插言，“对对对，赵总，俞总提醒得好，我觉得规划之前得有个策划，要把咱建设工业园的基本思路定下来。”胡小风与俞进生两人同时说，“这不就是现成的人？张亮，你策划就行，珠海中国爱情岛都能策划，还策划不了个这？”赵光晋盯住张亮，眼睛亮了，但是宋卫民嘴里仍喃喃地说，“策划？策划？策划？”似乎他还心存什么顾虑和疑问。

而有时候，赵光晋、张亮、宋卫民三人正在途中说得高兴，赵光晋就突然提出再到胡小风和俞进生那儿看看，似乎两人是她建设工业园真正的靠山。于是，那段时间里，三人就像走亲戚似的反复来到胡小风和俞进生的企业。胡小风的今格地产集团主要搞小商品批发市场建设，几十年来，他基本控制了太原城北半个城的小商品批发基地；而俞进生的臣功印刷有限公司是山西最大的印刷机构，从设备到规模到市场占有量，已经成为山西最大的、唯一有全国市场竞争能力的印刷基地，麾下也有成千号人。两人正好都一直做着地产方面的事，对这方面的事很熟悉，也结交了很多现成的关系。而且，俞进生刚刚建成的40亩大的印刷厂正好在小店开发区，离晋中开发区不远。这一天，三人便来到俞进生的小店新厂。俞进生的新厂竣工不久，已经投入运营，尽管只有40亩，比赵光晋的地少了好几倍，但几人转了几个小时都没转完，感觉到像几百亩似的。赵光晋又一次被俞进生这个现代化工厂震撼了，几人待在厂里的高级待客餐厅等着上菜，赵光晋看着俞进生一句话都不说。“赵总，”俞进生瞟着胡小风对赵光晋说，“胡总老爱提钱，是故意刺激你哩，也是提醒你没钱不行。就我这个小厂厂，你说得多少钱？我不知道你对这事的概念是什么，但是我要告诉你，得按亿算，找员工和朋友集资，中秋行，买地行，盖工业园可不行，那是杯水车薪。我觉得得找咱信任又信任咱的大公司给垫资施工才行，你别想着靠银行贷款了，你那150亩地贷不了多少，屁事都不顶！”赵光晋无声地笑了，胡小风看着宋卫民和张亮，指着赵光晋也笑了，“小俞说对了吧？赵总你就是那样想的，你鬼着哩，但是你不懂这些事，不算账，你那个鬼太小了，对付不了工业园！”赵光晋笑出声来，“我的鬼小，你们这神仙大吧，我有大神仙还怕小鬼，哈哈哈哈……”胡小风愣了一下，跟着畅快地大笑，“还是你的鬼大，赵总你是讹住我们了，当赵总的朋友真叫个倒霉，你的朋友真不好当呀！”赵光晋站起来，忍住笑盯住胡小风和俞进生，“双合成干大了我可以回报你们呀。小俞，”赵光晋盯住俞进生，“今天这次看你的厂我心里有底了，从此双合成所有的印刷业务都交给你了……”胡小风呼地站起来，“赵总，你也给我点业务吧！你的工业园盖成了，每年就是几个亿、十几个亿、几十个亿，”胡小风眼里挤出一缕不屑的笑意，“可是，你能给我啥业务？给我几盒点心，几盒月饼？我还怕得了糖尿病呢。”看着胡小风坐下来，赵光晋也坐了下来，绷着脸想了想，一本正经地说，“谁让你是搞房地产的？我又不生产房地产，但是我心里永远感谢你。”胡小风拍着俞进生的肩头，“小俞呀小俞，你与赵总交了一场朋友，拿走了双合成印刷上的所有业务，我也与赵总交了一场朋友，得到了两个字，谢谢，这太不公平了！”几个人哈哈大笑，张亮笑着笑着，眼圈有点湿红。

由于胡小风和俞进生的介入和帮助，赵光晋与市建一建董事长王贵聪、副总经理张奇太、业务经理赵晋生及项目经理赵敏认识了，并且在酒桌上达成垫资建设工业园的协议。而这一天，赵光晋身边这几个人都做出了巨大贡献：宋卫民的贡献是，他高兴得喝醉了。胡小风和俞进生的贡献是，一直陪着王贵聪一行喝酒，怎么喝也喝不醉，并且把赵光晋和双合成说得天花乱坠，使王贵聪一行不断竖起拇指。而张亮则不断给大家倒酒。酒喝完了，事办了，人送走了，胡小风拉住赵光晋的手不放。“赵总呀赵总，我真是很佩服你，你是要钱没钱，事也不懂，话也不会说，酒也喝不了，就是事办了，天下奇闻，天下奇闻！”夜深了，街上人影稀少，昏黄的路灯下谁也看不清谁的脸，赵光晋激动地晃着胡小风的手："小风，你别赞美我，你应当赞美你自己，赞美俞进生，你不赞美你们，我都要在双合成工业园给你们立个塑像。"胡小风手一摆说，"不弄这事，我胡小风帮朋友就是帮朋友，不弄这事，我又不想当全国劳模、十五大代表、社会名人，也不图你的业务，你那点钱我还看不上，只要你觉得胡小风够意思就行了。"俞进生也说，"都是朋友，啥都不说了，朋友的事就是自己的事，遇到事互相帮帮就过去了，搞企业就是个这。"张亮拉住宋卫民的手，两人在一旁看着这三个人。

没想到，推荐为策划双合成工业园的人选的担子落在了我的身上。我不敢怠慢，立刻求到了我的导师徐惠兰的门下，她又拉来一个被誉为将中西文化打通的很有思想的著名学者，他是文艺学博士，大学教授杨矗。接到赵光晋的委托之后，我们看了看双合成那150亩地及周边的环境，然后就乘坐飞机到全国各大城市参观考察那些著名的食品工业园，及有特点的其他产业的工业园。我们整整跑了一个月，感受到中国这些各类工业园都匠心独具：北京日本人开办的"京日"食品配料工业园，以食品卫生为核心，展示了他们世界同行第一流的工艺，在科技上体现了人本精神。北京稻香村食品集团，以数百年的京城老字号食品结构，构建了他们的生产线、管理布局和服务流程，使这个中国头号食品老字号企业，充分地体现出它大象无形的京城气象和中国风格。上海杏花楼食品集团，居于中国和世界交流的腹地和海派文化前沿，但它却坚守着民以食为天的思想和食品的佛性，把食品工业作为生命教育的事业，从这种感觉设置了它简朴的生产环境，使工业园像学校一样令人尊敬。上海还有几家新兴的食品工业园，都处在正发展中的远郊，但是工业园似乎比市中心还要国际化，道路、建筑、景致、花草树木、小溪小桥时隐时现，就像一幅画，或富人庄园，而感觉不出食品气息，闻不到食品味道；他们的加工区域都是一栋栋散乱的别墅，管理机构则无处可寻，他们的食品只有在散布在街市的专营店才可以看见，都是那种精致时尚的日本、台湾风格的食品，从店里进进出出的都是时尚人群或富贵闲人。

而更南方的那些著名的小城市里，大规模的食品企业很少，更多的则是街边的食品小店，不论是老字号还是时尚食品店，环境风格都像老字号，销售的食品都是当地小吃，但是食品包装设计即卖相都很国际化，不看文字，就以为是进口的。很多食品企业老总和专家还推荐了苏州，尤其是苏州新城区，整个就是一个工业园区。一条明亮干净温情碧绿的水流，从苏州新区中间无声地穿过，水流两边举目皆是碧绿如洗的工业园，那是一片片绿草和奇花异木的世界。所有工业园生产和管理的建筑只是隐隐可见，特别像花园或庄园。行走累了，随处都有似乎刚刚擦拭过的漂亮别致的坐椅，旁边还有冷饮小吃的小型服务点。这些环境处处洋溢着供人休闲、散步、小憩、幽会的情调，而不像供人参观的地方，更不像北方机器隆隆的工厂。只有走到工业园门口，才会看见，在门口绿草之中的低矮的石头上，或石牌上，或一种现代化的材料所做的景致上，写着什么集团或跨国公司的名字，字都写得很小，但让人们感觉到这个工业园一定与中国和世界有关，没准就是正在全国流行的一些商品的原始生产基地。陪同的专家们说，这是新加坡工业园林设计大师的杰作，都没去过新加坡的杨博士和我，同时深有感触地说，“就是去了新加坡，它最多也就是这个样子！”

这一天，我们去了杭州。有朋友打来电话，我说我正在杭州。朋友便说，杭州那破地方有啥看的，那是南方最像北方的城市，街边都是些政府部门，一城的人无所事事，脸上都是干部的表情，和你们太原差不多，去那儿干什么！但是，杭州很多地方打动了我们。首先是那条老字号一条街，不管街上那些老字号是真是假，但在游客及我们心目中它们都像真的。那些老字号不论大小，店里的环境都非常漂亮，每个细部都设计得非常精到，服务人员也很干净、很英俊或很漂亮，说话的声音也很柔和，穿着打扮都同店里商品的风格一样。那些真真假假的商品，一看都是有世界品相的旅游产品，它瞬时使我们感叹心灵手巧的南方人，使我们想到杭州就是南宋王朝建都之地的临安。那是个从上到下从老到小从男到女吟诗唱曲写字作画的地方，是才子和淑女风气迷漫的阴湿温柔的灵气充盈的地方。比如说我们看到一把剑，把它从剑鞘抽出来那一霎间，我们便感受到它的杀气，这就使我们想到金庸武侠小说里那些英雄。不像在北方那些城市里，甚至是在一些大都市，即使商品再漂亮再做旧，感觉都像假的；即使东西是真的，一看卖东西的人，就会立刻认为那东西是假的。

然后，我们看了胡雪岩故居：胡雪岩本来是安徽人，但成名当官之后一直住在杭州，即临安。中国四合院数北京最多，富人大院主要集中在山西晋中。但是，与胡雪岩故居比起来，它们都相形见绌。胡雪岩故居当然也很宏伟很有气势，那么高那么厚的墙把他的故居圈在杭州市中心，使它宛若一个古堡，使它比北京故宫更神秘，比山西那些晋商大院要巍峨得多。而从地震的角度讲，它给人的感觉是，没有任何大地震能把这个建筑神品毁掉，因为它看上去是一个大自然不可征服的建筑。但是，一走进胡雪岩故居，宏伟、大气这样一些词就会忘记，因为胡雪岩故居精致、高贵、很人性化的设计，使人叹为观止。它的任何角落和部位都很坚固，同时充满诗情画意，充满身临其境时所需要的全部感觉，所以参观者会拼命地游走，走到任何一个景点或任何一个院子，都特别想待在那儿享受一会儿那儿的环境，从而体会这个高墙大院圈不住的情怀。还有一点需要说明，胡雪岩故居正是他当年的药店，他做药、卖药的铺子，当我们看了他当年的柜台、银台、掌柜和伙计的居所，中国几千年来那个“仁”字便浮上脑际。于是，我们理解了胡雪岩当年的生意为什么能做那么大，为什么能做了红顶商人，同时又想到，他之所以成功，绝不是投机钻营那么简单——当然，这只是看了胡雪岩故居之后的直观感觉。

第二天，我们来到西湖。从早上九点转到傍晚，西湖边那一棵棵垂柳枝条上的鹅黄绿竟一直没有散去，还像摇摆在旭日中的颜色一样。博士杨矗终于发出惊叹，“我终于知道什么叫绿，什么是春天，它就是鹅黄绿，这才是真正的绿！”杨博士拿起照相机啪啪地拍起来，一边拍一边对我说，“鹅黄绿就是西湖的灵魂，它是任何东西都抹不去的绿，赵光晋的工业园也得有个灵魂，有灵魂的工业园才配叫工业园！”

赵光晋工业园的灵魂是什么?

寻找灵魂一定是最难的事情!

回到太原，我们便投入艰苦而兴奋的工业园策划之中。我们夜以继日：白天，我们俩人分类分批地把相关专家请到茶馆，按定下的主题让大家神侃。我俩制定的纪律是，大家神侃时绝不能让赵光晋和双合成任何一个人参加，等思路定下来才请他们，给赵光晋和双合成领导层汇报。到了晚上，作为策划执笔人，徐惠兰老师就要熬夜，一根接一根地抽烟，写下我们白天策划的结果。又是一个月过去了，一个叫作《绿园》的策划案出笼了。当时正是深夜两点，我无法叫人来欣赏我们的成果，就一根一根地抽烟等待天亮。而在这几个既令我兴奋又使人难熬的小时里，我展开思维的翅膀，想象着“绿园”美好动人的未来，那种感觉，就好像我刚写完一部令世界震惊的小说，或者创造了一个伟大学说，缔造了一个帝国。

“绿园”就是绿色的园林。它的创意源自杨矗的鹅黄绿，但是意义所指复杂，既指当时开始流行的绿色食品这个说法，又指渗透于食品工业里的农业精神、五谷精神和自然精神，也代表中国老字号和中华民族食品传统技艺、民族食品文化的现代目标和青春活力，同时表达出食品工业园未来规划、设计、建筑、装修时必须体现的主体色彩和艺术审美。青春的美，春天的美，五谷的美，自然的美，生命的美。这是超越季节的绿色，它要求工业园一年四季都要有春天和大自然的葱绿——是葱绿还是鹅黄绿，我与杨矗之间发生了激战，直到现在提起这事，两人的激战还会瞬间开始——这就需要从全世界选择那种四季都能生长的绿色植物。而在这个绿色世界里，我们要打造一个世界上没有的城镇——是城镇而不是城市——即在“绿园”四周，根据需要建一条圆形的当年中国北方城镇的老字号小街，再根据需要，小街两边建造风格不同的小铺子，要让它们的门前飘起幌子，门口再摆上太师椅，坐着穿着当年掌柜服装的“掌柜”，让柜台上忙碌着穿着当年伙计服装的“伙计”和扒拉着算盘的“收银人”，使这卖场一看就是当年的作坊：这就是老字号作坊，前店后厂的作坊。我们的策划进一步这样细化：在双合成手工产品中，一类产品一个老字号，一个作坊，如果山西某些手工产品双合成没有，也可以加进去，从而使“绿园”产品整体体现山西手工食品即“晋饼”面貌。而这条环绕整个工业园的食品老字号一条街，只是一条只供顾客或游人行走、游览、购物的圆形石子铺成的小街，它要带人“重回过去”，走到历史上中国北方最繁华的老字号街上，走回那种温馨而繁华的记忆之中。它的建筑都是能体现山西古时民间风格的砖木结构的小房子，也许是小木屋，也许是小石屋，根据需要，甚至可以是表面看起来的小泥屋。而石子小街下面则流淌着一条只能听见哗啦啦水声的人造小河，小街和小河的包围之中，则是双合成的现代化工厂，根据现代食品工业的分类，再建造成一个个不同的专业车间。现代化工厂与老字号一条街之间当然也有通道，而从这一道道横向通道上——是很厚的钢化玻璃通道——就可以看见地下那条人造小河。这小河明显是取“水”这个意象，它象征着“财”，象征着双合成的事业，双合成的命运，它是水运，有水才能有绿，在这里，“绿”就完成了它由农耕文明起点走向工业文明结局的使命。而每个车间之间，都流动着那条小河，有三个拱形小桥在车间与车间之间建立了联系，三个拱形小桥的上方，又将修建一个供人休息、谈事、观景的亭台。工业园正东则是工业园的仓储中心，正南是员工生活中心，正北是大门，正西留下的那十亩地，则是“绿园”的文化院：它看起来古香古色，但是功能特别现代化，里面有中国老字号展览馆，老字号双合成展览馆，中国烘焙食品展览馆，中国晋饼展览，中国五谷展览馆等五个馆；还有双合成文化馆、教育馆、会议馆、谈判馆、文体馆等五个馆；这十馆之间，都是公园那样的布局和设施。总之，它是个老字号作坊胜地，也是个现代化的工厂，同时也是个工业园林，是一个以中国食品工业文明为主题的工业旅游胜地；它处在晋商文明腹地，将把参观晋商大院的全国及全世界的客人拉过来，使它成为晋商文明的一部分，从而为双合成凝聚人气和商气；它还是一个有灵魂的食品文化城堡，它将以此作为轴心开创双合成在中国和世界的食品帝国。

这就是我们的《绿园》和“绿园”的未来。

但是，当我把《绿园》打印出规定的份数，并兴致勃勃地交给赵光晋之后，却迟迟不见反应。又是一个月过去了，双合成已经开始中秋月饼热销，我们便约赵光晋见面。只见她穿着奥运火炬手的服装，总是一脸汗光，她一会儿说到奥运的事，一会儿说到汶川那几百个孩子的事，一会儿说到中秋月饼热销的事，还说郭杜林月饼荣获国家非物质文化遗产保护项目的事，但是，就是不提《绿园》，这使我们感觉到不妙。不过，我们并没有从她脸上看到对这个方案的不满。一天，我碰见她坐着车到一个地方给人送月饼，她突然摇下车窗对我说，“你们那个《绿园》写得很好，和文学作品一样，我都看了好几遍了，特别好看！”然后她走了。如果认为这是她对方案的表扬，一定是天下最大的傻瓜，但是，如果认为她这是对《绿园》的贬损，那也不符合事实。因为，赵光晋说那句话时确实很高兴，打交道好些年了，我能看准她的心情。但是，回味她那句话，心里总是感到纠结，因为我不知道她到底是什么意思：也许她什么意思都没有，也许她已经不需要《绿园》了，也许她从一开始就没太在乎这件事，只不过是花点钱让“你们这些知识分子呀作家呀”试试，看“你们”能想些什么，也许让“你们”策划完了就是真的“完了”。终于有一天，赵光晋邀我在一个宾馆开会，我没想到在这个会上《绿园》正式寿终正寝。当时赵光晋说，“这个会上你是主角，主题就是讨论如何实施《绿园》的策划问题。”但是，会议刚一开始，《绿园》就变了颜色。一个上海来的教授——据说是上海交大的园林规划设计专家——一开口就说，“在全国我们承揽的工业园项目很多，双合成这个项目应当不算难度很大，何况还有这么多高人一起策划《绿园》，这也是我的一个参考……”作为《绿园》的主策划，我的导师徐惠兰女士是个耿直人，她不懂得谦让，当下反驳了他的意见，“教授，不是你们要把《绿园》作为参考，而是《绿园》是否选择你们的问题，这个关系要摆正！”只有十几个人的会议一下进入僵局，赵光晋没想到徐导师会对上海教授发难，就小心翼翼地问我，“策划不是给规划和设计作参考哩？”徐导师不等我开口，接过话茬不客气地说，“邓小平策划中国改革开放，是不是中国人的参考？”赵光晋想了半天，答不上话来，那教授瞟着徐导师也很不客气地说，“我们这样的项目做得很多，策划从来都是这个位置！”徐导师针锋相对，“那是你们自己安排的策划，你们想把它放在什么位置都行，但是这个策划不是你们做的，我们的策划就包括策划由谁来规划和设计工业园这些事情。”然后徐导师又对着赵光晋说，“赵总，你让我们策划的时候我们都满腔热情，主要不是为挣那几个策划费，而是想用知识分子和文人作家的方式为社会做点贡献。如果一开始你就说清我们只是给他们这些专家提供一个创意文案，让他们从中吸取点思路，那我们可以不接这件事，我们不希望对知识分子这样不尊重！”上海那个教授当下拎着包就走了，赵光晋赶紧追上去给那教授说好话，并且代表双合成全体员工及山西人民给上海的大专家“道歉”，但是那专家还是走了，而徐导师听了她道歉的那些话也恼火地走了，这就把赵光晋和她手下几个副总晾在了那儿。我僵在那儿，瞠目结舌，劝谁也不是。从此之后，工业园的事我就不知道了，也没人再找过我们。

赵光晋再也不提《绿园》的事了，上海那个教授及类似的专家大腕们，她也不再请了。

“找这些人真麻烦，一个比一个麻烦！”

经常有人把赵光晋这种话反馈到我耳朵里。

赵光晋把我们全部开除了。

26

深情的土地

光晋的家

HOME

26
深情的土地

真正考验赵光晋的是2009年。

2008年6月26日，赵光晋自从穿上奥运火炬手服、举着火炬跑了那55米，就再也没有脱下那身衣服。开始人们只是说，赵光晋是铁人，不怕冷——无疑这是冬天说的话——后来人们才感觉到，赵光晋不脱奥运服，是因为奥运的火炬点燃了她心中的一团火焰。

现在讲讲赵光晋赤手空拳决战工业园的故事。

其实，在2008年6月2日工业园项目启动奠基仪式上，中国社会，双合成，包括赵光晋自己，已经把她逼向绝境，都在培育她内心的一种决绝。“这一年国家发生的大事太多，不是我把工业园忘了，而是我作为一个企业家和公众人物，有很多大事要做。但是，晋中开发区一提醒，妈呀，我才发现我那工业园除了一片荒地，什么都还没有，但是，按合同要求明年这个时候我们必须投产，要让太原人、山西人和中国北方顾客吃到双合成工业园的月饼，我们得兑现合同，兑现顾客的期待和我对顾客的承诺，怎么办？我只有一句话：双合成一定要美梦成真！”这是赵光晋在双合成工业园项目启动仪式上的发言，尽管它激动人心，赢来阵阵掌声，但是，参加启动仪式的几千人，尤其是省市（太原市和晋中市）各级领导和晋中开发区领导们，包括她的朋友团队和专家团队，她的双合成团队，都为她捏着一把汗。因为，在一片荒地上一年要建成一个现代化工业园，是根本不可能的，何况，大家都知道双合成当时根本没有钱。

但是，赵光晋发誓要赌赢这一把。

举行工业园项目启动仪式那天，赵光晋出人预料地涂上口红，这使她显得既年轻又壮烈，而工业园启动仪式之后，她开了一个双合成中高层会议，把她继续逼向绝境。她在会上强调，中秋过后，必须返还员工和双合成朋友们买地和中秋集资的本金和利息，又抛出一个爆炸性的信息，“晋中开发区要求咱们工业园一年内必须投产，否则土地没收，钱也不退，那到时候只好我自己借钱给你们退了！”谁忍心谁敢让自己的老板借上钱给他们退钱？“而且，我在启动仪式上发了誓，明年这个时候一定要投产，所以从现在开始，我的工资奖金一分钱不领了，全部集给工业园建设，你们就看着办吧。我只要求我自己，没要求你们，工业园是大家的，是大家的家园，咱都靠自己的觉悟办事吧。另外，今天这个会结束之后，你们要在自己的部门也开同样的会议，我怎么开你们就怎么开,然后把情况汇报给我。”赵光晋说着站起来,指着每个人的脸,“你们以为建工业园是中秋集资？是买地哩？比这需要的钱要多得多，至少得四五千万，有人说得按亿算，我看这是吓唬我，但至少得四五千万。我们中有些人或许觉得这两年我们中秋集资已经集到几千万了，觉得集四五千万已经是我们的能力，但是我想提醒大家，工业园这四五千万可是中秋那几千万之后的集资，咱中秋的生产、宣传、销售得正常进行吧，中秋的钱不能用于工业园吧，所以，咱还得拼命！”赵光晋的拳头咚地砸到会议桌上，“我心中一直有个工业园梦，这个梦是做给大家的，是做给全体双合成人的，我觉得这是咱们最后一搏，工业园建成之后，咱就轻松了。一切就看明年的今天了，大家敢不敢和我一搏，和我一起赌这一次？”赵光晋期待地看着大家，拳头高高地举着等待往会议桌上砸，当几十个中高层干部举起拳头喊道，“敢——”赵光晋的拳头又咚地砸到会议桌上。“好！”

这期间，媒体成为赵光晋的跟屁虫，对她的宣传又掀起一个高潮，随着声望再起，她省内外的会议就越来越多，而每一次参加了全国同行的会议，她的情绪都很激奋。“看看人家，都是按几个亿、十几个亿、几十个亿说话，咱干屁大点事就认为是天大的事，买 150 亩地建个厂子，还搅得四邻不安，真是不行！”她对随行这样说。而这一切刺激，都决定了 2009 年她要成为英雄。每当遭遇这种情形，她都要给未曾谋面的几个东北大姐打电话请教，不论是马大姐、林大姐还是郝大姐，都会给她传达这样的信息——比如马大姐一次便对她说：“你是苦命，就是食品命，你的命是属于你那些人的，而你的运绝对是 2009 年，刚才我一闭眼就看到 2009 几个大字，那几个数字闪着金光，那就是光晋呀，你需要 2，更需要 9！”她觉得全身燃烧起来。

“我干了！”

经常一个人的时候，她也会把拳头砸到桌上。

她很少回家了。

这一天，她坐在办公室一把太师椅上眯住眼想休息一会儿，她觉得红木太师椅坐着很不舒服，但是她还是不想坐她办公桌后的真皮转椅，她觉得太师椅上才有基业。她就忍着端端正正地坐着，心想，这还能把人坐死？有一天，她眯眼往后一靠，感觉到后背刺骨的疼痛，便让司机柳兵掀起她的衣服一看。她听见柳兵呀地一声惊叫，觉得柳兵用一个棉质圆垫（太师椅上的红垫子）垫到她脖颈与太师椅靠背之间。“赵总，你后背都肿了！”她上身一抖，把那圆垫抖到地下，仍坚持端端正正地坐着——如此坐着久了，她的后背和脖颈处便磨出一片厚茧，渐渐就不疼了。

这一天，她刚眯住眼睛，脑际就闪出一串数字，但不是2009，而是她需要多少钱的一串串数字。这些数字都很模糊，但是数值越来越大，数字的模样也越来越大越粗。她用手掌在眼前拂动，企图把这些数字拂去，但是，这些数字却更清晰地闪现在她的脑际。她心里叹道，折腾来折腾去，你就是想让双合成多挣点钱，让员工的日子过得更好一点，结果是你越来越需要钱，带给大家的负担越来越大，似乎你已经陷进钱的泥窝子里，再也挣脱不出来似的。她的心酸楚地颤动起来，便睁开眼睛。她看见桌上搁着一份打印得很整齐的材料，设计得很漂亮，便伸手拿起来，一看是《绿园》，就忍不住笑了。她从《绿园》的封面开始看起，每个字、每个小小的设计她都看得很仔细，然后，她一页一页地往后翻。她记不清这是多少次看这个《绿园》策划案了，而这一次看仍有陌生感，仍被里面美丽的文字和所描绘的美景所打动。她心里想，如果真能建这样一个“绿园”那真是太好了，她的梦就结束了。但是……想到这里她又忍不住笑了，她说不清自己内心的感受，只是觉得此刻自己很享受，脑子很傻。这期间，经常有人——古鸿文、宋英民、暂时接替肖姗的孙敏、马苏容、程雨兰……给她汇报工作，她就看着《绿园》听他们说话，然后她对他们说，“你们和古鸿文说就行了。”她接着看《绿园》。但是，有一个人进来总要打断她的阅读，这人就是宋卫民。工业园启动仪式之后，他成为双合成思想负担最重的人，因为他是工业园项目经理。他是土建专家，他最清楚双合成在资金、专家、施工人力及时间准备上，都不足以完成工业园建设的任务，甚至根本不可能；但是，他越来越害怕这个嫂子，害怕这个他离职后投靠的这个比疯子还疯子的老板，因为她做事根本不按常理出牌，而他恰恰是一个尊重规律、尊重科学的人，他真不知道该如何伺候这个嫂子，这个老板。他想和哥哥宋英民说说心里的苦闷，哥哥总是出差跑采供；想与靠谱的副总古鸿文说说吧，人家年龄小，也是给嫂子打工的，他觉得把自己家的难题推给外人，这有点强人所难；想辞职吧，他觉得对不起哥哥，对不起嫂子，因为嫂子正处在难处，需要人帮她。但是……怎么办呢？他只有一招，就是及时汇报工业园工程的进度。可是，这个嫂子，这个老板，根本就不爱听这些话，一听就对他一通臭训。“你是工业园项目经理，你给我说干什么，那我就当了还让你当？我只问你要一个结果，明年6月份必须投产！”听到这里，宋卫民立刻就一头汗，然后脸就红了。他就这时看见嫂子又在看《绿园》。“赵总，”他不敢叫嫂子，“你不听我说可以，能不能不看《绿园》了。我也看了，作家们这个策划写得很好，语言很美，可咱是盖厂哩，不是搞文学……”宋卫民特别害怕嫂子看着《绿园》突然想出什么“奇思妙想”的主意，让他在工业园实施，这就把他整个建筑计划搞乱了，所以他又提着胆子进谏。他没想到，嫂子笑了，“我没事就看看，挺有意思的，语言和意境都能陶冶性情。”宋卫民放心了，说了句“这就行”，就走了，开车去了工业园。

其实，赵光晋对这个小叔子特别放心，但是不知道为什么，一见他就想训他一通。也许因为丈夫宋英民，也许因为他们宋家人，也许是她想起了许多窝火的事……总之，对宋卫民发火她最痛快，因为她训了他心里没有歉疚。

2009年6月2日，宋卫民又来到赵光晋办公室，一句话不说，只是低着头。

赵光晋问：“什么事？”

宋卫民低头反问：“赵总，你还记得今天是什么日子？”

宋卫民没等到回答，便自己回答道：“今天就是6月2号。”

赵光晋呼地站起来，一拍脑袋，兴奋地问道：“建成了？”

宋卫民仍低着头：“你过去看看吧。”

一看宋卫民这样子，赵光晋就清楚没什么好事，就拎包往出走，边走边骂宋卫民：“卫民呀卫民，你要是误了我今年的生产看我怎么收拾你，看我不把你们宋家人一个个掐死！”

下了楼，赵光晋正要打电话叫张亮，张亮便闪在她面前。她惊讶地问道，“你怎么在这里？”张亮笑着说，“我在店里看盒盒，看今年的包装还有什么突破。”她就说，“那就快走！”张亮跟着赵光晋，上了双合成刚买的那辆紫红色美国福特商务车，宋卫民开着双合成配给中层以上领导的北京现代，也跟了上来。两辆车直奔太原市以南三十公里外的晋中开发区。

两辆车卷着滚滚尘土，驶进砌起一圈围墙的双合成工业园。

刚进入 6 月，又是在野外，阳光晃得赵光晋什么也看不见，柳兵就过来在她头顶打上伞，她这才看清工业园的情景。西侧 108 国道边上那 30 亩公摊地等待绿化，围墙内 120 亩土地上，靠北的正门两侧，临时搭建着两排用于工程指挥和施工队工人吃饭的简易房，但是，此刻这两排简易房无人进出，食堂也不见炊烟，听不见炒菜的声音，闻不见饭菜的香味。第一期工程的两栋生产大楼和南侧那栋办公大楼，主体框架已经起来，但是只是水泥板楼体，楼体上到处还能看见斜刺出来的钢筋，一排排空空洞洞的门窗和一个个没整装的空荡荡的生产车间，使人感觉到楼体的墙很薄，使三栋已经起来的楼体框架活像孩子玩过家家时堆砌的玩具方框，似乎风一吹就能倒了。除了三栋楼体，其他所有地方还长满荒草，还是荒地，显然还没动一锹土。地下也没铺上任何一根管道，举目四望，工业园里也不见有地下管道等建筑材料堆存的迹象。赵光晋忍不住火冒三丈，“今天都 6 月 2 号了，这能投产？”说完这句话，她没等人回应，就气愤地往最中间那栋将用于生产的楼体走去。她围着楼体转呀转，终于找到了像楼梯的地方，又落脚试了试觉得还能走人，就走了上去。柳兵赶紧打伞跟上去，俩人肩头一碰，都差一点掉下去，就都本能地抓住了对方的手。柳兵就打着伞抓住赵光晋的手，护着她一个台阶一个台阶地往上走。这时她的感觉是，到处都是凌空的楼板，到处都刺出能扎死人的钢筋，到处都是碎砖、干水泥块和干泥块，到处都是工人拉下的已经风干的大便和尿迹，到处都是洞，掉下去保证把人摔死:

不是摔死在下面楼板的棱棱上，就是被下面楼板上刺出来的钢筋扎死，或者直接咕咚咚地摔死在一楼。

由于是生产车间，墙体都很高。赵光晋走到三层楼楼顶，没想到楼顶只有一个人，一个用铁锤懒洋洋地砸着楼板的工人。那工人将楼体砸得直晃，赵光晋喊道，“别砸别砸，整个楼都让你砸塌了！”那工人便拄着锤把看着赵光晋，眯着眼叫了句“赵总”。赵光晋问道，“你们的人了？”那工人摇头说，“不知道。”赵光晋恼火地想给那工人一耳光，但她只是攥紧拳头，没有打这个无辜的工人。“今天是几月几号？这能投产？”赵光晋恼火地问道，那工人反而笑了，“我们只是干活的，不知道什么时候投产。”赵光晋盯了那工人半天，只好下到第二层，然后又看到一个工人，也是个举着铁锤砸楼板的。然后她下到一层，竟然看见进来两个工人。但这两个工人进来是乘凉的。赵光晋便登上另一栋楼体……这个中午，赵光晋跑遍三栋楼体的每个角落，也跑遍了工业园里的荒地，她一边看一边用手指掐指记着，她一共看见了62个工人，而且，基本都不干活，都在那儿转悠，由于太阳太毒，都往楼体走着进去乘凉。

赵光晋气坏了。她来到工业园大门一侧临时搭建的工程指挥部，站在里头，看着外头，屋里的闷热使她一头一头地出汗，她气得浑身哆嗦着看着外面工地的惨状。宋卫民站在旁边，吓得已经快站不住了。张亮则在旁边宽慰赵光晋，“赵总，光晋，你别急，咱们都不懂工程，也许这架子一起来就快了，一会儿咱把一建的领导叫过来问一问。咱先找厨师做点饭吧，柳兵——，柳兵——，你看看厨师在哪里？”外边的柳兵便在太阳底下喊，“食堂的——，施工队食堂的师傅呢？食堂的——，哎，厨师呢？施工队的厨师，快给赵总做饭！”

赵光晋不理任何人，开始打电话，“我是赵光晋，我在我们工业园等你，你不来我就一直等着！”她至少打了一个多小时电话。

宋卫民终于有机会开口了：“赵总，你那个样子吓得我都不敢说话，但我得说一句实话，像这个样子，明年这个时候都竣不了工了，投不了产……”

赵光晋扭过脸劈头盖脸骂道：“你放屁！”

赵光晋脸上每块肌肉都在颤动：“让你管这项目就管了个这！”

宋卫民似乎也是忍无可忍：“我只能是盯着他们，催着他们，但是我既没权又没钱……”

赵光晋打断宋卫民的话：“你放屁放屁放你的狗臭屁！你没权？你想当赵光晋哩？你没钱？我有钱？你们就知道个钱钱钱，没有钱就干不成事了？”

宋卫民流下眼泪：“咱一开工，我就天天在工业园，你也经常在，一建施工的情况你又不是不知道。我觉得他们干得还可以，咱是去年 6 月 2 号动工的，动工的时间是有点晚，我觉得一建从领导到工人还都不错，能干到今天这个地步……是咱的心太急了。”

赵光晋指着宋卫民走过去：“是咱的心太急了？你直接说是我的心太急了不就行了，还拐弯抹角地谴责我呢。我是给谁干哩？给我干哩？”

张亮赶紧站在俩人中间：“赵总，孙总，别吵别吵，都是为了工业园，这么大的项目，每天在这儿跑的就咱这几个人，就是赵总、孙总和我……咱……”张亮发现赵光晋脸上流下两行泪水，就赶紧咽下后面的话。

赵光晋愤怒地盯着张亮。

施工队的厨师端来几碗西红柿打卤面，赵光晋一甩手说，“不吃！”厨师就把放面的不锈钢托盘交给柳兵，柳兵便把面一碗一碗放在茶几上。宋卫民蹲在地上哇地哭了，“嫂子，我叫你一声嫂子，你先吃碗面吧。我们每天忙的，都是硬扛着不吃，那是身体好，你一身病，尤其是有糖尿病就得按时吃饭，你一边吃我一边给你说。说实话，我哪能不想让咱工业园快点竣工，快点投产，我辞了工作来双合成干啥哩？就是帮嫂子你哩，我说到明年这个时候竣不工投不了产，是根据我做了几十年这种项目的经验说的，不是我不积极。如果我死了明天能竣工投产，我现在死了都行。可是这是工程，得讲科学……”

临时指挥部里响起呼噜噜的吃面的声音，是赵光晋。她吃着面，眼睛里流着泪，那完全是宋卫民那几声嫂子叫的。

赵光晋不吭声，吃完了那碗面。等她把空碗放在茶几上，其他人才端起面呼噜噜地吃起来。

赵光晋手抓手机，失神地看着顶棚。“卫民，有你这几声嫂子……就全当是你哥英民叫我光晋……”她抹着眼眶的泪水，把泪水抹得满脸都是。“我其实知道不应该怨你，你也很辛苦，还让我整天骂得……是这，你给古鸿文打个电话，让他安排一下把咱那几个厂子的机器全部拆了……”

宋卫民瞪大眼睛：“赵总你这是要干啥哩？”

赵光晋脸上突然出现坚毅的表情：“一个月后竣工投产，我就喜欢 2 和 9，咱就下个月 29 号投产，为山西、太原和咱的顾客生产工业园的第一炉月饼，就这样定了！”

赵光晋脸上立刻又布满柔情：“卫民，我现在心情不好，给谁打电话都会失控，你给小古打电话吧。我骂他比骂你还多，我现在不想骂他，谁都不想骂，就是要下个月投产，你现在就打电话。”

宋卫民正打电话，赵光晋接到一个电话，听着听着紧张地瞪起眼睛。“什么什么？尿毒症？在哪个医院？好了，我马上就去！”她关了手机，叫着柳兵和张亮，“快走，咱看看姗姗。”已经上了车，她又将头从车窗伸出来对宋卫民喊道，“卫民，不管是咱的人来了还是一建的人来了，谁都不要让走，我马上就回来。”车一启动，听说肖姗被医院查出来尿毒症，张亮立刻一脸的紧张，“赵总，员工的病肯定要关心，但是刚查出来还没事，咱现在正在工业园，这么远，要不这儿的事办完后我陪你去看她……”赵光晋第一次打断张亮的话，“尿毒症是要死人的，我的员工命都没了我建工业园干什么？”赵光晋说着就给肖姗打通了电话，却哽咽着说不成话。“姗姗，是……是我，我马上就来了，你别……别急。没准是医院检查……检查错了，咱再换个大医院，咱到北京协……协和、

301，多少钱单位都花。你别急别怕，我……我就来了，现在我就在路……路上……”张亮眼圈红了，柳兵抽泣起来。

下午4点，赵光晋就返回工业园，张亮紧紧跟在她的身后，刘兵还站在工地的大太阳底下，看着工人开始干活，还不时吆喝一声给他们鼓劲。

天气更热了，临时搭建的工程指挥部像个蒸笼。几个摇头电扇吹得满屋子里纸片、尘土乱飞，电扇嗡嗡的声音搅得人心烦意乱。但是，一关电扇，人们又立刻闷出一身汗。大家看着电扇，谁也吃不准是该关还是让继续开着。赵光晋却一动不动地坐在靠窗跟前的沙发上，坐在那阳光里，似乎心平如水，她脸上也哗哗地往下淌着汗水。她闭住眼睛，看着茶几上一个地方，一句话不说。她电话上叫的人都来了，市建一建董事长王贵聪，他的副总张奇太、项目部经理赵晋生、具体负责双合成工业园的项目经理赵敏，坐在赵光晋对面的沙发上，脸上都布满歉意。而双合成副总古鸿文、临时接替肖姗担任财务部经理的孙敏等人，则在旁边小木圆凳上坐着，都低着头。赵光晋耷拉着眼皮说，“我这儿条件不好，对你们最大的招待就是我坐在阳光里晒着，让你们坐在里头闷着。”她又说，“怎么办吧？我们那几个小厂的设备都拆了，正往工业园搬运，你们准备让我们什么时候投产，还是说让赵光晋完蛋，让双合成垮台，我的话完了。”赵光晋真的一个字也不再说，看那架势，如果市建一建领导们不说话，她一定会闷着头陪他们坐几天几夜，直坐到他们心里发毛为止。善解人意的张亮这时打开僵局，他这“总”那“总”地叫了一遍，然后说，“甲乙双方的领导都来了，大家都是臣功小俞的朋友。”这时古鸿文碎步来到赵光晋跟前，对着她耳朵说了几句话，只见她头一摇手一摆，古鸿文就又回到自己的圆凳上。张亮接着说，“除了项目，大家都有感情，所以商量一下这个事怎么办，我想，只要有人就有办法，古总你……”张亮觉得这会儿赵光晋没心情说话，就把目光投到右侧古鸿文脸上。

古鸿文便问起市建一建董事长王贵聪工程上遇到了什么问题，王贵聪歉意地一笑说："赵总，你的名气比我大得多，能给你们双合成做这个项目，确实是我们的荣耀，我以小俞老哥的身份保证我说的是实话。我知道看到工地这个样子赵总心里着急，也不高兴，甚至很恼火，但是我想说，不要往不好的地方想，我们绝对没有钱给不到位故意消极怠工的问题，赵总你看到的情形都是真的，不过是别的问题。作为市建，我们下面的工程队现在与我们也是合同关系，有些东西不到位人家也不干，尤其是工程队队长一走，工人自然就歇下了，工人很多都是农民工，咱国有企业那套人家不一定听。但是，我们对赵总这个项目绝对是认真的，你想，你们的地前不着村后不着店，没气没水没电，我们怎么施工呢？赵总你想过没有？我们能克服这些困难，并且想办法解决了这些问题，意味着什么？意味着小俞托付的事就是上天入地我们都得做，而且必须做好，我们还是垫资施工的，这么大一个工业园，都起了几栋楼的主体框架，我们还没问你们要一分钱，这就是情意。但是，我觉得……"王贵聪自责地笑着将目光投到身边他的项目经理赵晋生——俞进生最好的朋友——脸上，赵晋生就一板一眼地对古鸿文谈了一些具体情况和具体要求。这时，大家看见赵光晋竟抽起烟来。"小古，开完会你立刻给这里安一部电话，一台传真机，一部电脑，我从今天开始就不走了。我准备一个小时给王总（王贵聪）、张总（张奇太）、赵总（赵晋生）各打个电话、发个传真、发个邮件、发个短信，他们不回，我就一直打一直发，工地工人干得不好我也打也发。我是要钱没钱要人没人就会干这，他们要是想让我死在这里，就别管工业园了，就把这儿当作我的坟墓。这简单，双合成能花起这个钱，把人往地下一埋，上面立块石碑，就写赵光晋没本事建不起工业园，立碑为证！"古鸿文看了赵光晋一眼，对着王贵聪一行笑了。"赵总开玩笑哩，咱们这边有没有具体的意见？"赵晋生不好意思地说，"我们资也垫了，第一期工程的主体框架也起来了，看来情意却没了，小俞那儿也交代不了了。要不是这，你们就先给人家工程队打 300 万，只 300 万……"听了这话，古鸿文眼珠一转，立刻想到工程停下来一定是钱的问题。但是，没有这一天这个特别的会议，没有赵光晋"那个劲"，市建一建的想法绝对不是300万，而是3000万……都不止……想到这里，他佩服地看了自己老板一眼，把目光又投到赵晋生脸上。"赵总，这个事我答应，咱啥都不说了，就这样办。如果说我还有一句话，那就是，我们有什么办法能实现赵总的愿望，在7月29号竣工投产，让我们工业园为太原人民、山西人民生产出第一炉月饼，我们保证全力配合，我们一千多员工全部听你们指挥当工人，反正我工厂的机器拆了，也没事干了，咱们共同搞个突击，创造个奇迹。"古鸿文中午刚刚接到宋卫民的电话，说老板要拆几个工厂的机器——其实还没拆呢——但这会儿他灵机一动就这么说，说着还站起来挥着拳头。

赵光晋抬起眼皮，看着古鸿文和市建一建几个领导。市建一建董事长王贵聪为难地红了脸，低下头，但是他抗拒不了赵光晋的目光和古鸿文事在必成的气势，就喃喃地说，"赵总呀赵总，走遍全国，所有的垫资建设，不是一分不拿呀。开始咱们说过你们先给1000万，后来说成500万，现在变成300万了，给名人干活真是……"王贵聪侧脸看着赵晋生——他的项目经理——这个合作项目的始作俑者，"你看……"赵晋生懂得领导的性格和此刻的心思，知道领导就看他了，他于是想着多少年来与俞进生的交情，想象着赵光晋绝望的心情和此刻的期待，便攥紧拳头在空里往下狠狠一砸，"既然赵总、古总对我们有这样大的期待，大不了你们的难处转嫁到我们身上，做人做企业谁没有过不去的时候，我们就……干了！"他挥着拳头又在空中往下砸了几下，"干！干！干！"一屋子的人都挥着拳头喊着"干"，赵光晋笑了，喜悦的脸上布满泪花。"王总，赵总……我不是讹你们，我真是没办法，但是你们放心，我赵光晋不会欠你们一分钱，只是……否则我真没办法给双合成人交代，没办法给几十年的顾客交代，更没办法给我交代，我今天真是谢谢了！"

女人爱哭，哭得最厉害的时候往往是她最倔的时候，也是她的心肠最柔弱的时候。

市一建有了承诺，赵光晋含泪又笑着逼王贵聪当场写了保证按期完工的合同。就这，她还是不放心，当这个逼迫市一建超常施工的特别会议一结束，将客人送到工业园大门口时，大太阳底下赵光晋仍抓住王贵聪和赵晋生的手不放。赵光晋红着脸笑着说，“我还有个小小的想法想商量一下。”王贵聪说，“赵总你说。”赵光晋低头想了想，一抬头，笑得满脸通红。“我的想法就是，不管你们往工地派多少人，人是你们的，工程技术上、材料上、吃饭上属你们管，但怎么干属我管，也就是说，你的人给我当一个月员工，谁进了这块地都属我管，包括你们几个领导。”王贵聪和赵晋生眉头一皱，突然明白了，便分别拍着她的肩头。“明白明白，我们就让你领导一个月，看在赵总的领导下能创造什么奇迹。”赵光晋高兴地跳着说“好好好”，这才把一行人推上车。

从这天起，除了晚上回家睡觉，赵光晋拒绝了一切事务，一直待在工业园。困了，她就在指挥部沙发上躺一会儿，睡几分钟，又来到工地，给工人发水发烟发水果发点心，嘴里还不时地说道，“向工人们学习，向工人们致敬，为了咱 7 月 29 日竣工投产，为了给太原人民和山西人民一个惊奇，咱们共同大干快干加巧干，咱们一定会创造奇迹，一定会美梦成真！”为了鼓励工人干活，给他们带来好心情，她甚至经常收拾工人们随地拉下的粪便，使工地没有那种臭哄哄的气味。市建一建也说话算话，没过几天，工地上就来了几十个工程队，干活的上了一千多人，砌墙的就是砌墙的，铺地板的就是铺地板的，铺水管就是铺水管的，布电线的就是布电线的……几十个工种同时进行。除了施工人员到位，又高又大又长的施工车辆和拉料车辆也挤满了工业园。机器隆隆地响起来，汽车嗡嗡嗡从不熄火，工地上的建筑材料一下子堆成座座小山。赵光晋开心了，竟然戴起墨镜，像个总工头似的到处指挥。作为双合成老总，赵光晋也要说话算数，她真的兑现了承诺，把双合成全体员工召唤到工业园来，帮助建筑工人施工，这样一来，在工业园干活的就上了千人，出现了 1958 年全国大跃进时“建设社会主义”的激动人心的场面，赵光晋到处吆喝的尖细的女人的声音被淹没了。于是，她手上多了一个手提话筒，尽管这样，人们还是听不见她的声音，于是就出现了这样一个情景：她经常踩着虚土登上小山似的土堆，或登着脚手架攀到高空，对准那个干活人的耳朵声嘶力竭地说话。这是一场在太阳底下的工程大会战，而她一直穿着那身奥运火炬手的衣服，使她暴露在太阳下的脸庞、脖颈和四肢晒得像黑人一样，根本分清她是男是女。她身上已经流不出汗了，似乎已被太阳晒干了，使她看上去就像一个干人，一尊木刻人像。“你们记者在文章上说我累了就在沙发上睡一会儿，那是他们猜的，我记得我就没睡过觉，就不困！”她对成群结队的记者们说。而起风的时候，几千人就被吹成土猴，一团一团的尘土使人们几米之内看不清对面人的模样，但体内的汗水仍喷泉似地涌出来，使人们脸上都淌着泥汤般的汗水。有时候会突然下雨，几千人便躲进楼里，看着天一齐喊道，“太阳，出来！太阳，出来！”一个月后就要竣工投产，下雨可要了赵光晋的命，而工地上每个工人似乎都成了赵光晋，都觉得下雨要夺走他们的命，这才盯着天空呼唤太阳。喊着喊着，太阳就真的出来了，雨就停了，工地一干人就又看到了赵光晋的影子，似乎看到她体内就充满无穷无尽的力量。这时候工人们还会看到一个人，他总是跟在赵光晋身后，总是背着个大挎包，见得多了问得多了工人们就记住了，他叫张亮。他说什么话工人们也听，他似乎就成了赵光晋。赵光晋与张亮在工地上留下了他们的影子，时间长了，谁也弄不清他俩谁是谁的影子，似乎这两个影子成了工地的灵魂。经常是，俩人像两个影子似的飘忽不定，摇摇欲倒，但是，另一个影子支撑着这个影子，他们就又坚韧地站立起来。

他俩形影不离，但是很少说话。不过，他们还是要经常交流。看着工地上忙碌的一干人，赵光晋常常突然站在一个地方不动了，这时张亮就赶到跟前。赵光晋就说，“张亮，不这样干，根本完不了工。”张亮就说，“我就知道你有办法，肯定能干成的。”赵光晋就说，“每个人都尽职尽责，都很拼命，可我还是觉得很孤独，甚至越来越觉得孤独，觉得这个地方就只有咱两个人。”张亮就说，“我只会搞设计，身体也不好，啥活都干不了，只能跟着你跑。”张亮又说，“我跟着你就是要给你鼓劲，让你感觉到有人支持你那个梦想，哪怕只是一个人，总是有这么一个人吧！”赵光晋便把磨出厚茧的树枝般的大手搁在张亮肩上，张亮便身负大山般地一晃，赵光晋眼眶里滚出两滴溶着尘土的混浊的泪珠，张亮眼睛红了。赵光晋问道，“张亮，我忘了你属啥了？”张亮说，“属猴，比你小 4 岁。”赵光晋说，“张亮，你给双合成忙了几十年，我记得基本就没给过你钱！”张亮说，“咱不说这，不说这。”赵光晋嘤嘤地哭了，“张亮，我觉得我亏了你了，工业园建成投产后，我一定带你去趟美国。”张亮说，“光晋，咱不说这，不说这，咱走，到那边再看看。”张亮扶着赵光晋往另一个需要他们的地方走去，他们在一起的形象，就像一个影子支撑着另一个影子，而每个影子都是一个生命力几乎枯竭的鲜活的身体。

双合成员工都在工业园工地上干活，只有两个人经常给赵光晋送饭，她们就是马苏容和柴秀敏。作为双合成有职务的人，也是参加工业园建设大会战的成员，赵光晋纳闷她们是什么时候抽时间给她做的饭。而且，她们总是拎着盖上白布的饭盒干干净净地走来，似乎与工业园建设无关，就好像探望参加工业园大会战某工人的亲属。当看着她吃了饭，她们就走了。她们有时候送的是鸡汤包子，有时候是鸡汤饺子，有时候是鸡汤面……还会带来一些牛肉、黄豆、青菜之类的小菜，有时候还带一小壶酒。多少年来，她一直有一种奇怪的感觉，总觉得她们是她的妹妹，于是就不计身份地将她们呼来喝去，于是吃着她们送来的饭，她就没有一点想掩饰饥饿的感觉。“小马（小柴），你不送饭我就不饿，你送来饭了我就饿了。”赵光晋有滋有味地吃着，甚至有滋有味地抿一口小酒。而看着她与张亮（他经常在）吃饭，她们永远是那句话，“赵总忙的，工业园食堂要给几千人做饭，没时间给你做点好的，我们就给你做点，也是想让你补一补。”赵光晋听到这话就流下眼泪，便放了筷子。“小马（小柴），张亮，一建的人现在这状态我放心了，咱们的人也干得很好，没有一个差的，可是……都是跟着赵光晋干事业，但真正为我好的人就是你们几个……我也不知道这种想法是私心还是什么，总之是既感动又伤感，我知道感动是为什么，却不知道伤感是因为什么。”这时，一个土猴似的姑娘走进来说道，“还有我，我心里就没有你？”进来的土猴似的姑娘挺着大肚子，“我都快生了还在给你干活，我哥我嫂都从新西兰回来了，都在工地上，你就不知道？我爸为了买机器半年都没回家了，妈妈你说这话真没良心！”看着挺着大肚子的土猴般的姑娘噘着嘴流起泪，赵光晋赶紧站起来走过去，擦着姑娘脸上的泪说，“俏，妈妈说错了，跟妈妈一起吃饺子吧！”马苏容或柴秀敏和张亮也站起来劝道，“俏，你妈妈真是太难了，有一点点温暖都能打动她的心，你陪你妈妈吃点饺子吧！”俏便坐在一个小圆凳上，挺着肚子和上身，拿起赵光晋的筷子夹个饺子塞进嘴里，然后啪地搁下筷子，嚼着饺子就走了。

一天，财务室值班会计突然打来电话，说很多人要提走中秋和工业园的集资款，而且一个个地说了提款人的名字。赵光晋一听，大部分都是自己的朋友，也有部分员工家属，她一下子就慌了，但人没动，也没有告诉身边的张亮电话的内容。她又抽起烟，抽了好几支，才给财务室打去电话。“谁想提就给他们提吧，全提走都行！”说完这句话，她的手突然抖起来，关手机时连按键都按不住。急火攻心，她眼前一片漆黑。她从茶几烟盒里又抽出一支烟，点着，在烟灰缸里拧灭，点着一支，又在烟灰缸里拧灭……这时，她的临时指挥部来了很多稀奇的客人，而他们后头跟着一群类似记者的青年男女。她认出了他们，这“总”那“总”地把他们叫了一遍。这七八人中，主要是中年女性，一个个穿金戴银，浑身闪闪发光，不是富汉就是富婆的派头。他们都是太原食品界（有国企也有私企）的老板。她有点蒙，弄不清他们突然来到这里是何意图，但是她肯定的一点是，他们绝不是给她送钱让她建设工业园的。她笑起来，笑使她身上有了点力气，她按了按四肢，觉得身体硬得像钢铁一般。

“说。”她说。七八个食品界男女老板便一个接一个开始说话，每个人都是先把她恭维一遍，并把她的工业园展望得前程似锦，但说着说着，说明了他们的意图。他们说，他们来是好意，听说她的工业园盖不下去了，谁都不想让大名鼎鼎的赵光晋栽在这个事上。他们说，他们是来投资的，但要求入股，或者在她工业园给他们一块地方，他们自己盖工厂。他们说，他们不像赵总气派那么大，盖工厂不需要那么大的地方，他们也不想盖成工业园，只想盖工厂，实实在在能生产产品就行了。他们还说，晋中开发区给她的地价是 9 万，给他们多加几万也行，加一倍也行。他们纷纷说，你这不就有流动资金了！他们中还有人说，我不一定非盖工厂，盖个别墅区也行，然后卖给有钱人或官员，也可以“给你赵总”一套或几套。还有个女老板说，她想盖个酒店，想吸引参观晋商大院的中外游客。然后，七八个似乎财大气粗的食品界同行和老板一致嚷嚷起来，“这对双合成也好呀，咱们共同开发这片地方，把这里打造成山西、太原食品界的一个商业区，也能给双合成带来很多客户和商机……”

赵光晋站了起来，看着他们一笑说，“我明白了。你们是扶贫来的还是打劫来的？如果是扶贫，我不需要，我赵光晋就是死在这里也不要你们的钱。如果是打劫，”她指着窗外工地上几千人劳动的场面，“你们看看，这能成？作为同行，我认为咱们是朋友，你们把我当成什么我就不知道了，我也不管，那是你们的事。我现在真是明白了，我不仅明白了你们今天为什么要来，还明白了很多事。我对你们的回答是，”她指着门口，“请，走人。如果我栽了，欢迎你们到处臭我，说赵光晋那人不行，说得再难听都可以。如果我成了，我会请大家到工业园吃饭，我保证亲自把你们一个一个用车接过来，咱们那个时候再举杯说事。我赵光晋一生不喝酒，那一天一定陪大家尽兴！”

一行人悻悻离去，被赵光晋一个个推出门时，一个个还说着，“赵总，我们不是这意思，我们真是好心。”赵光晋不冷不热地笑着说，“那就算我想歪了吧，今天我忙，顾不上招待大家，也没有条件招待，咱就等那一天吧。要不你们一起庆贺赵光晋的失败，要不咱们一起庆贺双合成工业园的竣工投产，酒总是要喝的，各位老板慢走。”

这七八个食品界老板离去后，赵光晋立刻让张亮找来宋卫民，让宋卫民通知双合成所有中高层领导和市建一建所有领导，到双合成工业园开紧急会议。但是，会上她只说了一句话，“7月29号不能竣工投产，你们就等着为赵光晋收尸吧，他们想让我死，我还不死呢！”这时一个人举起手说，“赵总我陪你一起死！”赵光晋一看是俞进生，吃惊地问，“你怎么来了？”俞进生说，“我一直在工地给你干活哩，要给市一建的工程预付款我早都给你付了。”赵光晋正要感谢，又有一个人举起手喊道，“小俞陪赵总死，我看我也活不成了，外面这150亩地当坟地，埋几个人还很宽敞。”这人是胡小风。赵光晋登时笑得脸上开了花，还没等她说话，胡小风就跌出狠话来，“赵总你放心吧，他们有几个钱，有兄弟们在，地能弄回来，工业园就能建成，待理他们哩！”

工业园又转危为安，但是赵光晋还是不放心。7月1日到了，她在工地上召开了项目合作双方的党员表彰会，在几百个党员面前，她首先给市建一建副总张奇太发了10万元奖金。张奇太有点迷糊，“你给我们发什么奖金？要发也是给你们的人发，咱们是合作关系。”赵光晋说，“我说过到了工业园都归我领导，这一个多月你们就是我的员工！”张奇太更加迷糊，眨着眼睛问道，“没见过做人家项目还挣人家奖金的，我们挣钱哩还能要你的奖金？”赵光晋说，“你们的工程款绝大部分我们还没给哩！”张奇太说，“那你总得给哩吧，还是我们挣钱了……”赵光晋指着市建一建那个党员方队说，“张总，你看看你的人眼睛有多亮，都想要这钱哩，这就说明奖金发得是对的。但是你别弄错了，这钱不是发给你的，是发给大家的，你咋分配都行，发了也行，请大家喝酒也行，一顿酒喝了，一鼓作气干到7月29号，那就更好。”下面几百个党员给赵光晋鼓起掌来，很多人还喊道，“赵总真有意思！”张奇太说，“你不给钱我们就不好好干了？咱们现在是风雨同舟，同患难共甘苦……”赵光晋把10万元塞到张奇太手里说，“张总，这10万元奖金不好拿，我是奖10万罚1000万，工程干不好就罚1000万，7月29号不能顺利竣工让我们投产，就罚1个亿！”张奇太哈哈大笑，“赵总呀赵总，全世界哪有你这发奖金的办法，哪有你这种算账的办法，你这真是五八年大跃进！”赵光晋与张奇太互相拍着对方的肩膀，“我不弄大跃进，你们能跃进得了？你们不跃进，双合成怎么跃进哩？”两个单位几百个党员哈哈大笑起来，市一建的党员们一边笑一边议论说，“赵总真有意思，跟着赵总干活心里高兴。”张奇太说，“我的人怎么都说跟着你干活？”赵光晋哈哈笑着，“我说了进了这里都归我管嘛！”

在这个月大会战期间，工人们生病的事时有发生，赵光晋就亲自看望他们，为他们请医生，总之，不能让他们躺下。同时，市建一建好几个人家里都出现了婚丧嫁娶生孩子这样的大事，赵光晋一听到消息就拿着500元、1000元或3000元前去上礼。但是，他们抓住她的手坚决不收，她急了，“你们是不想给我盖工业园吧！”他们说，“不，双合成现在资金那么紧张……”她说，“这是我的钱！”他们又说，“老板上礼怎么可能是自己的钱！”她又说，“社会上任何朋友婚丧嫁娶，包括我们双合成员工的婚丧嫁娶，我上礼不下一千次，哪一次都是我自己的钱，我对上帝发誓，全是自己的钱，我的工资就干了这了。”她说着竟教育起他们，“人一辈子什么钱都可以不花，遇到亲人朋友同事邻居婚丧嫁娶生孩子这事，钱一定要花，因为这是与生命相关的事。人一来礼一上，命就连在一起了，关系能不好？你有啥事大家能不拼着命上？你们要是不想为双合成工业园拼命，就把我的钱退了，送到纪检委都行！”每次遇到工地上的人有了婚丧嫁娶生孩子这事，赵光晋与大家都要有这么一场推让和谈话，结果是，大家互相抓住手久久不放。“既然说到这儿，这钱只好收了，但是，我们一定要瞅机会还回去，要不就集到你们工业园。赵总呀赵总，我们本来不是英雄，都是让你逼的……赵总，我们真没见过为了单位的事这样求人的！”他们每次说到这里，她就使劲从他们手中挣脱自己的手，回身一摆手，便匆匆走了。因为，她不想让他们看到她流下的眼泪。

离 7 月 29 日一天比一天近了，这一天，宋英民给赵光晋打来电话，说所有的机器都定好了，得赶快打去 1000 万元，否则，不让起运。而钱在哪儿呢？赵光晋在工业园蒸笼般的临时指挥部苦苦思索着，抬头望着窗外的天，她看到了几十只久违的喜鹊。她欣喜若狂地喊张亮，“张亮张亮，你看，一遇到难事就看到了你的喜鹊！”但是，她没听到张亮的声音。她突然想起了，张亮昨天说他身体很难受，明天就不来了。她立刻打通张亮的电话，问道，“张亮你到底怎么了？你现在在哪儿，我过去看看你！”张亮轻轻一笑说，“你哪里能走开？不是感冒就是累了，睡两天就好了，然后我就过去。”可是……她没想到张亮得了那么重的病。

27

又是中秋

年年岁岁花相似，岁岁年年人不同。而月亮才是中国人心目中最美的花朵，这朵花它绽放在一年四季，却盛开在中秋之夜。中国人活着似乎就是要等待这个晚上。赵光晋已经57岁，她相信2009年这个中秋之夜，那朵花会大放异彩。

这一天，她打扮得特别漂亮。她黑黑的脸，梳着小辫，辫上系着红绳，像大姑娘般一样精神。她鼻梁上那副又是花镜又是近视镜的眼镜不见了，使人们很不习惯直视她那对双皮眼。她眼睛里荡漾着一种时有时无的使人陌生的波光。也许她摘下眼镜视力本来还算正常，也许她眼眶里多了一副隐形眼镜。她脸上被太阳晒出来的那种焦黄和上面隐隐的雀斑不见了，而且皮肤显得暗白、平展而干净，使她像45岁左右的样子。她脱下了北京奥运会火炬手的衣服，上身穿着白线勾出小方格子的蓝底短袖衫，下身穿一件很挺很软弱的牛仔裤，脚上穿一双低跟红皮鞋。她像一个看不出身份的职业女性，而且手上没了手机。她的样子使很多人都不好意思看她。她这副打扮完全出自她身边另一个矮个女人之手，那女人是她最喜欢的《大宅门》这部电视剧的总化妆师。她常说她最喜欢《大宅门》，而很多人说她像这部电视剧里的“二奶奶”，于是人们给她找来《大宅门》的总化妆师。化妆师用了整整一夜的时间，才把她化妆成这个样子。

早上 8 点，她就在工业园门口等着。她左右两边站着两排人，一排是古鸿文、宋英民、常俊、宋卫民等几十个双合成高中层干部，另一排则是程雨兰、马苏容、老革命等几十个渐渐退出企业领导岗位的双合成老功臣。除了她，两排双合成要人都穿着双合成红底黄道的工衣，她与他们一样的是，胸前都戴着工牌，上面不仅印着各自的名字、年龄、职务、格言、电话，而且镶着各自的照片。两排人中间还留着一条通道，地上铺着红地毯，那地毯铺向所有需要参观的地方，使工业园变成一幅被红地毯勾勒出来的图案，显得特别喜庆。

从早上 8 点开始，立在工业园门口的那 29 门礼炮就开始对着天空轰隆隆地鸣放，按她的要求，是一门接一门地放，在轰、轰、轰的礼炮声中，鞭炮也跟着爆响起来，接着，拖着“双合成：做中国最有发展力的老字号”、“2009 双合成中秋月饼酒会暨工业园竣工投产大典”等条幅的几百个彩色气球便飘上天空。赵光晋还规定，从早上 8 点起，过一个小时鸣一轮礼炮，放一轮鞭炮，升一轮气球，要连着坚持 9 个小时，取双合成基业长久之意。她还说，要把双合成的响声和色彩长久地留在人间。

双合成工业园门口还矗立着一个几丈高的大红牌子，它是双合成中秋月饼酒会暨工业园竣工投产大典海报，上面清晰地写着这个双重庆典上来宾们想知道的所有内容。第一，它告诉所有来宾，经过一年的艰苦奋战，尤其是 2009 年 6 月 2 日至 2009 年 7 月 29 日 57 天的日夜奋战，双合成成功地建成全社会抱有怀疑态度的现代工业园，并按计划于 7 月 29 日胜利投产，为省城人民和双合成全国顾客生产出第一炉工业园月饼；

第二，它告诉所有来宾，双合成有了工业园的第一年中秋，仅两个月时间，月饼生产销售就达亿万元，奇迹般地打破双合成历史上产品年销售最高峰8000万元的神话，它以此证明工业园对于老字号跨越式发展的意义；第三，它告诉来宾，双合成工业园买地150亩，建园以亿计，第一期工程建厂房两栋、综合生活服务楼一栋、办公楼一栋、地下仓库一个……工作面积80000平方米，耗资……，而竣工投产第一年中秋之后，双合成已全部偿还买地、工业园第一期工程及中秋集资的所欠款项，而这只用了两个月时间；第四，它告诉所有来宾，双合成工业园竣工投产大典之所以选择中秋月饼酒会这一天，首先是答谢山西父老乡亲长年以来对双合成及对双合成工业园的关怀和期待，然后是证明双合成工业园已经建成投产，双合成已经美梦成真，它希望，关心双合成的领导、专家、社会各界朋友，包括山西、太原的父老乡亲放心。

赵光晋把所有想说的话都写在了牌子上，而在庆典上，她什么都不准备说了。她什么都不想说的情绪很复杂，总之，就是什么都不想说了。她怕她太激动。比如，此刻，她的全身就在发抖，如果今天不是无数要人要来，她都不想来，而只想待在办公室里坐着。但是，她不能这么没礼貌……她迎接着一批又一批前来恭贺的人，她握着他们的手，重复着“感谢光临”这句话。而没有来宾的那一小会儿，她就扭过头打量着工业园，她就在抬头的那一瞬间，让泪水倒流回去。

因为，双合成工业园如期建成竣工投产，她成功了。

就在这一天，赵光晋依然感觉到这一切宛若梦境，真的，她不相信眼前这一切是真的。看着大典气氛中的工业园，她特别想看到刚看到这片地时，地里长满一人多高的绿油油的玉米，玉米的梢头、玉米地上空飞着一群群喜鹊的情景，特别想看到买了地农民把玉米割了留下一片荒地，那一群群喜鹊无枝可依地乱飞的情景，特别想看到大雨之时地里一片泽国的情景，特别想看到150亩地里只有几栋厂房主体框架、只有62个人、到处是砖头石块粪便的令人绝望的情景，特别想看到还是不久前那一个多月建园大会战的情景，但是她看不到了。只几个月，她梦中的现代化工业园就真实地出现了，那片荒地不见了，她不理解上天为什么赐给她这个“魔术”。她不敢想象这几个月的每分每秒。这会儿，她只能看到工业园正中央悬挂着省级机关、太原市各个单位及晋中市各个单位恭贺条幅的两栋生产大楼，看到南边那栋综合办公服务大楼，工业园大门左侧那栋工业园领导们合署办公的大楼，然后，她看到了在工业园流水般走动的穿着红工装的双合成员工和员工们带领参观的社会各界来宾。她还看到工业园大门口两侧立起来的一个个功德牌和几丈高的文化墙，那上面都是她写的文章和文字，而左右两侧，一边是双合成一百多年来代代掌柜们的故事和画像，一边是双合成当代功臣们的事迹和照片。目光从文化墙一边穿过去，她还看到了后面的文化园，那里展览着双合成一百多年的马车、门、门框、门槛、床、椅子、食品模具、磨盘、捅火棍、牌匾，还有几个悬在空中被水流冲击着不断旋转的巨大的石球，她看到双合成这些历史旧物，全部摆放在一个弯弯曲曲的长廊的里面或两边，从而使人们穿越时空，又回到双合成的当年。这就是双合成工业园，双合成的今天。她心里突然酸溜溜地一阵颤动，她想起几个文人、作家、专家辛辛苦苦策划出来的《绿园》。虽然她没有选择《绿园》，但她承认《绿园》写得好。她还是盖成了工厂，就没好意思通知为了《绿园》辛苦了几个月的老师们参加这个庆典。她又想起肖姗和张亮，俩人都病了，都住着医院不能来，这真是太遗憾了。她想到 1997 年被人糊糊涂涂杀了的二青两口子，想到双合成老寿星、山西最后一个给旧社会老字号掌柜端尿盆的人，但是，他已经死了。她还想到 1997 年死去的妈妈，2005 年死去的爸爸。她把不论是死了的还是活着的双合成员工和家属全部都想了一遍，她多么希望他们都能来呀，但是，他们有的死了有的病了有的……有那么多人不能来了。她想着她该想的人，同时不断从裤兜掏出手机看着时间，她盯着 11 点这个时间。来宾流水般地涌到她面前，她握手点头，“感谢光临！”她让她的行政副总常俊用正式邀请函的形式，通知了她在中国认识的所有的朋友，包括所有双合成的友人，也包括她和双合成的对头和敌人，她要通过今天这个庆典证明她赵光晋，也想举杯化解曾经一切的矛盾和对立，她发现她特别想见的一些人没来，有点沮丧。

已是上午10点50分，她对身旁的古鸿文说，“不等了，赶快过去入席，不要让领导、专家和朋友们都在那儿等着。一会儿我讲完话就给大家大盛羊汤，你和英民带着中高层干部给大家挨个敬酒，就是喝死了你们谁都不准喝假的，快走！”

工业园几栋主体大楼四周都铺着宽阔的水泥路，起着好听的名字，像一片井字形的街区。两栋生产大楼背后是那栋综合性办公生活服务大楼，里面不仅有普通管理部门办公的地方，而且有双合成食品研究院、双合成文化中心、员工俱乐部、食品展览馆，还有员工宿舍和食堂，中秋月饼酒会暨工业园竣工投产大典，就在这栋楼一层宽阔的餐厅里举办并举行，餐厅的包间和大厅，及楼前的水泥马路，就是庆典的用餐环境。楼里楼外都摆满了餐桌，使人们根本看不到临时搭建的赵光晋讲话的主席台，但是，通过扩音设备，几千人听到了赵光晋的声音。

“感谢山西省、太原市、晋中市、晋中开发区领导及所有专家朋友光临双合成工业园，感谢大家多年来对我的关心和对双合成的支持，今天举行这个中秋月饼酒会，双合成工业园竣工投产庆典，我只想说一句话，我觉得我在梦中，不相信这个大典是真的。因为，三个月前这里还是一片荒芜，当时看着那个惨相，我真觉得那就是我赵光晋的坟地。但是，多亏诸位领导的支持，多亏诸位朋友的鼓励，托大家的福，我们工业园建成了，投产了，使山西人和我全国的顾客今年吃到了双合成工业园的月饼。我还想给大家通报一下，今年我们在生产销售上大获全胜，我赵光晋总算没有吹牛，没让大家失望，我敬大家一杯！”

铺着红地毯、挂着红条幅、上面飘满红气球的临时主席台上，赵光晋举起一杯青花瓷汾酒，但她只一闻，就啪地泼在地上。她把酒杯伸到给她倒酒的那个漂亮的女员工面前，那女员工就给她倒上一杯真的青花瓷,她才举杯仰头喝了。就餐的几千人就都站起来,跟着她喝了第一杯酒。

“我的话完了，大家开始吃饭。今天我就不安排领导讲话了，我觉得双合成建成工业园是个小事，不值得让领导上台。我们的饭也不高级，没有天上的海里的山上的那些珍品，但是餐桌上有精美的家常小菜，有双合成工业园生产的各种月饼，有咱山西的美酒青花瓷，还有咱山西最好的醋。山西有三宝，好酒好醋好饼，咱今天都有。除此之外，我还从右玉县买了山西最好的羊肉，请来了最好的厨师给大家做羊汤，一会儿我会一个一个给大家盛。咱吃的都是山西家常饭，就这样给大家过个中秋吧，祝大家和家人中秋愉快！”

赵光晋走下了主席台。

几百个餐桌如何摆放，都是赵光晋事先安排的顺序，上面都写着来宾的名字。但是，她没有按照餐桌顺序给大家盛羊汤，而是从东到西一桌一桌地来。看见赵光晋走到哪儿盛羊汤，古鸿文、宋英民几个公司副总就跟着从哪儿敬酒，赵光晋脸一绷就训斥他们，“招呼大家主要是你们，我就是个盛羊汤的，你们跟着我干什么！”古鸿文、宋英民几人一对视，一笑，就走了，开始按他们的感觉给来宾敬酒。但是，餐桌上的人还是扬头看着赵光晋，等她的到来，似乎今天来就是为了喝这顿羊汤。

赵光晋拿着勺子扶着羊汤车在餐桌之间穿行，当员工在每个餐桌摆上装羊汤的那种大碗，她便与桌上的人说话，给大家一个个盛羊汤。她来到坐着山西省、太原市、晋中市等各级领导的那一桌。“对不起，让领导久等了，今天之所以让大领导坐在这里……”桌边两个大领导中间那个清瘦的老头儿打断了赵光晋的话，语调缓慢地说，“光晋你做得对，今天坐在这里的就都是山西人，没有高低贵贱之分，中秋节是老百姓的节，你给我们争了光。”这清瘦老头儿说这段话时，整个身体都在颤着，看来他费了很大的气力，他就是赵光晋的忘年交，山西省委的老书记，八十多岁的李立功，他的旁边坐着省委省政府、太原市委市政府一些领导，然后就是晋中市委市政府的主要领导。一个很高很高的英俊男人站了起来，端起一杯酒与赵光晋的勺子碰了一下，炯炯有神的眼睛看了赵光晋半天，说了一句话，“赵总，我只能说我很惭愧，我就代表我自己喝了这杯酒，同时祝贺你和双合成继续美梦成真！”这高大的男人是太原市第一把手，赵光晋能听懂他的话，看见他喝酒为她道歉，她赶紧从餐桌上寻找酒杯，但是觉得拿谁的杯子都不合适，她就将手伸向身后，没想到员工递给她的是一瓶酒。她一急，举起酒瓶就喝，那个大个领导赶紧跑过来按住她的手，用自己的杯子给赵光晋倒了一点酒，并双手递给她。她脸一颤，眼眶霎时红了，赶紧头一仰喝了。这桌领导们纷纷与赵光晋碰杯，纷纷表示支持不够，而赵光晋一举杯那高大的领导便按住她的手，使她一共只喝了两三杯酒，她一直说着“谢谢”，“领导的意思我都明白，这我就够了，领导们一定相信我会把双合成干好，我要年年让双合成员工与大家一起过中秋，我要再干一百年！”她开始给领导们盛羊汤。

而这一桌人赵光晋太熟了，他们是黄东升、晁连生、彭晋、郭处、王主席、杨博士……竟然还有当年开掉的林先生，后来又被她“开”掉的王总……他们都是她的专家团队或曾经是她的专家团队的重要成员，她的顾问——她往边上一瞥，发现这桌一边连着好几桌都是这类大师级的人物。她走到桌前给他们盛羊汤，他们却忙得顾不上与她打招呼。黄东升对她做了个手势让她稍等，又做了个手势让她一定稍等，让她别走。这桌人正在闹酒，正闹酒的是黄东升和彭晋，方法是，黄东升用筷子从盘里夹一块月饼塞到闭着眼睛的彭晋嘴里，让彭晋吃了说是什么月饼，说对了黄东升就喝，说错了彭晋就喝。俩人似乎已闹了很久，看俩人的脸都像西红柿似的，大概已经闹了十几个酒，但还在闹。赵光晋走到桌边时，黄东升正夹着一块有很粗的波浪纹但馅发浅红颜色的月饼，放进彭晋嘴里，彭晋闭眼嚼了几下说，“郭杜林。”黄东升满脸堆笑着问道，“你确定？”彭晋说，“确定。”黄东升又问，“你真的确定？确定我就喝了？！”

彭晋脑袋晃着，“首先是晋饼，然后是郭杜林，我刚把郭杜林评了国家非物质文化遗产，这说不错。”黄东升说，“那你睁开眼。”彭晋睁眼一看，果然是郭杜林盘里的月饼，但是，黄东升非说是旁边的提江月饼。彭晋晃着脑袋眯着眼，盯着餐桌上所有的月饼盘，“一共 10 盘月饼，晋式五大件 5 盘，赵总的蛋月烧一盘，广式月饼一盘，台式月饼一盘，台湾杨达天的小小月亮一盘，古鸿文的佛光普照一盘，每盘 20 块，我都数着呢，你别耍赖，喝！”黄东升只好端起酒杯喝了，边喝边说，“谁出的这损主意，王总出的吧？碰见这食品专家，真整住黄教授了，好了，再闭住眼睛。”彭晋又闭住眼睛。黄东升便从广式月饼盘里夹一块金黄透亮的月饼，在一盘凉菜里蘸了点醋，又在辣椒碟里蘸了辣椒，这才塞到彭晋嘴里。彭晋的嘴刚动起来，就不动了，赵光晋与一桌子人忍不住大笑起来。彭晋倒像佛爷一样笑着有滋有味地嚼起来，而且嘴里念念有词，“金黄透亮，黏而不腻，甜中有辣，辣中有酸，酸中有香，香中有咸，像西安的泡馍。”彭晋说着，突然睁开眼睛，“黄东升你喝了，孙空悟蒙如来佛哩！”黄东升又喝了一杯。赵光晋盛上一勺羊汤，倒进黄东升碗里。她一边给大家盛羊汤，一边问，“黄教授老输，彭大师的脸咋也是红的？”彭晋说，“我是自己喝红的，不像有些人老输！”黄东升看着大家说，“你们还好意思喝，赵总搞工业园，你们不是分析，就是批判，竭尽讽刺打击之能事，人家赵总弄成了吧？你们还好意思喝酒！我是故意输的，就是要借酒消愁，打发这顿难以下咽的饭菜，也表示对赵总的歉意。赵总，他们的觉悟都太低，不自觉，没有批评与自我批评精神，我再喝一杯。”黄东升站起来又喝了一杯。赵光晋已经给大家盛完羊汤，接住黄东升的话说，“没事没事，没有你们的鼓励我也弄不成工业园……”黄东升看着大家笑着说，“赵总说鼓励，都听到了吧，这是个反面词，咱都是反面教材，你们以为今天叫你们来是干啥哩，是让你们反思哩，我都反思得差不多了，就看你们了！”黄东升尽管说的是玩笑话，但刺到了各位心中的软区，一个个就低下头嘴里唔唔啦啦说不成句子，然后一起站起来与赵光晋碰杯。赵光晋又是一伸手，接过推羊汤车的员工递过来的一杯酒，与大家叮叮叮地碰起来，而且含义丰富地笑着问每个人，“还行？”她指的当然是工业园，“没成了坟墓？”她指的还是工业园。看见这些山西和太原的大师级人物纷纷躲着她的目光，她喝了酒才说，“各位也不要心里有什么纠结，你们说的每句话我都记住了，即使在工业园这个事上我没用上，在其他事上我其实用了。更多的是用在你们说的那种劲头上，用在目标上，主要是不能输呗，各位的贡献还是挺大的，是别的一些实实在在的帮助比不了的，这个我赵光晋清楚。祝各位大师中秋快乐！”

其实，赵光晋越给来宾盛羊汤，心情就越沉重越酸楚，因为她想着那些根本不可能来的人。盛着盛着，她来到这一桌跟前：她刚走到桌前，一桌人便起身抱住她，然后，全部都呜呜地哭了。这桌人便是程雨兰、马苏容、老革命、柳兵、李保等等。大家抱成一团，不见了赵光晋的影子。“成了，赵总你成了！”这是他们的声音。“成了，咱成了！”这是赵光晋的声音。“赵总，你顶着压力弄成工业园，还给大家盛羊汤，真成了双合成的老妈子了！”这是马苏容的声音。“赵总，我们都不好意思吃这个饭，喝这个羊汤，你真是的……还给大家盛羊汤哩……”这是程雨兰的声音。而老革命只是呜呜地哭，早已看不上老革命的李保，竟然比老革命哭得还厉害。老革命说，“李保，你不是说男儿有泪不轻弹嘛，咋哭成个这球式。”李保说，“我还说过，男儿有泪贵似金，我今天流的不是泪，是金子！”10个人抱住赵光晋哭了半天，坐回各自的座上。程雨兰说，“都好好坐着，让赵总今天给咱们盛了这羊汤，咱们喝了羊汤再好好想想工业园上咱都做了啥，咱永远都不要忘记今天。”马苏容仍捂着脸嘤嘤地哭，“赵总，我要是你，手都没劲端那勺羊汤，你真是……一没事我就想一个老板做企业的那种感觉，做啥事都没人理解，最后却是大家享受，就好像是一个人在干……”程雨兰这时看着赵光晋像哄孩子般地说，“赵总，大家是觉悟低，不是心眼不好。其实都知道你每天

48个小时地劳累是为了啥，就是想不透老板的心，就是现在我都想不透。赵总你别难受，其实双合成每个人心里都有你……”赵光晋盛羊汤正好盛到程雨兰跟前，听了这话，她忍不住把羊汤勺搁在餐桌上，抱住程雨兰。“有这句话，我赵光晋为双合成死了都不遗憾了！”程雨兰用手掌给赵光晋擦眼泪，但奇怪她今天没泪，就看着旁边几个桌子对赵光晋说，“赵总，你看旁边这些人，你看你认识不认识？”赵光晋抬起头，看着旁边那几桌就餐的人。

赵光晋发现，旁边那四五桌人看上去都很陌生，但又似曾相识。他们都是些老人、妇女和孩子，很明显，不是双合成员工，也不是省城及两市各单位派来的代表。他们是谁呢？赵光晋拿着羊汤勺往跟前走去，慢慢地她认出了他们。她叫不上他们的名字，但是能认出都是双合成的家属，有的是双合成员工的爸爸妈妈，有的是媳妇，有的是丈夫，而那些孩子一定是他们的儿女或孙子孙女，也算双合成的后代，双合成的香火。赵光晋给他们鞠了躬，说道，“咱们年年举行双合成家属中秋答谢会，但是我记不住那么多人，对不起对不起。双合成有句话是，双合成的男人都是世界上最差劲的儿子和丈夫，双合成的女人都是世界上最差劲的女儿和媳妇，要是没有你们的理解和支持……”程雨兰插话道，“我们就上升不到现在这个级别！”程雨兰提高了嗓门，“咱双合成人真是为了社会上无数个家庭，而牺牲了我们自己的家庭，过年过节从来没有时间聚会，而牺牲亲情最多的就是赵总，她从来没和家里人过过一个节日，连孩子结婚……肚子都大了……但是，员工谁家老人过生日，或去世了，或孩子结婚，或孩子生下了孩子，赵总从来都没误过，都是重礼……赵总，说着说着我说远了，你看，”程雨兰抹了把泪抓住赵光晋的手，指着一边四五个餐桌说，“你每年都参加这些老人的生日，这些媳妇都是你安排人给操办的，这些孩子都是你给双合成员工要回来的媳妇生的孩子，他们都是双合成的子孙！”赵光晋已是泪流满面，她走过去，一看见老人就握手，一看见年轻媳妇和年轻丈夫就拍她们的头和他们的肩，一看见孩子就亲他们的脸，她忘记了给他们盛羊肉汤，柳兵便挤过来接过她手上的盛汤勺给大家盛起来。她突然有一种冲动，想尽量认清每个双合成家属和他们的子孙，并永远记住他们的面孔。但是她越来越认不出来了，并且感觉到眼睛越来越模糊了，她为此感到内疚。她的内疚越来越沉重地表现在她的表情上，表现在她抖在睫毛上却掉不下来的泪珠上。突然一股忧伤袭来，因为她想到在场的老人们她又将一个个地送走……泪水终于掉了下来。

赵光晋盛完最后一勺羊肉汤已是下午两点，但是，几千人的这个双重庆典酒会还没有散席的迹象。她觉得还有人没有喝到她盛的羊汤，没有吃到工业园做的月饼，她想着他们的名字，却死活想不起来。就这时，她看见不远处生产大楼一层的墙边靠着几个喝得醉醺醺的人，他们都穿着双合成的红工装，她赶紧走过去。一走到跟前她就笑了，因为她看见他们在笑。他们并没有看见她，只是互相看着对方笑着，都说着“是你喝醉了”这句车轱辘话。他们是古鸿文、宋英民，还有两个穿着休闲装的外人蹲在地上。“是你喝醉了！”他们都指着另外三个人这样说着。尤其是古鸿文，他靠着墙，脸朝天，一直放声大笑。宋英民则倚着古鸿文靠着墙，偏着头看着古鸿文，“小古你喝多了吧？没发现你这滴酒不沾的南方后生今天还如此的英雄好汉，最少 1 斤吧，我看有 1 斤……”古鸿文用手扇着面前的酒味，“你错了，你说得太多了，最多有 2 斤，哈哈哈哈——，2 斤！就是再喝 2 斤也比建个工业园容易，哈哈哈——，老宋，你才喝多了，最少也喝了半斤，比我喝的多得多，你看你说话都说不清，你在哪儿？老宋，老宋——，哈哈哈哈，赵总，你家老头儿喝多了，哈哈哈哈——”蹲在地上的两个男人轮换着站起来，“看你们双合成这人，一个个球式，看那点酒量吧，小古你别吹，和胡哥一个人再吹一瓶！”自称胡哥的人刚蹲下，另一个蹲在地上的人站了起来，“不用胡哥，你俞哥陪你就行了。宋哥，你还行不行，敢不敢陪兄弟们再整点？”宋英民仍靠着墙，偏着脑袋看着古鸿文，“小古，你喝多了？不行了？姜还是老的辣！”古鸿文又是哈哈大笑，两手像孙悟空一样扑着前方，“喝，再喝29斤都行，喝得再多也比建个工业园容易，哈哈哈哈——”赵光晋听懂了一切，尽管平时她特别反感男人抽烟喝酒，但今天是个例外，她喜欢几个男人的这个样子。她走过去表扬了大家一番，但是谁也没听懂她说的话。她便拍拍每个人的头，一个个在他们脸上轻轻亲了一下。宋英民也哈哈大笑起来，“我老婆亲你们了，我吃醋了！我老婆亲你们了，我吃醋了！”古鸿文、宋英民、胡小风、俞进生……几个男人哈哈大笑，笑声传到工业园的远方。

赵光晋正往酒会上返回，一个女人截住她。

赵光晋立刻清醒了：“你？高梅？你也来了？”

穿金戴银珠光宝气的高梅说：“你发了请柬我还能不来？都是老姐妹嘛！”

赵光晋冷冷一笑：“没有你们的投资我建成了吧，非常感谢你们那么大的酒店还能看得起我们这个小厂。”

高梅扎着头：“赵总还是嘴上不饶人，记仇哩？”

高梅抬起头，眼睛幽幽地看着赵光晋，那样子能使人想到她当年的漂亮和风情：“你不想见的人今天都来了，都在吃你工业园的月饼，喝你的羊汤呢。我一直等在这里是想和你说几句话，一是当年我用林先生，确实是看上了他的销售能力，但是我没想着要与双合成对着干，而是他找我的，他在我那儿也是……”高梅摇摇头咽了下边的话。“然后我想告诉你，你买了地那阵子，太原几家大食品企业确实有点紧张，这你应该理解。我们几个老板确实经常在一起聚会，研究对策，但是，新闻对你和双合成的攻击我没有参与，也不知道是谁，请你相信我，希望咱们以后还能做朋友。山西食品界就这几个女人……唉！”

高梅伸出手，伸手半天不见赵光晋伸手，便摘了手上的白手套，这时赵光晋伸出手。

快六十岁的高梅，像小姑娘似的甩着屁股走了，赵光晋盯着她的背影，心头挂上无数的问号。

这时，一个看上去弱不禁风的瘦得失去人形的老头，颤巍巍地走到赵光晋跟前，她盯住细细一看，竟是张亮。她惊讶地喊起来，“张亮，咋是你？你不是住院了吗？咋成了这个样子？”张亮伸着手一步一步地走来，“光……光晋，我还能不来？我还能不来？我还能不来？”赵光晋立刻双手抓住张亮一只手。张亮举起另一只手，使出浑身力气分别弹出三个手指头，“淋——巴——癌！”

天哪！赵光晋只觉头嗡地一响，一屁股蹲在地上。张亮想弯腰扶起赵光晋，但是他弯不下腰，伸出手又抓不住赵光晋的手。他脸上已没了表情。但是，他还在努力着想把赵光晋扶起来。他尽量把腰往下弯着，颤巍巍地伸着手，想抓住赵光晋的手。他总是一抓一个空，腰弯着弯着就站不住了，就一头栽到赵光晋身上。

昏昏沉沉中赵光晋在心里发誓，必须立刻救两个人的性命，一个是救得了尿毒症的肖姗，一个是救张亮。她坐在地上，眼睛还没有恢复视力，但内心却有一个声音像炸雷一样滚过：工业园建成了，我的人都死了，我要工业园干什么！就这时，她真的听到天上滚过雷声，然后感觉到铜钱大的雨珠砸到她脸上。她清醒了，看清了工业园的一切：几百个餐桌旁竟没一个人走，大家正叫嚷着，似乎还在那儿喝酒，也许是争论着哪种月饼好吃，也许是争论着双合成的羊汤是不是山西最好的，也许是争论她赵光晋是个什么人，也许是争着说她赵光晋和双合成工业园的故事……但是，她已经顾不上他们了，她必须立刻把张亮送回医院，然后再去看肖姗。她突然又感觉到，就在这个中秋和这个中秋之夜，省城太原和山西各市各地还可能出现别的什么事。她的头有一种欲爆的感觉。

赵光晋正要打电话安排司机送张亮回去，张亮说他是开车来的，她看着远处打着电话就说，怎么都是些不要命的！她安排了个司机，坐在副驾驶座上陪张亮把车开走，然后又想着今天的来人中还有谁需要特别地打个招呼。想了半天她想不出谁来，这才叫来柳兵开车送她见肖姗。

山西医科大一个附属医院一个高干病房里，赵光晋见到肖姗和她丈夫，她把中秋酒会和工业园竣工投产大典的情况讲了讲，两个女人抱头哭了一会儿，她就匆匆地走了。因为，她有更重要的事要办，要了解如何给肖姗换肾。医院高干病房是赵光晋凭面子托关系给肖姗找的，当查清病情并在北京协和医院确诊之后，赵光晋把肖姗接回医院高干病房，然后立即拜见了肖姗的主治专家……返回病房途中，到处找人了解如何换肾的过程中，她遇见很多医院和社会上的熟人（陪侍病人），听到了许多她至今回想起来仍骨头发凉的故事。“换肾的手术费得五六十万，但是花钱最多还不是这一项，而是肾源。正常的活人谁愿意把肾给人？所以得找……赵光晋骇得毛骨悚然，全身发抖，但是肖姗躺在医院里，这事她得跑，除了她，谁也没有这个能力。于是，她在中秋前很多天，就安排好了中秋这个晚上找人的流程，她要送双合成工业园月饼、送双合成国家非物质文化遗产月饼、送“国饼”这样的名号，她要使他们无法拒绝，她要救她的员工。

中秋之夜，整个城市亮起华灯的海洋，天上的一轮圆月又给灯火辉煌的城市投下一抹安静温馨的银白。赵光晋想到晚上在工业园继续举行的双合成全体员工的歌舞酒会，于是给古鸿文发了个短信，说她晚上要拜访几个贵客要人，让他一定把员工的歌舞酒会主持好，然后她让刘兵开车拉着她开始了她的行动。她之所以要亲自做这件事，还有个原因是，不想让人知道肖姗换肾这事，甚至不想让肖姗知道，她不想给肖姗及家人以后的人生中留下阴影。肖姗才四十多岁，以后的日子还长呢，她不希望往后肖姗一家人生活在噩梦里。

柳兵的车仍在月光下奔驰……

28

永远的家园

HOME

28
永远的家园

子在川上曰，逝者如斯夫。

《论语》的这句话，最能描绘赵光晋如今的心情。几年过去了，已是 2013 年，赵光晋开始不记往事，尤其对以前的数字更记不住。比如问起往事，她总是“挥手从兹去”，“就是个那，文章和书里都有。”看她那一脸平静，似乎她什么都没做过。而问起双合成如今的规模和业绩，她才有点兴趣，就头一低，目光从眼镜框上方投来：

“说起来是个奇迹，但现在没有奇迹的感觉。我建工业园是想多生产一点，多卖一点，紧张的时候不断货，多挣点钱，让员工的日子过得好一点。谁料到，建成后专家一评估，工业园年生产能力竟能达到 20 个亿，真吓了我一跳，倒弄得我不知道该怎么干了。可是，我的副总古鸿文爱开店，见工业园有这么大的生产能力，就策划了个开店计划，消息一传出去——连报纸都没登——想开店挣钱的人就把双合成挤满了，不到一年就在全省开到二百多家店，直营店一百多家，加盟店也是一百多家，基本对半。经销商看到这种局面，就想跟店抢生意。想发大财的人才想当经销商，又是东西南北的人围住小古，就这样，经销商团队一下无数倍发展起来，达上千人的队伍。我们的员工也坐不住了，除了挣那工资还想挣钱，想买房买车呀。产能大了不怕断货了，公司在员工业余团购上也放开了政策，大家下班后就拼命找关系做团购。就这几方面的力量一结合，全年销售一下就上到 3 个亿，没觉得啥就上到 3 个亿。把小古忙的，发愁地说，赵总，我管不了这么多人，我就把咱省城大名鼎鼎的王总又请回来了。都知道王总是策划大家，其实企业管理上更有一套，很规范，他就按产品分类在公司下面又成立了很多分公司。这就需要人呀，我们大量招人，也没登广告，只是在会上一说，大家往出一传，报名应招的人就蜂拥而至。这就变成现在一个总公司下面有很多个分公司的模样，员工突然增加到两千多人。都是因为有个工业园呗，生产能力强，心里有底。就这，真的没啥好说的。”

说着，赵光晋突然陷入回忆中。

“其实，我做双合成几十年，建工业园这事最难了，它让我死了几百回几千回。尤其是竣工的前些天，我们所有的旧机器都拆了在工业园空地上放着，宋英民刚买回来的新机器也在工业园空地上搁着，双合成就等于不存在了，就像被大卸几百块几千块扔了一地，但按合同第二天必须竣工。什么都有了，什么都没安装好，那种兴奋之中的愁才叫绝望。我吓得数次昏倒在工业园，差一点要了命。工业园彻夜灯火通明，经过一夜的鏖战，第二天旭日东升的时候才有了完整的工业园，才又有了双合成。当天就生产了第一炉月饼，这一天我是让员工搀着，亲眼看着一块一块月饼从大机器流水线上出来的，我已经麻木了，根本感觉不出什么是兴奋什么是高兴，只是感觉到死神正从我体内不甘心地离去……”

赵光晋摘下眼镜擦去泪雾，又戴上眼镜，看着大家笑了。她频频摇头，似乎往事不堪回首。她继续摇头，不再想谈论分析双合成工业园如何成功的话题。“说一次，我在心里就死一次。”赵光晋渐渐看着天花板说话，“还是一个女人呗，赵光晋不行。人家都干了那么大的事，比尔·盖茨是全球首富，富可敌国，毛主席创建了全世界最大的国家，可人家都是高兴地谈笑自如，而我就建个工业园，建成了竟连想都不敢再想，人物太小了，真是不行。”赵光晋这时会突然盯住正与她交谈的人，“那种难，现在连想都不敢想，想的过程比当时干还难，能把我吓死，我是再也不会……”她使劲地摇头。

双合成有了一个年薪逾百万的总经理，他就是山西很多企业竞相争夺的职业经理人，高大帅气的王总，这本身就是山西及太原企业中一张耀眼的王牌。除王总之外，双合成还有一个聪明绝顶也高大帅气的南方人担任常务副总，也是年薪不菲，他当然是古鸿文。这两人不仅使食品同行胆怯，使双合成两千多员工自信，也使赵光晋安心。

但是，赵光晋最高兴的还是员工精神面貌的变化，因为工业园给整体员工带来了真正的企业荣誉感和自豪感，也给大家带来了工资待遇成倍成倍的提升。先说工资，在工业园建成之前，双合成除了几个副总工资高一点之外，普通员工甚至包括部门经理、厂长及班组长，工资都还很低，这使一些员工经常产生跳槽心理，如果不是认为她赵光晋对员工好，双合成发展稳定，饭碗砸不了，很多人早就走了。由于待遇不高，社会上很多渴望到双合成求职的人也产生顾虑，又使很多优秀人才没有选择双合成。但是现在不同了，双合成有了工业园，它不仅能留住人，还能吸引人。比如已经四十多岁的刘兵，他一直给赵光晋开车，但工资很多年都是 800 块钱，尽管后来长到 1200 块，但是，这对于老婆没有固定工作的柳兵一家三口来说，还是杯水车薪。他不是没想过走人，但是他觉得赵光晋对他好，双合成不骗人，就对赵光晋和双合成始终抱有信心，所以他等到了好时候。双合成有了工业园，他的工资一下就翻到几千，而且，老板赵光晋还命令古鸿文亲自召集公司中高层领导，为他筹资在工业园附近的新兴国际文教城（一个高档住宅小区）买了一套150平米的房子。他于是对赵光晋和双合成感恩涕零，也感谢自己那颗“相信”赵光晋和双合成的心。别人都说他得益于忠诚，而他说他得益于“相信”，他说他相信慈悲的存在，相信幸福属于对幸福有信心的人。

除了工资奖金，已财大气粗的双合成还有了庞大的车队，关键是有了几辆豪华接送车，解决了员工从太原到晋中开发区上班难的问题。随着社会的发展变化，很多国家机关、单位都转型或衰落了，使很多干部和职员都流落到社会上打工，而双合成却每早每晚用豪华大轿车有秩序地接送员工上下班，这个情景不仅使很多人惊羡，而且使更多人深思。当看到双合成的接送车出现在旭日里或夕阳中，看到穿着红工装的双合成员工喜气洋洋地登上或走下那豪华接送车，街上上下班的人或路人就会投去羡慕和酸楚的目光，然后就热烈地议论起赵光晋和双合成，评价她和它的过去，谈论她和它的现在。有人就说，咱们的单位都不死不活，干脆调到双合成算了；有人则说，咱们都年龄大了，还调啥哩；有人则顾虑到，他们在党政机关或大国企都干了几十年了，调到一个民营食品企业太没面子。于是一致认为，把孩子弄进去倒是不错。双合成的名气就这样又一次被人们传播。

除了接送车，赵光晋还给双合成高层领导及特殊岗位上的中层领导都配上轿车，贵的几十万，便宜的也十几万，这也是双合成品牌的象征，从而激发起社会上很多人一些想象和想法。由于企业效益好了，员工待遇高了，加之还有团购等等挣钱机会，所以双合成很多普通中层领导、班组长和普通员工，也都买了轿车。根据需要，赵光晋就按照古鸿文的建议和“山西王总”的意见，给大家报销一部分汽油费和手机费，以使大家不吃亏，也使大家在业余时间更积极地为双合成跑业务。而那些单身员工和外地员工，则都吃住在工业园里。建工业园时，赵光晋就对施工单位特别强调，员工宿舍和食堂必须建好，否则不付款，因此，双合成工业园员工宿舍和员工食堂设计、修建、装修得档次很高，是工业园一个亮点。当然，工业园还有供员工下班后学习休闲的图书馆、俱乐部等设施，这一切都使工业园不仅成为工作的地方，而且成为可以留心的家园。如果它的第二期、第三期工程完成，西边剩余的几十亩地上建起规划中的“文化园”，那双合成工业园将有更加可喜的情形：它将真正成为双合成人的幸福家园，带动山西工业旅游的胜地，晋商腹地的一颗明珠，中国北方的食品工业重镇和现代化老字号聚焦之地，总之是一片福地。

赵光晋把太原市北大街5号双合成总部交给新任总经理王总坐镇，把晋中开发区工业园交给古鸿文管理，而她或往返两者之间，或山西、全国到处跑，办她该办的事情。但只要人回来，她一般都待在工业园，她说她看到生产工人，听到机器的声音才安心。工业园正门左侧那栋三层小楼，就是她的董事长办公中心，除了太原北大街王总那个总经理工作班底，双合成董事长的工作机构和工业园管理机构，都设在这栋小楼上，跟她一起办公。于是，经常有朋友与她开玩笑说，“赵总，你是双合成老板，你这人员两边一分流，好像你成了王总下面的厂长了。”她就一笑说，“我本来就是个小经理，当了厂长就算档次提高了。”而王总则经常说，“赵总就是坐到大门口看门，双合成还是她说了算数，老板就是想干啥干啥，想在哪儿就在哪儿。”她听人反馈了这话，只是笑笑。

赵光晋的办公室很大，房间太多，找她的人总是很难找到她办公室的门。与北大街她那个很多人说比省长办公室还大的办公室不同的是，她工业园的办公室没有安放红木太师椅，而是几个谈话小区里，放着几套类似故宫里皇上和皇太后坐的那种宫廷风格的后背直立的宽大沙发，地上则铺着有花纹的高档进口地毯，看来她“坐江山”的感觉有所变化，而且再不希望在办公室听到有人走动的声音。她的办公桌上除了电话和文具盒，空无一物，办公桌一侧的副台上还有一部高级苹果电脑，倒是时刻打开着，但永远呈现的是电脑刚打开的窗口视频。她办公桌四周全是古香古色的书柜，但书柜里没书，都是奇石，而且，她身后正中一个书柜上还立着一个小牌子，上面有她亲书的一行字，“赵光晋什么都没有，没文化没水平没背景没靠山，就只好靠石头，实实在在做事，实实在在做人，为双合成鞠躬尽瘁，让后人说一声赵光晋你是好人。”她办公室外面是另一个办公室，那儿坐着她几个年轻助理，他们或者盯着电脑，或者用电脑打字，或者轻声细语地接打电话，或者整理、送取文件，其实都是时刻听候她的召唤。这间办公室右侧则是她一百多平米的书房，书房四周仍是古香古色的书架，但书架上也是没书，而是摆放着书法用品和藏品。书房最里头是一个很大的书案，上面铺着浅黄色的厚毡，毡的正中时刻铺着厚厚一沓宣纸。书案右上角放着几个巨大的笔筒，笔筒里分类插满从文具店买的所有型号的毛笔，最小的毛笔像根筷子，最大的毛笔像把笤帚。她书房门口的区域当然是一圈古香古色的沙发，但沙发上很少坐人。因为，她只要进了书房，一般都是站在书案旁写字。她写的字龙飞凤舞，谁都不认识，却能不断招来拜访她的人的一片叫好声，甚至有人还要出钱买她的字。她写完一张，就玩似的看着面前的一群人笑着，见大家不吭声，或评价的速度太慢，她就叫“刘兵”，“你把它揉了，扔了，我重新写。”如果写完一张大家立刻拍手叫好，她就看着面前叫好的人问道，“那你们谁要哩，如果要，我就让人裱一裱。”她很谦虚地征求大家的意见，如果没人明确地表态要她的字，她就又一笑，让刘兵把字揉了扔了。后来大家了解了她突然形成的这种性格，就在她一开始写字就开始叫好，刚一写完就抢着要她的字。她写的全是她平时所说的格言。当大家争着抢着伸手要她的字，她就按住她的字画让大家等等，然后取出沉重的石章，在字画题名处使劲一按，笑着看着大家等待拿走。这时她才会回到办公室与来人一个个说事。她会让没轮上说话的人在她书房沙发上坐着等着，等说完一个人的事才让助理通知另一个人进去。她整个办公区所有的门都一直开着，但是，谁也听不到她说话的声音。她已经习惯了倾听，最后才轻声表个态，或只点点头，然后往门口一看，这人便走了。她便按一下呼叫铃，外面的助理就再叫一个人进来。她已经像一个很大的老板。

而这栋办公楼所有公共空间里，全是石头、亭台、小桥、流水组合起来的景致。穿过这些供来人散步赏心的景致，才是她的会议区域。她办公区对面的会议室也一直开着门，但很少有人进去，在这栋楼上办公的双合成人没人敢进去，来人也只是站在门口一看便走了。会议室很大很大，中间摆着一个长方形会议桌，两边的皮椅总是紧贴会议桌，整整齐齐地塞在会议桌下，这种空无一人的感觉更显示出会议室的威严，使人们感觉到，这只是她赵光晋的地方，而只要她走进来，双合成就一定有大事发生。会议室南侧，是一个随时传出香火气味的密室，它的门也时刻开着，更没人敢往里头踏进半步，因为那是她的佛堂。她在家里修有佛堂，在柳巷 76 号——她那间办公室就是她的佛堂，在北大街 5 号也修有佛堂，在工业园也修了自己的佛堂。关于这个问题，社会上很多朋友提出异议，认为她作为共产党培养的红色名人，不应当把佛放在那样重要的位置上，尤其不能在工作环境修佛堂。她唯有对这个问题保持缄默，只是偶尔对朋友吐露她的心声，“政治上的使命和心灵的信仰，组织信仰和个人信仰，社会仰信和宗教信仰，这完全是两回事！”她就这样一说，不想再谈论下去，不像原来那样，总是希望把一个问题追究到底，她内心似乎有了一种很安定的东西。但是，她眼神中会不时闪出迷乱的光芒，脸上会不时出现一种焦苦、期待和迷惘的表情。

除了董事长办公楼，双合成工业园所有办公环境里，墙上都安装着巨大的电视，电视上随时都播放着双合成的形象广告、工业园介绍、产品介绍、双合成人的创业事迹，而在播放这些片子的间隙，就是播放赵光晋自编、自写、自导、自唱、自拍的一首歌，歌名是《智慧之光》：

鸟在飞翔，花在绽放，
树在生长，海在荡漾。
万物在互生中成长，
万物在互生中歌唱。

这是赵光晋在美国夏威夷大海边的沙滩上的杰作。当时她穿着北京奥运火炬手的短衣短裤，头上还系着那块白布，当她似乎很专业地翩翩起舞，像小姑娘般唱起这首歌，她带去的员工和朋友惊了、蒙了、傻了、呆了。大家都知道她爱唱歌，纯粹是个歌厅里自娱自乐的把式，但是这会儿她歌唱的是大海、天空、自然、生命，不仅唱得那么专业，舞跳得那么到位，而且表情和声音是那样神圣。大家便纷纷议论起来，“赵总来到海边成神了，赵总唱的是圣歌！”

而此刻，她在美国夏威夷的风采，正通过电视上放的音乐视频传达给前来拜访她的每一个人。这时人们本能地观望她的书房，人们发现，她的书架和到处可见的条几上，摆满了她写的书，那是她的诗集、散文集、格言集、摄影集、奇石集。赵光晋竟成了诗人、作家、思想家、摄影家、收藏家，当然还是书法家、作曲家、词作家、歌唱家，这真是奇了，神了。“几个月不见，赵光晋竟变成神人了！”在前来拜访赵光晋的各界领导、各路专家、各路英雄好汉、媒体老总或记者、赵光晋的朋友面前，赵光晋突然变得陌生和神秘起来。当大家问到这是得到哪路神仙的点化，赵光晋只笑不答。

还有一个现象是，突然有那么一天，赵光晋会突然消失，这时如果有人找她，就连她几个年轻助理也不知道她去了哪里。“我们也不知道赵总去了哪里，没准是听课去了，可能是去了北京，也可能是去了上海，也可能是去了深圳，也可能是去了印度，也可能是去了欧洲或美国，反正是不知道去了哪里。”来人心里就立刻产生一种对赵光晋强烈的好奇之感，便蹑手蹑脚地走到她办公室、书房、办公楼门口，探头久久地往里观望，然后才满怀不解地离去。

有一天，很多人正苦苦地等着见赵光晋说事，她突然自天而降，兴冲冲地出现在太原，见人就讲她此行有个奇遇，遇到一个智慧大师，而且正式拜那人为师。她从包里取出一张她与那年轻人的合影，让助理把它放成人体的原大，再镶进镜框里，靠在她办公室最显赫的位置。大家看见那人是那样的年轻，简直就是个毛头后生，就惊讶了。也就是因为这人，她与总经理王总产生了隔阂。王总认为她对一个大忽悠、一个年轻后生的胡说八道不应当那样认真，她则坚持她的认可和选择。而古鸿文对此漠不关心，只是关心工业园的大事小事。“他是东北人，不到四十岁，就在中国创造了靠培训一天赚 1 个亿的奇迹！”赵光晋的心灵已经进入智慧大师的思想世界。

但是，这就是赵光晋突然具有神性，突然智慧喷发的根源吗？无人知晓。而赵光晋的解释是，“我不是神，也当不了神，这是智慧在引导我做人，我这才觉得我在做人的道路上只是刚刚迈步，就像婴儿学步一样。”赵光晋脸上有了幸福感，有了从未见过的安详，似乎以前的一切都开始与她无关。

尽管如此，当她笔直地坐在沙发上，时常会霎时陷入失神的状态。她看着天花板，目光迷乱，似乎一下子找不到了她心中的某个东西。她一定是想起了什么。是什么呢？她想着想着，瞪得很圆似乎失神的眼睛里，会出现一层薄薄的泪雾。

只有赵光晋自己知道这是因为什么。

因为什么？因为她想起了她再也见不到的人，她心里说，那都是她的亲人。她已经年过花甲，但是，想着前六十年所干的事，她觉得自己只干了两件事：一件是为了当年市二商局和下属糖业烟酒公司的托付，为了使双合成不垮，使双合成人的饭碗保住，日子能越过越好，她几十年来一直拼命干事，绞尽脑汁想招儿，并且拉下脸皮到处求人；第二件事就是送往迎来，她送走的都是与双合成有关系的人，都成了死人，而迎来的则是双合成人的媳妇、丈夫和孩子，这就是说，她为双合成人料理了几十年的红白喜事。活着的人当然更重要，但是，把她拖进无法平复的痛苦之中的恰恰是她再也见不到的人，就是那些死人。她记得，1985 年她刚上任不久，就有三个穿着孝衣的男人，哭天怆地扑进双合成柳巷那个破院给她磕头报丧，经了解，死去的人是他们的父亲，双合成早已退休的老人。她是双合成经理，就得参加丧事，除了自己上礼，她还得用自己的钱替单位上礼，因为当时双合成没钱呀。她记得那天在葬礼上，她总觉得如果自己不伤心人家就觉得她不诚心，就觉得父亲单位没有人性，一想到这里她便真的哭了，而且哭得让人怎么扶都扶不起来。她还记得王凤英的事，王凤英退休早，除了每月职工领工资时两人能见一面，平时很少来往。但是，新世纪之初某天，王凤英几个儿女穿着孝衣来给她报丧，说他们的妈妈得癌症死了，她登时惊得抓住王凤英儿女们的手。“凤英死了？”她当下就泪流满面。还有个女职工就是那个阎富珍，没在她手下干过一天，但是得了脑瘤后她看望得勤，所以阎富珍因脑瘤谁也不认识了，就认识她赵光晋一个人，而且每年中秋节都要让儿孙们抬着到双合成看她。这个阎富珍就是前面写到的那个“浮肿得脱了人形”、被儿孙抬到双合成的老员工。阎富珍在苦苦等待中秋时看望赵光晋的情感中活了个大岁数，但还是死了，她参加阎富珍葬礼时更加伤心，因为她特别留恋那份真挚的感恩之心。而在她手下工作的双合成员工，第一个死去的是秦金梅，是得心脏病死的，可怜的姑娘死时才三十出头，正值青春年华。为了挽救秦金梅的生命，在那个缺钱的年代，她为秦金梅集资 7000 元，但是还是没有留住秦金梅的生命。在秦金梅的葬礼上，她想到一个刚活出人的滋味的年轻人就这样死了，登时放声恸哭，哭得满脸眼泪。1997 年，更是赵光晋痛彻心扉的一年。这一年春节过后不久，她亲爱的妈妈去世了，死前都没说上一句话。到了 7 月，社会上纷纷传说她要当十五大代表，她的助手、双合成党支部副书记二青和丈夫又被人残忍地杀死在家中，留下一个孤儿。而 2012 年二龙之死使她更心痛，还年富力强的二龙竟得上绝症，她就号召双合成人集资 30000 元，没想到，二龙做完手术就来上班了。“没有你赵总，就没有咱双合成，有十个二龙也都死了！”二龙给她跪下，感恩戴德的话说个没完，鼻涕眼泪止不住往下流淌。但是，没过一个月，她又集资 30000 元，可这次二龙没那么幸运，他还是死了。他死的那个晚上还写了一首诗……写完就死了。二龙的葬礼是冷清的，只有赵光晋的哭声。接着，她的员工王建平也得了绝症，医院说最多能活两天，但那也得救呀，她于是又号召员工集资。钱花了，王建平还是死了，从她得知病情到王建平死，一共只有五天。接着王建平的弟弟又死了，他弟弟才18岁呀，虽说不是双合成的职工，但是双合成职工的亲属，家里也没能力料理丧事，她就又号召集资……还有刘兵的爸爸……王洪强的爸爸……除了职工们的爸爸妈妈，还有他们的丈夫、媳妇或孩子……张佐成的死对她则更是沉重的打击。老人是双合成最老的职工，是唯一给旧社会双合成掌柜倒过尿盆的伙计，在她心目中，他就是双合成一百多年历史的活化石，但是他死了。尽管是老死的，属于寿终正寝，但是在张佐成的葬礼上，她的难受是她参加任何一次葬礼都无法比拟的，因为她的感觉是，张佐成死了，就是双合成“死了”。然后就是她爸爸的死。她爸爸是2005年6月去世的，同张佐臣老人一样，也属于寿终正寝，而且死前还写了一本书《我的八十年人生路》，用以教育儿孙。但是，爸爸的死使她觉得赵家没了，她就只剩下双合成了，那种打击是毁灭性的，从此，她才有了家长的感觉。从1985年来到双合成，已经28年了，她清清楚楚地记得，她参加并操办了一百来起双合成人和亲人的葬礼，为双合成人迎娶了几百个媳妇、丈夫和一百来个孩子，但是，她对死人的事却记得更深。她想起毛主席的那段话，“人总是要死的，但死的意义有不同……或重于泰山，或轻于鸿毛……”她觉得，双合成人及亲人每一次死亡，确实都像泰山一样压在她的心头，因为她再也见不到他们了，她无法把他们请到她苦苦奋斗才建成的工业园里。她甚至觉得，她其实就是为他们的依靠和期待而活着而奋斗的。工业园终于建成了，而他们却早早地闭上了眼睛。她感觉到他们在黄泉之下仍眼巴巴地看着她，担心她的工业园梦真的是一场梦。她心里突然有一个强音在呼喊，“爸爸，妈妈，”她在心里一个个地呼喊他们，“你们睁开眼看看吧，哪怕只睁一下，只看一眼，看看咱的工业园，双合成有地了，有家了！”但是，她听不到回应。

永远的遗憾，永远的痛！

然后，赵光晋会想到肖姗和张亮。这两个为双合成立下汗马功劳的人尽管已经恢复健康，但是，抢救他们生命的过程却时刻使她嗅到死亡的气息，尤其是抢救肖姗……

肖姗身体康复了，上班了，她心里高兴，却不敢再看肖姗的脸。而想起抢救肖姗的全过程——抢救肖姗的真实过程她总是很费劲地才可以想起——她心里无法不发出一声痛苦的感叹：除了你赵光晋，双合成谁有本事能安排这样一场精密的生死游戏！不久，她又赶到北京协和医院看望张亮。抢救张亮的过程没有那么恐怖，只要有钱就行。所以，当她提着大包的钱往协和医院收款处一交，她就知道张亮有命了。但是，很多人说，张亮只给双合成设计过几个图图，跟着赵光晋跑了跑，没做过多大的贡献，“你赵总这样是不是……”她立刻愤怒地打断他们的话，“你们是说我吃亏了？张亮这几十年除了设计那几个图图，还经常跟着我跑，跑得他都成了影子，似乎风一吹就没了，你们有多少人能这样？张亮是跟着我的心在走，那时候我就是他这个影子支撑着我，他就是双合成的功臣，骨血级功臣，我必须救他，而且以后不允许任何人诋毁他，谁诋毁我就和谁翻脸！”

说起这些事，赵光晋有一段话：

“我当时并没想到那么多，只是觉得，中国人最重要的就是婚丧嫁娶生孩子，多一个人就是幸福，少一个人就是痛苦，你把这些事当成大事，大家才能血肉相连，否则就不是一条心。至于说什么是有价值的人，是有钱的？有成就的？当官的？这些人有了事全世界的人就都去了，普通老百姓有事就那样晾着？到底谁有意义，还真不好说。比如说张亮，他对我就有意义，对双合成就有意义。比如肖姗，她经常卡我，以为我没意见？但是她从来没算错过一笔账，而且在双合成需要钱的时候总是和我一起发愁，一起奔波。贡献就这么简单，就是真心投入，可是大部分人难以做到。怎么干就怎么活，怎么做人就是什么命运，这就是赵光晋思想，双合成文化。”

赵光晋一激动，总是能抛出串串名言。

可是，双合成工业园建起之后，赵光晋越来越觉得无事可做。不过，她更加忙碌，她忙着听课、读书、写字、写诗、唱歌……也许，她是在寻找另外一个人生。她如今很放心，因为她手下有王总，有古鸿文，还有宋英民管着双合成采供和财务这块最重要的工作。她的女儿也出息成为双合成下面梅森凯瑟西点公司的经理，儿子也从国外回来了，在一个分公司担任副总，并发誓从最基层做起，以便将来有资格继续妈妈的事业。而当年跟她创业的老员工们——程雨兰、马苏容、老革命……还坚守在各自的岗位上，只是渐渐淡出了双合成决策和领导圈子，甚至淡出与她沟通交流的那个私密的圈子。双合成享堂加工基地和那几个加工点没了，工业园都是现代化设备，程雨兰连机器的名字都叫不出来，自然就没事了。但是，工业园总经理古鸿文却放不过他们，就专门给双合成老师傅们成立了一个晋饼研究室，安排他们在一个大办公室办公，并任命程雨兰当主任。每天，古鸿文总有好几次捧着几款晋饼盒盒过来和他们说话，同时请教产品问题，让十几个老师傅商量商量研究研究。几个小时后，古鸿文肯定还会过来，他拿上本记下他们的意见，并在当天的生产上就把他们的意见体现出来。程雨兰乐了，端着茶杯对十几个老姐妹老哥们说，“咱这一辈子都在车间，这老了老了还有了办公室了，当上干部了，咱指挥他们干，工资奖金一分不少，这是个好买卖。”看到大家应答不积极，脸上似乎都有些失落和沮丧，程雨兰就哎哟哟地叫唤他们的名字，“这是咋啦咋啦，都想不开，你们还没干够？还想受罪哩？还是说想当工业园经理哩？这经理是咱当的？你们就不觉得让年轻人干好？就是要一代一代人换着干哩，咱这手没用了，就是赵总的机器手也没用了，不看她每天也在写诗写字哩？咱现在就是太上皇！”程雨兰的话总能给大家带来些暂时的安慰和高兴，但是过一会儿脸都又沉了下来。程雨兰又端着茶杯转悠起来，“看来我这人不能退休，我就是你们的灵魂，不，赵总才是，我只是大家的快乐之……之……对，快乐之神。”

马苏容一直是企业政工干部，当然没有加入程雨兰的团队，所以她被安排为双合成爱民流动早餐公司的总经理。从此她就觉得自己肩头的责任比经理还大。她的手下有成千辆街市上流动的早餐车，她的任务就是每天到工业园监督配餐，严格杜绝把过期的食品卖给顾客；她还有个任务是在一千多个早餐点上视察，防止卖早餐的员工有欺诈顾客或借早餐车卖别的食品的行为；还有个责任是每月给员工开一次例会，鼓舞大家的干劲，解决大家的思想问题和彼此的矛盾。早餐公司的员工都是在社会上招聘的下岗职工，马苏容与他们沟通起来很容易，总是一番话就解决了大家的问题，渐渐地就成了大家的偶像。当顾客纷纷反映双合成早餐公司的员工都是那样彬彬有礼，和蔼可亲，她高兴了，就常对人说，“没想到工业园建成之后我还有用，我觉得我现在比赵总还强，她才领导了几十个人，我就领导一千多人。”而老革命陈锐还是汽车队队长，但是，他的副队长李保基本接替了他的工作，使他无事可做。他想笑的是，大字不识几个的李保竟然学起公司那些研究生和大学生的口气，整天想着说着要把汽车队办成双合成物流公司，这想法竟然还得到公司高层领导的高度赞赏，这使老革命大开眼界，心里想着自己是不是真的老了，不行了。不过，他还是不服李保，常常让李保给他汇报工作。他总是把李保拉到工业园门口的小街上，抽着烟说，“你小子现在行啊，也是满嘴词儿，还想成立公司，也想当经理哩？以后就不用给我汇报了……”李保便脸一沉，“这你不懂，这是个程序问题，我汇报的你同意了还得签字。”老革命就抽出别在上衣口袋的钢笔，一笑红着脸说，“我还签字哩？一共也没认识几个字。”老革命哆哆嗦嗦地在李保递过的材料上签上自己的名字，脸就更红了，就像吹起来的猪尿泡。“我让李保提拔成文化人了！”他说着又踅到工业园大门的门房……总之，谁都看到，双合成成了另一批人的天下，这既是大势所趋，也是赵光晋心头的隐痛，就像对那些双合成死去的人的感觉一样，她这种隐痛无法排解。于是，她常常想找个机会与老姐妹老哥们坐坐说说。但是，常常是人来了，场合也合适，她与大家大眼瞪小眼地坐着，但是“说说”的那种感觉总是霎时就没了。

“孔子说逝者如斯夫，那不就是死了！”赵光晋经常发狠地对自己这样说道。于是，她渴望“出去”。果然，她只要在“外面”待一段时间，回来就特别高兴，她就开始频繁地开会，给员工讲她经见的奇人轶事，讲她在听课中听到的新知识、新观念、新思想和新智慧，她说她特别希望自己每个部下和员工都能成为有智慧、有修为、有贡献、有价值的人。就这样，她也成为一个爱讲课的人，名声慢慢传出去，社会上就有很多人请她讲课。遇到这种情况，她就笑着说，“我赵光晋没文化，为了企业听了一辈子课，让专家教训了一辈子，如今也成了专家教授了。”而听她讲过课的人大部分还反映她讲得诙谐生动深刻，对人生特别有启发意义，于是，她就被几个大学聘为客座教授。她显然很看重这个待遇，就在每次讲课前给朋友们发短信，“赵光晋开坛了”，然后在这句话后附上时间地址。等讲完课，她又会给每个朋友打电话问“我讲课你去了没有”，朋友们还没回答，她就先笑了。

总之，赵光晋和双合成被人们越传越神奇，想去双合成就职和想与双合成合作的人，就越来越多。赵光晋就告诉他们这事应当找总经理王总，王总则说这事你们先找常务副总古鸿文，古鸿文则说，“这事还是得找赵总。”皮球踢了一圈，还是踢到了赵光晋这里，她竟一点不生气，就亲自处理这些事情。于是她反而更忙了，只不过所见的人和所处理的事与往日大不相同而已。

赵光晋真的成为大老板和大名人，她不是听课，就是讲课，就是参加座谈或论坛，或参加重要聚会，她已经被人包围，被社会事务捆绑，一般人根本就见不到她，电话也打不通。所以，一听到她在哪里，那个地点和那个时间就会成为新闻，这使她更加神秘。她其实并不反感任何人的邀请或请见，只是经常没时间而已。但是，对一类人的拜访她会立刻安排时间和地点，哪怕是在深更半夜，这类人就是她恨不得又离不得的文人、作家、专家、教授，就是那些大师。“又想给我上课哩？再分析分析我？批判批判我？”她总是这样开着玩笑与这些人通话，对方就立刻陷入尴尬。“哎……这……赵总……这是哪儿话……不敢不敢！”赵光晋一笑，告诉他们一个地方见面。使她不能接受的，反而是这些文人、作家、专家、教授们，似乎商量好似的都一下改变了对她的态度，不仅说话对她客气起来，话语间充满恭维之词，而且总是求她办事，她不希望是这个结果。她希望他们仍然像过去那样，一见她就狠狠地“收拾”她一通，她没想到她竟喜欢他们那种形象。但是，他们不仅恭维她求她，而且求她办的那事比她心目中最俗的人想办的事还俗。不是带着杂志社、出版社的人说想给她写个传记，就是带着电视台的人说想给双合成拍个专题片，或者带着所谓影视公司的人说想给她和双合成拍部电视剧或电影，而且，他们把他们带来的人也都通通称作大师。她就大惑不解，“到底你们是专家大师，还是他们是大师？”她指了指他们，又指着他们带来的人，他们和他们带来的人便一起红了脸。“专家和专家不一样，大师和大师也不一样……”她打断他们的话，“社会上怎么就这么多专家大师？要真是专家和大师,我就找人家去了,还用得着找我？就像你们，我不是一直在找你们？求着人，丢着脸，花着钱，生着气，但我还得找呀，不找谁来指导我们的人生和事业？”她用矿泉水瓶敲着膝盖，看着他们和他们带来的人。他们便带着人走了，但过不了几天就又来了，又是一堆事。不是家里有什么事，想从双合成店里拿点产品给人送礼，就是想让她介绍个什么关系办点什么事，或者正办什么事让她疏通一下关系。她苦笑了，“想要点产品倒简单，我打个电话你们拿就行了，但是你们就不能花钱买一点？我交朋友拜老师就是为了让人问我要东西？说到找人办事，那得求人哩，我为双合成求了一辈子人，你们还嫌我脸丢得不够？都好意思让我再丢这张老脸？求人就是丢脸，而人求我我就转，总得给我这个求了一辈子人的人一点活头吧，也让我转一转。”他们便低头思谋半天，小心翼翼地抬起头看着她问道，“赵总你具体是啥意思，他们都有准备。”他们指着坐在他们身边的他们带来的人。赵光晋就有点火了，但语气还保持着对他们的尊重，“给我点钱？给我送块玉？还是给我送几盒双合成产品？各位老师真是小看我了，我为双合成求了一辈子人都没给人送过东西，还收你们的东西？双合成现在尽管还不是国家的大企业，但是吃的喝的用的我什么都不缺，我会要你们的东西？”他们进一步追问，“那赵总你是什么意思？你可以明示。”赵光晋这次真的火了，“我就是要转！”他们绽开笑容，“我们这不是来了嘛，就是求赵总哩。”她便干脆地说，“我的转就是谁也不认！”

等他们带人走后，赵光晋便喊着“雨兰——，小马——，老革命——……”但是她听不到回音。她拍着脑门苦苦一想，想起了他们已经不在她的身边。双合成摊子大了，他们已经分散到各个部门，而且每个部门都不在一个地方，她已经找不见他们了。她便叫着“刘兵——，刘兵——……”一直守候在她办公室外头，等她随时召唤的刘兵一进来，她就指着刘兵把他们大骂一通，大损一通，还没等刘兵有点什么反应，她就把刘兵打发走了。她一个人便喃喃地说，“好好的心情都让他这伙子给搞坏了！”遇到这种情况，她从来不叫在外边办公的几个年轻助理，因为她心里根本没有与他们说这些话的情结。

谁知，他们又来了。干什么？还是给人办事。只不过这次的事是带着人想调到双合成。他们经常是几个人相跟来的，带的人也是好几个。“想调到双合成？”赵光晋看着他们及他们带来的人，她想看看他们带的人是什么样子。他们带来的人往往是在他们身边整整齐齐地站成一排，就像电视节目选秀一样。但是，他们带来的人……真是不敢恭维。他们走后，她又叫着“雨兰——，小马——，老革命——……”结果还是在刘兵面前把他们骂了一通。“他们带的这人，就像那些年咱们有些职工做的那些不合格的产品，爷爷的爷爷，爹的爹，孙子的孙子，有十几岁的，有二十来岁的，还有五六十岁，六七十岁的，还都戴着眼镜，看着都文绉绉的似乎有文化。年轻的都是大学毕业还能用，要五六十岁、六七十岁的干什么？再有文化，就是大学教授，处长厅长，双合成又不是养老院！”有一次，她看着他们，指着他们带来的几个五六十岁、六七十岁的人说，“看着都是有文化有教养的人，退休前肯定工作不错，一定也有能力，可是……”她没好意思说下去，只是自我解嘲地笑着摸了摸自己的头。他们听明白了，也自我解嘲地一笑，但瞬间就抬起头，脸上布满了真诚和几分自信。他们解释起他们带来的人，“赵总是看见他们的头发白了少了，可能觉得老了，其实都没有那么大。他们其实和我们一样，都是国家正规机关和事业单位的人，都有职务，有成就有著作，但是，现在这国家机关和事业单位……”他们互相看着，红着脸会心地笑着。“在经济大潮下都慢慢不景气了，尤其是事业单位，国家不管，在市场上挣钱大家又不会，工资都不能按时发，有的就发不了，单位也很少有人去，去了也是点个卯就出来到社会上找事，再是国家干部、编辑、记者、专家、教授，也得养家糊口，所以……嘿嘿……嘿嘿……”他们越说越谦卑自贱起来，赵光晋心里真是难受极了，但她不知道该说什么好。她相信他们和他们带来的他们此刻是真诚的，从她的本性上讲，她真想帮他们的忙，但是，他们讲给她的国家单位目前的状态使她难过，他们这样求人使她心酸。她便低头拿矿泉水瓶敲自己的膝盖，从而缓解内心复杂的情绪。“我真没想到我们这样的单位还会吃香，过去你们这些机关事业单位谁看得起我们？就连你们肯定也看不起我们。”她看着他们，“你们在我们专家会上那样说话，其实就是对我们的歧视，由于歧视你们才有那种气势，那时候就没想到今天？我工业园建成了你们就成了这样子？咋不分析批判我了？”赵光晋双眼潮红，“但是，你们今天说的事我会考虑，不过我要告诉诸位，我心里不痛快。”赵光晋瞟着他们带来的那些人，她发现那些人的目光在她和他们之间来回扫视，似乎正在判断她和他们之间的关系。“别看了别想了，”赵光晋对那些人说，“我们是好朋友没问题，但人家是我的老师和救星呀，一直想拯救我，都怕我这个没文化的人犯错误，心都是好的。”

对有一种拜访赵光晋却接受不了。渐渐地，他们便单个儿来了，坐下先与她拉呱半天数年彼此的关系，然后羞怯地嘿嘿一笑说，“赵总……你看……咱们也不是一天两天的关系了，我们单位也和我那些朋友的单位一样，也是……嘿嘿……嘿嘿……如果有什么机会……啥都能做……与员工一样上班也行，只要钱上差不多……差不多就行……都是文化人，不计较这些。”人少了，赵光晋可以尽情说话了，“老师，”她嘴唇哆嗦着，按了一下沙发扶手上的电钮，让办公室的门无声地关住。“事好说，但是你知道我现在最渴望什么？”来人有点紧张，“什么？”她便说，“当年，我最气最恨你们在专家会议上说话时那种大话连篇、高高在上的样子，但是这会儿，我恰恰希望看到你那个样子。”来人一下子沮丧得抬不起头来，“赵总心里还是过不去那些事。”赵光晋久久地看着来人，摇摇头，站起来在办公室走动起来，并哗哗地甩着手上的矿泉水。来人为了找话题，会关切地问，“赵总手上总拿瓶矿泉水，不是在膝盖上敲，就是在空中甩，这是干什么？”她想了想，道出她一个天大的秘密，“我一身病，什么都不能吃，这水是特制的水，是大师发了功的，不论敲还是甩，都是让水与大师的能量在里面产生反应，我在制造生命能量。”来人听后，直勾勾地看着赵光晋，呆若木鸡。

赵光晋更受不了的是，她的工业园建成后，这些文人、作家、专家、大师，竟纷纷盯上了她尚未开发的那几十亩用于建设文化园的地。他们来了，但都是以一个个机构的名义来的。他们有的带着自己装订成册的策划案，有的除了带来策划案，还带着找人设计好的双合成工业园未来文化园的设计图，有的还带来规划师、设计师和工程队经理，有的还带来一些领导、银行行长及社会名人助威。他们想参与文化园建设，或想承包文化园从策划到规划到设计到建设到装修的全部工程。她对他们只能另眼相看了，但是越看越陌生。她想到了程雨兰、马苏容、老革命、肖姗、李保、刘兵……张亮……她觉得她的大脑里有一扇门轰然打开……双合成员工的名字和模样在她脑际电影镜头一般缓缓掠过……她突然兴奋地举着双拳跳起来：

“文化园不建了，我要建一个双合成福喜家园，要建一片高楼，让双合成人全部都住在这里，世世代代住下去，我们永远在一起，永远在一起，永远在一起！”

她开始打电话，把决定告诉她能记住名字的每个双合成人。

她忘了她办公室还坐着站着人。

她手舞足蹈地唱起歌来，唱的是她那首《智慧之光》：

太阳放光，心在绽放，

星月照亮，智慧生长。

万物在互生中成长，

万物在互生中歌唱。

唱着唱着，她停下来，自言自语地说：“都说我不会算账，脑子里没有数字概念，但是，如果我会算账，脑子里有那些数字，我早就跳楼了。”走着说着，她停下来，看了看窗外，接着又走起来说起来，“但是我会算另一种账，我会计算人心，会算双合成的日子怎么能过得很久！”

那些找赵光晋企图拿项目的文人、作家、专家、大师们悻悻而去，一路上都心潮澎湃，一致认为赵光晋服不住工业园，看样子一定是疯了。

但是，赵光晋一直活得好好的，双合成也越来越有起色。后来，这些文人、作家、专家、大师中，一个特别有思想的人总结道：我们在赵光晋这里的项目，只能是思考、研究或书写她到底是什么人，除此之外，她根本不需要我们。因为她是一个草根，一个草根领袖，她是在中国文化的暗流中生活、成长、变异并从生到死的，她不按常规出牌，只被内心一种情怀推动着前行，她是中国文化背后那种文化的鲜活标本。也许，对她的研究才是我们最应当做的事。但是，做这些就永远别想打动她的心，因为她与这无关。

赵光晋终于找到了新目标，这就是为双合成人建设幸福家园。

除了发展企业，赵光晋同样重视对双合成历史的考察和考证，她说

“不忘过去才能面对未来”，她的目的是，一定要从双合成的历史发展上找到它持续发展的魂魄。她对双合成历史源头的最新考证结果是：

清道光年间：河北省保定满城县夏家庄农民李善勤和张德仁，推车挑担，结伴行商，收购鸡鸭，游商太行。

清道光十八年（公元 1838 年）：李善勤和张德仁在河北省井陉县横口镇西街创建食品店，按“和气生财，二人合作，必能成功”之意，立商号“双合成”。

清光绪二十四年（公元 1898 年）：李、张两家后人李洛金和张子瑞，在河北省石家庄大桥街创建双合成分号。为了扩大经营，张子瑞分管原双合成，李洛金重建新店取名“双合兴”。

民国元年一月一日（公元 1912 年 1 月 1 日）：李洛金次子李俊生和大掌柜陈步云推车挑担来到太原，在北司街 24 号创建食品店，沿用“双合成”商号。

民国三年（公元 1914 年）：双合成由北司街迁址大剪子巷 36 号。

民国十八年（公元 1929 年）：双合成由大剪子巷迁址柳巷 32 号，后来改为柳巷 76 号。

……

1985 年 7 月：赵光晋受命于危难之时，被太原市二商局任命为双合成经理，从此带领双合成人迈进了双合成赵光晋时代……

一晃就是三十年，赵光晋说：“双合成的历史源头也许更远，干得好才能留在历史中，但再辉煌一晃也就过去了，包括赵光晋时代，关键是今天和明天。所以，今天的权力就是为员工造福，那才能让后人记住和记载，这就是明天。任何人家只要这样，就一定能香火不熄。但是，光一个人这样不行。有领袖对大家是好事也是坏事，坏事就是时间长了就把人惯坏了，群体依赖一旦形成就是坏事，我现在特别希望双合成有更多的赵光晋出现，否则，遇到更大的危机双合成便不能抵抗。你看现在媒体上都是关于食品添加剂的报道和讨论，是对食品工业的怀疑，加上反腐败，对食品团购的影响……”赵光晋说着会突然站起来看着远方，“我说的那个更大的危机不是将要到来，而是已经到来。但是……但是……”赵光晋喃喃起来，“我相信……相信……”她想着后面的词儿，目光仍然投向远方。